临沂文化世家研究丛书

徐东升 汲广运 主编

门阀士族
琅邪王氏文化传家

◉ 孙 丽 著

生活·讀書·新知 三联书店

Copyright © 2024 by SDX Joint Publishing Company.
All Rights Reserved.
本作品版权由生活·读书·新知三联书店所有。
未经许可,不得翻印。

图书在版编目(CIP)数据

门阀士族：琅邪王氏文化传家 / 孙丽著. -- 北京：生活·读书·新知三联书店，2024. 10. -- ISBN 978-7-108-07912-1

Ⅰ．K820.9

中国国家版本馆 CIP 数据核字第 20241H1K96 号

责任编辑	柯琳芳
装帧设计	春　雪
责任校对	曹忠苓
责任印制	李思佳

出版发行　生活·讀書·新知三联书店
　　　　　（北京市东城区美术馆东街 22 号 100010）

网	址	www.sdxjpc.com
经	销	新华书店
印	刷	北京隆昌伟业印刷有限公司
版	次	2024 年 10 月北京第 1 版
		2024 年 10 月北京第 1 次印刷
开	本	880 毫米 × 1230 毫米　1/32　印张 11.125
字	数	310 千字
定	价	79.00 元

（印装查询：01064002715；邮购查询：01084010542）

总 序

2015年12月30日，习近平总书记在十八届中央政治局第二十九次集体学习时的讲话中指出："中华优秀传统文化是中华民族的精神命脉。要努力从中华民族世世代代形成和积累的优秀传统文化中汲取营养和智慧，延续文化基因，萃取思想精华，展现精神魅力。"这是我们编著这套"临沂文化世家研究丛书"的主旨。

一、丛书的源起

2013年8月，习近平总书记提出，在弘扬中华优秀传统文化上，要做到"四个讲清楚"。2021年，习近平总书记在庆祝中国共产党成立100周年大会上的讲话中明确提出了马克思主义中国化的"两个结合"的新论断。党的十九届六中全会审议通过的历史决议在党长期坚持的马克思主义基本原理同中国具体实际相结合的基础上，进一步提出马克思主义基本原理同中华优秀传统文化相结合。在党的二十大报告中习近平总书记再次强调："只有把马克思主义基本原理同中国具体实际相结合、同中华优秀传统文化相结合，坚持运用辩证唯物主义和历史唯物主义，才能正确回答时代和实践提出的重大问题，才能始终保持马克思主义的蓬勃生机和旺盛活力。"这"两个结合"，一个是"魂脉"，即马克思主义这个魂脉，是我们党和国家的指导思想；一个是"根脉"，即中华优秀传统文化这个根脉，是中华民族的历史文化基因。因为传统文化世家是中华优秀传统文化的重要载体，所以，在各级领导的指导下，临沂大学沂蒙文化研究院决定立足临沂丰富的传统文化世家资源，组织编纂这套"临沂文化世家研究丛书"。

二、丛书的立项意义

编纂"临沂文化世家研究丛书"的意义主要有以下几点：

（一）落实"四个讲清楚"，汲取历史经验，建设现代文明

2013年8月，习近平总书记在"四个讲清楚"中指出，要"讲清楚中华文化积淀着中华民族最深沉的精神追求，是中华民族生生不息、发展壮大的丰厚滋养"。这个丰厚滋养，从文化的角度来说，包括临沂传统文化家族在内的家族文化就是一个家族道德的、人文传统的丰厚资源。现在，可以从这些文化世家中汲取经验，崇德重教。而在建立一个文明的、和谐的现代家庭方面，临沂的历史文化世家也可提供很多有益的历史经验和文化启迪，这对弘扬优秀传统文化，建设新时代文明都会起到促进作用。

（二）落实"两个结合"，不断夯实马克思主义中国化时代化的历史文化基础

越是民族的越是世界的，越是地方的越是全国的。中国历史发展的事实已充分证明，只有植根本国、本民族历史文化沃土，马克思主义真理之树才能根深叶茂。中华优秀传统文化源远流长、博大精深，传统文化世家之家学家风是中华文明的智慧结晶，其中蕴含的天下为公、民为邦本、为政以德、革故鼎新、任人唯贤、天人合一、自强不息、厚德载物、讲信修睦、亲仁善邻等，是中国人民在长期生产生活中积累的宇宙观、天下观、社会观、道德观的重要体现，同科学社会主义价值观主张具有高度契合性，坚定历史自信、文化自信，坚持古为今用、推陈出新，把马克思主义思想精髓同中华优秀传统文化精华贯通起来、同人民群众日用而不觉的共同价值观念融通起来，不断赋予科学理论鲜明的中国特色，才能不断夯实马克思主义中国化时代化的历史文化基础和群众基础，让马克思主义在中国牢

牢扎根。

（三）整理临沂传统文化资源，推进文化世家研究

中国历史上是一个宗法制农业社会，建立在血缘、婚姻基础上的家族是社会构成的基本细胞，也是立国之本。从历史上看，中国的文化世家也是各个时代、各个地域政治、经济、文化的支柱。秦汉以后，我国世家大族逐渐形成，汉代以经学作为进身入仕的条件，而经学传授又多限于家学私门，文化世家既是国家政治的中坚，也是文化传承的主体，临沂出现了琅邪王氏、琅邪诸葛氏、琅邪颜氏、东海徐氏等世家大族。魏晋时期实行"九品中正制"选人用人，人才的选举与士族家族制结合在了一起。隋唐至清代实行科考，虽然破除了自汉魏以来"上品无寒门，下品无士族"的门阀士族文化垄断，为庶族士子开启了进身仕途之门，但是在宗法社会，一旦通过科举进入上层，就往往具有代代相沿的延续性。科举、仕宦、教育形成三位一体，仕宦之家的优越条件，家学、家风的传承影响，往往使世官、世科、世学有机结合在一起，形成科举文化世家，这在明清时期尤为明显。像蒙阴公氏就出现了"一门五进士，父子两翰林"的情况。可见，中华文明的发展传承，家族文化是一个重要载体，要深入探求中国传统文化，不可不探求家族文化。编纂"临沂文化世家研究丛书"的目的之一就是整理临沂传统文化资源，推进文化世家研究。

三、丛书的主要内容

"临沂文化世家研究丛书"主要概述了临沂世家大族的历史和独具特色的家族文化。在文化方面，基本关注到了三点：

（一）研究概述了临沂世家大族传承与践履儒学的基本文化特色

琅邪王氏代传儒学，并因此而世代入仕。王吉通五经，史称其能为驺氏《春秋》，以《诗经》《论语》教授子弟，为人处事皆以儒家的思想道德为其指导原则及行为规范。其子王骏自幼受到良好的儒学教育，王吉又送

其到名儒梁丘贺处学习《易经》。王骏不仅通《易经》,而且对《鲁论》亦深有研究,著有解释《鲁论》的《鲁王骏说》二十篇。王骏子王崇亦从小学习儒家经典。王骏、王崇父子皆位列三公。

至魏晋时期,王氏家族以提倡儒学的"孝悌"思想为主要任务。王祥对"孝"的实践、王览对"悌"的追求都说明了这一点。此外,王祥在总结自己毕生经验时把信、德、孝、悌、让五者列为"人生之本"。这说明他虽然受到当时"朝为天子,暮为囚徒"这一时代特点的影响,未再大力倡导儒家的"忠",但从基本方面来看,王祥仍是儒家思想的忠实信徒,是儒家文化的大力倡导者。王导是西晋末年及东晋前期琅邪王氏的主要代表人物,他在思想上以儒为主,亦喜清谈玄学,从政策略亦受道家影响,于佛、道等宗教亦有所涉及,文化上是一个多层面的人物。

琅邪诸葛氏自西汉后期起亦成为一个以儒学传家的家族。魏晋时期,诸葛氏的代表人物皆重儒学。如诸葛瑾,《三国志·吴书·诸葛瑾传》裴松之注引《吴书》曰:"瑾少游京师,治《毛诗》《尚书》《左氏春秋》。遭母忧。居丧至孝,事继母恭谨,甚得人子之道。"这一方面说明诸葛瑾对儒家经典的学习研究情况,另一方面也说明了诸葛瑾是一个勇于践行儒家孝道思想的人物。出仕东吴之后,诸葛瑾以儒家思想道德为行事准则与规范。诸葛亮自幼受到祖上重儒传儒和父兄影响,从今本《诸葛亮集》来看,他的思想虽然不限于一家,但是以儒学为主旨的。

颜氏家族的祖上颜回是儒学创立时期的重要人物,传承儒学是这一家族本来的义务。自颜盛率宗族迁临沂之后,颜氏一直以传录、学习和践行儒家思想为己任。

东海匡氏与儒学的关系更为密切。据《汉书·匡衡传》记载,匡衡的父亲以上世为农夫,匡衡后来官至丞相,其子孙亦多有为博士者,这正是依靠儒学文化才取得的。

东海于氏虽然不是专治儒学的家族,但于定国深感自己的儒学修养不够,故从政后,他加紧学习儒学,请专人讲授《春秋》,并对一切儒生皆表示尊敬,显示了他对儒学文化的热爱与尊崇。

东海王氏之王朗、王肃父子两代皆以治儒学闻名于世。王朗因通经才得以出仕，从政时以儒家思想为其处世的指导思想，从政之余，仍不忘研究儒家经典。王肃自幼受其影响，学习儒经，曾受教于古文经学家宋忠。王肃在儒学研究方面成就很大，对于保存儒家文献，传播儒家文化发挥了重要作用。

泰山羊氏亦是以儒学传家的著名家族。羊祜终生践履儒家的思想道德，以《春秋》大一统之义为其行动指针，为国家的统一尽其毕生之力。羊祜一生的儒学文化色彩很浓。

（二）研究概述了临沂世家大族的道（玄）家、法家文化特色

临沂世家大族除以传承与弘扬儒学为基本的文化特色外，对道家、法家思想的传承与践行亦是其重要文化特色。

琅邪诸葛氏的代表人物诸葛亮可以说是这方面的典型。他在《论诸子》中认为："老子长于养性，不可以临危难。"他把道家学说主要用于个人修身，《诫子书》曰："夫君子之行，静以养身，俭以养德，非淡泊无以明志，非宁静无以致远。"除此之外，蜀国建立后，诸葛亮在执政中也汲取与实践了道家特别是黄老一派的思想，如他在北伐战争期间曾"务农殖谷，闭关息民"。与道家相比，诸葛亮身上更显著的是法家文化的色彩。他以善于"以法驭下"而著于史册。他能审势定法，有成文法典多部。在用法时又能"劝诫明"，即注意用法的宣传。他不以私亲而废国法，且能严于律己，故用法虽严而无怨者。

琅邪王氏在魏晋时期，具有儒玄双修的文化特色。当时一些士人援道入儒，形成玄学，王氏子弟多喜清谈玄学。影响较大的如王衍，他对何晏、王弼的"贵无"学说"甚重之"，他"妙善玄言，唯谈《老》《庄》为事"。王衍的从兄王戎亦尚玄学，为"竹林七贤"之一，他们的好玄对王氏子弟影响很大。王导亦喜清谈玄学。王导执政时的"务在清静""政务宽恕"，也是受黄老之学的影响，是他本人好玄学的必然结果。王羲之在思想文化上也具有儒道并用的倾向。另外，琅邪王氏家族与佛教、道教也有较多联

系。王氏在离开临沂时,曾舍原居为佛寺,去江南后亦与佛教人士常有来往。这说明他们的思想文化取向是多元的。

泰山羊氏的代表人物对道家思想亦深有研究,公务之余亦研读道家著作。据《晋书》本传记载,羊祜所著《老子传》与其他文章并行于世,这可以说明羊氏与道家的关系。

(三)研究概述了临沂世家大族在文学、书法等方面的成就

临沂世家大族十分重视文化传承创新,在文学、书法等方面有显著成就,呈现出多层面的文化特色。

在文学方面,出现了一大批临沂籍的文学家,在文学创作方面成就较高。例如:王吉在历史上以"通五经"闻名,他的散文写得很好;王羲之既是著名书法家,在文学创作上也有一定成就,创作了《兰亭集序》和兰亭修禊时的诗歌等;而王戎则位列"竹林七贤"。诸葛亮也有较高的文学成就,现存作品中除了教令,还有表章与诗歌,如《劝将士勤攻己阙教》《出师表》等散文,《梁甫吟》等诗。萧氏家族的萧衍、萧统、萧纲、萧绎皆为文学家。萧统纂有《文选》,萧绎著《金楼子》十五篇等。东海徐氏的徐摛、徐陵等也享誉文坛,如徐陵编《玉台新咏》十卷。颜氏家族的颜之推写成了被称为"中国家训之祖"的《颜氏家训》。明清时期,蒙阴公氏的代表人物公鼐有文集《问次斋集》一百卷问世,被时人赞颂为"词林宿望""诗坛巨擘",是山左诗坛的领袖。

在书法方面,王氏家族中出现了一批书法家,其中影响最大的是王羲之和王献之。王羲之称"书圣",王献之能继承家学,故称为"小圣"。在泰山南城羊氏子弟中亦出现一批善书法者,其中以羊欣最为有名。《南史》称羊欣"尤长隶书"。颜氏家族的颜真卿创造出一种新的书体——颜体,极大地拓展与丰富了书法美学的内涵。

徐东升　汲广运
2024 年 8 月 27 日

目录

总序 …… 1
前言 …… 1

第一章 簪缨世家 …… 1

第一节 先秦：王室后裔 …… 1
第二节 秦朝：军功望族 …… 3
第三节 汉代：经学世家 …… 7
第四节 魏晋南北朝：豪门望族 …… 15
第五节 隋唐：流风余韵 …… 52

第二章 经史传家 …… 56

第一节 经学传承 …… 56
第二节 史书修撰 …… 120

第三章 玄学清谈 …… 136

第一节 玄学兴起 …… 136
第二节 由儒入玄 …… 145
第三节 元康玄学 …… 152
第四节 永嘉玄风 …… 159
第五节 江左风流 …… 166

第四章 文才相继 …… 195

第一节 人人有集 …… 195
第二节 琅邪王氏文学的影响 …… 245

第五章 书画传统 …… 267

第一节 琅邪王氏书法传统 …… 268
第二节 "二王"书风 …… 274
第三节 王氏书法理论 …… 293
第四节 琅邪王氏绘画成就 …… 299

第六章 家风家训 …… 303

第一节 注重礼法 …… 304
第二节 与时推迁 …… 312
第三节 谦抑止足 …… 319

第七章 琅邪王氏家族文化的影响 …… 324

第一节 魏晋南北朝文化的缩影 …… 324
第二节 推动南北文化交流 …… 330

参考文献 …… 338

后记 …… 342

前　言

琅邪[1]王氏是中国古代著名的门阀士族，相传出自周朝王室，西汉时期兴起，至魏晋南北朝时期发展为政治、文化大族。琅邪王氏子弟长时间掌控朝政、引领文化风潮，其家族发展史是魏晋南北朝政治史和社会史的缩影，其家族文化既是琅邪王氏长盛不衰的文化基础，也是魏晋南北朝文化的典型代表。

对琅邪王氏家族的研究，一直是史学界关注的重点。尤其自陈寅恪提出了文化与家族、地域密不可分，并相继作了《天师道与滨海地域之关系》《述东晋王导之功业》等文章，琅邪王氏家族的发展历史与家族文化就被学者普遍关注。到目前为止，已有大量研究成果，大多集中于三个领域。

首先是家族发展史梳理。萧华荣的《簪缨世家——两晋南朝琅邪王氏传奇》，生动描绘了琅邪王氏众多族人，介绍了两晋南朝时期王氏家族的发展历史和文化传统。王大良的《中国古代家族与国家形态：以汉唐时期琅邪王氏为主的研究》，上编介绍琅邪王氏与汉唐政局，下编介绍王氏家族的人口、仕宦、婚姻、文化和经济基础。王汝涛的《琅邪王氏考信录》，论述了先秦至隋唐时期王氏家族历史以及不同时代的发展特点。王连儒的《汉魏六朝琅琊王氏家族政治与婚姻文化研究》，对王氏家族不同阶段的政治地

---

[1] 《汉书》《晋书》《南史》《资治通鉴》《世说新语》等历史文献中，王氏郡望多作"琅邪"，本书以历史文献为据，用"琅邪"旧称，而非今人常用的"琅琊"。后文中恕不一一注明。

位以及婚姻构成、学术文化都做了系统研究。

其次是对琅邪王氏家族成员的个案研究，以及王氏家族某一阶段的研究，大多为论文。如施光明的《论王导》，陈启云、罗骧的《社会名望与权力平衡：解读王敦之乱》，田余庆的《释"王与马共天下"》，王连儒的《东晋中宗、显宗前后之琅邪王氏政治》《"永嘉之乱"前后之琅琊王氏政治》，王永平的《略论晋宋之际琅邪王氏家族代表人物的政治倾向》，等等。这些论文从不同角度展开对王氏子弟政治、军事活动的分析，丰富了对琅邪王氏家族的研究。

再次是侧重琅邪王氏家族文化的研究。既有个案研究的论文，如王晓毅的《王戎与魏晋玄学》、林晓光的《王融与永明时代》、王言凤的《王筠诗歌研究》、王玉池的《王羲之生平事略和书法艺术》、李慧聪的《王褒入关与南书北传》，也有从整体角度展开研究的论文、专著，如毛汉光的《中古大士族之个案研究——琅邪王氏》、卜宪群的《琅邪王氏与六朝文化》、苏绍兴的《两晋南朝琅邪王氏之经学》、王永平的《论东晋南朝时期琅邪王氏之家风与家学》。姚晓菲的《两晋南朝琅邪王氏家族文化研究》，介绍两晋南朝时期琅邪王氏家族的政治地位变迁、经史学、玄学、文学艺术等内容。笔者的《汉唐时期的琅邪王氏家学研究》，着重介绍琅邪王氏家族的家学在不同发展阶段产生变化，并逐渐走向儒玄佛道交融的多元发展之路。

上述研究成果，或者限于篇幅，或者限于研究侧重点不同，并未对琅邪王氏家族文化进行深入分析研究，与琅邪王氏文化大族的地位不相称。因此，需要重新审视琅邪王氏在漫长历史进程中形成的家族文化，分析家族文化在琅邪王氏发展中的作用，考量琅邪王氏家族文化在当时的影响。

本书以琅邪王氏的家族文化为研究重心，着重介绍王氏家族经史传家、玄学清谈、文才相继、书画传统、家风家训等不同层面的文化。在各专题中，突出了家族文化在琅邪王氏发展史上的作用，以及在不同文化领域的巨大影响。尤其在两晋时期，琅邪王氏形成了儒玄双修的文化结构，借助"王与马，共天下"的政治地位，推动儒玄双修成为东晋南朝社会思潮的主流。作为魏晋南北朝时期著名的文学世家和书法世家，琅邪王氏家族成员人人有集,王羲之、王献之享誉古今,影响中国书风一千多年。另外,在漫长的历史进程中,琅邪王氏家族形成了影响深远的家训家风,如注重礼法,与时推迁,谦抑止足,这成为家族长期传承,始终保持一流大族的重要原因。其孝友之风,也对中国的孝友文化和道德行为产生了较大影响。

琅邪王氏作为政治、文化大族,其家族文化对魏晋南北朝时期的施政方针、文化潮流影响很大。在南北文化交流与融合方面,王氏家族也做出了突出贡献。两晋之际,王导、王敦率琅邪王氏等大族的南下,推动了中国文化重心的南移。齐、梁时期,王肃、王褒等人将南方先进的典章制度和文学艺术转输到北方,加快了南北文化融合的步伐,为此后隋唐文化的统一做出了贡献。

第一章 簪缨世家

琅邪王氏是中国古代名门望族之一,始于东周,兴于西汉,盛于魏晋南北朝。梁朝文学家、史学家沈约感叹:"自开辟已来,未有爵位蝉联,文才相继,如王氏之盛者也。"[1]至隋唐时期,琅邪王氏走向衰落,但仍有部分文脉绵延,在政治、文学等领域做出了不同贡献。

第一节 先秦:王室后裔

琅邪王氏的家族历史源远流长,史学界公认其始祖是东周灵王的太子姬晋:

> 王氏出自姬姓。周灵王太子晋以直谏废为庶人,其子宗敬为司徒,时人号曰"王家",因以为氏。[2]

姬晋,字子乔,自幼聪慧,15岁即参与朝政,因直言劝谏周灵王被废为庶人。其子宗敬后来任司徒,因是王室后裔,时人称为"王家",其后代便以"王"为姓。

---

[1] 〔唐〕姚思廉:《梁书》卷三十三《王筠传》,北京:中华书局,1973年,第486页。(笔者按:本书引用的二十四史和《资治通鉴》,皆出自中华书局标点本,凡在首次出现时标注过作者、出版时间的,后文只标注卷数、页码,不再一一注明。)
[2] 〔宋〕欧阳修:《新唐书》卷七十二中《宰相世系表》,北京:中华书局,1975年,第2601页。

宗敬所处的时代是春秋晚期，王室衰微，礼崩乐坏。战国时期，兼并战争频繁且惨烈，时局动荡，同时，战国七雄相继变法图强，新措施引发制度巨变，新兴地主兴起，旧贵族大受打击。出身王室的宗敬家族势必会受到影响，再加上史料散佚，宗敬的后人中有六代人缺载，直至第八世孙王错才再度载于史册。据《吕氏春秋》和《战国策》记载，魏武侯在位时（公元前395—前370），王错为大夫，曾排挤名将吴起，"吴起治西河之外，王错谮之于魏武侯"[1]，致使吴起离魏入楚。公元前370年，魏武侯卒，因生前未立太子，公子魏䓨与公子魏缓（《史记》称公中缓）争立。当时王错拥重兵于上党，控制魏国一半疆域，他支持魏䓨继位，即魏惠王（公元前369—前319年在位，后迁都大梁，史籍中亦称梁惠王）。惠王继位第二年（公元前368），王错出奔韩国[2]，具体原因不明。

王错之后的五代人，仅有姓名、官职和封号的记录，任职的国家不明，具体事迹都不可考：

（宗敬）八世孙错，为魏将军。生贲，为中大夫。贲生渝，为上将军。渝生息，为司寇。息生恢，封伊阳君。生元，元生颐，皆以中大夫召，不就。生翦，秦大将军[3]。

尽管史料不足，从上文中将军、中大夫、上将军、司寇、伊阳君等官职、封号来看，王氏家族连续六代都是当时的显贵阶层，之所以如此，大致原因有二：

其一，自宗敬起，虽然已经不是王室直系成员，但曾有的身份地位以及与之相关的政治能力、文化水平在家族中应是长期延续的，在一定程度

---

1 〔汉〕高诱注，〔清〕毕沅校，徐小蛮标点：《吕氏春秋》卷十一《长见》，上海：上海古籍出版社，2014年，第224页。《史记》记载是魏相公叔痤排挤吴起。
2 〔汉〕司马迁：《史记》卷四十四《魏世家》，北京：中华书局，1959年，第1843页。公孙欣对韩懿侯说"魏䓨与公中缓争为太子，君亦闻之乎？今魏䓨得王错，挟上党，固半国也。"裴骃《史记集解》注徐广曰："《汲冢纪年》惠王二年，魏大夫王错出奔韩也。"
3 《新唐书》卷七十二中《宰相世系表》，第2601页。

上保障了家族的社会地位。

其二，春秋战国时期，封建官僚制度逐步取代世卿世禄制度，旧贵族若不能适应社会形势的发展，很难保住原有的显赫地位。而王氏家族六代人皆为高官显贵，应与他们自身的努力相关。如王错积极参与了魏国的朝政，无论是拥立魏惠王，还是后来出奔韩国，都应与权力争斗有关。其他人虽然事迹不详，上将军、司寇的显赫官职，伊阳君的封号，必然与具体事功相联系。

从宗敬到王颐，时间跨度约三百年。这期间，王氏家族大部分时间活动于东周都城洛邑（今河南省洛阳市）附近，与战国时期的魏国、韩国邻近。虽然王错从魏国出奔韩国，但其后人未必久居韩国，从王㤉的"伊阳君"封号也可看出这一点。伊阳，即现在的洛阳市汝阳县，战国前、中期归属魏国，战国后期被秦国占据。此后的王氏族人，在秦国一度成为最耀眼的家族。

第二节　秦朝：军功望族

战国后期，王翦成为秦国的重要将领：

> 王翦者，频阳东乡[1]人也。少而好兵，事秦始皇。[2]

王氏家族何时迁居到秦国以及王翦的早年经历都无详载。《史记》记载王翦指挥的第一次大战，是秦始皇十一年（公元前236）率兵攻打赵国的阏与，拉开了灭六国的序幕。秦始皇二十一年（公元前226），秦国朝堂讨论灭楚方略时，王翦主张的六十万和李信提出的二十万兵马差距巨大，秦始皇称："王将军老矣，何怯也！"王翦"因谢病，归老于频阳"。[3]据此

---

[1] 今陕西省富平县东北。
[2] 《史记》卷七十三《王翦列传》，第2338页。
[3] 《史记》卷七十三《王翦列传》，第2339页。

推测,王翦此时在五十岁以上。他"少而好兵",进入秦军之时当在秦昭襄王时期(公元前306—前251)。到秦始皇亲政(公元前238)时,王翦已经是秦国最著名的军事将领,后世将他和秦国白起、赵国廉颇和李牧并称为战国四大名将。在之后灭六国的战争中,王翦与儿子王贲多次担任重要战役的主将,相继灭了五国。根据《史记》和《资治通鉴》的史料,可列出王翦、王贲作为统帅出战的时间表和主要战绩(见表1-1)。

表1-1 王翦、王贲出战时间和主要战绩表

时间	主将	裨将	战绩	史料出处
秦始皇十一年(公元前236)	王翦	桓齮、杨端和	攻打赵国,拔阏与、橑杨、邺、安阳等九城	《史记》卷六《秦始皇本纪》
秦始皇十八年(公元前229)	王翦	杨端和	率兵攻赵,与赵将李牧相持一年,施反间计令赵王杀李牧	《资治通鉴》卷六《秦纪一》
秦始皇十九年(公元前228)	王翦	杨端和、羌瘣	攻破赵国都城邯郸,俘赵王迁。赵公子嘉逃到代郡,自立为代王	《史记》卷六《秦始皇本纪》
秦始皇二十年(公元前227)	王翦	辛胜	率军进攻燕国,大破燕军和代军,占据易水以西之地	《史记》卷六《秦始皇本纪》
秦始皇二十一年(公元前226)	王翦	辛胜、李信	攻破燕都蓟(今北京市),燕王喜逃亡辽东	《史记》卷六《秦始皇本纪》
	王贲		率军攻楚,连下十余城	《资治通鉴》卷七《秦纪二》
秦始皇二十二年(公元前225)	王贲		率军攻魏,引黄河水灌魏国都城大梁(今河南省开封市),三个月后城坏,魏王假请降,魏亡	《资治通鉴》卷七《秦纪二》

续表

时间	主将	裨将	战绩	史料出处
秦始皇二十三年（公元前224）	王翦	蒙武	率六十万秦军攻打楚国，杀楚将项燕，消灭楚军主力	《史记》卷七十三《王翦列传》、《史记》卷八十八《蒙恬列传》、《史记》卷十五《六国年表》
秦始皇二十四年（公元前223）	王翦	蒙武	攻入楚都寿春，俘楚王负刍	《资治通鉴》卷七《秦纪二》
秦始皇二十五年（公元前222）	王翦		乘胜进军，消灭楚国的残余势力，楚国亡	《史记》卷六《秦始皇本纪》
	王贲	李信	率军相继进攻辽东和代郡，俘获燕王喜和赵国代王嘉，消灭了燕国和赵国的残余势力	《史记》卷六《秦始皇本纪》、《史记》卷七十三《王翦列传》
秦始皇二十六年（公元前221）	王贲	蒙恬	自燕南下攻齐，齐王建投降，齐国亡	《史记》卷六《秦始皇本纪》、《史记》卷八十八《蒙恬列传》

在秦统一过程中，除了实力最弱的韩国是内史腾所灭，王翦、王贲父子相继灭掉了赵、燕、魏、楚、齐五国，战功赫赫。当然，由于秦始皇对军事将领的猜忌和防范，在灭六国的战争中，王翦、王贲父子从未出现在同一个战场。王翦北上攻燕时，王贲被派去攻打南方的楚国；王翦受命南下攻楚时，王贲则转战辽东战场。蒙武、蒙恬父子亦是分处不同战场。统一战争结束后，秦始皇封王翦为武城侯，王贲为通武侯，王氏、蒙氏都成为当时的军功望族，"王氏、蒙氏功为多，名施于后世"。[1]

秦统一后，王翦、王贲父子相继去世。秦始皇二十五年（公元前222），王翦还是伐楚统帅；秦始皇二十八年（公元前219）的琅邪刻石上，记载的随秦始皇东巡的人员中，袭武城侯的爵位者已是王翦之孙王离：

---
1 《史记》卷七十三《王翦列传》，第2341页。

> 维二十八年……乃抚东土,至于琅邪。列侯[1]武城侯王离、列侯通武侯王贲、伦侯建成侯赵亥、伦侯昌武侯成、伦侯武信侯冯毋择、丞相隗林、丞相王绾、卿李斯、卿王戊、五大夫赵婴、五大夫杨樛从,与议于海上。[2]

据此可知,王翦卒于公元前222年至公元前219年之间。王贲的具体死亡时间不详,《史记》仅记载:"秦二世之时,王翦及其子贲皆已死。"[3]王翦父子二人的墓,皆在陕西省富平县。

王翦、王贲死后,王离成为王家的代表。当时,大规模的战争已经结束,他被安排为蒙恬的副手,驻守上郡(今陕西省榆林市绥德县),防备匈奴。秦二世继位,蒙恬被逼自杀,属下三十万人,皆归王离统辖。秦末,陈胜、吴广振臂一呼,关东诸侯蜂起,王离被调回,配合章邯镇压起义。在巨鹿之战中,被项羽俘虏。此后正史再无王离的记载,野史多言其被项羽所杀,这种说法有一定可能性。项羽分封诸侯时,章邯、司马欣、董翳等秦降将都被封王。因王离的身份、名望皆在章邯之上,若被俘后与章邯一样投降,必然也有封爵,但项羽所封的秦降将中没有王离,很可能是因王离拒不投降而被杀,也可能是因王翦是灭楚主将,追杀项羽祖父项燕,项羽为报国仇家恨而杀王离。

公元前206年,项羽"引兵西屠咸阳,杀秦降王子婴,烧秦宫室,火三月不灭"。[4]王离的儿子王元、王威被迫逃亡避难,王元东赴琅邪,成为琅邪王氏的始祖,王威后来成为太原王氏的始祖[5]。秦朝最著名的军功家族,三代名将,到此画上句号,琅邪王氏的历史真正开启。

----

[1] 秦二十等爵制的最高等级是彻侯,汉代为避汉武帝刘彻讳,改为列侯或通侯。
[2] 《史记》卷六《秦始皇本纪》,第246页。
[3] 《史记》卷七十三《王翦列传》,第2341页。
[4] 《史记》卷七《项羽本纪》,第315页。
[5] 《新唐书》卷七十二中《宰相世系表》载:"太原王氏出自离次子威,汉扬州刺史,九世孙霸,字儒仲,居太原晋阳。"王威应出生于公元前207年前,但汉代正式设置刺史的时间是汉帝元丰五年(公元前106),相差百年,故史籍中所称王威在汉代曾担任扬州刺史是值得推敲的。此问题非本书重点,不予详细展开。

第三节　汉代：经学世家

两汉时期，琅邪王氏在"罢黜百家，独尊儒术"的文化大背景下，逐渐发展为经学世家，基本确立了琅邪郡望。

一、西汉时期

《新唐书·宰相世系表》记载：

> （王）元避秦乱，迁于琅邪，后徙临沂（今山东省临沂市）。四世孙吉，字子阳，汉谏大夫，始家皋虞，后徙临沂都乡南仁里。[1]

王元选择琅邪避乱，应该与其父、祖有关。秦始皇二十八年（公元前219），王贲、王离父子随秦始皇东巡，在琅邪留居三个月。当时，琅邪是东方重镇，也是重要海港，秦始皇迁徙三万户百姓到琅邪，免除十二年的赋役。三个月的时间，足够王贲、王离了解琅邪的历史地理和风土人情，何况，王离封武城侯时武城[2]属琅邪郡，这可能就是王元后来迁居琅邪的原因。

王元本为"避秦乱"而远走琅邪，但楚汉战争（公元前206—前202）期间的琅邪也屡遭战乱。先是田荣赶走了项羽分封的齐王田都，自立为齐王，项羽随即出兵击败田荣，立田假为齐王，很快田荣弟田横打败田假，立田广为齐王，不久韩信攻齐，占据齐地。接连不断的战乱中，王元可能多次迁徙，所以有"迁于琅邪，后徙临沂"之说，也可能是指其后人"徙临沂"。

王元之后的几代人史无详载，显然这时期的王氏家族并非显宦，直到王元的四世孙王吉，琅邪王氏才开始崛起。

---
1 《新唐书》卷七十二中《宰相世系表》，第2601页。
2 春秋时，鲁国设武城邑，后世改称南城、南武城，故城遗址在今临沂市平邑县郑城镇。

王吉（？—公元前48），字子阳，时人亦称其为"王阳"。《汉书·王吉传》载："元帝初即位，遣使者征贡禹与吉。吉年老，道病卒。"[1] 公元前49年十二月，汉宣帝崩，元帝即位，次年改元初元，四月遣使巡行天下，"延登贤俊，招显侧陋"。[2] 荀悦《汉纪》与司马光《资治通鉴》皆将征王吉之事定为初元元年（公元前48），"上素闻琅邪王吉、贡禹皆明经洁行，遣使者征之。吉道病卒"。[3]《王吉传》称他年老病卒，上推其生年，汉宣帝在位二十五年（公元前74—前49），昭帝在位十三年（公元前87—前74），三十八年显然不能称"年老"，汉武帝在位五十四年（公元前141—前87），大致可推知王吉约出生在汉武帝统治的前期或中期。

汉武帝最重要的文化举措是"罢黜百家，独尊儒术"，在长安设太学，传授儒家五经，学通一经即可入仕，吸引了大批士人研习儒家经典。通经入仕也成为此后知识分子进入仕途的主要途径。

在这种大环境下，王吉赴长安学经，"少时学问，居长安"[4]，学有所成后回琅邪郡为吏，被举为孝廉，"以郡吏举孝廉为郎"。[5] 举孝廉、贤良的选官制度始于汉文帝时期，但并未形成定制。直至汉武帝元光元年（公元前134），按照董仲舒的建议，从各郡国中举荐孝顺父母、清廉官吏各一人，多半是通晓经书的士人或郡国属吏，自此举孝廉成为汉代选拔官吏的正途之一。孝廉入京城后一般先做郎官。"郎"是秦汉时期郎中令的属官，有议郎、侍郎、中郎、郎中、执戟郎等不同称呼，没有员额限制，有时多达千人。他们平日在皇宫轮番宿卫，皇帝外出充当侍从，或者承担传达诏命的任务，经选拔后可以担任中央的某些官职或外放为地方官，"长吏多出于郎中、中郎"。[6] 秦汉时期的历史名人如李斯、韩信、东方朔、司马相如、张骞、李广、霍光、曹操等都是以"郎"进入仕途。

---

[1]〔汉〕班固：《汉书》卷七十二《王吉传》，北京：中华书局，1962年，第3066页。

[2]《汉书》卷九《元帝纪》，第279页。

[3]〔宋〕司马光：《资治通鉴》卷二十八，初元元年，北京：中华书局，1956年，第894页。

[4]《汉书》卷七十二《王吉传》，第3066页。

[5]《汉书》卷七十二《王吉传》，第3058页。

[6]《资治通鉴》卷十七，建元元年，第552页。

王吉由郎"补若卢右丞，迁云阳令"。[1]若卢是少府的属官，《汉书·百官公卿表上》注释若卢：

> 服虔曰："若卢，诏狱也。"邓展曰："旧洛阳两狱，一名若卢，主受亲戚妇女。"如淳曰："若卢，官名也，藏兵器。《品令》曰若卢郎中二十人，主弩射。《汉仪注》有若卢狱令，主治库兵将相大臣。"[2]

显然，若卢的主要职责有二，一是掌管拘押将相大臣和贵族妇女的诏狱，二是收藏兵器。若卢的主要官职有令、丞，王吉担任的若卢右丞，是少府中的一名低级官员。此后，王吉从若卢右丞迁为云阳（今陕西省咸阳市淳化县）县令。当时，万户以上的县设县令，一年俸禄为六百至一千石。在此任上，王吉尽职尽责，"举贤良为昌邑中尉"[3]，即以"贤良"身份升任昌邑国中尉。西汉的王国中尉，掌控国中兵马，秩比二千石。

天汉四年（公元前97），汉武帝将第五子刘髆封为昌邑王，国都昌邑（今山东省菏泽市巨野县）。后元元年（公元前88），刘髆薨，其子刘贺继位昌邑王。刘贺任昌邑王共十三年，公元前74年，汉昭帝崩，无子，大将军霍光迎立刘贺继位。刘贺即位仅27日即被霍光所废，霍光很快迎立汉武帝曾孙刘病已（后改名刘询）继位，即汉宣帝。宣帝即位初，吸取了刘贺被废的教训，仍委政霍光，直至地节二年（公元前68）霍光去世后才真正执掌大权。

王吉何时任昌邑中尉已不可考。作为王国重要官员之一，他竭力做好辅佐昌邑王的工作。时值昌邑王刘贺少年心性[4]，喜欢在国中游猎，而且毫

---

1 《汉书》卷七十二《王吉传》，第3058页。
2 《汉书》卷十九上《百官公卿表上》，第732页。
3 《汉书》卷七十二《王吉传》，第3058页。
4 《汉书》卷六十三《武五子传》，第2767页。刘贺被废后退居昌邑，汉宣帝命山阳郡太守张敞严密监视。地节四年（公元前66），张敞上奏："故王年二十六七"，可推知刘贺约出生于公元前93年或公元前92年，继任昌邑王时五六岁，被霍光废黜时也不过十八九岁。

无节度，半天时间就乘马奔驰二百里。所到之处，百姓不得不搁置农活，为他整修道路，牵马服役，国中怨声载道。对此，王吉多次上疏劝谏，刘贺虽不能听从，还是命人赏赐王吉，以示尊重。

公元前74年，霍光迎立刘贺，王吉作为随员一起入京。他意识到，刘贺根基尚浅，在霍光掌控政权之时断不能与之相争。因此，在赴京途中，王吉告诫刘贺谨慎从事，听从霍光继续执政，以求顺利继位。同行的昌邑王郎中令龚遂也多次劝谏。但刘贺根本不听二人谏言，饮酒作乐，淫乱后宫，需求无度，即位仅二十七日，违礼悖制之事即做了一千一百二十七件，平均每日要做四十多件。这些罪名，有些并无实据，却成为他被废黜的力证。其实真正的原因是刘贺急于做掌控实权的天子，为与霍光等朝臣争权，破格提拔许多昌邑属官，甚至着手控制宫中宿卫。为保全自己的权益，霍光与张安世等人联手废黜刘贺，将昌邑属官二百多人全部下狱，除了屡屡劝谏的王吉、龚遂和王式（昌邑王师）被从轻发落，髡为城旦，其他人都被处死。髡刑即剃掉犯人的头发、胡须，在奉行"身体发肤，受之父母，不敢毁伤"[1]的古代，是一种羞辱性的刑罚。西汉时期的城旦是四年徒刑，服刑期间要做修城墙等重体力劳动。受此刑罚后，王吉将之视为一生的污点，告诫子孙不要做王国的官吏。

汉宣帝继位后，褒奖曾经劝谏昌邑王刘贺的臣子，龚遂被任命为渤海太守，王吉任益州刺史。西汉的刺史是监察官员，主要职责是巡行辖区郡县，监察地方官的违法乱纪和豪强地主欺压百姓的行为。王吉因昌邑王事件备受打击，巡行益州各部，奔走于古蜀道上，越发对仕途厌倦，遂称病辞官。尽管如此，王吉因是经学名家，不久又被征为博士、谏大夫。当时，汉宣帝宠信外戚，广修宫室，重法治，轻礼制，王吉多次以儒家理念上疏劝谏，都不为宣帝所用。最终王吉对仕途彻底失望，辞官返回琅邪，潜心研究经学，教授生徒。直至元帝继位，王吉应召入京，病死于途中。

王吉一生，除以直言极谏知名外，并没有突出的功业，但他兼通五

----
1 〔春秋〕曾参：《孝经》，西安：西安交通大学出版社，2014年，第2页。

经,是当时的经学名家,社会影响较大。在家族发展史上,王吉的地位更是无人可比。他将经学传授给了儿子王骏,确立了王氏家族以经学传家的传统。后来王骏凭借经学成就"以孝廉为郎",左曹陈咸和光禄勋匡衡都力荐王骏,称其"经明行修","有专对才"。[1]此后,王骏任谏大夫,出为幽州刺史,调任司隶校尉,升任九卿之一的少府(掌管全国山海池泽的税收和手工业制造)。八年后,改任京兆尹(西汉都城长安的长官),参与朝议,再升任三公之一的御史大夫,六年后病亡。

王骏的儿子王崇,也是从"郎"起步,历任刺史、郡守,治理地方颇有政绩。汉哀帝建平三年(公元前4)升任御史大夫,因替自己的姻亲开脱罪责而被贬为九卿之一的大司农(详见第六章),此后相继任卫尉、左将军。平帝即位(公元前1),王莽执掌政权,王崇升为大司空,封扶平侯。当时,正是王莽处心积虑谋夺西汉政权之时,王崇不愿卷入政治斗争,元始二年(2)三月告病致仕。一年后,被婢女毒死,封国随即废除。这个婢女很可能就是王莽派出的。当时,王崇因出身经学世家,虽然他本人的经学成就不及父亲王骏,更不及兼通五经的祖父王吉,但他政治地位较高,是颇有声望的大儒。在王莽篡夺西汉政权的关键时刻,王崇称病辞官,摆明了不与王莽合作,这是王莽不能容忍的。大约是知晓王崇之死与王莽有关,因此王崇的后人王遵才毅然投到了光武帝刘秀的麾下,为东汉王朝的建立和巩固做出了贡献。

从王吉、王骏到王崇,祖孙三代经学传承不辍。在独尊儒术的时代,一代比一代官位高,成为经学传家的官僚世家,时人视为"有累世之美"[2]。西汉时期的这段家族发展史,为琅邪王氏在魏晋时期成为一流豪族奠定了基础,因此,魏晋南北朝时期的琅邪王氏族人,多自称"汉谏议大夫吉之后也"。[3]现代学者如陈寅恪、毛汉光等人,都认为秦末王元是东迁第一人,

---

[1]《汉书》卷七十二《王吉传》,第3066页。
[2]《汉书》卷七十二《王吉传》,第3067页。
[3]〔唐〕房玄龄:《晋书》卷三十三《王祥传》,北京:中华书局,1974年,第987页。

但西汉中期的王吉才是琅邪王氏的始祖[1]。

二、东汉时期

公元8—23年，是王莽建立的新朝统治时期，他的托古改制不仅未能解决严重的土地兼并等社会问题，反而激化了社会矛盾，最终亡于绿林军。光武帝刘秀扫平群雄，建立东汉政权（25—220）。琅邪王氏家族在东汉时期的史料较少，甚至世系记载也出现了混乱。如王崇之后，载于史册的是王遵，但史籍却出现了两种说法。

其一，王遵是王崇的儿子。《新唐书》卷七十二中《宰相世系表》载：

> （王崇）生遵，字伯业，后汉中大夫，义乡侯。生二子：旹、音。音字少玄，大将军掾。四子：谊、叡、典、融。融字巨伟。二子：祥、览。[2]

其二，王遵是王崇的孙子。南宋人汪藻《琅邪临沂王氏谱》载：

> （王）崇孙后汉中大夫遵生青州刺史仁。仁四子：曰谊、曰叡、曰典、曰融。[3]

王遵仕至中大夫，封义乡侯，这其中，应该有王氏家族此前的根基，也有王遵自己的努力。建武六年（30），乐浪人王调据郡造反，光武帝"遣乐浪太守王遵击之，郡吏杀调降"。[4]据此推测，应是王遵平定叛乱有功，因之封侯。

---

1 陈寅恪：《金明馆丛稿初编》，北京：生活·读书·新知三联书店，2001年，第19页。陈寅恪《天师道与滨海地域之关系》一文，认为王吉是可以考知的琅邪王氏的始祖。"唐书表所载世系，其见于汉书王吉传者，自属可信。其后诸世当有脱误，然为王吉之后，要无可疑。"毛汉光《中古大氏族之个案研究——琅邪王氏》也认为，琅邪王氏始于王吉比较可信。
2 《新唐书》卷七十二中《宰相世系表》，第2601页。
3 〔南朝宋〕刘义庆著，〔南朝梁〕刘孝标注：《世说新语》附〔南宋〕汪藻：《世说叙录·琅邪临沂王氏谱》，尊经阁文库藏宋本，第679页。
4 〔南朝宋〕范晔：《后汉书》卷一下《光武帝纪》，北京：中华书局，1965年，第49页。

王遵之后，王叡（？—189）的部分事迹可考。汉灵帝时，王叡任荆州刺史，与长沙太守孙坚一起镇压零陵、桂阳地区的叛乱。因孙坚是起自底层的武官，出身世家的王叡言行中对他颇为轻视，后来孙坚起兵加入讨董卓的联军，借机除掉了王叡，"荆州刺史王叡素遇坚无礼，坚过杀之"。[1]

王叡的父亲，汪藻《琅邪临沂王氏谱》和《晋书》都记载是王仁，"（王祥）祖仁，青州刺史。父融，公府辟不就"。[2]

从东汉初的王遵到东汉末的王叡，时间跨度近二百年，《宰相世系表》共载三代人。即便补上《晋书》所列的王仁一代，按照史学界三十年为一代的计算方法，中间显然还有缺代。由于史料缺乏，这一时期其他王氏族人的名讳和事迹，已经无法详细了解。之所以出现这种情况，原因有二：其一，东汉后期大规模的战乱，百姓、士人或死于非命，或四散流亡。"汉末丧乱，谱传多亡失，虽其子孙，不能言其先祖。"[3] 其二，东汉琅邪王氏的政治地位远不及西汉时期，王氏子弟一般只能做到中级官员，社会影响力小。更关键的是，在东汉中后期外戚、宦官轮流专权的政治环境中，王氏子弟可能多倾向于独善其身，既没有像汉末党人那样卷入政治纷争留名青史，也没有突出的政治、军事功业载入史册，更没有当年王吉经学名家的文化影响，最终家族社会地位下降，导致世系不明。

尽管东汉时期是琅邪王氏家族发展史上的衰落期，但正是在这一时期，家族郡望真正确立起来。

王元东迁琅邪，战乱中可能多次迁徙，"迁于琅邪，后徙临沂"。西汉时的临沂在琅邪郡南部，属东海郡，王氏族人大约在琅邪和东海两个郡来回迁徙。至王吉时期，"始家皋虞，后徙临沂都乡南仁里"。[4] 西汉时期的皋

---

1 〔晋〕陈寿著，〔宋〕裴松之注：《三国志》卷四十六《孙破虏讨逆传》，北京：中华书局，1959年，第1096页。
2 《晋书》卷三十三《王祥传》，第987页。
3 《晋书》卷五十一《挚虞传》，第1425页。
4 《新唐书》卷七十二中《宰相世系表》，第2601页。

虞是琅邪郡东北部的一个县，在今山东省青岛市即墨区温泉街道皋虞村，目前还有王吉墓群。二十七座墓葬群中间，原有王公祠，供奉王吉、王骏和王崇。既然王吉祖孙死后葬于皋虞，"后徙临沂都乡南仁里"一句，或者是短时间迁徙居住，或者是指后人迁徙至临沂。王氏家族真正定居临沂，并以琅邪为郡望，应该是在东汉时期。

建武十五年（39），光武帝刘秀封幼子刘京（？—81）为琅邪公。建武十七年（41），晋封刘京为琅邪王，合并琅邪郡和城阳国为琅邪国。大约是因年龄小[1]，刘京长期留居京城，直至长兄汉明帝刘庄继位的第五年（62），才到琅邪就国，都城莒（今山东省日照市莒县）。汉明帝对幼弟刘京颇为宠爱，永平二年（59），增加了他的封地，将太山的盖、南武阳、华三个县，东莱的昌阳、卢乡、东牟三个县划归琅邪国。永平七年（64），太后阴丽华去世，汉明帝将母亲所有金宝财物赐予刘京。莒地原为西汉城阳王刘章的封国，立有祭祀刘章的祠堂，享受国家定期祭祀，在当地影响较大。刘京或许是不满自己的国都存在前朝封王祠堂，或许是觊觎莒地东南的平原地带，建初五年（80），他上疏汉章帝，希望迁都到开阳（当时属东海郡，今山东省临沂市）。为达成此愿，刘京提出以封国的华、盖、南武阳、厚丘、赣榆五个县交换东海郡的开阳、临沂两县。章帝很快批准了刘京的迁都要求，除了他要求的开阳、临沂，另将原属东海郡的即丘、缯两县也划归琅邪国。虽然刘京在迁都开阳的第二年就去世了，但此后一直到西晋时期，开阳都是琅邪国的政治中心。并且，从此临沂归属琅邪。尽管史籍中没有明确记载王氏族人何时由皋虞迁居临沂都乡南仁里，但基本可以确定，东汉时期，琅邪王氏的郡望已经逐渐形成了。

总之，两汉时期的琅邪王氏，在儒风盛行的时代，由秦代的军功望族转向了经学世家，进而成为世代簪缨的士族。

---

[1] 刘京的母亲光烈皇后阴丽华，共生育五子三女，最长的刘庄生于建武四年（28），最幼的刘京约生于建武十年（34）之后。刘京封王之时，年龄尚小。

第四节　魏晋南北朝：豪门望族

魏晋南北朝三百多年间，琅邪王氏族人瓜瓞连绵，政治上代有高官，文化上领导时代潮流，社会影响极大，是当之无愧的第一豪族。

一、曹魏时期

东汉后期，军阀割据，逐渐形成三国鼎立的局面。曹操统一北方，220年，曹丕称帝，国号魏，史称曹魏。这一时期，琅邪王氏的代表人物是王雄和王祥、王览兄弟。

《三国志·崔林传》注引《王氏谱》："（王）雄字元伯，太保祥之宗也。"正史中的王雄生卒年不详，与王祥的亲疏关系也不详，汪藻《琅邪临沂王氏谱》则记王雄是王览的从祖兄。王雄的仕宦经历散见于《三国志》的《崔林传》和《乌丸鲜卑东夷传》中。他入仕后相继担任过三个县的地方长官，后任西部从事。在职期间，"怀柔有术，清慎持法"，颇有政绩，升任涿郡太守。曾与王雄共事的孟达认为，涿郡仅有三千户，其中一半还是孤寡之家，而王雄文武双全，忠毅果断，以他为太守是大材小用。于是，孟达上表举荐王雄，指出涿郡不足以"舒雄智力，展其勤干"，希望魏文帝曹丕能另委重任。曹丕对王雄的胆略、才干早有了解，便让他先任散骑常侍，熟悉政务，然后再派驻到地方任职，"天下之士，欲使皆先历散骑。然后出据州郡，是吾本意也"。[1] 后来，王雄升任幽州刺史，成为曹魏北部地区的最高长官。

当时，曹魏北部是鲜卑族的众多部落，其首领轲比能统一了漠南的鲜卑各部，势力强盛，发展到"控弦十余万骑"。他一度禁止鲜卑诸部与曹魏互市马匹，并多次率部南下劫掠，曹魏北部的幽州、并州深受其害。曹魏政权为巩固北部边防，相继派田豫、毕轨征讨，皆以失败告终。虽然后来秦朗率军击败鲜卑，但轲比能远遁大漠，并未能从根本上解决北境的安全

---

[1]《三国志》卷二十四《崔林传》，第679页。

问题。何况，轲比能不仅牵制了曹魏大量兵力，还与曹魏的敌对政权蜀汉有联系。太和五年（231），诸葛亮第四次北伐时，遣使联络轲比能，约合南北夹击，而后轲比能出现在北地郡，与祁山遥相呼应，曹魏政权不得不分兵应对。为解决鲜卑诸部的威胁，王雄上疏魏明帝，提议刺杀轲比能。青龙三年（235），王雄派遣刺客韩龙完成了刺杀计划。此后，鲜卑失去了强大领袖，没有统一的领导致使内部纷争不断，鲜卑诸部再次四分五裂，"强者远遁，弱者请服。由是边陲差安，（漠）南少事，虽时颇钞盗，不能复相扇动矣。"[1] 鲜卑对曹魏北境的压力大大减轻了。王雄没有动用大量兵力，以较小的代价解决北疆危局，使曹魏避免了陷入西南蜀汉、东南孙吴和北部鲜卑三面夹击的险境，这是他任职幽州时最大的贡献，王雄也因之成为魏初名臣。时人王武《上武略士表》盛赞王雄"长涉道艺，天性仁勇，刚毅有略，约身俭己，务养吏士，能得人欢心，谓当任为大将也"。[2]

曹魏初，王雄的政绩、军功以及由此获得的政治地位，为自东汉以来衰微的琅邪王氏家族提供了发展助力，王雄因此成为家族发展史上承上启下的关键人物。王雄的儿子王浑，仕至凉州刺史，另一子王义，仕至平北将军、幽州都督，都是曹魏高官。他们能任职北部重镇，除自身的才干外，王雄长期担任北境高官应是重要原因。而王浑、王义在曹魏政权中的地位，又直接影响到了下一代。王浑之子王戎，王义之子王衍，凭父祖余荫入仕，西晋时都位至三公，又同为玄学名士。他们借助自身的地位和名望，提携了王敦、王导等族人，一方面将琅邪王氏真正推到了高门世族之列，另一方面则推动了琅邪王氏由临沂向江南的转移。

王雄之后，在他的儿孙尚未发展起来之前，是王祥、王览兄弟将琅邪王氏带到了新的高峰。王祥（184—268），字休徵，以"卧冰求鲤"名列"二十四孝"。王览（206—278），字玄通，王祥的同父异母弟，以"王览争鸩"名列"二十四悌"。

---

1 《三国志》卷三十《乌丸鲜卑东夷传》，第839、832页。
2 〔唐〕虞世南：《北堂书钞》卷一百一十五《武功部三》，北京：中国书店，1989年，第439页。

王祥出生之年，黄巾起义爆发，为镇压起义，地方豪族势力纷起。琅邪所属的徐州，是曹操与陶谦、吕布、袁术等人互相争斗厮杀的重要战场，长期战乱不休，尤以初平四年（193）为甚。此前，陶谦任徐州刺史时做了些稳定社会秩序的工作，"徐方百姓殷盛，谷实甚丰，流民多归之"，曹操父亲曹嵩也率族人到琅邪躲避战乱。是年，曹操在兖州站稳脚跟，派人迎曹嵩至兖州，行至华、费之间（今临沂市费县），被陶谦的部将所杀。曹操为父报仇，起兵攻打徐州，一直打到琅邪、东海（今临沂市郯城县），所过多所屠戮，"凡杀男女数十万人，鸡犬无余，泗水为之不流"。[1]同年，琅邪王刘容薨，战乱中的琅邪国未立琅邪王，只有琅邪相负责封国内的具体事务。直到建安十一年（206），曹操基本统一北方，才立刘熙为琅邪王。这一年，王览出生，琅邪乃至徐州的战乱依旧未能平息，尤其是海贼管承和东海郡守昌豨反叛，曹操亲赴北海国的淳于县（今山东省安丘市），分别派出了名将乐进、李典和于禁、夏侯渊进行征讨。此外，黄巾起义的余部、吕布和袁术的残余势力、以臧霸为代表的青徐豪霸，都活跃在徐州地区。各方势力争斗不休，再加上接连不断的天灾，大批百姓或者沦为流民，或者被迫成为寇盗，社会秩序始终难以稳定。

动荡的局势中，琅邪国深受影响，王祥一度带继母朱氏和王览到庐江避难，"隐居三十余年，不应州郡之命"。[2]直至朱氏去世后，王祥才应徐州刺史吕虔之召入仕：

> 文帝（曹丕）即王位……（吕虔）迁徐州刺史……请琅邪王祥为别驾，民事一以委之，世多其能任贤。[3]

吕虔是颇有名望的战将，《三国志》将他与文聘、许褚、典韦、庞德等三国名将列在同一传中，记载了他扫平黄巾起义余部、荡平盗匪的战功，

---
1 《后汉书》卷七十三《陶谦传》，第2367页。
2 《晋书》卷三十三《王祥传》，第987页。《校勘记》据《考异》，认为三十当为二十之误。
3 《三国志》卷十八《魏书·吕虔传》，第541页。

"前后数十战……躬蹈矢石,所征辄克"。同时,吕虔还是一位颇有政绩的地方官,他曾任泰山郡守,"禽奸讨暴,百姓获安"。220年,曹丕继位,吕虔被任命为徐州刺史。此前,他治理泰山郡十余年,恩威并施,积累了较多的为政经验,调任徐州刺史后,首先考虑的是如何稳定长期战乱后的徐州形势。要做到这一点,必须选一位本州内名望高、能力强、熟悉当地形势的大族代表来辅助自己,于是,经过慎重考量,吕虔聘请王祥为别驾,"民事一以委之"。[1]

王祥能够被吕虔选中,应该有多方面的原因。

首先,别驾位置重要,需从当地大族中选取。别驾是魏晋时期刺史的属员,主理民事,刺史出巡时,别乘驿车随行,故而得名。其他属员则多人合乘,可见别驾在州中地位之高。"别驾旧与刺史别乘,同流宣王化于万里者。其任居刺史之半,安可任非其人。"[2]此前陶谦的徐州别驾麋竺,是徐州东海郡富商,僮仆、食客约万人,家产上亿。后奉陶谦遗命迎刘备入主徐州,自此追随刘备,将妹妹嫁给刘备,曾一次就资助刘备两千人和大量军资,入蜀后为文臣之首,地位在诸葛亮之上。当时的琅邪王氏家族虽然不及西汉时期的显贵,也可能没有麋竺的财力,但王祥的祖父王仁曾任青州刺史,伯父王叡曾任荆州刺史,在琅邪乃至徐州都有一定影响,父亲王融多年拒绝公府征召。若王氏家族没有一定的经济基础,断不可能长期不入仕,也不能支持王祥长期隐居。从王祥后来可以联络乡里,"以州之股肱,纠合义众"[3]看,琅邪王氏的家族势力和影响力仍是不可低估的。

其次,王祥个人的名望。王祥孝名远播,被神化的"卧冰求鲤""黄雀入幕"[4]等故事,使其有一定号召力和影响力,恰好符合吕虔的要求。这

---

[1] 《三国志》卷十八《魏书·吕虔传》,第541页。
[2] 〔清〕严可均:《全上古三代秦汉三国六朝文·全晋文》卷三十七,北京:中华书局,1958年,第1672页。
[3] 〔唐〕虞世南:《北堂书钞》卷七十三《别驾》,北京:中国书店,1989年,第263页。
[4] 《晋书》卷三十三《王祥传》,第987页。"母常欲生鱼时,天寒冰冻,祥解衣将剖冰求之,冰忽自解,双鲤跃出,持之而归。母又思黄雀炙,复有黄雀数十飞入其幕,复以供母……其笃孝纯至如此。"

是他请王祥为徐州别驾的主要原因。

再次，徐州文治的需要。吕虔到徐州时，与陶谦主政徐州大不相同。陶谦治徐州时，正是军阀混战时期，徐州及周边战乱不休，陶谦更看重的是军事实力和经济实力，这是富商麋竺被选中的主要原因。220年的徐州，局势基本稳定，吕虔身为名将，在泰山郡时收复寇盗，挑选强壮者为兵，"泰山由是遂有精兵"[1]，这些精兵，有可能会带一部分到徐州，因此，吕虔不需要将军事实力和经济实力列为选拔下属官员的首要条件。同时，自北方统一，曹操已经将文治提到重要位置。建安八年（203），曹操下令：

> 丧乱已来，十有五年，后生者不见仁义礼让之风，吾甚伤之。其令郡国各修文学，县满五百户置校官，选其乡之俊造而教学之，庶几先王之道不废，而有以益于天下。[2]

北方战争减少，曹操着手文教事业，逐步恢复地方官学，希望在儒家价值观的指导下，以"仁义礼让"整齐社会风俗，促进社会教化。曹丕继位后，接受华歆建议，加强对官吏的考课。"百官有司，其务以职尽规谏，将率陈军法，朝士明制度，牧守申政事，缙绅考六艺，吾将兼览焉。"[3]吕虔作为徐州刺史，必然属于"牧守申政事"的范围。他不仅要自己熟悉政务，还需要在徐州境内推行教化，达到"缙绅考六艺"的目的。作为武将和多年地方官，吕虔很有自知之明，深知教化非自己所长，必须选当地大族中的名士，尤其是出身儒学世家的名士做自己的助手，这样才能更好地在徐州推行文治方略。于是，吕虔聘请王祥为别驾，将民事、文教托付于他。

王祥出任别驾后，针对"寇盗充斥"的局面，"率励兵士，频讨破之"，使屡经战争破坏的徐州基本安定下来，为后续的徐州治理奠定了基础。"州界清静，政化大行。"时人赞叹："海沂之康，实赖王祥。邦国不

---

1 《三国志》卷十八《魏书·吕虔传》，第541页。
2 《三国志》卷一《魏书·武帝纪》，第24页。
3 《三国志》卷二《魏书·文帝纪》，第60页。

空，别驾之功。"[1]

在徐州别驾任上，王祥不仅有荡平盗匪、治理地方的政绩，还参与了一次曹魏王朝较大的军事行动。

曹魏初，魏文帝为打压以臧霸为首的青徐豪霸，改易青徐诸将，虽然夺了臧霸兵权，却激发了黄初六年（225）的利城（今山东省临沂市临沭县）兵变。郡兵蔡方等杀太守徐质，据郡造反。此事震动朝野，魏文帝派屯骑校尉任福、步兵校尉段昭，会合青州刺史、徐州刺史赴利城平叛，并于八月亲赴徐州巡视，最终消除了青州、徐州的割据势力，巩固了北方的统一。

在此次平叛中，吕虔作为军事统帅之一，"讨利城叛贼，斩获有功"。[2] 王祥身为徐州别驾，"以州之股肱，纠合义众"[3]，在此次平叛中出力甚多。钱大昕在《廿二史考异》中考证：《晋书·王祥传》所指的"寇盗"，即《三国志·吕虔传》的"利城叛贼"[4]。王祥能够率领士兵"频讨破之"，既符合曹魏王朝的利益，又在一定程度上稳固了自己在徐州的地位。正是在此次军事行动后，王祥的政治地位逐渐上升。

曹魏初，文帝曹丕、明帝曹叡改变了曹操时期的"唯才是举"方针，选拔官吏德才并重，并且是"先举性行，而后言才"。[5] 王祥孝名远播，又有治民之干和平叛之功，恰好符合文帝和明帝的选官标准。另外，王雄已经是幽州刺史，坐镇北方，很可能也会对王祥多加提携。此后，王祥"举秀才，除温令，累迁大司农。"[6] 温县，在洛阳东南一百二十里，是当时的朝廷重臣司马懿的家乡。很可能在温县任职时，王祥就与司马氏建立了联系，

---

1 《晋书》卷三十三《王祥传》，第987、988页。
2 《三国志》卷十八《魏书·吕虔传》，第541页。
3 〔唐〕虞世南：《北堂书钞》卷七十三《别驾》，北京：中国书店，1989年，第263页。
4 〔清〕钱大昕著，孙开萍等点校：《廿二史考异》卷二十一，南京：江苏古籍出版社，1997年，第463页。
5 《三国志》卷二十二《卢毓传》，第652页。
6 《晋书》卷三十三《王祥传》，第988页。大司农是九卿之一，掌管铸币、粮谷、盐铁，负责中央政府的开支。

因此才能在司马懿掌控政权后青云直上。

景初三年（239），魏明帝病重，太子曹芳年幼，明帝临终指定了曹爽和司马懿为辅政大臣。正始（240—249）年间，曹爽提拔何晏、夏侯玄、丁谧、邓飏、李胜等青年权贵，司马懿拉拢蒋济、孙礼、刘放、孙资、傅嘏、钟毓、卢毓等追随曹操起家的元老重臣，两大政治集团为争夺最高统治权互相倾轧。嘉平元年（249），曹爽陪曹芳出城祭拜魏明帝高平陵，司马懿趁机发动政变，将曹爽集团一网打尽。大司农桓范被株连，继任大司农的正是王祥。此前，王祥没有直接参与两大政治集团的斗争，以致他从温令到大司农之间"累迁"何职都没有记载。尽管王祥处于相对边缘的位置，但从他政变一结束就升任大司农来看，王祥显然站在了司马氏一边。曹魏后期，王祥一路升迁，直至三公之一的太尉。西晋建立，王祥拜太保，封睢陵公。

王祥的仕宦生涯，除了任徐州别驾时有些具体事功，其他时间基本没有突出功业载于史册。尤其是在司马氏篡夺曹魏政权的过程中，王祥既无力阻止权力争夺，又因孝名甚高被司马氏当成"以孝治天下"[1]的政治装饰品，无法远离朝堂。王祥临终回首一生，感慨自己"无毗佐之勋"[2]并非谦逊之词。尽管如此，王祥还是升至三公，王览也凭借兄长提携仕至太中大夫。王祥、王览兄弟所获得的政治地位，为琅邪王氏家族以后的发展提供了较好的条件。曹魏初，开始实行九品中正制[3]。至西晋时期，选官途径逐渐固化，"台阁选举，涂塞耳目，九品访人，唯问中正。故据上品者，非公侯之子孙，则当途之昆弟也"。[4]当时，王祥、王览已是朝堂名臣，借助九品中正制，他们的下一代，除了早亡的，都是西晋高官。据《晋书·王祥

---

1 《晋书》卷三十三《何曾传》，第995页。
2 《晋书》卷三十三《王祥传》，第989页。
3 九品中正制是魏晋南北朝时期的选官制度。州设大中正，郡县设小中正，对全国知识分子（包括已任职的中下级官员），依他们的家世、品行和才能，分别评定为九个等级，称为"九品"，即上上、上中、上下、中上、中中、中下、下上、下中、下下。评定等级之后，小中正呈报大中正，大中正复核后呈报宰相，宰相审定后送到吏部，作为官吏任免或升降的标准。
4 《晋书》卷四十八《段灼传》，第1347页。

传》列表如下（见表1-2）：

表1-2 王祥、王览诸子官职表

姓名		官职
王祥之子	王肇	给事中、始平太守
	王夏	早卒
	王馥	睢陵侯、上洛太守
	王烈	早卒
	王芬	早卒
王览之子	王裁	袭王览爵即丘子，抚军长史
	王基	治书御史
	王会	侍御史
	王正	尚书郎
	王彦	中护军
	王琛	国子祭酒

总之，通过王雄、王祥和王览的努力，曹魏时期的琅邪王氏一步步走出衰落期，进入了高门士族的行列。早在王祥任徐州别驾之时，颇具识人之明的吕虔已经预测到王祥日后必将飞黄腾达，便将自己的佩刀赠给了王祥。据传此刀只有位至三公的人才能佩带，否则"刀或为害"。吕虔对王祥说："卿有公辅之量，故以相与。"后来王祥果然位至三公，他临终前，大约是考虑到儿子和侄子之间的差距，便将佩刀转赠给了王览，说"汝后必兴，足称此刀"。[1]自东晋至隋唐，活跃在历史舞台上的王氏子弟都是王览后裔，"子孙繁衍，颇有贤才相系，奕世之盛，古今少比焉"。[2]琅邪王氏家族保持一流高门地位达三百年之久，尤以王览嫡长孙王导的分支为盛，史家赞叹"恬（王导子王恬）珣（王导孙王珣）踵德，副吕虔之赠刀"。[3]

---

[1]《晋书》卷三十三《王祥传》，第991页。
[2]《三国志》卷十八《魏书·吕虔传》，第541页。
[3]《晋书》卷六十五《王导传》，第1761页。

二、西晋时期

西晋（265—317）是魏晋南北朝时期唯一的统一政权，也是中国历史上著名的短命王朝之一。这一时期，是琅邪王氏向一流门阀士族发展的关键阶段，其代表性人物是王戎和王衍。

王戎（234—305），字濬冲，幼有神童之名，十五岁结识父亲的同僚阮籍，与嵇康、山涛、阮咸、刘伶、向秀号称"竹林七贤"。司马昭执政，辟王戎为掾。此后他历任吏部郎、散骑常侍，熟悉政务后出为河东太守，咸宁二年（276）升任荆州刺史，咸宁四年（278）转任豫州刺史[1]，参与伐吴之战，立下了赫赫战功。

早在景元四年（263），司马昭就定下先灭蜀后灭吴的计划，"今宜先取蜀，三年之后，因巴蜀顺流之势，水陆并进"。[2]灭蜀不久，司马昭去世，司马炎急于代魏自立，西晋建立后又忙于巩固自身权位，再加上西北少数民族的反抗、晋吴前线军事储备不足，尤其水军不及孙吴等原因，灭吴之事一直拖延下来。但晋武帝始终未放弃灭吴，在将帅选用、军资储备、战略规划方面做了多方面的准备，尤其在泰始五年（269）任命东莞王（后改封为琅邪王）司马伷为都督徐州诸军事，羊祜为都督荆州诸军事，泰始八年（272）任命王濬为益州刺史，训练水军，在长江下游、中游和上游做了长期的战前准备。

咸宁五年（279）十一月，晋武帝发动了灭吴之役。当时的战略部署是：在长江下游，琅邪王司马伷自下邳向涂中（今安徽省滁州市）方向进军，安东将军王浑自寿春向横江（今安徽省和县）方向进军；在长江中游，建威将军王戎自豫州向武昌方向进军，平南将军胡奋自荆州向夏口方向进军，镇南大将军杜预自襄阳向江陵方向进军；在长江上游，龙骧将军王濬和巴东监军唐彬自巴蜀顺江而下。20万大军，六路齐进，在沿长江千余里的战线上，上下游配合，直趋建业。

---

1 二十五史刊行委员会编：《二十五史补编》，万斯同：《晋方镇年表》，北京：中华书局，1955年，第3387页。
2 《晋书》卷二《文帝纪》，第38页。

在这次统一南北的战争中,王戎奉命督军南下,与胡奋、杜预配合,夺取长江中游的战略要地,以策应王濬统率的水军。当王濬顺江而下之时,王戎派遣参军罗尚、刘乔为前锋,撕破吴军的江夏防线,兵临武昌城下。待王濬配合胡奋军攻克夏口,王戎即亲自督大军至长江沿岸,会同王濬攻克武昌,吴将杨雍、孙述及江夏太守刘朗各率众归降王戎。拿下武昌,等于打开了孙吴的大门。王戎督军乘胜前进,吴将孟泰见势不敌,遂以蕲春、邾县二县降于王戎。此后,王戎忙于稳定新占领的孙吴荆州一地,"绥慰新附,宣扬威惠"[1],在军事占领之后施以政治软化,为继续东进的王濬大军扫平后顾之忧。280年三月,王濬率军攻入建业,吴主孙皓投降,吴国灭亡。自汉末分裂割据将近百年的局面至此结束,三国归于统一。战后,晋武帝论功行赏,王戎晋爵安丰县侯,增食邑六千户,并赐绢六千匹。

太康二年(281),王戎入朝任侍中,颇受晋武帝器重。至太康末年,升任吏部尚书,负责朝廷官员的选拔。

西晋统一后,政治基本稳定,社会经济繁荣,史称"太康之治"。但平静的表象下,潜伏着几大隐患,随着时间的推移,构成了对西晋王朝的严重威胁。首先,晋武帝大封同姓王,本意是希望宗室出镇地方,以此藩卫皇室,但后来随着统治阶级内部矛盾的发展,诸王大部分卷入了争夺最高统治权的斗争,反而削弱了中央的统治。其次,为维护智力有问题的太子司马衷的地位,晋武帝相继培植了皇后杨氏家族、太子妃贾氏家族等外戚势力,但二者之间的争权夺利,爆发了惨烈的宫廷政变,埋下了日后大动乱的祸根。再次,平吴后,晋武帝日渐骄奢淫逸,贪财好色,上行下效,群臣也多奢靡无度。为了支持豪奢的生活,达官显贵们多不择手段地盘剥百姓,聚敛财富,致使国内流民日增,阶级矛盾激化。

太熙元年(290)三月,晋武帝病重,安排叔父汝南王司马亮和皇后杨芷的父亲杨骏为辅政大臣,希望宗室与外戚联手辅佐太子司马衷,期待

---

1 《晋书》卷四十三《王戎传》,第1232页。

日后聪慧的皇孙司马遹能顺利继位。但晋武帝昏迷时，杨骏篡改遗诏，排挤汝南王亮，自己独掌大权。四月，晋武帝病死，太子司马衷即位，是为晋惠帝。

晋惠帝是中国历史上著名的白痴皇帝，他在位期间，爆发了宗室、外戚争夺最高统治权的八王之乱（291—306），加速了西晋的灭亡。

首先是外戚杨氏登场，杨骏以太傅、大都督名义总揽军政大权，任用亲信，排挤宗室诸王和张华、王戎、裴楷等朝中大臣，引发了宗室和晋惠帝皇后贾南风的不满。永平元年（291年，三月后改元元康）二月，贾南风联络楚王玮、东安公繇发动宫廷政变，杀杨骏及其党羽，朝堂共议，推汝南王亮及太保卫瓘共同辅政。贾南风不甘心为他人做嫁衣，很快指使楚王玮杀汝南王亮和卫瓘，又以矫诏擅杀辅政大臣的罪名杀楚王玮。自此，西晋大权落到贾南风手中，贾南风专执朝政长达十年。永康元年（300）三月，贾南风废杀太子司马遹。四月，赵王伦矫诏起兵，劫持晋惠帝，废贾南风为庶人，不久将她毒死。永宁元年（301）正月，赵王伦囚禁晋惠帝，自己登基称帝，引发了各派势力的反对。此后，齐王冏、长沙王乂、成都王颖、河间王颙、东海王越等宗室诸王相继卷入争夺皇权的斗争中，由宫廷内讧发展为波及中国北方大部区域的诸王混战。直至光熙元年末（307年初），东海王越毒死晋惠帝，立晋怀帝，战乱才告一段落。

在八王之乱中，王戎虽长期任职中枢，官至司徒，但与权力争斗始终保持一定距离。无论是劝谏司马繇远离权势以避祸，在废太子事件中一言不发，还是劝齐王冏放弃执政权，都可看出王戎明哲保身的态度。他周旋于宗室、外戚、权臣间，在战乱中竭力保全自己与宗族。永兴二年（305），王戎病死，终年72岁。此后，王衍成为琅邪王氏家族的代表。

王衍（255—311），字夷甫，少年时即被名士山涛、仆射羊祜、外戚杨骏看重，有"宁馨儿"之誉。成年后，入仕为太子舍人、尚书郎，出为元城县令。当时，正是玄学清谈风行之时，王衍身为玄学名士，声望日隆，又得从兄王戎提携，很快入朝任中庶子、黄门侍郎、北军中侯。元康年间，贾南风执掌大权，王衍的妻子是贾南风表妹，女儿是太子妃，从兄王戎为朝廷重臣。凭借名士身份和层层姻亲关系，王衍于元康七年（297）升任禁军高级将领——领军将军，元康九年（299）迁尚书令。此后战乱频发，赵王伦篡权，王衍被免官，齐王冏、成都王颖执政时期，王衍复起。至八王之乱后期，王衍的地位进一步提升，相继任中书令、尚书令、司徒。时东海王越执政，因他是司马懿弟司马馗之孙，属宗室远支，号召力有限，在大乱之后，为获得朝臣支持，尤其是世家大族的支持，不得不选择出身世家的名士合作。当时的王衍已经是名士领袖，"名盖四海，身居重任"[1]，是东海王越必须拉拢的对象。通过王衍，可以将大部分世家名士网罗到朝堂，给时人一个东海王越掌控的政权得到世家大族支持的印象。而王衍则可以通过与东海王越的合作，为自己、为琅邪王氏家族获取官位权势，借以在乱世中自保。二人各取所需，得以共同执政，维系着摇摇欲坠的西晋政权。

八王之乱中，北方匈奴、鲜卑、羯、氐、羌等少数民族趁西晋内乱大量进入中原，相继建立了汉、前赵政权，与西晋政权之间的战争持续不断。再加上频繁的天灾，数十万百姓被迫逃离家园，沦为流民，更加剧了社会动荡。为能在混乱的局势中有更好的退路，东海王越与王衍着手安排了琅邪王司马睿与王导稳固徐州大本营，并进一步向江南发展。田余庆《东晋门阀政治》称：这一时期的西晋朝廷，其实是司马越与王衍的"共天下"，在他们的操纵下，"另一个王与马相结合的政治中心正在形成，这就是晋琅邪王司马睿与琅邪王导在徐州开启的局面"。[2]此外，王衍有意识地为王氏家族向江南拓展空间，其弟王澄被任命为荆州刺史，族弟王旷出任丹杨[3]郡（郡治与扬州刺史同在建邺，今江苏省南京市）太守。司马睿与王导南下扬州后，王衍将族弟王敦由青州刺史调任扬州刺史。由此，江南的荆州、扬州两大军镇便处于琅邪王氏族人的控制之下，为王氏全族向江南转移提供了契机。总之，司马越和王衍在洛阳的"共天下"，为东晋初年形成"王与马，共天下"的政治格局奠定了基础，是琅邪王氏家族崛起过程中关键的

---

1 《晋书》卷四十三《王衍传》，第1238页。
2 田余庆：《东晋门阀政治》，北京：北京大学出版社，1989年，第11页。
3 后改称丹阳，郡治建邺。313年，晋愍帝司马邺继位，为避讳改为建康。

阶段。

永嘉四年（310），中原局势进一步恶化。十月，匈奴汉政权派刘曜、王如、石勒等大举进攻西晋都城洛阳。司马越向各地发出檄文，征调四方兵马入援京师。然各地军镇长官或自顾不暇，或观望不救，延至十一月，并无救兵前来。且司马越把持朝政，与晋怀帝和朝臣之间的矛盾日益激化，为在内忧外患中巩固自己的权力，司马越以讨伐石勒为名，率领西晋王朝最后的精兵强将撤出洛阳，向许昌进发，进而向东南转移。

永嘉五年（311）三月，司马越在内外交困中病死于项城（今河南省周口市沈丘县）。六军共推王衍为帅，奉司马越灵柩还葬东海国（今山东省临沂市郯城县），实际上还是要继续向东南撤退。不久被石勒追及，宁平城（今河南省周口市郸城县）一战，十余万晋军全军覆没。王衍被俘后，竭力讨好石勒，甚至劝他脱离匈奴汉政权自立为王，被石勒痛斥"破坏天下，正是君罪"[1]，当夜派人推倒墙壁，将王衍"填杀"。

永嘉五年（311）六月，洛阳陷落，晋怀帝被俘，次年遇害。西晋部分朝臣拥立秦王司马邺在长安称帝，是为晋愍帝。建兴四年（316），晋愍帝被迫向刘曜投降，次年被杀，西晋灭亡。

从八王之乱到五胡纷争，中国北方处处战乱，疮痍满地，更兼频繁的天灾，流民纷起，西晋的有生力量被消耗殆尽，最终走向亡国。在这场浩劫中，即便是权贵名族也难以避免卷入其中，五十余宗室诸王、外戚杨氏与贾氏，或死于宫廷政变，或殁于战乱，张华、石崇、潘岳、欧阳建等朝臣被诛灭三族，权臣卫瓘、裴頠家族皆遭重创。琅邪王氏家族也屡经巨变。王戎、王衍皆为玄学名士，又相继为三公，握有一定实权。他们利用自己显赫的地位和声望，在相对稳定的时间里，借助九品中正制度，援引王氏子弟入仕。再加上他们与司马皇室、贾氏和郭氏等外戚，以及河东裴氏、沛国刘氏等大族联姻，提高了琅邪王氏的政治地位和社会地位，使琅邪王氏家族真正成为一流门阀士族。但家族地位的提升是一把双刃剑，王

---

1 《晋书》卷四十三《王衍传》，第1238页。

戎、王衍身居高位，在惨烈的政治斗争中随时会有杀身灭门之祸。因此，明哲保身成为他们的首要目标。他们竭尽所能避免卷入皇权、宗室、外戚之间的权力争斗，利用宗族、姻亲、同僚等关系，尽量保全自身与家族，甚至不惜装疯卖傻[1]，在重重危局中躲过了多次权力纷争中的杀戮，并在中原大乱的情况下为家族寻找出路。尤其在王衍与司马越执掌朝政时，安排王澄、王旷、王敦、王导等人南下，为琅邪王氏家族向南方转移、开创"王与马，共天下"的新局面做好了铺垫。

三、东晋时期

永嘉元年（307），王导等人辅助琅邪王司马睿渡江南下。不久，王敦调任扬州刺史。兄弟两人一文一武，一内一外，共同搭建起了东晋王朝的基本构架，也将琅邪王氏家族推上了巅峰，在江南大地书写出波澜壮阔的一笔。

（一）定策南迁

琅邪王氏家族的南迁与西晋后期王衍的安排有关，但实际执行的，都是王览的后裔，尤以王导（276—339）、王敦（266—324）和王旷所起的作用最大。

最早提出南迁的是王旷。王旷字世弘，是王羲之的父亲，生卒年不详，早期经历不详，只在《晋书·惠帝纪》《晋书·王羲之传》《语林》中有只言片语的记载。初载于史册是任丹杨郡太守。永兴二年（305）十二月，扬州爆发陈敏之乱，陈敏"逐扬州刺史刘机、丹杨太守王旷"。[2] 为收复失地，王旷北上求助于自己的姨表弟琅邪司马睿和堂弟王导[3]。当时他

---

[1] 《晋书》卷四十三《王衍传》，第1237页。"衍素轻赵王伦之为人。及伦篡位，衍阳狂斫婢以自免。"
[2] 《晋书》卷四《惠帝纪》，第106页。
[3] 王正与琅邪司马觐都娶夏侯庄之女，王正生王旷、王廙和王彬，司马觐生司马睿。《晋书·王廙传》载："王廙，字世将，丞相从弟，而元帝姨弟也。"王廙与王导、司马睿都生于276年，王旷应该是司马睿表兄、王导堂兄。

们镇守下邳，是徐州的最高军事长官，也是王旷能找到的最近的且有一定实力的援手。王旷在江南的政治中心任职，熟悉江南形势，力劝司马睿渡江南下，"元帝之过江也，旷首创其议"。[1]

当然，全族向江南转移，并非王旷一人之功，做出更大贡献的是王导。《晋书·元帝纪》载："永嘉初，用王导计，始镇建邺。"[2]

王导，字茂弘，王览嫡长孙，十四岁时，即被称赞为"将相之器"。元康年间（291—299），王戎、王衍皆为朝中显贵，王敦尚晋武帝女襄城公主，三人皆为玄学名士，声名显赫。王导虽然也常出入王恺、石崇等权贵之家，结交裴頠、阮瞻、王承等清谈名士，却始终未真正进入官场。究其原因，应是王导有敏锐的政治直觉。他周旋于洛阳上层权贵之间，综合分析宗室、外戚、朝臣等政治势力后，察觉到了表面平静的朝堂背后隐藏着巨大的凶险。在未有定局之时，王导选择远离政治纷争，接连拒绝了朝廷征召他为东阁祭酒、秘书郎、太子舍人、尚书郎等官职，仅仅承袭了祖父的爵位即丘子。直到永兴二年（305），东海王越被推为盟主，控制了东方大部分区域，王导才终于以"参东海王越军事"[3]的身份正式踏入官场，三十余年纵横捭阖的政治生涯自此起步。

作为出色的政治家，又静观朝局多年，王导知道经诸王互相残杀、五胡趁乱入华后，中原已经满目疮痍，社会经济濒于崩溃。当时，只有江南战乱较少，又早在孙吴政权控制江东时期得到迅速发展。西晋文学家左思《吴都赋》盛赞："其四野则畛畷无数，膏腴兼倍……煮海为盐，采山铸钱。国税再熟之稻，乡贡八蚕之绵。"[4]王导注意到，繁荣富庶的江南，或可成为复兴晋室之基，也可借此建立琅邪王氏家族的霸业。但王导有意远离朝堂的举措，致使他的政治地位和声望远不及王衍、王澄、王敦和王旷。没有

---

1 《晋书》卷八十《王羲之传》，第2093页。
2 《晋书》卷六《元帝纪》，第144页。
3 《晋书》卷六十五《王导传》，第1745页。
4 〔清〕严可均：《全上古三代秦汉三国六朝文·全晋文》卷七十四，北京：中华书局，1958年，第1885页。

强有力的政治势力支持,很难做出一番功业。而当时的东海王府,人才济济,"司马太傅府多名士,一时隽异"[1],王导暂时无法进入中枢。何况,司马越和王衍虽然也考虑江南的作用,王衍甚至为琅邪王氏家族安排了"三窟"[2],但重心仍然放在中原。因此,洛阳被围,王衍在众人提议迁都避难时,卖掉自己的车、牛以示留守洛阳,安抚人心。这与王导的规划有较大差距,他留在东海王府,或许以后也没有太大发展空间。

永兴二年(305)八月,司马越命琅邪王司马睿为平东将军,托付以镇守徐州的重任。司马睿请王导为司马,"军谋密策,知无不为"。王导离开权势显赫的东海王,转而追随名位不显的琅邪王。据《晋书·王导传》记载:"时元帝为琅邪王,与导素相亲善。导知天下已乱,遂倾心推奉,潜有兴复之志。"[3]此言多半是后人附会,当时无论是司马睿还是王导,都不可能预料到十二年后司马睿在建康称帝。所谓"倾心推奉",除了王导与司马睿一向私交甚好的个人情谊,以及琅邪王氏与琅邪司马氏两大家族的姻亲关系[4],应该是王导考虑到司马睿所辖区域临近江南,便于日后向江南发展。

王导随司马睿坐镇下邳近两年。这期间,司马越与王衍掌控洛阳朝局,但与晋怀帝以及其他朝臣和部分封疆大吏的矛盾越来越尖锐,司马越的权势受到威胁。徐州本为司马越的封国所在地,也是司马越的大后方,但徐州临近江南,一旦江南不稳,势必影响徐州,进而影响到司马越在朝中的地位。陈敏之乱爆发后,是江东士族率领部曲私兵协助西晋军队平定叛乱,稳定江南局势。他们有较强的地方势力,乱世之中不愿应召入洛阳为官,有分裂独立的倾向。为加强对江南的控制,司马越必须派代理人南

---

1 余嘉锡:《世说新语笺疏》,上海:上海古籍出版社,1993年,第439页。
2 《晋书》卷四十三《王衍传》,第1237页。"以弟澄为荆州,族弟敦为青州。因谓澄、敦曰:'荆州有江、汉之固,青州有负海之险,卿二人在外,而吾留此,足以为三窟矣。'"
3 《晋书》卷六十五《王导传》,第1745页。
4 司马睿自幼即与姨表兄弟王旷、王廙、王彬以及王敦、王导关系亲近。《晋书》卷七十六《王廙传》,第2003页,王廙自述:"恩侔于兄弟,义同于交友。"《晋书》卷九十八《王敦传》,第2556页,司马睿对王敦说:"与卿及茂弘当管鲍之交。"

下，及时填补陈敏败亡后的江南权力真空。此前，为平定陈敏之乱，司马越派周馥屯驻淮南郡寿春，都督扬州江北诸军事。但周馥不满司马越的专制，"以东海王越不尽臣节，每言论厉然，越深惮之"。[1] 双方的矛盾冲突越来越激化，周馥甚至越过司马越直接上表给晋怀帝，提议迁都寿春，以摆脱司马越的控制，并直接拒绝司马越召他入京的命令，甚至袭击听命于司马越的淮南太守裴硕。对此，司马越不得不在扬州安插自己的人，以防备周馥。当时，司马越与王衍的合作，决定了他们派到江南的最佳搭档是西晋宗室与琅邪王氏子弟，已在下邳两年的司马睿与王导恰好符合要求。永嘉元年（307）七月，"以平东将军、琅邪王睿为安东将军，都督扬州江南诸军事、假节，镇建邺"。[2]

王导在下邳的两年，搜集了大量有关江南的信息，尤其是从王旷处获悉江南实情，他更加确定了江南就是躲避胡族侵扰、保存社稷的最后退路。当时，随着司马越专权跋扈，树敌越来越多，以王导的政治眼光，已经看到了司马越败亡的命运。若此时渡江南下，司马睿便可乘机发展自己的势力，便于日后逐步摆脱司马越的控制，谋求政治独立，琅邪王氏家族亦可南下躲避战乱。正是在这一时期，王导谋求的举族南迁与"倾心推奉"司马睿建立帝业才真正联系起来。于是，王导力劝司马睿提早规划江南之事：

> 导与元帝有布衣之好，知中国将乱，劝帝渡江，求为安东司马，政皆决之，号仲父。晋中兴之功，导实居其首。[3]

除了王导、王旷，王敦可能也参与了南迁计划，东晋裴启《语林》载：

> 大将军（敦）、丞相（导）诸人在此时闭户共为谋身之计，王旷世弘来在户外，诸人不容之。旷乃剔壁窥之，曰："天下大

---

[1]《晋书》卷六十一《周馥传》，第1663页。
[2]《晋书》卷五《孝怀帝纪》，第117页。
[3] 余嘉锡：《世说新语笺疏·言语》，上海：上海古籍出版社，1993年，第95页。

乱，诸君欲何所图谋？"将欲告官。遽而纳之，遂建江左之策。"[1]

此外，司马越的王妃裴氏，也是南迁计划的推手之一。裴妃兄长裴盾时任徐州刺史，与司马睿共治下邳，另一兄长裴邵，为司马睿安东府长史。可能是因兄长之故，裴妃曾推动过司马睿南渡。"初，元帝镇建邺，裴妃之意也，帝深德之。"[2]

田余庆《东晋门阀政治·释"王与马共天下"》总结南渡计划的提出与实施：

> 南渡问题不是一人一时的匆匆决断，而是经过很多人的反复谋划。概括言之，南渡之举王氏兄弟曾策划于密室，其中王旷首倡其议，王敦助其谋，王导以参东海王越军事，为琅邪王睿司马的关键地位主持其事；裴妃亦有此意，居内大力赞助；最后决策当出自司马越与王衍二人，特别是司马越……至于司马睿本人，如《晋书》卷五九《八王传·序》所说："譬彼诸王，权轻众寡，度长絜大，不可同年"，所以他在南渡问题上只能是被动从命，无决断权。[3]

（二）"王与马，共天下"

永嘉元年（307），司马睿携王导等人渡江南下，走出了建立东晋政权的第一步。

初到江南，司马睿面临的是极为困窘的局面。首先，他是以安东将军的身份"都督扬州江南诸军事"，能够控制的区域仅有丹杨、吴兴、吴、会稽等郡，面积只有扬州辖区的六分之一。其次，陈敏败亡后，江东局势并未完全稳固，不仅战乱时有发生，江东士族也未完全归附，南北士族之间

---

[1]〔宋〕李昉：《太平御览》卷一八四《居处部》卷十二引《语林》，北京：中华书局，2000年，第892页。

[2]《晋书》卷五十九《东海王越传》，第1626页。

[3] 田余庆：《东晋门阀政治》，北京：北京大学出版社，1989年，第19页。

矛盾不断。再次，扬州刺史刘机未必真心与司马睿合作，周边尚有周馥、华轶等地方势力，尤其司马越掌控中央政权，司马睿独立发展的困难极大。在荆棘重重的情况下，王导与王敦联合大部分南北士族，竭尽全力扩大在江东的统治势力，最终将司马睿推上帝位，开启了门阀政治时代，也将琅邪王氏推上了顶峰。

1. 稳固江东

永嘉元年（307）七月，司马睿接到任命，九月抵达建邺。十一月，其母夏侯太妃去世，司马睿回琅邪国奔丧，次年才返回江东。这期间，主要是王导坐镇江东。他制定了"谦以接士，俭以足用，以清静为政，抚绥新旧"[1]的施政方针，有条不紊地开展稳固江东的工作。

"谦以接士"主要是指招揽南北士族，与"抚绥新旧"相辅相成。所谓"新"，是指原居北方，后随司马睿南下的官员、士族和普通百姓，"旧"则是指南方的士族和百姓。

永嘉以后，随着中原战况愈加不利，惨烈的战争屠杀和残酷的民族压迫使大量北方官民南下避乱，"时海内大乱，独江东差安，中国士民避乱者多南渡江"[2]，史称"永嘉南渡"。短时间内，江东涌入了大量人口，尤其是洛阳陷落后，"中州士女避乱江左者十六七"。[3]大量北方人迁居江南，挤占了南方人的部分资源，双方矛盾冲突在所难免，但在民族危亡关头，南北方人又必须团结合作才能共抗胡虏。如何解决南北方人之间的矛盾冲突，促成他们联手抗御外敌，是王导必须解决的问题。

首先是解决南北士族之争。王导一方面保障追随司马睿南下的北方士族、官员的利益，另一方面又拉拢南方士族，保障他们的权益。

在政治上，王导劝司马睿从南渡士族中选取人才，"收其贤人君子，与之图事"。[4]所选拔的掾属百余人，时人谓之"百六掾"。这些人后来在东

---

1 《资治通鉴》卷八十六，永嘉元年，第2731页。
2 《资治通鉴》卷八十七，永嘉五年，第2766页。
3 《晋书》卷六十五《王导传》，第1746页。
4 《晋书》卷六《元帝纪》，第145页。

晋政权中居于核心地位，长期把持尚书、侍中等要职。对江东士族，尤其是顾、陆、朱、张等大族，王导尽力笼络。他亲自造访顾荣、贺循，将他们拉进司马睿的军府中，以后又对纪瞻、甘卓等"南土之秀"[1]委以要职。但对有军事实力且有独立倾向的周玘、周勰等人，王导与司马睿始终保持警惕，坚持用稳妥的办法解决，并非一味强行镇压，最终消弭其反抗倾向。

在经济上，延续了西晋时期的占田荫客制，允许官员按官品高低占有一定的土地和劳动力，并免除赋役："都下人多为诸王公贵人左右、佃客、典计、衣食客之类，皆无课役。"[2]由此，南渡士族可以在江南广占土地，建立新的家园。为避免南北士族之间的经济利益冲突，王导要求南下的北方士族"求田问舍"需要避开江东士族产业集中的丹杨、吴兴和吴郡，到会稽、临海、京口、晋陵等地建立庄园。

在文化方面，王导利用自己名士领袖的身份，在江东推广玄学清谈。一方面给南渡士族营造熟悉的文化氛围，让他们摆脱国破家亡的伤感情绪，振奋精神巩固新政权。另一方面，让江东士族了解并接受玄学，认识到这是有利于士族控制政权的思想武器，从而进一步接受新政权的统治。（详见第三章）

当然，南北士族之间始终存在着矛盾冲突，王导能做的，就是尽量保障双方的利益，弥合双方的隔阂。为此，他一过江即准备与江东陆氏联姻，并主动学习吴语，拉近与南方士族的关系，推动南北士族的携手合作。

其次是安抚北方南下的流民。中原战乱，江东相对安定，"百姓之自拔南奔者，并谓之侨人"。[3]当时，北方百姓往往以宗族为单位，集合某一区域的数百甚至数千家集体南迁。他们一般推举流民帅，如祖逖、郗鉴、苏峻等人，在南下的过程中不断与胡人作战，逐渐形成了战斗力较强的军事集团。若不能妥善安置，他们很可能会在江东引发一系列动荡；若安置妥当，这些流民就是维系新政权的军事力量之一，也是开发江南的重要劳

----

[1]《晋书》卷六十五《王导传》，第1746页。
[2]〔唐〕魏征：《隋书》卷二十四《食货志》，北京：中华书局，1973年，第674页。
[3]《隋书》卷二十四《食货志》，第673页。

动人手。

王导主政的江东政权，按照"以清静为政，抚绥新旧"的方针，在流民相对集中的地区，"取旧壤之名，侨立郡县"。[1]如设琅邪郡怀德县（后改名费县），安置近千户南迁的琅邪国人。此后又相继设临沂、开阳、阳都、即丘等侨县，皆是琅邪国的旧属地名称。大量侨置郡县，既可以安排部分士族入仕为官，又能安置南下的流民，给予一定免除赋役的优待，便于他们在江南安定下来，推动江南经济开发，再加上他们大多被安排在长江北岸，逐渐成为东晋政权抗御胡人、保卫建康的武装力量。田余庆《东晋门阀政治》称："东晋一朝，皇帝垂拱，士族当权，流民出力，门阀政治才能维持。"[2]

总之，王导在过江之初就为东晋制定了基本施政方针，并能较好地贯彻施行，安抚渡江南下的北方士族和流民，笼络江东士族，调停南人与北人之间的政治矛盾和经济利益纷争，在错综复杂的局势中，尽力维持各方势力的相对平衡，为司马睿在江东建立新政权奠定了基础。

2. 开疆拓土

与王导在建康主持政务不同，王敦长期在外，主要担任武力征讨、拓土开疆的任务，从军事上确保了东晋政权的建立与稳固。

王敦（266—324），字处仲，王览次子王基之子，尚晋武帝女襄城公主，元康年间任太子舍人。当时王戎、王衍任职中枢，为保住自己的权位，竭力避免卷入政治纷争。如在贾南风废太子事件中，王戎在朝堂争论中一言不发，王衍上表让女儿与太子离婚。王敦却明确站在太子一方，不顾禁令拜送被迁居许昌的太子。不久，赵王伦篡位，齐王冏起兵讨伐，王敦积极参与其中，劝说时任兖州刺史的叔父王彦起兵，在诸王共讨赵王伦的战争中获得一定战功。在战乱中，王敦的政治、军事才能逐渐展示出来。短短数年，他就从太子属官升为侍中，又在王衍的"三窟"计划中，被任命

---

1 《隋书》卷二十四《食货志》，第673页。
2 田余庆：《东晋门阀政治》，北京：北京大学出版社，1989年，第349页。

为青州刺史，此后又因稳固江南之需，调任扬州刺史。

王敦南下时，司马睿仅能控制扬州局部，江南的大部分地区尤其是荆州、湘州、江州等长江沿线重镇以及珠江流域的交州、广州都在他人控制之下。在中原战乱、江南流民起义频发的时代，这些州郡长官基本处于各自为政的状态，与司马睿的新政权有一定隔阂甚至敌对。当时，北方局势进一步恶化，西晋都城洛阳已经处于胡族势力包围之中，岌岌可危。大批北方士族、百姓避乱南迁，若江南仍四分五裂，江东土著和南迁的北人之间的矛盾会越来越激化。新政权不仅无法立足，更无法与北方胡族政权相抗衡。当此危急时刻，王敦利用手中的军队，逐步荡平江南的分裂势力。

首先是稳固司马睿在扬州的统治。永嘉四年（310），司马越调任王敦为尚书，命他与建武将军钱璯率部北上洛阳，以加强都城军事力量，当然，也是有意削弱琅邪王司马睿势力之举。途中，发生了钱璯谋反事件，王敦匆忙逃回建邺，向司马睿告变。在周玘率领乡里义众协助下，司马睿才将钱璯叛军镇压。此时，北方战乱愈加惨烈，王敦最终放弃了去洛阳任职。但他无法再任扬州刺史，因尚书的任命下达之日，司马越即以晋怀帝的诏令形式，派刘陶出任扬州刺史。当时无论是司马睿还是王敦，都无法与司马越掌控的中央相抗衡，只能接受刘陶任职。王敦则以军谘祭酒的身份，进入了司马睿的安东将军府，与王导一起成为司马睿的左膀右臂，"敦与从弟导等同心翼戴，以隆中兴"。[1]

永嘉五年（311）二月，王敦再任扬州刺史。《资治通鉴》记载：

> 扬州刺史刘陶卒。琅邪王睿复以安东军谘祭酒王敦为扬州刺史，寻加都督征讨诸军事。[2]

扬州刺史的任命，本应出自皇帝的诏令。司马睿乘刘陶死亡之机迅速任命王敦为扬州刺史，除洛阳被围困，不易上传下达之外，还与司马睿谋

---

[1]《晋书》卷九十八《王敦传》，第2554页。
[2]《资治通鉴》卷八十七，永嘉五年，第2759页。

求独立发展有关。当时，司马越已经撤出洛阳，正朝东南方转移，不排除退到江南的可能，到时候司马睿只能拱手让出自己手中的权力。他抢先任命扬州刺史，也可以视为对司马越权力的挑战。也许正是因为江南已经不受控制，失去了最后的退路，永嘉五年（311）三月，司马越在内外交困中一病而亡。

永嘉五年（311）六月，洛阳陷落，晋怀帝被俘。以荀藩为首的部分朝臣在密县组建行台，公推司马睿为盟主。显然，当时大部分西晋臣民，已经意识到江东才是新的政治中心。但仍有部分人并不甘心向司马睿臣服，紧邻扬州的江州刺史华轶，首先站出来挑战司马睿的权威。为稳固扬州周边局势，王敦率历阳内史甘卓和扬烈将军周访等将领讨伐华轶。很快，华轶兵败被杀，王敦拿下了长江中游重镇江州。

紧邻江州的，是永嘉元年（307）割荆州、江州之地设立的湘州[1]。湘州占据原荆州长江以南的大片土地，与江州一起构成荆州、扬州之间的缓冲地带。若不能控制荆、湘之地，地处下游的扬州便无险可守，因此，王敦下一步的主要目标便是荆州和湘州。当时，因战乱逃到荆、湘的巴蜀流民，在杜弢率领下发动起义。荆州刺史王澄指挥无方，屡战屡败。永嘉六年（312），司马睿以盟主身份召王澄为军谘祭酒，任命周𫖮为荆州刺史，王澄东赴建邺途中，被王敦所杀。

周𫖮初入荆州即遭逢叛乱，被迫逃至江州王敦的驻地。为平定荆湘，王敦派武昌太守陶侃、寻阳太守周访和历阳内史甘卓兵分三路讨伐杜弢。很快，陶侃击败杜弢，迫其退往长沙。杜弢是蜀地士人，曾任长沙郡醴陵县令，有较高的军事才能。为更好地控制荆州要地，防止杜弢反扑，王敦上表以陶侃为荆州刺史。此后，王敦率军与杜弢苦战三年，至建兴三年（315）八月，彻底击败杜弢。此后，围绕荆州又产生了一系列争斗。在此期间，王敦排挤陶侃，王廙被司马睿任命为荆州刺史，长安的晋愍帝也意

---

[1]《晋书》卷五《孝怀帝纪》，第117页。永嘉元年（307）八月，"分荆州、江州八郡为湘州"，相当于现在的湖南一带，行政中心在长沙。

欲插手荆州,任命第五猗为荆州刺史。江东与长安政权围绕荆州展开斗争,直至319年,王敦派周访大败支持第五猗的杜曾,荆州才算是完全平定。

永嘉五年(311),王敦指挥军队相继平定江南大部,使司马睿在江南的统治真正稳定下来。无论是洛阳的晋怀帝,还是长安的晋愍帝,都不得不承认司马睿的地位,相继封他为镇东大将军、左丞相、丞相、大都督、督中外诸军事。建兴四年(316),晋愍帝被俘。建武元年(317)三月,司马睿称晋王,"乃备百官,立宗庙社稷于建康"。[1]大兴元年(318)三月,晋愍帝遇害的消息传至建康,司马睿称帝,是为晋元帝,东晋王朝正式建立。

3. 王敦之乱

东晋政权是南北士族联合建立的新政权,琅邪王氏是其最大的支持力量。司马睿登基称帝,命王导同升御座接受百官朝贺,以表彰王氏之功。是时,王导为丞相,王敦是大将军,分别控制扬州和荆州,其他王氏子弟各居要职。"敦总征讨,导专机政,群从子弟布列显要,时人为之语曰:'王与马,共天下。'"[2]琅邪王氏家族发展到与皇室"共天下"的鼎盛阶段。

随着琅邪王氏政治地位的上升,"王与马"之间、琅邪王氏与其他士族之间的矛盾开始凸显出来。首先是王敦,他坐镇长江中游,手握强兵,随着野心膨胀,专擅之迹渐显,甚至不经朝廷,擅自任免高品级将官。封建社会的皇权,始终倾向于集中。司马睿称帝后,自然也要加强手中的皇权。在朝堂势力较大的王导和掌控军权的王敦,引起了司马睿的猜忌以及其他士族的不满。于是,司马睿重用刁协、刘隗等人,疏远王导,派谯王司马承、戴渊等人出镇地方,防备王敦。

本已日渐骄横的王敦,屡次上疏辩白无果,相继于永昌元年(322)和太宁二年(324),两次起兵进攻建康,史称"王敦之乱"。王敦第一次起兵,顺利攻入建康,诛杀异己,将中央和地方要职控制在王氏兄弟和心腹

---

[1]《晋书》卷六《元帝纪》,第144页。
[2]《资治通鉴》卷九十一,太兴三年,第2884页。

手中，使王氏家族的势力一度凌驾于皇权之上，司马睿也因之忧愤而死。但这严重威胁皇权，不仅激化了君臣矛盾，还加剧了琅邪王氏与其他世家大族的利益纷争。因此，在家族道路方向的选择上，王氏家族内部出现了分裂。以王敦为首的想要进一步加强王氏的势力，甚至取司马氏而代之，"遂欲专制朝廷，有问鼎之心"。[1] 以王导为首的则意识到，在外有胡族侵扰、内有世家纷争的情况下，只有将代表正统皇权的司马氏摆在最高位置，才能平衡各世家，也才能更好地维护琅邪王氏的家族利益。因此，王导一方面支持王敦打击其他世家大族，另一方面又反对废黜司马睿，在司马睿死后更是坚定支持晋明帝司马绍。王敦第二次起兵时，王导明确站在朝廷一方，出任讨伐军统帅，甚至在王敦病重之时对外宣称他已经病死，率王氏子弟公开发哀，借此打消平叛军对王敦的畏惧。"时敦始寝疾，导便率子弟发哀，众闻，谓敦死，咸有奋志。"[2] 很快，王敦病死，其兄王含兵败，被王舒所杀。叛乱平定后，虽然王导、王舒算得上是大义灭亲，王氏家族在朝堂的势力并未受到太大影响，但因为失去了军队的控制权，王导很快遭到晋明帝庾皇后兄庾亮的排挤。此后，历史进入了颍川庾氏、谯国桓氏、陈郡谢氏相继和司马氏"共天下"的时代，琅邪王氏步入中衰阶段。

东晋中后期，琅邪王氏虽仍是江南一流世族，但能够进入中枢的王氏子弟仅有王彪之（305—377）一人，未能扭转琅邪王氏家族中衰的局面。在相对平稳的政治环境中，王氏子弟凭借九品中正制入仕，一般担任中级官员，即便有部分升任高官，大多没有实权。琅邪王氏家族的社会影响，更多地体现在典章制度、玄学清谈和文学艺术领域，尤其以王羲之、王献之父子最具代表性。

四、南北朝时期

南北朝时期，琅邪王氏作为一流门阀，在宋齐梁陈更迭中扮演了重要

---

[1]《晋书》卷九十八《王敦传》，第2557页。
[2]《晋书》卷六十五《王导传》，第1750页。

角色，更在文化领域尽展风流，随着王肃、王褒北上，又成为南北文化交流的使者。

（一）南朝

南朝时期，琅邪王氏经历了从兴盛到衰落的过程。

1. 刘宋时期

自东晋后期，历史风云不停变幻。先是晋孝武帝与司马道子主相之争，朝局动荡，五斗米道首领孙恩借机起事，三吴八郡尽皆响应，荆州、江州刺史桓玄趁乱东下建康，杀司马道子、司马元显父子，废晋安帝，篡晋自立。随即北府将领刘裕、刘毅、何无忌等起兵诛杀桓玄，迎回晋安帝，东晋大权落入刘裕手中。此后，刘裕内除政敌，北伐南燕、后秦，弑晋安帝，逼恭帝禅位，于420年建立刘宋王朝。422年，刘裕死去，他指定的顾命大臣徐羡之、傅亮、谢晦和檀道济于424年废杀宋少帝，迎立刘裕第三子刘义隆，是为宋文帝。元嘉三年（426），宋文帝剪除顾命大臣，稳固了皇权。宋文帝在位三十年，励精图治，开创了"元嘉之治"的盛世局面。

晋宋之际，是皇权政治取代门阀政治的时代。在此历史转折时期，王诞、王弘、王昙首、王华等琅邪王氏子弟积极参与了晋宋更迭和刘宋初的政治斗争，成为刘宋王朝的开国功臣，奠定了琅邪王氏在南朝的政治地位。

王诞（375—413），字茂世，王导曾孙。初以文学才华显名，后入司马元显府，曲意逢迎，成为其心腹。在司马元显与桓玄对峙时期，王诞竭力营救桓修（桓玄的堂兄弟，王诞的外甥），桓玄当权后，杀司马元显及其心腹，因桓修求情，王诞仅流放广州。当时占据广州的是孙恩的妹夫卢循，他对王诞颇为欣赏，任命为平南长史。不久刘裕入主建康，王诞以与刘裕相熟为由劝说卢循放他回建康，称"素为刘镇军所识，情味不浅，若得北归，必蒙任寄，公私际会，思报厚恩"。[1]

王诞回京后，成为刘裕的长史，主要为他处理公文要务。义熙六年

---

1 〔梁〕沈约：《宋书》卷五十二《王诞传》，北京：中华书局，1974年，第1492页。

（410），刘裕北伐南燕，王诞展现出杰出的文学才华和政务处理能力，"高祖登庸之始，文笔皆是记室参军滕演；北征广固，悉委长史王诞"。[1]

当刘裕北伐时，卢循乘机进攻建康，相继打败何无忌和刘毅。刘裕匆忙回师击败卢循，刘毅提出率兵追击，王诞劝说刘裕阻止刘毅立新功：

> 公既平广固，复灭卢循，则功盖终古，勋无与二，如此大威，岂可余人分之。毅与公同起布衣，一时相推耳。今既已丧败，不宜复使立功。[2]

刘裕听从王诞的建议，命刘毅留守，自己率部追击，彻底击败卢循，荡平岭南。此后，刘裕虽任命刘毅为荆州刺史，但双方之间的矛盾冲突愈演愈烈，终于在义熙八年（412）刘裕西征刘毅。大战在即，负责处理公文的王诞却因母亲去世而在家守丧。为确保西征顺利进行，刘裕下令召回王诞，加封辅国将军。尽管守丧不终，不合礼法，但为顾全大局，王诞穿着丧服赶赴军中，当然，为减少时人非议，他辞掉了辅国将军之职。仅仅两个月，刘毅战败自杀。为稳固荆州，并部署伐蜀事宜，刘裕暂居江陵，但他安排留守建康的诸葛长民又有谋反之意。若刘裕仓促回师，诸葛长民就会提前反叛，不仅刘裕的家人难以保全，刚刚稳定的局势必会再度动荡。危急时刻，王诞提出自己先回建康，迷惑诸葛长民，稳定建康局势。在王诞的配合下，刘裕秘密入京，除掉诸葛长民兄弟，平息了未遂的政变。王诞守丧期间承担军机要务，不畏艰险深入虎穴，并稳妥处理建康的危机，劳心劳力，积劳成疾，于义熙九年（413）病故，年仅三十九岁。刘裕称帝后，忆起王诞忠心耿耿，随自己北伐、西征的功劳，追封为作唐县五等侯。

当王诞追随刘裕之时，其他王氏子弟如王惠、王球、王准之、王敬弘等人也相继投到刘裕麾下。王韶之奉刘裕密令缢死晋安帝，搬掉了禅代道路上的一块绊脚石。王华、王昙首和王弘都曾随刘裕北伐，其中影响最大

---

1 《宋书》卷四十三《傅亮传》，第1337页。
2 《宋书》卷五十二《王诞传》，第1492页。

的是王弘。

王弘（379—432），字休元，早在刘裕执政之初，便应召为其谘议参军，追随他西征刘毅和司马休之，北伐后秦，并在大军收复洛阳后不辞劳苦从前线返回京城为刘裕求九锡。当时刘裕借北伐立功，以便回朝篡位，九锡是通往禅代道路上的重要一环。王弘完成此任务，显然颇得刘裕信任。义熙十四年（418），王弘出任江州刺史。刘宋建立后，王弘被封为华容县公。

永初三年（422），刘裕病死，临终选定了徐羡之、傅亮、谢晦、檀道济为顾命大臣辅佐少帝。四人中，只有谢晦出身门阀士族陈郡谢氏，其他三人或为低层士族，或为寒门武将，这是皇权政治重建、门阀士族走向衰落的必然结果。早在刘裕崛起之初，对门阀士族一方面诛杀反对派，一方面要在政权建设和文化层面任用支持者，但能够进入高层的门阀士族，都或多或少受到限制，如王弘品秩虽高，却未能进入权力中枢。刘裕临死前交代少帝提防谢晦：" 谢晦数从征伐，颇识机变，若有同异，必此人也。"[1] 此后，谢晦虽然与徐羡之、傅亮同时辅政，但徐、傅二人仍奉行对门阀士族限制、打击的政策，对谢晦颇为猜忌，并将谢灵运、颜延之等高门士族赶出京城，到外地任职。这引起部分门阀士族的不满。他们或拒绝与徐、傅合作，或私下发牢骚，但在徐羡之等人掌控政权的情况下，门阀士族很难有较大作为。

景平二年（424），因少帝大兴土木、耗费无度，且刑罚苛虐，甚至"亲执鞭扑，殴击无辜，以为笑乐"，致使"远近叹嗟，人神怨怒"。[2] 当时刘宋立国未久，内有各种不稳定因素，外有北魏的威胁，逢此昏君，王朝面临巨大凶险。危急时刻，以徐羡之为首的顾命大臣，废少帝，迎立刘裕第三子刘义隆。

这次废立事件不仅改变了刘宋王朝的命运，开启了元嘉之治，也由于

---

[1]《宋书》卷三《武帝纪下》，第59页。
[2]《宋书》卷四《少帝纪》，第65页。

王弘的参与而成为琅邪王氏从中衰走向复盛的转折点。

并非顾命大臣的王弘能参与此事，除了他是江左一流高门琅邪王氏的代表，更关键的是他与刘义隆的关系纽带。义熙十四年（418），时年十二岁的刘义隆出为荆州刺史，刘裕煞费苦心为他选择辅佐之臣，让江东大族张绍和王弘的弟弟王昙首、族弟王华分别任司马、长史和主簿。后王华将张绍排挤出荆州，王氏兄弟成为刘义隆心腹，把持荆州大权。因此，徐羡之等人要迎立刘义隆，势必要将王弘拉到自己阵营中，既是示好刘义隆，也是为日后万一刘义隆追究弑君废立之责，多一道挡箭牌。废立前夕，徐羡之等人将南兖州刺史檀道济和江州刺史王弘召入京城，告以废立之谋。王弘知道，若是不参与废立之事，轻则继续被排挤在权力中枢之外，重则立时就有杀身之祸；若是参与其事，政变成功的可能性极大，而自己弟弟又是新帝的心腹，琅邪王氏的政治地位可借机上升。权衡利弊之后，王弘很快加入政变谋划中。

若废少帝，按长幼之序应该立刘裕次子庐陵王刘义真，但刘裕尚在世时，刘义真已经被判定"德轻于才，非人主也"。[1]何况刘义真与谢灵运、颜延之过从甚密，甚至允诺自己得志后以他们二人为宰相，因此被顾命大臣忌恨。为了能让刘义隆顺利登基，景平二年（424）二月，徐羡之等人先借少帝与刘义真之间的矛盾，废刘义真为庶人，不久又将他杀死。五月，废少帝为营阳王。六月，弑少帝。七月，傅亮西上荆州迎立刘义隆。

刘义隆闻听两位兄长的死讯，顾虑重重，害怕自己也成为顾命大臣的杀害对象，大部分属官劝他留在荆州观望。关键时刻，王华和王昙首为他分析朝局，劝他回京继位。可能王弘早已与兄弟通报京中消息，终于打消刘义隆的疑虑。他命王华留守荆州，带王昙首东下建康继位，是为宋文帝。

宋文帝被顾命大臣推上皇位，立足未稳之时，只能仍旧让徐羡之和傅亮执政，谢晦和檀道济分别任荆州刺史和南兖州刺史，内外牵制。为能与顾命大臣抗衡，宋文帝任命王昙首、王华为侍中，兼任禁军高官，心腹武

---

[1]〔唐〕李延寿：《南史》卷十三《宋宗室及诸王上》，北京：中华书局，1975年，第365页。

将到彦之为中领军，统率宫廷警卫，确保自己的安全，并通过王昙首笼络王弘。当徐羡之欲将王弘调入京城任司空时，王弘固辞不就，依旧任江州刺史。这既是对荆州谢晦的防范，也是宋文帝的外援。

元嘉三年（426），经过三年准备，尤其拉拢了檀道济之后，宋文帝展开反击，下诏诛徐羡之和傅亮，起兵讨伐谢晦。由于史料缺乏，详情已不可考，但有限的史料也能证明，琅邪王氏必然在其中扮演了重要角色。否则，谢晦不会一听到徐、傅身死，立即断定是王弘等人所为，在两篇奏章一道檄文中所列奸臣都以王弘为首："王弘兄弟，轻躁昧进；王华猜忌忍害，规弄威权。""车骑大将军王弘、侍中王昙首，谬蒙时私，叨窃权要。""奸臣王弘等窃弄威权，兴造祸乱，遂与弟华内外影响，同恶相成，忌害忠贤，图希非望。"[1]《宋书·王华传》载："元嘉初，诛灭宰相，盖王华、孔宁子之力也。"[2]宋文帝杀徐、傅之后，立即对王弘委以重任，"征为侍中、司徒、扬州刺史，录尚书。给班剑三十人"[3]。他曾指着御床对王昙首说："此坐非卿兄弟，无复今日。"[4]甚至在王弘、王昙首、王华死后还予以褒奖追封，称他们"抱义怀忠，乃情同至，筹谋庙堂，竭尽智力，经纶夷险"[5]，在清除徐、傅、谢的过程中立有大功。

王弘升任首辅，王昙首、王华皆为文帝心腹，王准之为吏部尚书，王韶之累迁侍中，其他王氏子弟各有升迁。在琅邪王氏发展史上，元嘉初的琅邪王氏，政治地位和社会地位仅次于王导、王敦执政的东晋初期。

宋文帝在位三十年，政局基本稳定，经济得以发展，是南朝历史上最强盛时期，史称"元嘉之治"。这期间，皇权得到进一步加强，主弱臣强的格局顿改，偶有权臣出现，也必须置身于绝对的君权之下。因此，琅邪王氏的权势和地位上升，只能是昙花一现。徐羡之等被杀后，王弘地位上

---

1 《宋书》卷四十四《谢晦传》，第1351、1354、1356页。
2 《宋书》卷六十三《王华传》，第1678页。
3 《宋书》卷四十二《王弘传》，第1314页。
4 《宋书》卷六十三《王昙首传》，第1679页。
5 《宋书》卷四十二《王弘传》，第1322页。

升，但并不是唯一的宰相。为分散相权，宋文帝增加了宰相人数，"唯人主所与议论政事、委以机密者，皆宰相也"。如王弘辅政，王昙首、王华、刘湛、殷景仁、谢弘微"风力局干，冠冕一时"，当时号称"五臣"[1]。宰相权力被分割，不仅仅是人数的增加，宋文帝还起用寒人为中书舍人，如秋当、周纠并管要务，权势显赫，连王华都要退避三舍，"数为秋当所谮，常不自安"。[2]如此一来，宰相的权力大大降低，远不能与东晋名相王导、谢安等人相提并论，正如刘湛所说："今世宰相何难，此政可当我南阳郡汉世功曹耳。"[3]

随着宋文帝大力伸张皇权，门阀士族的政治特权得到限制，虽然他们不能把持朝政，但其显赫门第和极高的社会影响力，绝不是短时间内就能消除的。如谢混、谢晦被杀，陈郡谢氏仍为一流高门，谢弘微一度成为"五臣"之一。门阀士族广建庄园，经济实力依然雄厚。为自抬身份，他们鼓吹"士庶之际，实自天隔"[4]，以此打击次等士族与寒人。为进一步限制门阀士族的力量，宋文帝除了在不同士族之间寻求平衡，还启用宗室与之抗衡。

平谢晦后，宋文帝以彭城王刘义康出任荆州刺史。刘义康随着势力增长，急欲入朝秉政，王弘成了挡在他面前的绊脚石。当时王弘已年过半百，辅政生涯使他深知宰相难为，为避免君主猜忌，他克尽臣职，不敢逾矩，甚至"自领选及当朝总录，将加荣爵于人者，每先呵责谴辱之，然后施行；若美相盼接语欣欢者，必无所谐"[5]，可谓谨慎小心到了极点。面对刘义康的崛起，兄弟、同僚多劝他退让[6]。元嘉六年（429），王弘上表举荐刘义康。宋文帝顺水推舟，召刘义康入朝为司徒，与王弘共同辅政。因王弘兼任扬

---

1 《资治通鉴》卷一百二十，元嘉三年，第3786页。
2 《宋书》卷四十四《谢晦传》，第1354页。
3 《宋书》卷六十九《刘湛传》，第1817页。
4 《宋书》卷四十二《王弘传》，第1318页。
5 〔唐〕李延寿：《南史》卷二十一《王弘传》，北京：中华书局，1975年，第572页。
6 《宋书》卷六十《范泰传》，第1622页。左光禄大夫范泰、平陆令成粲先后劝王弘让位于义康，称"天下务广，而权要难居，卿兄弟盛满，当深存降挹"。

州刺史,王昙首任职中枢,刘义康心存不满。王氏兄弟不敢与宗室亲贵相争,将府中一半兵力转给刘义康。元嘉七年(430),王昙首卒。此后,王弘更加谨小慎微,"每事推谦,自是内外众务,一断之义康"。[1]王弘越是退让,越得宋文帝认可,后来进位太保,配享高祖(刘裕)庙。

元嘉九年(432),王弘病死。他的主动退让缓和了琅邪王氏与皇权之间的矛盾,使得家族能够平稳延续。二十多年后,王弘幼子王僧达被诬谋反赐死,宋孝武帝还下诏保全王氏家族:"门爵国姻,一不贬绝。"[2]

总之,在晋宋之际的风云激荡中,以王弘为代表的王氏子弟积极参与了政治和军事斗争,由此获得了较高的政治地位,带领家族走出了中衰期,达到了一个新的高度,但由于皇权的不断加强,他们被迫退让,并逐渐形成了谦抑自足的家风。

2. 南齐时期

刘宋后期,外有北魏侵扰,内则多荒主,皇室内讧频频爆发,宗室被诛戮殆尽,"宋武九子,四十余孙,六七十曾孙,死于非命者十之七八,且无一有后于世者"。[3]至后废帝刘昱时期(473—476),荒淫暴虐,朝堂矛盾激化,萧道成趁机崛起,于昇明三年(479)取代刘宋建立南齐政权。

宋齐王朝更迭之际,琅邪王氏家族凭借一流门阀的显赫地位,成为各方势力争取的对象。因政见不同,王氏族人做了不同选择:王僧虔和王延之静观事变,不参与权力争夺[4];王蕴与司徒袁粲、荆州刺史沈攸之等人谋划内外夹击,诛杀萧道成,失败被杀;王俭、王晏等人投靠萧道成,南齐建立后获得了相当大的权势。

此次改朝换代,王俭所起的作用最大。王俭(452—489),字仲宝,

---

[1] 《宋书》卷六十八《刘义康传》,1790页。
[2] 《宋书》卷七十五《王僧达传》,1958页。
[3] 〔清〕赵翼著,王树民校证:《廿二史札记校证》卷十一,北京:中华书局,1984年,第241页。
[4] 〔梁〕萧子显:《南齐书》卷三十二《王延之传》,北京:中华书局,1972年,第585页。"宋德既衰,太祖(萧道成)辅政,朝野之情,人怀彼此。延之与尚书令王僧虔中立无所去就,时人为之语曰:'二王持平,不送不迎。'"

自幼好学,"少有宰相之志,物议咸相推许"。[1]萧道成在篡位之前,急于取得门阀士族的支持。出自一流高门,且资历、名望都在王俭之上的谢朏是萧道成重点争取的对象,但谢朏却建议他效仿司马昭,"身终北面"[2],褚渊也认为废立之举"未必便在旦夕"[3],令萧道成大失所望。唯有王俭积极参与其事,直言不讳地劝萧道成早登帝位,乃至迫不及待地为萧道成私作诏书。萧道成遂提拔王俭为左长史,委以重任,"时大典将行,俭为佐命,礼仪诏策,皆出于俭,褚渊唯为禅诏文,使俭参治之"。[4]南齐建立,28岁的王俭升为右仆射,进入政权中枢。建元年间(479—482),王俭极得萧道成信重,谏无不允。萧道成曾对王俭说:"卿谋谟之功,莫与为二。"建元四年(482),萧道成死,遗诏以王俭与褚渊为顾命大臣。不久,褚渊病亡,王俭挑起了辅政重担。齐武帝萧赜对王俭颇为信重,"士流选用,奏无不可"。南齐前十年,王俭"寡嗜欲,唯以经国为务"[5],协助两代帝王稳固朝政,推动社会发展,是"永明之治"[6]的缔造者之一。

南齐初,是琅邪王氏家族发展史上的又一个高峰。南齐中后期,因部分王氏子弟卷入政治斗争,一定程度上影响了王氏家族的发展。永明十一年(493),雍州刺史王奂擅杀部属,齐武帝派兵收捕。王奂被杀,株连五子,仅王肃、王秉二子逃亡北魏。同年,王融在太子病故、齐武帝病危之时,谋立齐武帝次子竟陵王萧子良,政变未遂,被即位的太孙萧昭业赐死。次年,萧鸾杀萧昭业,自立为帝,是为齐明帝。在萧鸾夺权过程中,王晏是其主要辅佐。王晏后升任尚书令,进号骠骑大将军,但他以功臣自居,言行不检,尤其在用人方面屡屡专断。建武四年(497),被萧鸾以谋反的罪名处死,株连弟弟王诩,儿子德元、德和。这三次家族大难,十余位王

---

1 《南齐书》卷二十三《王俭传》,第434页。
2 《资治通鉴》卷一百三十五,建元元年,第4222页。
3 《南史》卷二十二《王俭传》,第591页。
4 《南齐书》卷二十三《王俭传》,第434页。
5 《南史》卷二十二《王俭传》,第592、595、596页。
6 《南齐书》卷五十三《良政传》,第913页。"永明之世,十许年中,百姓无鸡鸣犬吠之警,都邑之盛,士女富逸,歌声舞节,袨服华妆,桃花绿水之间,秋月春风之下,盖以百数。"

氏子弟被杀,削弱了家族的势力。

3. 梁陈时期

南齐是南朝最短命的王朝,永明年间(483—493)出现了短暂的繁荣,此后则陷入了与刘宋晚期一样的内斗。永泰元年(498),齐明帝病死,太子萧宝卷即位,大杀功臣宿将,朝臣人人自危,萧衍乘乱而起,代齐建梁。

经过宋齐时期的皇权打压,梁朝的王氏子弟丧失了当年王弘、王俭等人的积极进取精神,他们抱着"吾家本素族,自可依流平进,不须苟求"[1]的态度,不屑为君主分忧解难,"且风流相尚,罕以物务关怀,人主遂不能藉以集事。于是不得不用寒人"。[2]梁武帝以寒人掌机要,排挤门阀士族。琅邪王氏子弟为避免日益加强的皇权对高门世族的猜忌、打击,在仕途上适可而止,远离权力中心,他们的政治才干也逐渐削弱。赵翼《廿二史札记》"江左世族无功臣"评论:

> 所谓高门大族者,不过雍容令仆,裙屐相高,求如王导、谢安,柱石国家者,不一二数也。次则如王弘、王昙首、褚渊、王俭等,与时推迁,为兴朝佐命,以自保其家世,虽朝市革易,而我之门第如故,以是为世家大族,迥异于庶姓而已。[3]

总之,梁朝时期的琅邪王氏,其进取锋芒已被宋、齐皇权挫尽,已经不再是一个积极向上的家族,再没有一人能像王导、王弘、王俭那样成为权力中枢举足轻重的人物,也没有人能做出一番切实的功业,仅以高门望族的身份和文艺之长显名,成为政治舞台上的装饰品。琅邪王氏政治地位降低的显著标志是正史的排序,王祥名列《晋书》名臣传首卷,王弘名列《宋书》名臣传首卷,王俭在《南齐书》中的排名亦靠前。到《梁书》《陈

---

1 《南史》卷二十二《王骞传》,第596页。
2 〔清〕赵翼著,王树民校证:《廿二史札记校证》卷八,北京:中华书局,1984年,第173页。
3 〔清〕赵翼著,王树民校证:《廿二史札记校证》卷十二,北京:中华书局,1984年,第254页。

书》，王氏子弟的传记已被远远排在后面，这是琅邪王氏走向衰微的明显标志。

梁末爆发了侯景之乱（548—552），原本十余万人口的建康，因长期被围困、战乱、饥馑和疾疫叠加，城破时仅余二三千人。琅邪王氏子弟在建康者多遇难，如王筠"家人十三口同遇害，人弃尸积于空井中"。[1]经此沉重打击，琅邪王氏逐渐丧失了豪门世族的地位。

侯景之乱中，梁朝诸侯王割据各地。552年，萧绎在江陵称帝，是为梁元帝，幸存的朝臣大多会聚到江陵。此时，梁朝已经走到末路，北方的东魏、西魏抢占了梁朝大片土地。"自侯景之难，州郡太半入魏……文轨所同，千里而近，人户著籍，不盈三万。中兴之盛，尽于是矣。"[2]554年，西魏军进攻江陵，梁元帝率文武百官出降，不久被杀。王褒、王克等大臣与数万百姓被俘往北方，王冲、王通等人因不在江陵城中，幸免于难。江陵陷落后，琅邪王氏族人零落，继政治地位下降之后，因庄园等家产屡经战火洗劫，经济实力和文化影响也大大降低了，可谓"王氏百世卿族，便是一朝而坠"。[3]

555年，梁元帝子萧方智被扬州刺史王僧辩和南徐州刺史陈霸先迎立为帝，是为梁敬帝。后陈霸先杀王僧辩，557年称帝，建立陈朝，是为陈武帝。陈朝建立前后，躲过江陵之难的琅邪王氏族人，大都返回建康。陈霸先要以"禅让"的方式取代梁政权，少不了门阀士族代表承担传递皇帝玺绶的工作。他选中的是琅邪王氏家族的王通、王玚，他们因之成为开国功臣。《陈书》为之立传的还有王冲、王劢、王质、王固和王瑜，未立传但有一定影响的还有：王宽位至侍中，王廓为都官尚书，王祥仕至黄门侍郎，王胄仕至太子舍人、东阳王文学。这些人虽被载于史册，却没有多少功业，仅有官位的变迁而已，显然统治者只是将他们视为政权的点缀。到陈朝后期，琅邪王氏家族进一步没落，想做朝堂点缀都需要向统治者献媚求荣才

---

[1]《南史》卷二十二《王筠传》，第610页。
[2]《南史》卷八《元帝记》，第244页。
[3]《南史》卷二十三《王彧传》，第637页。

能实现，如散骑常侍王瑳"刻薄贪鄙，忌害才能"，王仪"候意承颜，倾巧侧媚，又献其二女，以求亲昵"。他们二人作为陈后主的近臣，并未起到好的作用，后来都被隋文帝流放，"以谢吴、越之人"。[1]

陈朝时期，真正做出实际功业的是王猛。他是王准之的后人，是自东晋王敦以后唯一以军功著称的王氏子弟。王猛熟读兵书，陈后主时生擒图谋不轨的广州刺史马靖，被封为镇南大将军，徙镇广州。589年正月，隋军攻入建康，陈朝灭亡。王猛初欲北上救难，闻听后主投降，便主动归降。隋文帝大悦，命他坐镇岭南，不久死在广州。

隋朝时期，琅邪王氏家族走向了末路，无论是被迫北迁的王氏子弟还是留在南方的族人，都丧失了豪门望族的政治地位和社会地位。尽管后来王氏的个别分支再度崛起，但时人已经将他们与后来的居住地联系在一起，如咸阳王氏、余姚王氏等，作为郡望标志的琅邪王氏，退出了历史舞台。

（二）北朝

西晋末年，琅邪王氏举族南迁，虽仍以"琅邪"为郡望，但基本活动在江南。齐、梁时期，王肃逃亡北魏，王褒被俘北上，琅邪王氏家族又开始在北方发展起来。

王肃（464—501），字恭懿，永明十一年（493），因父亲王奂被杀受牵连，亡命北魏。时值北魏孝文帝推行汉化改革，出身一流门阀世族的王肃熟知南朝的典章制度，这正是孝文帝渴盼已久的。因此他亲自接见王肃，并很快予以任用，"肃明练旧事，虚心受委，朝仪国典，咸出自肃"。[2]王肃为北魏政权的制度建设做出了巨大贡献（详见第七章），也参与了数次讨伐南齐的战事，在一定程度上加速了南齐的灭亡。王肃在北魏仅八年时间，即升迁至尚书令。孝文帝临终，遗诏令王肃与咸阳王禧等人共同辅政。

景明二年（501），王肃去世，终年三十八岁。王肃生前，原配夫人谢

---

1 《南史》卷七十七《恩倖传》，第1942页。
2 〔唐〕李延寿：《北史》卷四十二《王肃传》，北京：中华书局，1974年，第1540页。

氏带着长子王绍和两个女儿北上寻夫，但那时他已经奉命娶北魏陈留长公主，为不得罪皇室，只能将谢氏安置于寺庙中。不久，王肃的弟弟王秉带着侄子王诵、王翊、王衍从南齐投奔过来。东魏（534—550）初，王肃次子王理北上，琅邪王氏家族在北方的人口增多了，社会影响逐渐扩大。

王肃在北魏政坛上的影响，对他的后辈助益颇多。他们除了能顺利入仕，还频繁与皇室联姻，详见表1-3：

表1-3 北朝琅邪王氏与皇室联姻表

王氏成员	婚姻对象	备注
王肃	陈留长公主	
王诵	彭城王元勰之女	
	安丰王拓跋猛之女	
王翊	任城王元澄之女	
王渊	权臣元叉之女	
王肃长女王普贤	魏宣武帝元恪	贵华夫人
王肃次女	广阳王元渊	妃
王绍之女	魏明帝元诩	嫔
王翊之女王令媛	广阳王元湛	妃

借助与北魏上层社会的联姻，以及他们自身的文化素养，王氏子弟逐渐在北方站稳脚跟。他们在北魏政权中担任中高级官员，如：王绍袭父爵，仕至中书侍郎；王理仕至著作佐郎；王秉为辅国将军、幽州刺史；王诵以文才风流见称，仕至黄门侍郎；王衍位至侍中；王翊为金紫光禄大夫，领国子监祭酒。史家赞叹："王肃流寓之人，见知一面，虽器业自致，抑亦逢时，荣仕赫然，寄同旧列，美矣。诵翊继轨，不殒光风。"[1] 显然，这一琅邪王氏分支，已经成为北朝的望族之一，为琅邪王氏在北方的发展打下基础。

北魏后期，分裂为东魏、西魏，又相继为北齐、北周取代。577年，

---

1 〔北齐〕魏收：《魏书》卷六十三《王肃传》，北京：中华书局，1974年，第1418页。

北周灭北齐。主要生活在东魏北齐的王肃族人，或死于战乱，或被歧视汉人的北齐政权冷落，除个别人偶见于史册或墓志碑刻外，大部分湮没无闻。显然，王肃后裔已经与庶民无异，远不能与其他琅邪王氏分支相提并论。

公元554年，西魏攻破江陵，王褒被俘入长安。当时，西魏丞相宇文泰正谋图大业，急需政治、文化人才。王褒出身"累世在江东为宰辅"的高门望族，本人"有器局，雅识治体"[1]，又是著名文学家，颇得宇文泰器重，被任命为车骑大将军、仪同三司。入北周后，明帝宇文毓笃好文学，经常命文才甚高的王褒、庾信随侍左右，游宴赋诗。武帝宇文邕即位后，常令王褒起草诏令。王褒虽然被统治者赏识，但主要是用其文才，在政治上并未予以实权。他的一生，最大的贡献是在文学、书法领域。（详见第四章、第五章）

王褒六十四岁病逝，其子孙在北周、隋、唐三朝地位显赫，其中有三位官至宰相，但这时的王褒后裔，因定居咸阳，多自称"咸阳王氏"。

第五节　隋唐：流风余韵

581年，杨坚建立隋朝。589年，隋灭陈，结束了魏晋南北朝三百多年的分裂割据，完成全国统一。618年，李渊代隋建立唐朝。自南齐以后分居南北的琅邪王氏族人，在统一的隋唐王朝，进入到一个新的发展阶段。"在中国历史上，隋唐时期总体上具有国家统一、社会相对稳定的特点。"[2]

隋唐时期，科举制度取代九品中正制成为官员选拔的主要方式。唐朝编修《氏族志》和《姓氏录》，以官爵高下为等级，"士庶之际，实自天隔"[3]的局面被打破，沉重打击了士族阶层。魏晋南北朝时期盛极一时的琅邪王氏，在隋唐两朝的新环境中，没有了政治特权和经济优势，大多依凭

1　〔唐〕令狐德棻：《周书》卷四十一《王褒传》，北京：中华书局，1971年，第731页。
2　徐东升、李婧、薛舒文：《新时代沂蒙红色文化传承与弘扬研究》，北京：九州出版社，2023年，第53页。
3　《宋书》卷四十二《王弘传》，第1318页。

文化在社会立足。

隋朝统治时间短暂，琅邪王氏族人原本在后梁、陈朝、北齐、北周任职的，部分仍能保留官位，如王衮，妻妹是隋炀帝的萧皇后，从后梁入隋，仕至秘书郎。王猛，原为镇南大将军，随陈后主降隋，仍驻守岭南。王褒的儿子王鼐，袭爵石泉侯，位至安都、竟陵二郡太守。部分琅邪王氏族人，凭借自己的才学跻身朝堂。如王胄、王眘兄弟，长于文学，"以文词为炀帝所重"[1]。他们没有政治功业可言，只是文学侍臣，参与游宴赋诗，与帝王、文人互相唱和而已。其他王氏子弟，有些能从墓志中找到简略的信息，一般是低级官员，事迹不显，更多的，应该是湮没在历史长河中了。

唐朝时期，琅邪王氏后裔中，以王褒的后人最具代表性。如王弘让在唐太宗时任中书舍人，是天子近臣，奠定了子孙显贵的基础。王弘直官至魏州刺史，其四子王綝，字方庆，以字行，武则天时，升任宰相。唐肃宗时，王綝的六世孙王玙出将入相。王玙的曾孙王抟在唐昭宗时两度为相，被另一宰相崔胤陷害赐死。

琅邪王氏其他分支中，王猛的曾孙王璿在武则天时曾为宰相，但因史料缺乏，具体事迹不详。王同皎，娶唐中宗女安定公主，与桓彦范、李多祚等大臣谋诛张易之，迎中宗复位，因功拜右千牛将军，封琅邪郡公。王同皎之子王繇，娶唐玄宗女永穆公主，拜驸马都尉。王繇之子王潜，历任泾原节度使、荆南节度使、尚书左仆射，封琅邪郡公。王同皎祖孙三代，与皇室联姻，形成了不小的势力，但与王褒的后裔称"咸阳王氏"一样，他们的封爵虽然是琅邪郡公，籍贯却不是琅邪，而是"相州安阳"[2]，特定意义上的"琅邪王氏"已经不复存在。

其他王氏子弟，现于史籍或墓志的，大多是以才学知名，或参加科举考试入仕。如王无竞，长于文学，参加下笔成章科举及第，与初唐四杰之一陈子昂为友，参与武则天时《三教珠英》的修撰。王丘，十一岁即参

---

1 《隋书》卷七十六《王胄传》，第1741页。
2 《新唐书》卷一百九十一《王同皎传》，第5507页。

加童子举考试，以文辞见长，后又参加制举，入仕后历任要职，以公正廉洁著称。王仲丘，长于礼学，唐玄宗时制定《大唐开元礼》一百五十卷。王定，长于绘画，尤其以画菩萨、高僧、仕女著称。

总之，唐朝时期的琅邪王氏，没有了魏晋南北朝时期一流高门的社会地位，无法凭借九品中正制入仕，大部分与庶民无异。只有少数人能够以自身才学进入仕途，勉强维持中等士族的地位。唐代诗人刘禹锡的《乌衣巷》，描述的正是曾经风头无两的琅邪王氏与陈郡谢氏的没落：

朱雀桥边野草花，乌衣巷口夕阳斜。

旧时王谢堂前燕，飞入寻常百姓家。

唐以后，又出现了一些自称琅邪王氏后裔的望族，但人们一般以他们的聚居地称呼他们，如开闽王氏、余姚王氏、太苍王氏等。

王审知（862—925），字信通，相传是王方庆后裔，崛起于唐末农民起义中，占据福建，建立闽国（909—945）。在王审知统治期间，对中原政权称臣纳贡，对周边的吴越、吴、南汉等政权采取睦邻友好政策，使福建能够维持相对和平稳定的环境；对内则整顿吏治，劝课农桑，轻徭薄赋，鼓励海外贸易，提倡文教，大大促进了福建地区的经济、文化发展，被后人尊为"开闽王"。王审知死后，闽国内乱，被南唐灭亡。部分王氏子孙在动乱中改姓游、沈、叶，至今东南沿海一带有"王、游、沈、叶是一家"之说，保留不相通婚的习俗。还有部分王氏子弟远徙台湾，故王审知又被尊为"王氏闽台祖"。

余姚王氏，相传是王羲之的后裔。明朝成化十七年（1481），王华中状元，仕至南京吏部尚书。王华长子王守仁（1472—1529），字伯安，号阳明，世称阳明先生，是明代著名政治家、军事家和哲学家。之后的余姚王氏分支众多，如秘图王氏、开元王氏、官人宅王氏、上塘王氏等，分散各地。

太苍王氏，相传是王导后裔。明清时期，王侨、王倬兄弟及其子孙相继中进士，遂成为书香世家。王倬孙王世贞（1526—1590），是明朝著名文学家，独领文坛二十年。此外，他也是明朝著名史学家，著有《弇山堂别集》，记录明朝典故，史料价值颇高。王世贞之后，太仓王氏又有多人科举及第。明末清初，王鉴擅长山水画，与王时敏、王翚、王原祁并称"四王"。清朝中期，太仓王氏开始走向衰落。

上述王氏分支，以及五云王氏、金庭王氏、榆林王氏、三槐王氏等，并没有确切的证据证明他们与魏晋南北朝时期琅邪王氏的关系，部分谱系来自后人的追述。自南朝后期，琅邪王氏逐步走向衰落，经隋唐时期废除九品中正制的打击，王氏家族族人的社会地位大部分与庶民无异。待至唐末五代十国、宋元之际的战乱之后，族人死散流亡，谱牒散佚，昔年的一流高门，更多地留存在人们的追忆中，于是出现了非常多的王氏分支，他们都自称琅邪王氏之后。

第二章 经史传家

中国古代典籍习惯上分为经史子集四部。经，是指以"四书五经"为代表的儒家经典及其注释著作，主要涉及纲常伦理、政教观点、道德规范等。史，是记录历史的著作，包括历史沿革、各色人物等。经史往往互相佐证，阐述历代的兴衰成败，总结社会发展规律。子，即诸子百家的著作和农、工、医等科技著作。集，是指文人的诗词歌赋。经史子集是中华传统文化的重要产物，古代文化世家往往经史兼通，文集众多，琅邪王氏正是典型代表。

第一节 经学传承

琅邪王氏家族的经学传统，始于西汉，一直延续到唐朝时期，成为家族长盛不衰的文化根基。

一、两汉时期确立经学传统

（一）经学名家王吉

西汉时期，王吉奠定了琅邪王氏经学传家的基础。琅邪早在春秋战国时期已是人文荟萃之地，此地处于齐国和鲁国交界地，后因争霸兼并战争，相继归属于齐、越、楚三国。文化倾向于多元发展，但主体文化还是齐鲁文化。齐文化开放进取、尚功利，鲁文化尊传统、重伦理，二者融合，使琅邪王氏的家族文化在形成之初即具有兼容特色。

王吉出生时，正是"罢黜百家，独尊儒术"的时代，汉武帝通过察举制选拔通晓儒家经典的知识分子进入仕途，此后的公卿大臣多以儒学入仕，儒学与政治相挂钩，进一步扩展了儒学的传播，提升了其社会影响力。《汉书·儒林传》载：

> 自武帝立《五经》博士，开弟子员，设科射策，劝以官禄，讫于元始，百有余年，传业者寝盛……盖禄利之路然也。[1]

当时，除了在都城长安设立太学，全国各地都有传授儒家经典的私学，琅邪尤为突出。经过春秋战国曾参、荀子等人推动儒学传播之后，汉代琅邪重经尚儒，出现了一批造诣很深的经学家，如王臧、缪生、梁丘贺、孟卿、孟喜、后苍、疏广、疏受、于定国、萧望之、匡衡等人。他们大多设馆授徒，培养了一大批儒生，对琅邪的儒学发展产生了重要影响。"两汉时代，论经学之发达，习经人数之多，治经面之广，无出琅邪之右者。"[2]

受时风熏染，王吉"少好学明经"，晚年成为经学名家，"兼通《五经》，能为驺（邹）氏《春秋》，以《诗》《论语》教授"。[3]《诗经》《尚书》《礼记》《周易》《春秋》合称五经，汉武帝时期，设太学，立五经博士，但能五经皆通的并不多。清代经学大家皮锡瑞在《经学历史》中总结：

> 前汉多专一经，罕能兼通。经学初兴，藏书始出；且有或为雅，或为颂，不能尽一经者。若申公兼通《诗》《春秋》，韩婴兼通《诗》《易》，孟卿兼通《礼》《春秋》，以为难能可贵。夏侯始昌通五经，更绝无仅有矣。[4]

---

1 《汉书》卷八十八《儒林传》，第3620页。
2 张岂之：《汉代琅邪地区的学术氛围与诸葛亮思想的形成》，《中国典籍与文化》1995年第2期。
3 《汉书》卷七十二《王吉传》，第3066页。
4 〔清〕皮锡瑞著，周予同注释：《经学历史》，北京：中华书局，1959年，第116页。

皮锡瑞称夏侯始昌通五经是"绝无仅有",显然漏掉了王吉。翻查史籍,可知王吉在西汉经学史上是承上启下的关键人物,尤其是在《诗经》《论语》和《春秋》三部儒家经典的传承上,影响较大。

首先是《诗经》,这是王吉较早学习的儒家经典。他"少时学问,居长安",拜大儒蔡义为师。蔡义,河内温县人,他的经学源于同郡的赵子,赵子则学于燕人韩婴。《汉书·儒林传》记载了其传承脉络:

> 赵子,河内人也,事燕韩生,授同郡蔡谊[1]……谊授同郡食子公与王吉……吉授淄川长孙顺……由是《韩诗》有王、食、长孙之学。[2]

韩婴是汉文帝时的博士,曾与董仲舒在汉武帝面前辩论经义,不为所屈,可见其经学造诣之深。韩婴精研《诗经》,著作有数万言[3]。两汉时期,《韩诗》与鲁人申公的《鲁诗》、齐人辕固生的《齐诗》同立于学官,影响很大。

蔡义先供职于大将军卫青幕府,后成为汉昭帝的老师,专门讲授韩氏《诗经》。他历任光禄大夫、少府等要职,直至升任丞相。

王吉所学,应当也是韩氏《诗经》。他后来任昌邑中尉,劝谏游猎无度的昌邑王刘贺时,引用了《诗经》:

> 《诗》云:"匪风发兮,匪车揭兮,顾瞻周道,中心怛兮。"
> 说曰:"是非古之风也,发发者,是非古之车也,揭揭者,盖伤之也。"[4]

王吉引用的"说曰",极有可能是已经失传的《韩说》中的文字。《汉

---

1 《汉书》卷十九下《百官公卿表》、卷六十六《蔡义传》皆作"蔡义"。
2 《汉书》卷八十八《儒林传》,第3614页。
3 《汉书》卷三十《艺文志》记载的《韩故》《韩内传》《韩说》已失传,仅存《韩诗外传》。
4 《汉书》卷七十二《王吉传》,第3058页。

书·王吉传》记载的王吉的思想主张多承袭于韩婴,试举例如下:

王吉任昌邑中尉时,建议刘贺听从师傅教导,研习儒家经典,从中学习治国之道,提升自己的道德修养,同时也关注养生练体,强调"休则俯仰诎信以利形,进退步趋以实下,吸新吐故以练臧,专意积精以适神,于以养生",若真能做到这些,"则心有尧、舜之志,体有乔、松之寿,美声广誉登而上闻,则福禄其臻而社稷安矣"。上疏汉宣帝,建议他"与公卿大臣延及儒生,述旧礼,明王制,驱一世之民济之仁寿之域,则俗何以不若成、康,寿何以不若高宗?"[1]王吉的这些观点,与《韩诗外传》中"君子有辩善之度,以治气养性,则身后彭祖;修身自强,则名配尧禹"[2]的观点如出一辙。

在注重民心民力方面,王吉给汉宣帝的上疏中提到:"民者,弱而不可胜,愚而不可欺也。"[3]《韩诗外传》借管仲之口,解释百姓的重要作用:"工者以百姓为天。百姓与之则安,辅之则强,非之则危,倍之则亡。"[4]

居于深宫的统治者要了解民情,必须慎重选择官吏,尤其自己身边的大臣。王吉谏言汉宣帝"谨选左右,审择所使;左右所以正身也,所使所以宣德也。"[5]针对当时外戚势力崛起的形势,王吉建议汉宣帝"明选求贤",对外戚可多赏赐财物,不让他们身居高位,以此限制外戚势力。《韩诗外传》提到天子之所以能了解天下形势,"以有贤左右也",因此,统治者需多方选拔人才,甚至到隐士中求贤,即"故明王使贤臣,辐凑并进,所以通中正而致隐居之士"。[6]

此外,王吉反对早婚,"世俗嫁娶太早,未知为人父母之道而有子,是以教化不明而民多夭"。[7]《韩诗外传》载:"不肖者精化始具,而生气感

---

1 《汉书》卷七十二《王吉传》,第3060、3063页。
2 魏达纯:《韩诗外传译注》卷一,长春:东北师范大学出版社,1993年,第6页。
3 《汉书》卷七十二《王吉传》,第3063页。
4 魏达纯:《韩诗外传译注》卷四,长春:东北师范大学出版社,1993年,第142页。
5 《汉书》卷七十二《王吉传》,第3063页。
6 魏达纯:《韩诗外传译注》卷五,长春:东北师范大学出版社,1993年,第177页。
7 《汉书》卷七十二《王吉传》,第3064页。

动,触情纵欲,反施乱化,是以年寿亟夭而性不长也。"[1]同样论述了早婚之害。

王吉学习韩氏《诗经》,不仅在思想上延续了韩婴的主张,连著述方式都予以模仿。现存的《韩诗外传》,共三百六十条,涉及政事、伦理道德规范等,每一条都以一句《诗经》原文作结论,以此支持前文所述的观点。王吉的文章中,也有此种方式的使用,试举例如下:

《韩诗外传》卷五:

> 故明王使贤臣,辐凑并进,所以通中正而致隐居之士。《诗》曰:"先民有言,询于刍荛。"此之谓也。

《汉书》卷七十二《王吉传》:

> 故谨选左右,审择所使;左右所以正身也,所使所以宣德也。《诗》云:"济济多士,文王以宁。"此其本也。

王吉以精通韩氏《诗经》知名,他以《诗经》劝谏昌邑王和汉宣帝,发表自己的政治观点,也将韩氏《诗经》传授给儿子和弟子。后来韩氏《诗经》在流传中发展为"王、食、长孙之学",王吉与弟子长孙顺皆名列其中。可见王吉在韩诗上的造诣超过了韩婴、蔡义,长孙顺在承袭王吉的思想时也有新发展,并以此为博士。这其中,与当时重儒的大环境有关,也与王吉的教学方式和长孙顺的个人努力有联系。长孙顺后来也传授生徒,弟子众多,在韩氏《诗经》的流传发展中起了较大的推动作用。

除了《诗经》,王吉还教授《论语》。西汉初,《论语》影响较大的有齐、鲁两大流派[2]:

---

1 魏达纯:《韩诗外传译注》卷一,长春:东北师范大学出版社,1993年,第19页。
2 西汉时期,《论语》共三个流派,古论语、齐论语和鲁论语。古论语是汉景帝末、汉武帝初,鲁恭王在孔子旧宅发现的以古文字写的经书,经孔安国整理献上。因遭巫蛊之祸,古论语未能立于学官,在当时的影响不如齐论语和鲁论语。

  传《齐论》者，昌邑中尉王吉、少府宋畸、御史大夫贡禹、尚书令五鹿充宗、胶东庸生，唯王阳名家。传《鲁论语》者，常山都尉龚奋、长信少府夏侯胜、丞相韦贤、鲁扶卿、前将军萧望之、安昌侯张禹，皆名家。张氏最后而行于世。[1]

  《齐论语》是齐地儒生解释、传习的《论语》，比《鲁论语》多了《知道》《问王》两篇，文字也有差异。在众多传授《齐论语》的大儒中，王吉最知名。传授《鲁论语》的，以张禹最知名。张禹先后拜王吉和胶东庸生学习《齐论语》，后为博士，为汉元帝太子刘骜（汉成帝）讲授《论语》。为提高教学效果，张禹综合了王吉和胶东庸生两人的学说，再加上自己的观点，写了《论语章句》献上。在《论语章句》中，删除了《知道》和《问王》两篇，也就是本来学习《齐论语》的张禹，最终以《鲁论语》为准，编订《论语》二十篇。因张禹贵为帝师，官居丞相，封安昌侯，社会影响大，因此他的《论语》著作流传很广，世人称"欲为论，念张文"[2]，史称《张侯论》。此后，无论是王吉的《齐论语》，还是夏侯胜、萧望之等人的《鲁论语》都日渐衰微。至东汉末，经学大师郑玄以《张侯论》为底本，参考其他版本作注，三国时期何晏作《论语集解》，流传至今的便是二十篇《论语》。从此，《齐论语》湮没于历史长河中。直到两千年后，在江西南昌海昏侯刘贺墓出土的五千二百余枚竹简中，赫然有《论语·知道》篇，专家断定就是失传已久的《齐论语》。昔年王吉做昌邑中尉时，时时以儒家经典劝谏刘贺，《齐论语》应该是王吉最为擅长的。待到出土竹简全部整理完成，也许能从中看到更多王吉的思想内容。

  此外，王吉"能为驺（邹）氏《春秋》"[3]，学术影响较大。自孔子编订《春秋》，因其言简义深，在流传的过程中逐渐出现了诠释、补充之作，称为"传"。据《汉书·艺文志》记载，汉朝时期，为《春秋》作传的共五

---

[1] 《汉书》卷二十《艺文志》，第1717页。
[2] 《汉书》卷八十一《匡张孔马传》，第3352页。
[3] 《汉书》卷七十二《王吉传》，第3066页。

家：《左氏传》三十卷，《公羊传》《穀梁传》《邹氏传》《夹氏传》各十一卷。虽然《左传》在后世的影响最大，但西汉时期的士人认为《左传》主要补充史料，是史书而不是经书，因此仅在民间流传。主要阐释《春秋》经义的《公羊传》和《穀梁传》被立于学官。至东汉班固著《汉书》时，《邹氏春秋》已经没有能够传承经义的大师，《夹氏春秋》连书也没有，"《邹氏》无师，《夹氏》未有书"。[1] 其他史籍对此也有类似记述，南朝时梁朝阮孝绪编《七录》：

建武[2]中，邹、夹氏皆绝。[3]

唐代编修《隋书·经籍志》：

汉初，有公羊、穀梁、邹氏、夹氏，四家并行。王莽之乱，邹氏无师，夹氏亡。[4]

姚振宗《汉书艺文志条理》著引唐初杨士勋《春秋穀梁传注疏》序文：

五家之传，邹氏、夹氏口说无文，师既不传，道亦寻废。[5]

结合上述史料，可知《春秋》邹氏传、夹氏传的传承方式是"口说无文"，没有形成自己的经典文籍，依赖师徒之间口传心授，一旦没有经师，则很难传承下去。王莽时期，大约是因为时局动荡，经师死亡殆尽。至东汉初，《春秋》邹氏传、夹氏传皆亡佚。

----

1 《汉书》卷三十《艺文志》，第1715页。
2 东汉光武帝年号，公元25—55年。
3 二十五史刊行委员会编：《二十五史补编》第二册，王应麟：《汉艺文志考证》，北京：中华书局，1955年，第1401页。
4 《隋书》卷三十二《经籍志一》，第932页。
5 二十五史刊行委员会编：《二十五史补编》第二册，姚振宗：《汉书艺文志条理》，北京：中华书局，1955年，第1559页。

夹氏《春秋》在汉代的影响较小，具体内容不详。《邹氏春秋》还有些内容可以考证。《史记·孟子荀卿列传》载：

> 齐有三驺子。其前驺忌……其次驺衍……驺奭者，齐诸驺子，亦颇采驺衍之术以纪文。[1]

虽不能确定《邹氏春秋》到底源于邹忌、邹衍还是邹奭，然在学术领域，邹衍的五德终始说影响巨大，邹奭也多沿袭其思想，或许源于邹衍的可能性更大些。《盐铁论·论儒》记载："邹子以儒术干世主，不用，即以变化始终之论，卒以显名。"[2] 由此可知，邹衍最初的学说，应以儒学为主，然后转向阴阳家。因其包含了大量儒家内容，故西汉时期的儒生还有些能传承其学说。在《公羊传》《穀梁传》被立于学官时，王吉"能为驺（邹）氏《春秋》"，可知其博学多才，经学造诣颇高。"为"之一字，应该包括了王吉所学的和他传承下去的邹氏《春秋》，具体传于何人不得而知。传给儿子王骏是可能性之一，至王骏子王崇，于公元2年被婢女毒死，此后是王莽执政时期，时局动荡，琅邪王氏的谱系都不甚明了。经学传承，尤其是小众的《邹氏春秋》，恐怕更难延续。东汉初的王遵，虽为中大夫，封义乡侯，却是以平定叛军闻名，而非以经学知名。由此可推知，王氏家族中的邹氏《春秋》传承，大约在王崇暴亡后就已经断了，因此才有班固"《邹氏》无师"、阮孝绪"建武中，邹、夹氏皆绝"的记载。

总之，王吉作为经学名家，学贯五经，不仅精研广为流行的韩氏《诗经》和《齐论语》，也熟知如《邹氏春秋》这样的小众学说，在当时的经学领域是很罕见的。后来的王氏子弟，除了南齐王俭兼擅《礼》《尚书》《春秋》，大多只能在一部经典上有所成，如王敦学通《左氏春秋》，王延之有《春秋旨通》十卷，王廙注有《周易注》十卷，王珉精研《论语》，著《论语义》，王献之撰有《孝经注》。相较之下，越发凸显王吉经学体系之博大。

---
1 《史记》卷七十四《孟子荀卿列传》，第2344、2347页。
2 〔汉〕桓宽著，王利器校注：《盐铁论校注》，北京：中华书局，1992年，第150页。

汉代的经学除了在官学传授，主要由私学承担，尤其父子相传更为普遍。王吉自然会将经术传给儿子王骏，但史籍中对王骏的学术记载不详，除了有《鲁论语》的著作和梁丘氏《易》的学习，其他皆无详载。尽管如此，王吉、王骏父子开启了以经学为主的家学传承，对琅邪王氏家族的后续发展有重要意义。自汉武帝"独尊儒术"之后，通晓儒家经典，以察举入仕成为士人为官的正途。经由父子、师徒转相传授，代代有人入仕，为官者又能在政治、经济方面扩大家族势力，后世影响巨大的士族逐渐形成。至东汉中后期，出现了累世专攻一经、累世公卿的家族。如汝南袁氏世传《孟氏易》，四世中有五人居三公之位；弘农杨氏世传《欧阳尚书》，四世皆至三公。这些家族的门生故吏动辄数百人甚至数千人，形成了庞大的家族势力，门第因之出现。钱穆说："自东汉以来，因有累世经学，而有累世公卿，于是而有门第之产生。自有门第，于是而又有累世之学业。"[1] 琅邪王氏自王吉确立了以经学传家的传统，经王骏到王崇，祖孙三人的政治地位也一代比一代高，"材器名称稍不能及父，而禄位弥隆"。西汉时期的琅邪王氏"有累世之美"[2]，他们依凭自身及家族掌握的经学，努力向经学文化世家转型，进而发展为世代簪缨的士族，为后世的贵显奠定了基业。

（二）东汉王氏家族的经学传承

东汉时期的琅邪王氏，史籍记载偏少，但从东汉整体的儒学发展和东汉末年出生的王祥身上，仍然能够看到王氏家族持续不断的经学传承。

东汉时期，由于统治者的重视，儒学得到了前所未有的推崇和普及。光武帝本人好儒，青年时期曾在长安太学学习，"受《尚书》，略通大义"。[3] 其开国功臣也多习儒术，与西汉开国功臣形成了鲜明对比："西汉开国，功臣多出于亡命无赖，至东汉中兴，则诸将帅皆有儒者气象。"[4] 东汉建立后，

---

[1] 钱穆：《中国学术思想史论丛》（三），合肥：安徽教育出版社，2004年，第164页。
[2] 《汉书》卷七十二《王吉传》，第3067、3068页。
[3] 《后汉书》卷一《光武帝纪》，第1页。
[4] 〔清〕赵翼著，王树民校证：《廿二史札记校证》卷三，北京：中华书局，1984年，第90页。

光武帝大力弘扬经学：

> 光武中年以后，干戈稍戢，专事经学，自是其风世笃焉。其服儒衣，称先王，游庠序，聚横塾者，盖布之于邦域矣。若乃经生所处，不远万里之路，其著名高义开门受徒者，编牒不下万人……故人识君臣父子之纲，家知违邪归正之路。[1]

其后的明帝、章帝皆好儒。明帝经学基础深厚，曾编写《五家要说章句》，他经常莅临太学，主持讲论经义，命皇太子、诸王侯及功臣子弟全部读经。章帝时期，组织今文、古文两派经学大师召开白虎观会议，最后由班固整理为《白虎通义》，统一了儒家的内部纷争。经过东汉初三代皇帝的提倡与推崇，儒学成为举国上下共同接受的意识形态学说。其后的和帝刘肇"内勤经艺，自左右近臣，皆诵诗书"。[2]和帝皇后邓绥，博通经史。她在和帝崩后迎立安帝刘祜，临朝称制十六年，其间命马融、许慎等经学大家到东观校对五经和其他典籍，广建郡县学校，传播儒家学说，并组织五岁以上的亲贵子弟入学读书，还在宫中开办女学，聘请班固的妹妹班昭主讲，身边的宫女都要读书。一时间，崇儒重教之风大盛。安帝亲政后，多次参与讲经活动，曾亲自到曲阜主持祭孔仪式。顺帝刘保时期，曾封赏六十岁以上的儒者。

除了上层统治者推崇儒学，各地的地方官也多能修缮学校，表彰、举荐学行兼优的学子，推广儒家道德教化。如桂阳太守卫飒"修庠序之教，设婚姻之礼。期年间，邦俗从化"。[3]丹阳太守李忠"起学校，司礼容，春秋乡饮，选用明经，郡中向慕之"。[4]地方官员礼遇儒生，倡导孝行，表彰、举荐孝子，目的是推行儒家的道德标准，使地方风俗淳厚，对形成"人识

---

[1]《后汉书》卷七十九《儒林列传下》，第2588、2589页。
[2]〔汉〕刘珍等撰，吴树平注：《东观汉记》卷二《穆宗孝和皇帝》，北京：中华书局，2016年，第95页。
[3]《后汉书》卷七十六《循吏传》，第2459页。
[4]《后汉书》卷二十一《任李万邳刘耿列传》，第756页。

君臣父子之纲,家知违邪归正之路"[1]的风习起了较大推动作用,扩大了儒学在全国范围的影响。

另外,各地的名师硕儒广招生徒,"耆名高义开门受徒者,编牒不下万人"[2],如牟长"诸生讲学者常有千余人,著录前后万人"[3],丁恭"诸生自远方至者,著录数千人,当世称为大儒",楼望"教授不倦,世称儒宗,诸生著录九千余人",蔡玄"门徒常千人,其著录者万六千人"[4]。其他如欧阳歙、马融、郑玄等,也生徒众多,极大影响了儒学发展。

总之,东汉一朝,从中央到地方,始终坚持提倡与推崇儒学,成为中国历史上儒风最盛的时代。

东汉时期的儒学,并不仅表现在学术和思想层面,还是当时选官制度的主要依据。东汉以察举、征辟为主要选官方式,选拔贤良、方正、直言、极谏、孝廉、茂才等,主要依据是儒家的道德标准,这是典型的将国家的政治制度与儒学相结合。通过国家自上而下推行教化的过程,在一定程度上起到推广、宣扬儒学的目的。儒家的伦理道德观念,逐渐渗透至百姓心中。一方面对稳定社会秩序,维护国家的长治久安起了重要作用;另一方面,儒家的道德观念成为人们日用而不自知的行为规则,儒家倡导的三纲五常等伦理道德观念,尤其是"孝"的思想深入人心。

如此一来,从国家统治的核心理论、选拔人才的主要标准扩展渗透到人们日常生活中的行为规范、道德准则,乃至文学艺术审美,儒学成为社会文化的主流。

生活在这样的社会氛围中的琅邪王氏,延续家传儒学是毫无疑问的。因家族谱系缺失,族人不显,到东汉后期,才有数人载于史册。

王祥的祖父王仁,仕至青州刺史,伯父王叡,仕至荆州刺史,父亲王融,虽未入仕,但也曾被官府征辟。东汉时期选拔官员的方式,以察举、

----

1 《后汉书》卷七十九下《儒林传》,第2589页。
2 《后汉书》卷七十九下《儒林传》,第2588页。
3 《后汉书》卷七十九上《儒林传》,第2557页。
4 《后汉书》卷七十九下《儒林传》,第2588页。

征辟为正途，被选举者多以经学见长。故王仁与王叡的任职，显然与家传经学有关，但他们在经学大家辈出的东汉名声不显，应该是只有基本的经学素养，而不是像王吉那样的经学名家。王叡任荆州刺史时，曾与孙坚合作镇压当地的农民起义，"以坚武官，言颇轻之"。[1] 王叡看不起出身低、以武仕进的孙坚，反映的可能正是出身文化世家的优越感。

在这样的儒学世家中，耳濡目染的王祥自然也会接受儒学的家学传承。与他的祖父、伯父一样，现存历史文献中也没有详载他在经学方面的理论建树，只是突出了他的孝行，从中可以看出典型的儒家道德规范。

二、曹魏西晋时期的传承与变革

曹魏西晋时期，琅邪王氏家族依然保留了浓厚的儒学色彩，但随着玄学的兴起，王祥等人的思想渐趋驳杂。王戎、王衍由儒入玄，王氏家族文化进入了结构更新、内容丰富的新阶段。

（一）曹魏西晋的文化政策

曹魏建立时，天下三分的格局大致形成，大规模的战争基本结束。稳定的外部环境和内部政局，使得魏文帝曹丕可以将曹操后期恢复文教的政策推向全国。曹丕本人虽然有时率性任情，如在王粲墓前学驴叫悼念故友，被立为太子后欣喜若狂，搂住辛毗的脖子说"辛君知我喜不"[2]，因个人恩怨执意杀鲍勋，等等，被史家评价"魏文慕通达，而天下贱守节"[3]，但作为统治者，曹丕深知儒学对国家和社会都有重大作用，其中的伦理纲常、礼乐典章制度，是维护政权、巩固封建统治秩序所必需的。他自称"吾备儒者之风，服圣人之遗教"[4]，推行了一系列重振儒学的措施。

黄初二年（221）正月，曹丕按照儒家礼制"效祀天地、明堂"，尊崇

---

[1]《三国志》卷四十六《吴书·孙破虏讨逆传》注引《吴录》，第1097页。
[2]《三国志》卷二十五《辛毗传》注引《世语》，第699页。
[3]《晋书》卷四十七《傅玄传》，第1317页。
[4]《三国志》卷二《文帝纪》注引《魏书》，第84页。

孔子为"命世之大圣,亿载之师表",命鲁郡地方官修复孔庙,派百户吏卒守卫,封孔子二十世孙孔羡为宗圣侯,食邑百户,专门祭祀孔子。同时,在孔庙附近"广为室屋以居学者"。这是三国时期第一次为儒家学子建设学舍,是儒学发展的重要事件,说明曹魏政权由前期的名法之治开始向重儒转变。此外,曹丕在选拔人才方面改变了曹操"唯才是举"的做法,重新恢复了汉代的察举制。下令凡是人口满十万的郡国,每年向中央推举孝廉一人;若有特别突出的人才,可以不受户口限制。黄初三年(222),曹丕下诏郡国举荐孝廉、选拔计吏时,"勿拘老幼;儒通经术,吏达文法,到皆试用"。黄初四年(223),下诏"博举天下俊德茂才、独行君子"。[1]黄初五年(224),为推行儒家教育,曹魏立太学,招弟子数百人,制五经课试之法,传播儒家经典,后来太学弟子多达千人。《三国志·高柔传》也记载,黄初年间,"兴复辟雍,州立课试,于是天下之士,复闻庠序之教,亲俎豆之礼焉"。[2]虽然因曹魏初建,太学并未完善,教学效果不佳,却也是曹魏政权力图恢复儒学的最好证明。

魏明帝更尊崇儒学,太和二年(228)下诏:

> 尊儒贵学,王教之本也。自顷儒官或非其人,将何以宣明圣道?其高选博士,才任侍中常侍者。申敕郡国,贡士以经学为先。[3]

这份诏书,明确提出"尊儒贵学",郡国向朝廷举荐人才,必须"以经学为先",说明曹魏政权已经抛弃了曹操时代的名法之治,开始向以儒家经术治国转化。太和四年(230),明帝再次下诏:

> 其郎吏学通一经,才任牧民,博士课试,擢其高第者,亟

---

[1] 《三国志》卷二《文帝纪》,第79、83页。
[2] 《三国志》卷二十四《魏书·高柔传》,第685页。
[3] 《三国志》卷三《明帝纪》,第94页。

用；其浮华不务道本者，皆罢退之。[1]

明帝要求以儒家经义课试郎吏，罢退追求浮华之风的官员。如夏侯玄、何晏、邓飏、诸葛诞等人互相品评，号为"四聪八达"，魏明帝皆以"浮华"予以罢免。

曹魏时期，魏明帝推崇儒学是最突出的。在他统治后期，因朝中硕儒高堂隆、苏林、秦静等人皆已年老，为使其学说能够传承，明帝下诏选一部分科郎吏随他们学经：

> 方今宿生巨儒，并各年高，教训之道，孰为其继……其科郎吏高才解经义者三十人，从光禄勋隆、散骑常侍林、博士静，分受四经三礼，主者具为设课试之法。[2]

从魏文帝到魏明帝，崇儒的文化政策没有改变，在儒学经典方面，也有进一步推动发展。魏文帝时命王象和刘劭等"集五经群书，以类相从，作《皇览》"[3]，方便学习儒家经典。此外，修复东汉熹平石经，统一了五经的版本。但汉石经以今文经为主，随着古文经地位的上升，学者一般要兼通今古文经。正始年间（240—248）重新刊刻的三种字体的石经，即以古文经为主，"魏正始中，又立古、篆、隶三字石经"。[4] 正始石经的刊刻，加快了儒学经典的流传。

正始二年（241），曹魏政权"以太牢祠孔子于辟雍"[5]，向世人宣告对儒家学说的尊奉。但直到这时，儒学发展仍然面临很多问题。刘靖上疏：

> 自黄初以来，崇立太学二十余年，而寡有成者，盖由博士选轻，诸生避役，高门子弟，耻非其伦，故无学者。虽有其名而无

---

1 《三国志》卷三《明帝纪》，第97页。
2 《三国志》卷二十五《魏书·高堂隆传》，第717—718页。
3 《三国志》卷二十一《魏书·刘劭传》，第618页。
4 〔清〕钱仪吉：《三国会要》卷十六，上海：上海古籍出版社，1991年，第365页。
5 《晋书》卷十九《礼上》，第599页。

第二章　经史传家

其人，虽设其教而无其功。[1]

刘靖所言黄初（220—226）以来二十余年，当是指正始年间（240—248）的事。与之有同样言论的还有曹魏郎中鱼豢，他在所著《魏略》中评议：

> 太学始开，有弟子数百人。至太和、青龙中，中外多事，人怀避就。虽性非解学，多求诣太学。太学诸生有千数，而诸博士率皆粗疏，无以教弟子。弟子本亦避役，竟无能习学……是以志学之士，遂复陵迟……嗟夫！学业沉陨，乃至于此。[2]

显然，虽然曹魏统治者推行了一系列恢复儒学的措施，但直到正始年间，依然不尽如人意，甚至太学都沦为"诸生避役"的场所。

高平陵政变后，司马懿父子掌控曹魏政权。司马氏是汉代的儒学大族，"本诸生家，传礼来久"。[3]司马懿"博学洽闻，伏膺儒教"。[4]司马师青年时期与何晏、夏侯玄等学者齐名，司马昭的学问不及父兄，但他倚重儒学大族胜过父兄。陈寅恪指出：魏晋更迭，"不是司马、曹两姓的胜败问题，而是儒家豪族与非儒家的寒族的胜败问题"。[5]司马氏建立西晋，"乃由当时之儒家大族拥戴而成"。[6]儒学世家成为司马氏政权的支柱，其代表人物走上权力高层，对儒学的扶掖力度是曹氏执政时期所不能比拟的。此后儒学的恢复发展进入了加速阶段。

早在司马懿初掌政权时，王昶上疏：

> 陈治略五事：其一，欲崇道笃学，抑绝浮华，使国子入太学

1　《三国志》卷十五《魏书·刘馥传》，第464页。
2　《三国志》卷十三《魏书·王肃传》注引《魏略》，第420—421页。
3　《资治通鉴》卷七十九，泰始元年，第2498页。
4　《晋书》卷一《宣帝纪》，第1页。
5　万绳楠整理：《陈寅恪魏晋南北朝史讲演录》，合肥：黄山书社，1987年，第1页。
6　陈寅恪：《金明馆丛稿初编》，北京：生活·读书·新知三联书店，2001年，第144页。

而修庠序；其二，欲用考试，考试犹准绳也，未有舍准绳而意正曲直，废黜陟而空论能否也；其三，欲令居官者久于其职，有治绩则就增位赐爵；其四，欲约官实禄，励以廉耻，不使与百姓争利；其五，欲绝侈靡，务崇节俭，令衣服有章，上下有叙，储谷畜帛，反民于朴。[1]

史载"诏书褒赞"，这可以算是一个儒学被全面提倡的纲领。

司马炎称帝前，延续祖父的方略，显示出明显的儒家倾向。他下令各州郡中正以六条标准选拔人才：

一曰忠恪匪躬，二曰孝敬尽礼，三曰友于兄弟，四曰洁身劳谦，五曰义信可复，六曰学以为己。[2]

这六条标准基本以儒学的核心理念而制定。泰始四年（268），晋武帝下诏：

士庶有好学笃道，孝弟忠信，清白异行者，举而进之；有不孝敬于父母，不长悌于族党，悖礼弃常，不率法令者，纠而罪之。[3]

诏令中所依据的举荐人才的标准，无一不是儒家的道德标准；所要严厉打击的行为，无一不是违背儒家礼教的行为。

司马氏既要"以孝治天下"为自身粉饰，又需要儒家的礼乐制度维系政权平稳过渡，因此，司马炎迫切需要掌握儒家学说、熟知典章制度的人才，儒学教育成为他极为关注的问题。

西晋建立后，复兴儒学的力度进一步加强。洛阳出土的《晋辟雍碑》碑文（又称《晋三临辟雍碑》）载：

---

[1]《三国志》卷二十七《王祥传》，第749页。
[2]《晋书》卷三《武帝纪》，第50页。
[3]《晋书》卷三《武帝纪》，第57页。

> 暨圣上践阼,崇光前轨,阐五帝之绝业,迈三代之弘风,敦礼明化,以庠序为先。

泰始六年(270)十一月,"幸辟雍,行乡饮酒之礼,赐太常博士、学生帛牛酒各有差。"[1]咸宁二年(276)五月,"立国子学"。[2]从此,西晋中央官学太学和国子学并立,对当时的儒学教育和传播产生了较大影响。西晋文学家潘岳的《闲居赋》盛赞:"两学齐列,双宇如一,右延国胄,左纳良逸。祁祁生徒,济济儒术。"[3]赋中难免有夸张、修饰之辞,但从中亦可看到西晋统治者对儒学教育的重视。

东晋荀崧追述西晋时期的儒学之盛:

> 世祖武皇帝应运登禅,崇儒兴学。经始明堂,营建辟雍,告朔班政,乡饮大射。西阁东序,《河图》秘书禁籍。台省有宗庙太府金墉故事,太学有石经古文先儒典训。贾、马、郑、杜、服、孔、王、何、颜、尹之徒,章句传注众家之学,置博士十九人。九州之中,师徒相传,学士如林,犹选张华、刘寔居太常之官,以重儒教。[4]

由此可见,晋武帝时期,西晋政权对儒学的发展还是做出了较大努力。但西晋统一的时间过于短暂,晋惠帝继位后,八王之乱引发政局混乱,匈奴、鲜卑等少数民族趁乱入华,加剧了国内的动荡,儒学缺少平稳发展的政治环境。再加上士族势力的发展,九品中正制的施行,儒学已经不是如两汉时期的利禄之阶,因此,战乱之中,儒学遭到极大破坏,自曹魏以来的儒学恢复、发展被迫中断。

----

[1] 《晋书》卷三《武帝纪》,第60页。《晋书》卷二十一《礼志下》为"十二月",第670页。
[2] 《晋书》卷三《武帝纪》,第66页。《晋书》卷二十四《职官志》载:"咸宁四年,武帝初立国子学。"第736页。
[3] 《晋书》卷五十五《潘岳传》,第1505页。
[4] 《晋书》卷七十五《荀崧传》,第1977页。

曹魏西晋时期的崇儒文化政策，尽管不能与两汉相比，但中央在指导思想、用人、教育方面崇儒的政策方针，对当时文教事业的发展、琅邪王氏等家族保持儒学家风还是有一定效果。

（二）王祥的儒风与变化

王祥出身儒学世家，祖父、伯父皆为中级官员。他深知儒学是政治统治的必备工具，百姓知孝悌、廉耻，懂得礼仪，社会才能和谐稳定。儒家教化对稳固长期战乱的徐州尤为重要，他任徐州别驾期间，"州界清静，政化大行"。[1] 此处的"政化"，必然以儒家的核心思想为主。而要推广儒家学说，首先要做的就是发展地方教育，使儒家教化深入乡里。目前的史料，还无法找到黄初年间徐州儒学发展的详细资料，但可以从史籍中管窥琅邪郡的儒学教育发展情况。史载：

> （管辂）父为琅邪即丘（今临沂市）长，时年十五，来至官舍读书。始读《诗》《论语》及《易》本，便开渊布笔，辞义斐然。于时黉上有远方及国内诸生四百余人，皆服其才也。[2]

管辂（209—256）15岁，是黄初五年（224），当时太学刚刚设立，弟子数百人，即丘官学中即有学生四百余人，而即丘仅是琅邪九县[3]之一。除去当地悠久的经学传统，以王祥为首的徐州民政官员积极推广儒学教育，促进当地学术繁荣，应是即丘官学得以发展的重要原因。而琅邪仅是徐州八郡[4]之一，纵然其他郡未必能像琅邪那样注重经学传承，整个徐州的官学发展以及儒家文化价值的推广仍是相当可观的。

王祥在徐州荡平"寇盗"、政教大行，才干出众，又以孝行著称于世，

---

1 《晋书》卷三十三《王祥传》，第987页。
2 《三国志》卷二十九《魏志·管辂传》注引《辂别传》，第812页。
3 琅邪九县为：开阳、临沂、阳都、缯、即丘、东安、东莞、安丘、费。
4 其他七郡国是：下邳郡、彭城郡、东海国、城阳郡、广陵郡、利城郡、东莞郡。黄初以后，废利城、东莞两郡。

第二章　经史传家

符合曹魏初"先举性行，而后言才"[1]的德才并重选官原则，因此得以"举秀才，除温令，累迁大司农"。[2]

王祥"举秀才"，应在平定利城兵变之后，出任温令的时间不详。当时的朝廷重臣司马懿，便是温县人。司马懿位高权重，王祥官卑职微，二人本不会有太多联系。但王祥任职之地是司马懿的家乡，距京城仅百余里，而且司马氏是儒学大族，王祥出身儒学世家，二者思想相近，政治上也容易接近。因此，王祥任温令可能不是司马懿所选，但他上任后，必然与当地大族司马氏建立联系，为他后来的显贵打下了基础。

嘉平元年（249）正月，司马懿父子发动高平陵政变，掌控曹魏的政治军事大权。他树立起儒家名教的大旗，诛杀、罢免了一大批追随正始名士的青年士子，天下名士减半。政变一结束，王祥升任九卿之一的大司农，除了他处于相对中立的超然地位，恐怕还与他一贯的儒家士大夫形象有关。

高贵乡公曹髦在位期间，王祥迁太常。自汉武帝之后，太常即为九卿之首，主管礼仪、祭祀、文化教育，"统太学诸博士、祭酒及太史、太庙、太乐、鼓吹、陵等令"[3]，非深明儒学者不能充任。曹魏一朝，任太常一职的，可考者共23人[4]，如王朗、王肃是著名经学家，和洽、常林、高柔、夏侯玄等人皆是知名学者。虽然现存文献中并未详载王祥的经学成就，但从他能出任太常看，也应该为当世知名的儒家学者。

太常的一项重要工作，是管辖太学。甘露三年（258）八月，曹髦率群臣至太学，命王祥为三老，郑小同为五更。三老、五更都是先秦时期掌教化的乡官，西汉时在乡三老中选县三老，东汉以后又增置郡三老，有时也设置国三老，由皇帝亲命德高望重的耆宿大臣充任。王祥因"履仁秉义，雅志淳固"[5]而获此殊荣，《晋书·王祥传》记载：

---

[1]《三国志》卷二十二《魏书·卢毓传》，第852页。
[2]《晋书》卷三十三《王祥传》，第988页。
[3]《晋书》卷二十四《职官志》，第735页。
[4] 二十五史刊行委员会编：《二十五史补编》，洪饴孙：《三国职官表》，北京：中华书局，1955年，第2744页。
[5]《三国志》卷四《魏书·三少帝纪》，第142页。

> 天子幸太学，命祥为三老。祥南面几杖，以师道自居。天子
> 北面乞言，祥陈明王圣帝君臣政化之要以训之，闻者莫不砥砺。[1]

曹髦"乞言"的问题史无详载，从他在太学中的其他活动或可推测一二。曹髦对司马昭把持曹魏政权非常不满，但在政治、军事上无法对抗，便在文化上时时针对。当时，司马昭将岳父王肃的经学立为官学，与郑玄的学说相抗衡。曹髦有意识地支持郑学，反对王学。他常到太学与博士们讲论经义，如与博士淳于俊论《易经》，与庾峻论《尚书》，与马照论《礼记》，都是围绕着郑学与王学的分歧展开的。在这些讨论中，并非仅是学术争论，而是隐含着政治斗争。

郑玄生活在汉末，东汉王朝虽然走向衰落，但天子的权威犹存，只是在他生命的最后几年，才出现权臣秉政的情况，因此，他早就完成的思想理论，强调"君臣尊卑之贵贱，如山泽之有高卑也"。[2] 王肃主要生活在三国时期，父亲王朗，是曹丕篡汉的助力者。在他看来，万物包括君臣关系都是随着时代不断变迁的，"顺天知时，通于权变"[3]，司马昭与曹丕大致相同，再来一次改朝换代也很正常。何况，他的女儿嫁给司马昭，从姻亲的立场肯定支持司马氏，因此，在君臣关系上强调顺应形势也是必然的。

曹髦在与太学诸博士的论战中坚定支持郑玄的学说，此次率群臣到太学，自然也会在君臣关系上表述自己的观点。史籍中并未言明他提哪些问题，但从王祥的答复来看，依然以君臣关系为核心：

> 帝乞言于祥，祥对曰："昔者明王礼乐既备，加之以忠诚，
> 忠诚之发，形于言行。夫大人者，行动乎天地；天且弗违，况于
> 人乎？"[4]

---

1 《晋书》卷三十三《王祥传》，第988页。
2 〔汉〕郑玄著，林忠军导读：《周易郑注导读》，北京：华龄出版社，2019年，第115页。
3 〔清〕严可均：《全上古三代秦汉三国六朝文·全三国文》卷二十三，北京：中华书局，1958年，第1176页。
4 《三国志》卷四《魏书·三少帝纪》注引《汉晋春秋》，第142页。

第二章 经史传家

王祥在君臣面前大讲礼乐和忠诚，除了是太常的职责，也说明了两个问题：第一，甘露年间，王祥的理想治世仍是儒家推崇的礼治社会，人们严格按照礼的规范行事，"礼乐既备，加之以忠诚"，在君臣关系上，他站在郑学一边。第二，此时的王祥对司马昭还抱有一线希望，讲"忠"意在提醒他，不要效仿曹丕改朝换代，违背君臣之义，留下万世骂名。同时，王祥也劝慰曹髦："天且弗违，况于人乎？"暗示他摆正位置，在时机不成熟时不可轻举妄动。

　　曹髦年轻气盛，不甘心居于傀儡之位，宣称刘邦开国之功不及夏代少康中兴，希望自己能效仿少康，完成曹魏中兴，在太学中屡屡与司马氏支持的王学观点相争，引起了司马昭的不满。两年后，曹髦带少量宫廷军队攻打司马昭，被司马昭心腹贾充指使门客成济杀害。"及高贵乡公之弑也，朝臣举哀，祥号哭曰'老臣无状'，涕泪交流，众有愧色。"[1]司马氏以臣弑君，打破了王祥的政治理想，他对自己尊奉的传统礼教产生了怀疑，对"忠"不得不重新思考其定位。终司马昭之世，不曾称帝，固然是因为禅代的社会条件并未完全成熟，却也从一个侧面反映出，"忠"仍然是人们比较看重的社会规范。

　　王祥自黄初年间入仕，历经魏文帝曹丕、明帝曹叡、齐王曹芳、高贵乡公曹髦、元帝曹奂、晋武帝司马炎六代帝王，除了以孝行著称于世、前期有稳固徐州的功业，后期基本没有载于史册的具体事功。在司马氏与曹氏的斗争中，他并未深卷其中，随波逐流而已。王祥临终回顾一生，感慨"无毗佐之勋"。[2]尽管如此，王祥还是不断升迁，终至三公高位。其主要原因在于，司马氏在篡权过程中，不断屠杀忠于曹魏的大臣名士，甚至废立、弑杀君主，未免自身被诟病，不便提倡"忠"节，便打出"以孝治天下"的大旗。朝堂之上，礼法之士众多，且多以孝子自居，以"孝"作为排斥异己的武器。如何曾"性至孝，闺门整肃"，当着司马昭的面讥讽阮

---

[1]《晋书》卷三十三《王祥传》，第988页。
[2]《晋书》卷三十三《王祥传》，第989页。

丧无礼的阮籍"纵情背礼，败俗之人"，建议司马昭将他流放边疆，"无令污染华夏"。[1]贾充指使成济刺杀高贵乡公曹髦，连后来投降西晋的孙皓都讥讽他"弑其君及奸回不忠"[2]。同时，贾充畏惧后妻，不肯接回发妻李氏，令母亲不满、女儿伤心，不忠不孝不义，无以复加。这样一个人，却面斥庾纯"父老，不归供养，卿为无天地！"[3]王祥孝名甚高，又无力与司马氏对抗，恰好满足了司马氏鼓吹"孝"的需要，因此成为血腥的魏晋禅代道路上一个极好的政治装饰品。魏末，王祥青云直上；西晋建立，王祥拜太保，封睢陵公。当时朝中八公并列，王祥位居第一。唐人编《晋书》，将王祥列在名臣传记第一位。这一切都说明，王祥已经成为西晋最有名望的大臣之一。

泰始四年（268），王祥去世[4]，年八十五岁，谥为元。临终，他写了一篇遗训留给子孙：

> 夫生之有死，自然之理。吾年八十有五，启手何恨。不有遗言，使尔无述。吾生值季末，登庸历试，无毗佐之勋，没无以报。气绝但洗手足，不须沐浴，勿缠尸，皆浣故衣，随时所服。所赐山玄玉佩、卫氏玉玦，绶笥皆勿以敛。西芒上土自坚贞，勿用甓石，勿起坟陇。穿深二丈，椁取容棺。勿作前堂、布几筵、置书箱镜奁之具，棺前但可施床榻而已。精脯各一盘，玄酒一杯，为朝夕奠。家人大小不须送丧，大小祥乃设特牲。无违余命！高柴泣血三年，夫子谓之愚。闵子除丧出见，援琴切切而哀，仲尼谓之孝。故哭泣之哀，日月降杀，饮食之宜，自有制度。夫言行可覆，信之至也；推美引过，德之至也；扬名显亲，孝之至也；兄弟怡怡，宗族欣欣，悌之至也；临财莫过乎让：此

---

1 《晋书》卷三十三《何曾传》，第997、995页。
2 《资治通鉴》卷八十一，太康元年，第2569页。
3 《资治通鉴》卷七十九，泰始八年，第2525页。
4 《晋书·王祥传》作泰始五年，与《晋书·武帝纪》和《三国志·吕虔传》注引王隐《晋书》不合，下文"时文明皇太后崩始逾月"，考文明皇太后崩是在泰始四年，故本传云"五年"有误。

五者，立身之本。[1]

王祥指出，生死都是自然之理，告诫子孙要将自己薄葬，并详细安排丧事的各个细节，从入殓服饰、棺椁、墓地到祭祀逐一交代。汉代流行厚葬久丧，重祭祀：

> 世尚厚葬……谓死如生。闵死独葬，魂孤无副，丘墓闭藏，谷物乏匮，故作偶人以侍尸柩，多藏食物以歆精魂。积浸流至，或破家尽业，以充死棺；杀人以殉葬，以快生意。[2]

汉代的厚葬习俗，与儒家强调的"事死如事生"有关。三国时期，人们开始转向薄葬[3]，从曹操、曹丕到司马懿，都临终遗命薄葬。这其中有多方面的原因：战乱频仍，不具备汉代厚葬的条件；再加上频繁的盗墓，尸骸暴露，令人反思；此外，这一时期儒学从独尊的位置上跌落下来，百家学说逐渐复兴，尤其道家思想发展较快，而道家淡于生死，提倡薄葬，不重祭祀。庄子以为，"死生，命也，其有夜旦之常，天也"，将人的生死比为时间的昼夜，主张返璞归真，与大自然融为一体，"天地与我并生，而万物与我为一"。[4]王祥告诫子孙将自己薄葬，固然与当时的薄葬之风有关，但他违背儒家旧习，也可以看出其思想中带有道家学说的印痕。

自汉末开始，儒学正统地位遭到冲击，思想解放成为时代潮流。魏晋之际，玄学兴起，清谈玄理风靡一时，老庄思想对士人的影响日渐加深。王祥在正始年间曾参与清谈[5]，说明他已经受到了玄学思潮的影响。魏晋之际的风云变幻，进一步推动了王祥思想的变化。司马氏篡权过程中，"天

---

[1]《晋书》卷三十三《王祥传》，第989页。
[2] 黄晖：《论衡校释》卷二十三《薄葬》，北京：中华书局，1990年，第961页。
[3] 李乐民：《三国时期的薄葬风俗述论》，《史学月刊》2002年第10期。
[4] 郭庆藩：《庄子集释》，北京：中华书局，1982年，第241、79页。
[5] 余嘉锡：《世说新语笺疏·德行》，上海：上海古籍出版社，1993年，第22页。"王戎云：'太保居在正始中，不在能言之流。及与之言，理中清远，将无以德掩其言！'"显然王祥对玄学清谈已经有了初步了解。

下多故，名士少有全者"。[1] 王祥目睹了司马懿族诛曹爽及其同党，一时间名士减半，司马师废齐王曹芳，立高贵乡公曹髦，杀夏侯玄、李丰等名士，司马昭弑曹髦，杀嵇康、吕安等人。政治斗争的残酷，在王祥心中留下了浓重的阴影。出身儒学世家，深受儒学熏陶的王祥希望能够建功立业，实践儒家治国平天下的理想，但政坛风云激荡，又使他希望能够在政治斗争中保持独立的人格，这一矛盾的思想在王祥晚年表现得更加明显。他屡乞逊位，因频繁不上朝甚至招致非议，其举动与儒家的积极用世主张相悖，而合乎道家的功成身退之说。王祥临死前要求薄葬，也是道家思想的反映。但是，由于文化传统的巨大惯性，王祥虽对儒家礼教产生怀疑，却无力挣脱它的束缚，儒家核心理念始终是他的精神支柱，因此，他时时、处处尊礼而行，从不逾矩。针对司马氏打着名教旗帜标榜儒学，以及因此出现的"礼教尚峻"[2]的形势，王祥在遗训中谆谆告诫子孙以儒家伦理的信、德、孝、悌、让为立身行事准则，对子孙保持儒学家风寄予殷切期望。

王祥一生，历经东汉、曹魏和西晋三朝，在他身上，既保留了儒学传统，又有新的思想因素。正是从王祥开始，琅邪王氏家族文化进入了新旧思想交替转换阶段。

王祥弟王览，史籍中并未详载他的学术成就，然世代儒学的家风，他与王祥所受教育应大体相同，再加上兄弟二人年龄相差二十岁，不排除王祥亲授学业的可能。西晋时，王览任宗正卿，晋武帝下诏称他"少笃至行，服仁履义，贞素之操，长而弥固"。[3] 所谓"少笃至行"，是称赞他保护王祥的举措，显然也是尊奉儒家的核心理念。王览次子王基任治书御史，三子王会任侍御史，四子王正任尚书郎，六子王琛任国子祭酒，都是高级文官，其儒学素养应是最基本的条件。尤其国子祭酒，对经术的要求更高。国子

---

[1]《晋书》卷四十九《阮籍传》，第1360页。
[2] 余嘉锡：《世说新语笺疏·任诞》，上海：上海古籍出版社，1993年，第734页。
[3]《晋书》卷三十三《王祥传》，第991页。

祭酒是太常属官,主要掌管教育工作,需要"通洽古今、行为世表"[1],在国子学中教授儒家经义。梳理西晋时期的祭酒,可得下列几位(见表2-1)。

表2-1 西晋国子祭酒名录及概况

姓名	任职概况	史料出处
庾纯	"博学有才义,为世儒宗。"泰始三年(267)任博士祭酒	《晋书》卷五十《庾纯传》、《晋辟雍碑》
庾旉	庾纯之子,曾为博士,太康三年(282),在反对齐王攸之国事件中被除名,后来起复,仕至国子祭酒	《晋书》卷五十《庾纯传》
刘毅	以忠直出名,在晋武帝初任国子祭酒,咸宁初为博士祭酒	《晋书》卷四十五《刘毅传》
彭城王司马植	咸宁年间曾任国子祭酒	《晋书》卷三十七《宗室传》
王济	在反对齐王攸之国事件中惹怒晋武帝,由侍中"左迁"国子祭酒	《晋书》卷四十二《王济传》
刘寔	刘寔博古通今,"自少及老,笃学不倦,虽居职务,卷弗离手。尤精《三传》,辨正《公羊》……又撰《春秋条例》二十卷。"晋武帝后期任国子祭酒	《晋书》卷四十一《刘寔传》
邹湛	杨骏被杀后,国子祭酒邹湛举荐闾缵任著作郎。"湛少以才学知名,仕魏历通事郎、太学博士。"	《晋书》卷四十八《闾缵传》《晋书》卷九十二《文苑传》
裴頠	晋惠帝即位初任国子祭酒,史载他"弘雅有远识,博学稽古","奏修国学,刻石写经。"	《晋书》卷三十五《裴頠传》
杜夷	西晋末,司马睿为丞相时,以杜夷为国子祭酒,庐江杜氏"世以儒学称",杜夷"博览经籍百家之书,算历图纬靡不毕究"。	《晋书》卷九十一《儒林传》

---

1 《晋书》卷七十五《荀崧传》,第1977页。

以上国子祭酒或博士祭酒，大多有儒学背景，王琛任国子祭酒的时间不详，其才学应与庾纯、刘寔、裴頠等人相近，从中亦可见其家学传承。

此外，王敦"学通《左氏》"[1]，王导被大儒刘寔辟为东阁祭酒，王舒"恒处私门，潜心学植"，王彬"少称雅正"，王廙"明占多通"[2]，著《周易注》十卷[3]，等等，都可以看出明显的家学传承。但王敦等人承袭儒学家风的同时，也顺应时代的变化调整自身的文化，大多以玄学清谈知名。

（三）王戎、王衍由儒入玄

虽然西晋王朝采取了很多措施恢复儒学，但自东汉以来经学衰微的形势并未得到较大改变。当时，玄学兴盛，"儒墨之迹见鄙，道家之言遂盛"[4]，尤其八王之乱后，"遵儒者之教，履道家之言"[5]成为士人安身立命的主要哲学依据，由儒入玄成为儒学世家提升家族文化影响，进而保全家族社会地位的必由之路。琅邪王氏家族中，完成这一时代任务的是王戎和王衍。

王戎祖父、父亲仍传承儒学家风[6]，他自入仕后一路升迁，直至三公之位，其主要思想支柱自然源于家传儒学。儒家传统思想对士人的政治要求是成为辅佐圣君治国平天下的股肱良臣，建功立业、仕途显达是理所当然的目标。琅邪王氏经学传承二百余年，其政治理想已渗入每一位家族成员内心深处。王戎虽名列竹林七贤，但他身上所表现的名士光环显然远未撼动根深蒂固的政治情结。因此，早在竹林之游时，他就被阮籍讥为"俗

----
1 《晋书》卷九十八《王敦传》，第2566页。
2 《晋书》卷七十六《王舒传》，第1999、2005、2004页。
3 〔后晋〕刘昫：《旧唐书》卷四十六《经籍志》，北京：中华书局，1975年，第1967页。
4 《晋书》卷四十九《向秀传》，第1374页。
5 《三国志》卷二十七《王昶传》，第745页。
6 《三国志》卷二十四《魏书·崔林传》注引《魏名臣奏》（第679页）：王雄"天性良固，果而有谋……怀柔有术，清慎持法……才兼资文武，忠烈之性，逾越伦辈。"简短的几句话，描述了王雄儒将的形象。《晋书》卷四十三《王戎传》（第1231页）载，阮籍对王戎父王浑说："濬冲清赏，非卿伦也。共卿言，不如共阿戎谈。"身为玄学名士的阮籍觉得与王浑谈论毫无趣味，可推知他仍以儒家思想为主，未染玄风。

物"[1]。他交好司马氏心腹钟会，被钟会赞赏"阿戎了了解人意"。[2]但嵇康、阮籍对钟会则是鄙视居多，这正是王戎追求功成名就的理想与阮籍避世逍遥思想的冲突体现。也正是秉持儒家"治国平天下"的理想追求，王戎在仕途生涯的前期和中期，实现了建功立业的抱负，尤其在豫州刺史任上参与伐吴之战，立下了赫赫战功。

在伐吴问题上，西晋朝臣分为两派，"时帝密有灭吴之计，而朝议多违，唯（杜）预、羊祜、张华与帝意合"。[3]咸宁四年（278），羊祜病故，临终举荐杜预代替自己。当时，因西北战事未平，朝臣中以贾充为首，竭力反对伐吴。"初谋伐吴，（冯）纨与贾充、荀勖同共苦谏不可。"[4]

王戎显然属于主战派，否则，晋武帝绝不会始终将他放在伐吴前线，后来也不会任命他为伐吴统帅之一。灭吴之战是顺应历史发展潮流的国家统一战争，王戎作为晋吴前线的军政长官之一，坚决主战且积极参与此次军事行动，是值得肯定的进步人物，此时王戎的主导思想无疑是儒家"治国平天下"的社会理想。王戎渡江后，竭力安定、抚慰归降西晋的吴国臣民，施以善政。吴国原光禄勋石伟秉性耿直，为孙皓所不容，被迫称疾归家。王戎欣赏石伟的刚直品性，赞其"清节"，上表推荐石伟于朝廷。后石伟被拜为议郎，以二千石俸禄终其身。抛开收服民心的政治需要，可以看出王戎为国选才的标准是德才兼备，此举体现的正是王戎自身的儒学政治伦理修养。他在江南为安定社会所做的努力，终使江南士民诚心归附，为江南局势由混乱转向安定做出了积极贡献，巩固了西晋统一的局势。

总之，王戎平吴前后的政治举动，确实是积极为国家统一并长久统治着想，符合儒家为国尽忠的行为规范。既有军功，又有收服民心、稳固江南的业绩，不久，王戎被调到朝廷任侍中，深受晋武帝的器重。

---

1 余嘉锡：《世说新语笺疏·排调》，上海：上海古籍出版社，1993年，第781页。"嵇、阮、山、刘在竹林酣饮，王戎后往。步兵（阮籍曾任步兵校尉）曰：'俗物已复来败人意！'王笑曰：'卿辈意，亦复可败邪？'"注引《魏氏春秋》曰："时谓王戎未能超俗也。"
2 余嘉锡：《世说新语笺疏·赏誉》，上海：上海古籍出版社，1993年，第419页。
3 《晋书》卷三十四《杜预传》，第1028页。
4 《晋书》卷三十九《冯纨传》，第1162页。

291年，是西晋王朝的转折点，八王之乱从此开始。在动荡的时代，王戎周旋于各派势力中，曾任职中枢，也曾一度被免官，还曾被裹挟到战场上，多次面临生死存亡的险境。在外戚和宗室诸王争斗、朝局屡变的险恶政治形势下，王戎没有利用身处中枢的有利位置匡时济世，而是明哲保身，毫无气节。当时，"治国平天下"已经无法成为王戎的精神支柱，他思想中的儒家伦理价值观念逐渐虚化，道家的保身哲学被发挥到极致，"与时舒卷，无蹇谔之节"，"以王政将圮，苟媚取容"，拜司徒后，"虽位总鼎司，而委事僚采"。也正是"与时舒卷""与时浮沈"[1]，王戎才能躲过一次次政治灾难，在乱世之中成为政坛不倒翁，直至司徒高位。

在王戎后半生的政治生涯中，玄学思想成为其主流思想（详见第三章）。在实际的生活中，王戎身上也体现出琅邪王氏家族文化的新变化。一方面，儒家伦理纲常根深蒂固地保留在他心里；另一方面，在礼法的遵从上，尤其在形式上，已经远远不及此前严格。如王戎丧母守孝期间：

> 性至孝，不拘礼制，饮酒食肉，或观弈棋，而容貌毁悴，杖然后起。……时和峤亦居父丧，以礼法自持，量米而食，哀毁不逾于戎。帝谓刘毅曰："和峤毁顿过礼，使人忧之。"毅曰："峤虽寝苫食粥，乃生孝耳。至于王戎，所谓死孝，陛下当先忧之。"戎先有吐疾，居丧增甚。帝遣医疗之，并赐药物，又断宾客。[2]

由此可见，儒家推崇的孝道已经渗入王戎骨子里，他在司马氏推崇名教、鼓吹"以孝治天下"的时代，表现出对孝道的遵从，虽不拘礼制，也获得时人的赞誉，称为"至孝""死孝"，连皇帝都要出面干预，派医赐药，断绝宾客。

如果说王戎在孝亲伦理上还保留着儒家传统意识，只不过在礼制表面略微松动而已，那么在夫妻关系、与儿女的关系方面，王戎的礼教观念已

---

1 《晋书》卷四十三《王戎传》，第1233、1234页。
2 《晋书》卷四十三《王戎传》，第1233页。

经趋于淡漠。《世说新语》记载：

> 王安丰妇常卿安丰。安丰曰："妇人卿婿，于礼为不敬，后勿复尔。"妇曰："亲卿爱卿，是以卿卿，我不卿卿，谁当卿卿？"遂恒听之。
>
> 裴成公妇，王戎女。王戎晨往裴许，不通径前。裴从床南下，女从北下，相对作宾主，了无异色。[1]

按照礼制规定，妇人应以"君"尊称其夫，"卿"乃是夫对妻的称呼，以别尊卑，这是王戎要求妻子尊礼改正的原因，但经妻子从亲情角度解释后，王戎释然，"遂恒听之"。王戎与子女的关系，也没有严格的礼教束缚。他一大早到女婿裴頠家，不经通报，直闯女儿、女婿卧室，竟然能毫无异色地寒暄，父女、翁婿之间的和谐关系可见一斑。由此可知，在王戎的家庭里，夫为妻纲、父慈子孝的儒家伦理道德约束已经逐渐减弱了。

王戎死后，王衍成为琅邪王氏家族的代表，他承袭了王戎儒道兼修的学术思想，并将玄学影响进一步扩大。《晋书》卷四十三《王衍传》载：

> 泰始八年，诏举奇才可以安边者。衍初好论纵横之术，故尚书卢钦举为辽东太守。不就，于是口不论世事，唯雅咏玄虚而已……衍既有盛才美貌，明悟若神，常自比子贡。兼声名藉甚，倾动当世。妙善玄言，唯谈《老》《庄》为事。每捉玉柄麈尾，与手同色。义理有所不安，随即改更，世号"口中雌黄"。朝野翕然，谓之"一世龙门"矣。累居显职，后进之士，莫不景慕放效。选举登朝，皆以为称首。矜高浮诞，遂成风俗焉。[2]

王衍祖父王雄、伯父王浑、父亲王乂皆曾在西北边境担任军职，从兄王戎曾长期担任晋吴边境的主要军政长官。王衍出身如此家庭，少年时期

---

1 余嘉锡：《世说新语笺疏》，上海：上海古籍出版社，1993年，第922、734页。
2 《晋书》卷四十三《王衍传》，第1236页。

又正逢晋武帝积极谋划统一全国的时代，军事谋略思想必然影响到了他。而王衍最初喜欢论纵横之术，并且有了一定知名度，因此，尚书卢钦以为他是可以安定边境的"奇才"，举荐年仅18岁的王衍为辽东太守。此事应是在泰始八年（272）二月，晋武帝"诏内外群官举任边郡者各三人"。[1]当年底，就发生了王戎差点被羊祜所斩的事件[2]。家中三代人的军旅生涯，使王衍深知任职边境劳苦且凶险，自是不愿离开繁华稳定的京城，也可能是与王戎商议之后，兄弟二人不能同时处于险境，以此保全家族。因此，他最终没有去频繁受鲜卑族侵扰的辽东任职，转而整日谈玄，不论世事，尚未入仕即只关注个人和家族，逃避应担负的国家社会责任。这显然是背离了儒家匡扶社稷的传统精神，与他"常自比子贡"相去甚远。因王衍出身名门望族，且声名甚高，他于是顺利入仕为官，相继任太子舍人、尚书郎、元城令。任职期间，虽终日清谈，具体的政务也及时办理。显然，基本的儒学素养他还是有的。此后，王衍在王戎的提携下，在妻子的表姐妹贾南风皇后的关照下，于元康九年（299）升任尚书令，后拜司空、司徒。

元康后期，晋室已乱，王衍和王戎一样，也采取明哲保身的态度，终日清谈，不预时务，并没有表现出多少对国家命运的思考与担忧，传统儒家忠节精神也不以为怀。贾南风陷害并废黜太子时，王衍的小女儿是太子妃，为避免受牵连，他上表要求女儿与太子离婚。太子被遣送许昌囚禁后，曾写信给王衍和太子妃，陈述蒙冤经过，希望他们能帮助自己。而王衍惧于当时贾南风把持政权的形势，为保全自身利益而舍弃儒家道义，"得太子手书，隐蔽不出。志在苟免，无忠蹇之操"。[3]其后，贾南风派人杀了太子。赵王司马伦以为太子报仇为由发动政变，劫持惠帝，毒死贾南风，并收斩其党羽，朝堂中枢大臣多被牵连，张华、裴頠等人被杀。王戎、王衍本来也是重点打击对象，但因此前他们对赵王伦的心腹孙秀有些帮助，得以幸

---

1 《晋书》卷三《武帝纪》，第61页。
2 《晋书》卷三十四《羊祜传》，第1017页。"步阐之役，祜以军法将斩王戎。"
3 《晋书》卷四十三《王衍传》，第1237页。

免[1]，王戎免官，王衍被禁锢终身。301年正月，赵王伦篡位称帝。王衍素来瞧不起赵王伦，在愈加不利的局势中，他假装癫狂，方得暂免一死。从废太子事件到佯狂获免，王衍品格之卑劣与传统儒家的信念、节操相去甚远，足见其儒家政治理念的淡薄。这一变化，也与元康玄学发展到高峰，对社会意识形态的整体冲击更为剧烈有关。琅邪王氏家族文化中玄学色彩愈加浓重，王衍更多地践行了道家的保身哲学。

赵王伦死后，王衍再被启用，"虽居宰辅之重，不以经国为念，而思自全之计"。永嘉元年（307），王衍向八王之乱的最后胜利者东海王司马越建议：

"中国已乱，当赖方伯，宜得文武兼资以任之。"乃以弟澄为荆州，族弟敦为青州。因谓澄、敦曰："荆州有江汉之固，青州有负海之险，卿二人在外，而吾留此（洛阳），足以为三窟矣。"[2]

国难当头之时，王衍作为朝中重臣，所考虑的不是如何挽救国家民族于危难之中，而是将家族利益放在首位，以天下为己任的情怀、忠君为国的观念已经被他彻底抛弃了。

永嘉五年（311），王衍随司马越撤离洛阳。司马越病死后，王衍成为元帅，不久被石勒击败，王衍被俘。石勒问晋朝败亡原因，王衍陈述再三，"云计不在己"，"自说少不豫事，欲求自免，因劝勒称尊号"，儒家的忠节荡然无存。石勒怒斥他"君名盖四海，身居重任，少壮登朝，至于白首，何得言不豫世事邪！破坏天下，正是君罪"[3]，当夜派人推倒墙壁，将王衍"填杀"。王衍这不光彩的最后一页，甚为人不齿。东晋时期，庾翼激烈抨击王衍的行为败坏社会风气：

---

1 《晋书》卷四十三《王戎传》，第1235页。"初，孙秀为琅邪郡吏，求品于乡议。戎从弟衍将不许，戎劝止之。及秀得志，朝士有宿怨者皆被诛，而戎、衍获济焉。"
2 《晋书》卷四十三《王衍传》，第1237页。
3 《晋书》卷四十三《王衍传》，第1238页。

> 王夷甫，先朝风流士也，然吾薄其立名非真，而始终莫取。若以道非虞夏，自当超然独往，而不能谋始，大合声誉，极致名位，正当抑扬名教，以静乱源。而乃高谈《庄》《老》，说空终日，虽云谈道，实长华兢。及其末年，人望犹存，思安惧乱，寄命推务。而甫自申述，徇好小名，既身囚胡虏，弃言非所。凡名德君子，遇会处际，宁可然乎？而世皆然之。益知名实之未定，弊风之未革也。[1]

王衍死后，支撑王雄家族的是其弟王澄（269—312）。当王衍安排三窟之计，委任王澄为荆州刺史并询问其赴任后的治理方略时，他慷慨陈词："辞义锋出，算略无方，一坐嗟服。"但是到荆州后，王澄却日夜纵酒，对军政大事全不放在心上，"虽寇戎急务，亦不以在怀"。他背信弃义、滥杀无辜，导致"益梁流人四五万家一时俱反"，荆州形势危急。王衍被杀，洛阳陷落，怀帝被俘，王澄也没有忧惧之意，"日夜纵酒，投壶博戏，数十局俱起"，终致"上下离心，内外怨叛"。打了败仗，无法在荆州立足，恰逢琅邪王司马睿召他为军谘祭酒，于是乘船东下，半途命丧王敦之手。"澄夙有盛名……素为敦所惮，澄犹以旧意侮敦。敦益忿怒……令力士路戎搤杀之，时年四十四。"[2]

西晋时期，玄学风靡一时，王戎由儒入玄，结束了琅邪王氏家族文化中儒学独盛的历史。而西晋后期政局动荡，怀有传统儒家理想的士人难以立足，迫使王氏子弟适时变更自己的主要思想，儒学因素被一步步剥离。如果说王戎思想中的儒学底蕴仍有显现，王衍、王澄的儒家意识，无论是在思想上，还是在现实政治中，都已退居次要地位。

三、东晋时期儒玄双修

两晋之际，江东新政权统治者和一部分知识分子总结前代得失，对正

---

1 《晋书》卷七十七《殷浩传》，第2044页。
2 《晋书》卷四十三《王澄传》，第1239—1241页。

始以来流行的玄学及其社会影响做了全面梳理和反思。很多人将西晋灭亡归结于清谈误国,转而提倡儒家经术,大量的政治举措与评议显示出东晋王朝力图振兴儒学的倾向。但东晋偏安江南,外有北方胡族的侵扰,内有权臣执政,先后爆发了王敦、祖约、苏峻、桓冲之乱,又有孙恩、卢循的教变,始终没有为儒学政治的安顿提供一个平稳的发展环境。而玄风南渡,佛教、道教的兴盛,也多少冲击了儒学的权威。总的来说,在门阀政治的环境中,儒学不在官府,而在世家大族,东晋政府虽有意提倡儒学,却力不能为。

作为东晋一流大族的琅邪王氏,在新的社会环境和文化环境中,其家族文化走向了多元发展的道路,儒玄双修,文学、艺术交相辉映。这一时期,作为王氏家族文化最重要组成部分的儒学,仍然是王氏子弟主要的从政指导思想和重要的精神支柱,在琅邪王氏家族发展中发挥了巨大的作用。借助政治影响力,王氏子弟的儒玄双修也对东晋的社会文化发展产生了较大影响。

(一)王导确立儒玄双修

西晋末年,王敦、王导辅助司马睿渡江南下,开创了东晋百年基业,也将琅邪王氏家族推上了巅峰。伴随着王氏子弟在政治斗争和军事斗争中的纵横捭阖,王氏家族文化中在西晋时期遭受重挫的儒学逐步走上了复兴之路。

王导是东晋杰出的政治家,在中原已乱的情况下,他潜怀兴复之志,在错综复杂的政治派系中积极寻找合作者和代理人,准备在适当的时机投身政治斗争,施展自己的政治抱负。永嘉元年(307),王导随司马睿南渡建邺,完成了建立东晋政权的关键一步。

在定策南迁的过程中,王导留给后人的历史形象与安排三窟之计的王衍迥然不同。率领族人避祸虽然也是其目的之一,但更重要的是王导在长期的思考、准备之后,希望在江东复兴晋王朝,同时确立起王氏家族的霸业。在新的历史机遇面前,儒家"治国平天下"的政治理想再度成为王氏子弟尤其是王览后裔的主导思想,支持着他们克服重重困难,为自己、为家族、为国家开辟新的天地。

过江之初,政权草创,内忧外患,不能尽如人意。再加上丧失了故国家园,普遍有失落、伤感的情绪。如温峤受刘琨之命过江,"于时江左营建始尔,纲纪未举。温新至,深有诸虑"。[1]桓彝初过江,见朝廷微弱,对周𫖮说,"我以中州多故,来此欲求全活,而寡弱如此,将何以济"[2],极为忧惧失望。这些南渡士人或纵酒消愁,通宵达旦,或消极应对各项事务,不利于新政权的巩固。

实际上,王导对江东政权前景未卜的局面感触更深。中原已经落入石勒之手,新政权时刻面临着胡族的威胁,"北寇游魂,伺我之隙"。[3]江南内部,陈敏新败,战乱时有发生。自己势力所及,只有长江下游的三吴地区。更何况,北方士族与南方士族之间、南北士族与皇室之间、中央与地方之间错综复杂的矛盾冲突,也使社会难以稳定。但是与他人失落、感伤的情绪相比,王导更多的是弘道济世建功立业的豪情。《晋书》卷六十五《王导传》载:

> 过江人士,每至暇日,相邀出新亭饮宴。周𫖮中坐而叹曰:"风景不殊,举目有江河之异。"皆相视流涕。惟导愀然变色曰:"当共勠力王室,克复神州,何至作楚囚相对泣邪!"众收泪而谢之。

"勠力王室,克复神州",在国家民族危难之时以收复故土为己任,直接表明了王导对国家社会的责任感,让名士们深感惭愧,纷纷擦干眼泪,重新振作起来。

作为出色的政治家,王导是极具感染力的人,时人将他比为春秋时期

---

[1] 余嘉锡:《世说新语笺疏·言语》,上海:上海古籍出版社,1993年,第97页。
[2] 《晋书》卷六十五《王导传》,第1747页。
[3] 《晋书》卷六十五《王导传》,第1751页。

辅佐齐桓公建立霸业的贤相管仲（字夷吾）。在他的影响下，南渡士族逐渐从伤感、颓丧的情绪中摆脱出来。如桓彝、温峤与王导深谈，了解他的宏图大略之后，一改忧惧失望之态，高兴地对人说："江左自有管夷吾，此复何忧？"[1]

王导根据江东社会的实情，采取"镇之以静"的政策，制定了"谦以接士，俭以足用，以清静为政，抚绥新旧"[2]的基本施政方针，为东晋政权打下了基础。在建立和巩固东晋政权的过程中，王导为了安抚北方士族、团结南方士族，实践"清静为政"的政治方针，只能顺应时势，引玄风南渡（详见第三章）。但他毕竟出身于儒学世家，熟悉儒学在保持家风、维系宗族方面的巨大影响。而且，作为政治家，王导深知在以小农经济为根基，以宗法血缘为纽带的传统社会中，儒学更适于"治国平天下"，其社会原则、伦理纲常、道德精神、礼乐教化，对协调社会关系、处理社会事务、巩固封建统治秩序等方面仍然起着实际的支配作用，这是其他思想无法替代的。道家无为学说只能作为一时的权宜之计，要达到长治久安的目的，道家思想的内容便显得贫乏，不可依靠。东晋初建，如果不对元康以来空谈虚无、乱礼狂放之风进行遏制，如果不能重提儒家精神，依赖礼法政教维持的社会统治秩序必将遭到更加严重的冲击，直接关系到东晋王朝的存亡。身为东晋初期统治集团核心中的决策人物，王导在他执掌政权的三十余年间（307—339）推行种种措施：结援吴人，注重维护南北大族间的合作，巩固江东政权；安抚士族，勉励他们"勠力王室，克复神州"，竭力恢复儒家的社会责任意识；"每劝帝克己励节，匡主宁邦"[3]，力劝元帝戒酒[4]；坚持嫡长制，安定

---

1 余嘉锡：《世说新语笺疏·言语》，上海：上海古籍出版社，1993年，第97页。
2 《资治通鉴》卷八十六，永嘉元年，第2731页。
3 《晋书》卷六十五《王导传》，第1747、1746页。
4 余嘉锡：《世说新语笺疏·规箴》，上海：上海古籍出版社，1993年，第560页。"元帝过江犹好酒，王茂弘与帝有旧，常流涕谏。帝许之，命酌酒一酣，从是遂断。"注引邓粲《晋纪》曰："上身服俭约，以先时务。性素好酒，将渡江，王导深以谏，帝乃令左右进觞，饮而覆之，自是遂不复饮。克己复礼，官修其方，而中兴之业隆焉。"

王储[1]；妥善安置南渡流民，鼓励开荒，重视恢复和发展生产，坚持"宽众息役，惠益百姓"[2]的原则。这些无一不是以儒家的政治理论为基础。由此可见，尽管王导一生褒尚清谈，推崇玄学，但他始终具有强烈的对国家、社会的责任意识，没有像王戎、王衍那样明哲保身，不顾国家危亡。王导兼治儒道的政治实践，是以道为用、以儒为本，利用玄学清静简约、与民休息的政治学说，实现了安邦定国的儒家政治目标。

王导不仅自己以儒家纲常名教为修身治国之本的指导思想未动摇，同时注意引导东晋士族改变元康以来放达不羁的形象，遵从礼教。为了给名士树立榜样，王导在朝堂上树立了一个礼法之士的典型——卞壸：

> 壸干实当官，以褒贬为己任，勤于吏事，欲轨正督世，不肯苟同时好……时贵游子弟多慕王澄、谢鲲为达，壸厉色于朝曰："悖礼伤教，罪莫斯甚！中朝倾覆，实由于此。"……闻者莫不折节。[3]

在遵循儒家传统伦理方面，王导重视自西晋以来已经淡薄的忠君之节，纵然皇室势弱而王氏宗族强盛，亦坚持为臣之道。晋元帝司马睿是宗室远支，素无重望，渡江之初，当地大族根本不把他放在眼里，以致"徙镇建康，吴人不附，居月余，士庶莫有至者"。王导与王敦商议，利用上巳观禊之机抬高司马睿的声望。《晋书》卷六十五《王导传》载：

> 会敦来朝，导谓之曰："琅邪王仁德虽厚，而名论犹轻。兄

---

1 《晋书》卷六十五《王导传》，第1750页。"初，帝爱琅邪王裒，将有夺嫡之议，以问导。导曰：'夫立子以长，且绍又贤，不宜改革。'帝犹疑之。导日夕陈谏，故太子卒定。"《世说新语·方正》："元皇帝既登阼，以郑后之宠，欲舍明帝而立简文……周、王诸公，并苦争恳切……由此皇储始定。"注引《中兴书》曰："元皇以明帝及琅邪王裒并非敬后所生，而谓裒有大成之度，胜于明帝，因从容问王导曰：'立子以德不以年，今二子孰贤？'导曰：'世子、宣城俱有爽明之德，莫能优劣。如此，当以年。'于是更封裒为琅邪王。"第304、305页。
2 《晋书》卷六《元帝纪》，第150页。
3 《晋书》卷七十《卞壸传》，第1871页。

威风已振，宜有以匡济者。"会三月上巳，帝亲观禊，乘肩舆，具威仪，敦、导及诸名胜皆骑从。吴人纪瞻、顾荣，皆江南之望，窃觇之，见其如此，咸惊惧，乃相率拜于道左。

时琅邪王氏已为一流高门，王敦、王导的"骑从"，使江东士族由此知道司马睿才是中原士族共推的新领袖，便相继来拜见。司马睿得以坐稳尊位，全赖王导经营。他尊王导为"仲父"，曾说："卿，吾之萧何也。"后来登基称帝时，命王导共坐御床接受百官朝贺。虽然帝室权威软弱，而琅邪王氏家族的势力已发展到顶峰，王导并未恃功而乱尊卑大礼，"导固辞，至于三四，曰：'若太阳下同万物，苍生何由仰照！'帝乃止"。王敦第一次举兵，凭王氏宗族势力几可取司马氏而代之，故起兵之初，其兄王含即弃职逃出京城与他会合。而王导坚持辅政忠心，在刘隗劝说元帝尽诛王氏全族的危险情势下，每天带着二十多名群从兄弟子侄到皇宫外素服待罪。"帝以导忠节有素"，命人送还王导朝服，并于宫中召见。王导跪地叩首，直称王敦为"逆臣贼子"，元帝赞王导"大义灭亲"。其后王敦虽有逼宫废立之议，终因"导犹执正议，敦无以能夺"[1]，无法实现篡权野心。王导正是由于认识到，维护朝纲、稳定大局是士族集团根本利益所在，他们偏安江左、保全社稷的希望与晋室政权巩固统治根基目标一致，所以始终拥戴皇室，维护君权。王导坚定的政治立场，使王敦第一次起兵仅祸及上层，并未波及东晋全境，可谓虽叛未乱。王敦第二次起兵时，王导公开指责他"不北面而执臣节，乃私相树建，肆行威福"，毅然与王敦划清界限，出任讨伐军的总指挥，表示："导虽不武，情在宁国。今日之事，明目张胆为六军之首，宁忠臣而死，不无赖而生矣。"[2]总之，尽管王导的做法是出于维护王氏家族乃至士族集团的整体利益，但他的政治举措昭示了其远见卓识和儒家传统君臣大义的伦理思想。

王导注重儒学的社会功用，对儒学之士多所引进，如贺循为"当世儒

---

1 《晋书》卷六十五《王导传》，第1746、1749、1750页。
2 《晋书》卷九十八《王敦传》，第2564页。

宗……博览众书，尤精礼传"，被王导推荐给晋元帝，王导自己也常向贺循咨询礼仪问题。《全晋文》保留了王导的两封书信：《与贺循书论虞庙》《又与贺循书问即位告庙》。杨方"公事之暇，辄读五经"[1]，被王导辟为掾，后著成《五经钩沉》《吴越春秋》。袁瓌是两晋之际的经学名家，著有《丧服经注》《周官传》《仪礼注》，被任命为国子祭酒。成帝咸康三年（337），袁瓌上疏，请求复兴"儒林之教""庠序之礼"，东晋朝堂开始"议立国学，征集生徒"。[2]

王导重用儒学名士，大多寄以维系儒学地位、推动儒学发展的重任。如琅邪名士颜含，"东宫初建，含以儒素笃行补太子中庶子，迁黄门侍郎、本州大中正"[3]，后来又命他为国子祭酒。观颜含的任职经历可知，王导对他的安排是先借其儒学之长，辅佐皇太子，意在培养储君的儒学基础；后任他为琅邪国大中正，负责品评琅邪国的士人，显然是让他关注琅邪士人的儒学素养；最后任颜含为国子祭酒，仍然是看重其儒学地位。

尤其难能可贵的是，王导在艰难的环境中为复兴经学做出了最大的努力。

两晋之际，战乱频仍，缺少经学平稳发展的政治、社会条件，尤其永嘉之乱给经学造成的损失是难以弥补的。一方面，经学人才或死于战火，或避难于西北，江南大儒极缺，"自丧乱以来，儒学尤寡，今处学则阙朝廷之秀，仕朝则废儒学之俊"。[4]在技术不发达的古代，人是文化传播的载体，经学人才的缺乏，使儒学失去了顺利传播和复兴的最重要的条件。另一方面，是典籍散佚，经书损毁。西晋时期，荀勖汇总图书，"大凡四部合二万九千九百四十五卷"。永嘉之乱，"京华荡覆，渠阁文籍，靡有孑遗"。东晋初，搜集图书，"但有三千一十四卷"[5]，仅有西晋的十分之一。其中经

---

1 《晋书》卷六十八《贺循传》，第1830、1831页。
2 《宋书》卷十四《礼一》，第362、363页。
3 《晋书》卷八十八《颜含传》，第2286页。
4 《晋书》卷七十五《荀崧传》，第1977页。
5 《隋书》卷三十二《经籍志一》，第906页。

学著作损毁严重,皮锡瑞在《经学历史》中总结:

> 永嘉之乱,《易》亡梁丘、施氏、高氏,《书》亡欧阳、大小夏侯,《齐诗》在魏已亡,《鲁诗》不过江东,《韩诗》虽存,无传之者,孟、京、费《易》亦无传人,《公》《榖》虽在若亡。[1]

再者,玄学兴盛,对经学产生了极大的冲击。《晋书》卷九十一《儒林传》称:

> 有晋始自中朝,迄于江左,莫不崇饰华竞,祖述虚玄,摈阙里之典经,习正始之余论,指礼法为流俗,目纵诞以清高,遂使宪章弛废,名教颓毁。

在种种不利因素的影响下,有学者认为,"东晋是六朝时期经学最为衰落的阶段"。[2]在如此艰难的条件下,王导为复兴经学、推行儒学教育做了最大的努力。早在建武元年(317),人心离乱、军旅未息、百业待兴之时,王导即上疏提议兴办太学,传播儒家思想:

> 夫风化之本在于正人伦,人伦之正存乎设庠序。庠序设,五教明,德礼洽通,彝伦攸序,而有耻且格,父子兄弟夫妇长幼之序顺,而君臣之义固矣。……诚宜经纶稽古,建明学业,以训后生,渐之教义,使文武之道坠而复兴,俎豆之仪幽而更彰。……择朝之子弟并入于学,选明博修礼之士而为之师,化成俗定,莫尚于斯。[3]

王导充分认识到了学校教育引导社会人伦秩序的作用,运用恰当,即可发挥儒家伦理纲常规范国家等级尊卑的功能,"以之事君则忠,用之莅下

---

1 〔清〕皮锡瑞著,周予同注释:《经学历史》,北京:中华书局,1959年,第160页。
2 田汉云:《六朝经学与玄学》,南京:南京出版社,2003年,第132页。
3 《晋书》卷六十五《王导传》,第1747—1748页。

则仁"。[1]可以说,王导的上疏,明显具有扶持名教、复兴儒学伦理传统的倾向,也是他以儒家经传为依据、以儒家思想治国的总体政治纲领。

在王导等人推动下,太学当年便兴办起来,置《周易》王氏,《尚书》《毛诗》《周官》《礼记》《论语》《孝经》郑氏,《古文尚书》孔氏,《春秋左传》杜氏、服氏博士各一人。虽不能与西晋立博士十九人相比,但经学研究已初具规模,奠定了东晋一朝基本的文化政策。值得注意的是,儒家经典中最重要的《周易》,王导选择了王弼注,引玄入儒,使南方经学逐渐由固守章句、烦琐考证走上了注重义理的道路。这是适应社会形势,也是适应儒学自身发展需要的。在新的历史条件下,儒学要继续生存和发展,就不得不以玄学来丰富和改造自己,走儒玄双修的道路。此举亦可以看作王导意图探索振兴儒学新道路,向传统经学回归的表现,也使处于衰微阶段的儒学出现了转机。后世史家评价:

> 观其开设学校,存乎沸鼎之中,爰立章程,在乎栉风之际;虽则世道多故,而规模弘远矣。[2]

中央制定了崇儒尊经的文化政策,地方会进一步开展推动经学发展的措施,尤其东晋一朝,中央屡有动荡,地方相对平稳,郡县之学的成就远超太学。如征西将军庾亮,在武昌选置学官,立讲舍,"四府博学识义通涉文学经纶者,建儒林祭酒"[3],命参佐大将子弟和庾家子弟全部入学。让临川、临贺二郡修复学校,扩大教育范围。范汪任东阳太守时,在郡大兴学校。其子范宁任豫章太守,"在郡又大设庠序……远近至者千余人……课读五经,又起学台,功用弥广"。史家赞叹:"自中兴以来,崇学敦教,未有如宁者也。"[4]

概而言之,两晋之际,王导用儒学对时政和元康以来的士风加以整

---

1 《晋书》卷六十五《王导传》,第1748页。
2 《晋书》卷六十五《王导传》,第1761页。
3 《宋书》卷十四《礼一》,第364页。
4 《晋书》卷七十五《范宁传》,第1988页。

饬,既有稳固社会秩序之效,也起到了推动文化发展的作用。他推动儒玄双修,使琅邪王氏家族文化、江南文化步入了多元发展的阶段,为困境中的儒学注入了新的活力,也为儒学的复兴提供了条件。

(二)东晋中后期的王氏家族文化发展

自王敦、王导死后,琅邪王氏丧失了与皇室"共天下"的政治地位,虽然仍保留了江左第一高门的社会地位,但东晋中期能够进入权力中枢的王氏子弟唯有王彪之一人。其他王氏子弟,纵有高官,也无实权。他们大多优游卒岁,沉迷于饮酒清谈、文学艺术创作,或游山玩水,过着恬静而无忧无虑的生活。如王羲之辞官之后:

> 与东土人士尽山水之游,弋钓为娱。又与道士许迈共修服食,采药石不远千里,遍游东中诸郡,穷诸名山,泛沧海,叹曰:"我卒当以乐死。"[1]

在逍遥的生活中,虽然王羲之也时常"教养子孙以敦厚退让"[2]等儒家伦理道德,但儒家的为政之道在琅邪王氏家族文化中的比重逐渐减少,老庄思想日益凸显。一部分王氏子弟受其影响,逐渐丧失了从政的兴趣和管理政务的能力。其中最典型的是王徽之,《世说新语·简傲》载:

> 王子猷作桓车骑参军,桓问曰"卿何署?"答曰:"不知何署,时见牵马来,似是马曹。"桓又问:"官有几马?"答曰:"不问马,何由知其数?"又问:"马比死多少?"答曰:"未知生,焉知死?"[3]

东晋后期,门阀士族大多"居官无官官之事,处事无事事之心"[4],他们

---

[1]《晋书》卷八十《王羲之传》,第2101页。
[2]《晋书》卷八十《王羲之传》,第2102页。
[3] 余嘉锡:《世说新语笺疏·简傲》,上海:上海古籍出版社,1993年,第773页。
[4]《晋书》卷七十五《刘惔传》,第1992页。

的统治才干越来越弱，逐渐失去了管理国家政权的能力，门阀政治也因此趋于没落。晋孝武帝趁机伸张皇权，他起用同母弟会稽王司马道子为相，形成了宗室辅皇权的局面，在一定程度上加强了皇权。范弘之写信给司马道子称："晋自中兴以来，号令威权多出强臣。中宗、肃祖敛衽于王敦，先皇受屈于桓氏。今主上亲览万机，明公光赞百揆，政出王室，人无异望。"[1]这一时期的门阀士族，虽然仍有很高的社会地位，但随着自身实力的削弱，已经不能与司马氏"共天下"，只有从属于皇权的士族才能拥有实权，如太原王氏的王恭与王国宝分别从属于皇权和相权，权力很大[2]。

东晋后期，琅邪王氏家族的代表人物是王导孙王珣。王珣（349—400）[3]，字元琳，弱冠与陈郡谢玄同为桓温掾，被桓温寄予厚望："谢掾年四十，必拥旄杖节。王掾当作黑头公。皆未易才也。"王珣因出色的政务、军务能力，转任主簿、参军，时桓温"经略中夏，竟无宁岁，军中机务并委珣焉。文武数万人，悉识其面"[4]。显然，王珣与王徽之等人并不相同，他有极强的进取心，以才干知名当世。他经常为桓温出谋划策，随军征战，以军功封东亭侯，是桓温集团中的核心人物。桓温"雄武专朝，窥觎非望"[5]，王珣对桓温的攀附和效命，让很多士人不满。如儒林名士范弘之曾写信讥讽王珣，责以忠孝大节：

> 夫人道所重，莫过君亲，君亲所系，忠孝而已。孝以扬亲为主，忠以节义为先……公在圣世，欺罔天下，使丞相之德不及三叶，领军（王珣父王洽，任领军将军。——引者注）之基一构而

---

[1] 《晋书》卷九十一《范弘之传》，第2365页。
[2] 关于太原王氏在东晋后期的活动，田余庆先生在《东晋门阀政治》一书中论之甚详，北京大学出版社，1989年，第257—291页。
[3] 《晋书》卷六十五《王导传》列王珣卒于隆安五年（401）：隆安"四年，以疾解职。岁余，卒，时年五十二"。（第1757页）《晋书》卷十《安帝纪》：隆安四年（400）"五月丙寅，散骑常侍、卫将军、东亭侯王珣卒"（第252页）《资治通鉴》也记载王珣卒于隆安四年（400）。今从《晋书·帝纪》和《资治通鉴》的记载。
[4] 《晋书》卷六十五《王导传》，第1756页。
[5] 《晋书》卷九十八《桓温传》，第2576页。

倾，此忠臣所以解心，孝子所以丧气，父子之道固若是乎？足下言臣则非忠，语子则非孝。二者既亡，吾谁畏哉"。[1]

桓温死后，谢安当政，王珣与弟王珉"皆谢氏婿，以猜嫌致隙"。谢安令王珣、王珉离婚，"由是二族遂成仇衅"。[2] 王珣受到谢安压制，谢安在世时，王珣只做到秘书监。谢安死后，王珣兄弟皆得升迁，俱为侍中。

当时，晋孝武帝与司马道子之间展开了明争暗斗，各树党羽，"朋党同异之声，播于朝野"。[3] 太元二十一年（396），孝武帝暴死，愚笨的太子司马德宗登基，是为晋安帝。司马道子把持朝中大权，原帝党官员兖、青二州刺史王恭，荆州刺史殷仲堪于隆安元年（397）和隆安二年（398）两次起兵"清君侧"。第一次起兵，司马道子被迫杀了心腹王国宝和王绪，与王恭讲和。第二次起兵，则因司马道子世子司马元显拉拢了北府名将刘牢之，许以王恭原有的位号，终以刘牢之倒戈、王恭被杀结束。在复杂的政治斗争中，王珣周旋于各派势力之间，先"以才学文章见昵于帝"[4]，后站在王恭一方劝说王国宝放弃抵抗，最后又支持司马道子，帮助他对抗王恭，由此保障了琅邪王氏家族的地位。

王珣一生，并没有太多功勋，但他是琅邪王氏家学家风转变的代表人物。他灵活应对朝局的方针影响了子侄辈，奠定了王氏在刘宋初复盛的基础，同时，他也初步扭转了王氏家族文化玄盛儒衰的局面。王珣玄儒双修，"神情朗悟，经史明彻，风流之美，公私所寄"。[5] 难能可贵的是，他随着时代的演进，不断调整儒学、玄学的思想比重。青年时期，王珣是桓温的得力助手，从现存文献中，并未看到他参与玄学清谈的资料，始终将政务放在首位，与"居官无官官之事"的王徽之等人相比，他显然更有儒家治国平天下的精神。王珣始终认为，桓温废海西公立简文帝是"废黜昏暗，建

---

1 《晋书》卷九十一《范弘之传》，第2365页。
2 《晋书》卷六十五《王导传》，第1756页。
3 余嘉锡：《世说新语笺疏·谗险》，上海：上海古籍出版社，1993年，第892页。
4 《晋书》卷六十五《王导传》，第1756、1757页。
5 《晋书》卷六十五《王导传》，第1757页。

立圣明",有"忠贞之节"[1],说明他是站在门阀士族一边的,玄学思想必然不会少。但随着孝武帝加强皇权,王珣自觉不自觉地转向了皇权一方,尤其是他适应了孝武帝为振兴皇权而重用儒生、振兴儒学的历史趋势,初步扭转家族学风,为其子王弘真正重振儒学家风奠定了基础。

四、南朝时期儒学复兴

南朝时期,琅邪王氏家族经历了由盛转衰的发展历程,面对门阀政治终结而皇权政治重建,以及统治者极力提倡儒学的历史形势,王氏子弟顺时而进,重振儒学家风。晋宋之际形成的"王太保家法",昭示着王氏儒学的复兴;南齐时期,被称为"一代儒宗"的王俭,推动了魏晋以来经学的发展;梁朝时期,王氏子弟多以国子生入仕,且有"三世国师"的殊荣,家传儒学得到了进一步的巩固。

(一)宋齐时期的文化政策

宋、齐两代,是不断加强皇权的时期。为巩固统治,从刘裕开始,利用皇室和寒门的力量,打压曾与皇室"共天下"的门阀士族,将政治权力牢牢掌控在皇帝手中。同时,为伸张皇权,统治者竭力推崇儒学,以其礼制维护、巩固自己的统治,为此,两朝推行了一系列恢复儒学的措施,如选备儒官、延请大儒、重建国子学等。

刘裕早在即位前便礼敬宗炳、周续之等学者,有兴学之志。即位后,他在建康为周续之开学馆,召集生徒,甚至亲临学馆,接见诸生。临死前又下兴学诏,筹备国子学:

> 古之建国,教学为先,弘风训世,莫尚于此;发蒙启滞,咸必由之。故爰自盛王,迄于近代,莫不敦崇学艺,修建庠序……便宜博延胄子,陶奖童蒙,选备儒官,弘振国学。[2]

---

[1]《晋书》卷九十一《范弘之传》,第2364页。
[2]《宋书》卷三《武帝下》,第58页。

不久刘裕病死，国学未能建立。此后，宫廷政变和南北战事接连不断，宋文帝忙于巩固政权，直至元嘉十五年（438），征大儒雷次宗至建康，开馆授徒，"置生百余人。会稽朱膺之、颖川庾蔚之并以儒学，监总诸生。"[1]与儒学馆并建的，还有何尚之主持的玄学馆，何承天主持的史学馆，谢元主持的文学馆，四学并建。元嘉十九年（442）真正办成国子学，"胄子始集，学业方兴"。元嘉二十三年（446），宋文帝亲临国子学，测试诸生，认为"胄子肄业有成"，可"睹济济之美，缅想洙泗"。[2]虽然不无夸大的成分，但儒学的发展还是有一定成效。史官评述，"自黄初至晋末，儒教尽矣"，直至刘宋才开始复兴，"颇有前王之遗典"，褒扬宋文帝的兴学之举，"后生所不尝闻，黄发未之前睹，亦一代之盛也"[3]，对宋文帝推崇儒学的措施和成就予以肯定。

元嘉二十七年（450），魏军南下，文帝罢国子学。不久，刘宋王朝陷入政权纷争，终未能再立国学。泰始六年（470），"以国学废，初置总明观，玄、儒、文、史四科，科置学士各十人"。[4]四学并立，学士人数相同，且玄学仍排在儒学之前，居于首位，说明儒学并未获得独尊。

南齐初，齐高帝萧道成准备重建国子学，并对国子生的员额（百五十人）、年龄（十五以上，二十以下）、地域（悉取家去都二千里为限）等具体条件做了规定。因为齐高帝的去世，国子学未能设立。至齐武帝永明三年（485），"召公卿子弟下及员外郎之胤，凡置生二百人"[5]，国子学有了一定规模，尤其王俭任国子祭酒，重视国学教育，"王俭为辅，长于经礼，朝廷仰其风，胄子观其则，由是家寻孔教，人诵儒书，执卷欣欣，此焉弥盛"。[6]永明十一年（493），因太子萧长懋卒，国子学废。

宋齐时期，尽管国学时兴时废，经学发展受到较大限制，但统治者的

----

1 《宋书》卷九十三《隐逸传》，第2293页。
2 《宋书》卷五《文帝纪》，第89、94页。
3 《宋书》卷五十五史臣曰，第1553页。
4 《南齐书》卷十六《百官志》，第315页。
5 《南齐书》卷九《礼上》，第143页。
6 《南齐书》卷三十九传论，第687页。

大力提倡，提高了经学的地位，对梁朝时期的儒学发展起到了较大的推动作用。

（二）琅邪王氏家族的儒学复兴

始终站在政治、文化前沿的琅邪王氏，很快适应了宋齐时期的政治巨变和文化转换。部分王氏子弟一改东晋中后期的逍遥门风，重拾儒家积极入仕精神，玄儒双修的文化格局逐渐向儒学倾斜。

1. 礼法政治

宋、齐两朝，是皇权政治重建并不断巩固的时代。以琅邪王氏为代表的门阀士族，顺应历史形势的发展，及时调整了政治方针，尤其以王弘和王俭最具代表性。

王弘青年时期严格按照儒家礼教要求自己，"造次必存礼法"。父亡后，他将田园产业全部分给诸弟，并坚持服丧三年，"时内外多难，在丧者皆不终其哀，唯弘固执得免"，堪称孝、友典范。桓玄入京，将司马道子押赴廷尉，"臣吏畏恐，莫敢瞻送"，王弘尚在守丧，"独于道侧拜，攀车涕泣，论者称焉"。[1] 王弘未必与司马道子有深厚感情，但他初入仕途即为司马道子所辟，为之送行便可彰显忠义精神。由此可见，儒家思想已成为王弘立身行事的主要准则，贯彻到政治实践中，便是积极入仕，追随刘裕、刘义隆父子建功立业。

刘宋初，身为朝廷首辅的王弘，辅佐文帝推行了一系列有利于民的措施。

王弘曾任江州刺史八年，省赋简役，安定百姓生活。当时旧制，百姓十三岁服半役，十六岁服全役，且各种兵役、徭役十分沉重。范宁曾说："古者使人，岁不过三日，今之劳扰，殆无三日休停。"服役者不堪其苦，不断有人远逃避役，"至有残刑剪发，要求复除，生儿不复举养，

---

[1]《宋书》卷四十二《王弘传》，第1322、1312页。

鳏寡不敢妻娶。"[1]长此以往，人口必将减少。户口是王朝的赋税、兵源所在，一旦人口减少，势必影响国家的赋税、徭役和兵役，动摇国家根基，这就是儒家民本思想形成的基础，"民惟邦本，本固邦宁"。[2]王弘出身儒学世家，深受儒家思想熏陶，又长期担任地方官，了解民间疾苦，升任首辅后，他上疏文帝改革役制：十五岁至十六岁为半丁，十七岁为全丁。新役制在一定程度上减轻了百姓的负担，对生产发展和社会稳固起到了推动作用。

刘宋初，严惩偷盗，"主守偷五匹，常偷四十匹，并加大辟"。王弘以为，小吏无知，易起贪心，而百姓贫穷、愚昧，应宽限一些，建议改为"主守偷十匹、常偷五十匹死，四十匹降以补兵。既得小宽民命，亦足以有惩也"。[3]至于权高禄厚的高级官员，倘犯偷盗罪，则严惩不贷，盗五匹便处死。由此可见，王弘的指导思想是治下宽而驭上严，这与东晋时期豪将"偷石头仓米一百万斛……而直打杀仓督监以塞责"[4]截然不同，对缓解刘宋初的阶级矛盾以及整顿吏治大有裨益。

王弘"博练治体，留心庶事，斟酌时宜，每存优允"[5]，其为政方针不同于王导的"务存大纲，不拘细目"[6]，更与王徽之的"蓬首散带，不综府事"[7]有天壤之别。这三种从政方式，都与他们所处的政治环境及个人修养密切相关。王导处于门阀政治形成之初，儒玄双修确立了清静无为的为政方针。王徽之生活在琅邪王氏家族中衰的东晋中期，本人远离权力中心，重玄轻儒。王弘则处于门阀政治终结而皇权政治重建的晋宋之际，刘裕、刘义隆父子竭尽全力加强皇权，尊主卑臣取代了东晋的主弱臣强。随着权力结构的变化，统治者必然要寻找适合新形势的统治思想，刘裕显然更倾向于儒

---

1 《晋书》卷七十五《范宁传》，第1986页。
2 黄怀信：《尚书注训》，济南：齐鲁书社，2009年，第74页。
3 《宋书》卷四十二《王弘传》，第1318页。
4 《晋书》卷七十三《庾翼传》，第1933页。
5 《宋书》卷四十二《王弘传》，第1317页。
6 《晋书》卷七十三《庾亮传》，第1921页。
7 《晋书》卷八十《王羲之传》，第2103页。

学。一方面，是因为儒学的天道观、"大一统"思想有利于加强中央集权，其礼制是维护社会秩序的重要手段。另一方面，是因为儒家注重品德修养，倡导积极入仕，有利于造就统治者需要的官吏。刘裕起自军伍，属下军事人才济济，政治方面却人才匮乏。他掌控政权后，不得不起用熟悉政务、积累了一定管理国家经验的高门士族来帮助自己稳固统治。在这些人中，特别受刘宋统治者青睐的是熟悉朝典、勤于政务的人，而不是风流相尚、不理政务之辈。如王准之"兼明《礼》《传》，赡于文辞……究识旧仪，问无不对"，被主持政务的彭城王刘义康大加称赞："何须高论玄虚，正得如王准之两三人，天下便治矣。"[1]在这样的形势下，士族普遍意识到，为门阀政治服务的玄学已不能适应新的政治形势，"清谈雅论，剖玄析微，宾主往复，娱心悦耳，非济世成俗之要也"。[2]当务之急，是将有助于维系统治秩序、培养合格官吏的儒学提到首位。这就是王弘以礼自持并推行礼法政治的主要原因，也是琅邪王氏家族文化由玄盛儒衰转向重儒的政治、文化背景。

王弘竭力辅佐的宋文帝是一位雄才大略的君主，在其统治前期，大力伸张皇权，抑制权臣。元嘉初，铲除徐羡之等顾命大臣后，虽任用王弘、王昙首等人辅政，但他不容许再出现强大的相权，尤其不容许出现门阀士族把持朝政的局面，因此，文帝在朝堂上增加了宰相人数，起用寒人出任中书舍人，以宗室与门阀士族相抗衡，逐步分割、限制相权。此后，再没有一个高门士族的权力、威望能威胁皇权，统治集团之间的斗争转到了君主与宗室、宗室与宗室之间进行。门阀士族只要不卷入皇室之间的斗争，便可平流进取，坐至公卿。而一旦触犯皇权，多不得善终。

面对皇权的步步进逼，王弘没有像王敦、谢晦那样举兵反抗，他主动退让，将中枢权力让给彭城王刘义康。一方面是因为皇权已加强，而自己并无王敦、谢晦的军事实力。另一方面，与王弘尊奉的儒家学说有关。儒

---

[1] 《宋书》卷六十《王准之传》，第1624页。
[2] 王利器：《颜氏家训集解》卷三《勉学》，北京：中华书局，1996年，第187页。

家主张中央集权,强调"君为臣纲"。王弘"造次必存礼法"[1],面对皇权压迫,不敢也无力对抗,只能退让。作为政坛风云人物,王弘的仕途经历折射出皇权不断加强的轨迹,他重振儒学家风,也是晋宋之际皇权政治取代门阀政治在意识形态方面的反映。

王弘的举动,影响了整个王氏家族。此后的王氏子弟,除王僧达、王融等少数人外,多持谦退之风,没有和皇权产生太大的冲突,得以维系家族长期发展,与南朝相始终。但此风也使王氏子弟日益远离权力中心,家族势力由此日渐衰落。

总之,晋宋之际,王弘等王氏子弟敏锐地捕捉到了政治转型的信息,及时调整自己的文化发展方向。他们仍然读《老》《庄》,诗酒自娱,但放浪形骸、旷达不羁的行为已不多见,而是尽量将自己的行为束缚在礼教范围之内。王弘身居高位,其思想、言行对当时的社会影响较大,"以民望所宗,造次必存礼法,凡动止施为,及书翰仪体,后人皆依仿之,谓为王太保家法"。[2]此后的士族名士,开始热衷礼学,服膺礼教,出现了一批精于三礼的学者和礼学著作。皮锡瑞总结:"南学之可称者,惟晋、宋间诸儒善说礼服。"[3]

2. 推动经学发展

王俭是宋齐之际最活跃的政治家之一,也是著名经学家、文学家和目录学家,极大地推动了南齐初期的经学发展。《南史》卷二十二《王俭传》载:

> 先是宋孝武好文章,天下悉以文采相尚,莫以专经为业。俭弱年便留意《三礼》,尤善《春秋》,发言吐论,造次必于儒教,由是衣冠翕然,并尚经学,儒教于此大兴。

---

1 《宋书》卷四十二《王弘传》,第1322页。
2 《宋书》卷四十二《王弘传》,第1322页。
3 〔清〕皮锡瑞著,周予同注释:《经学历史》,北京:中华书局,1959年,第170页。

王俭自幼好学,手不释卷,尤其在礼学方面用功颇多。任昉《王文宪集序》记载:"年始志学,家门礼训,皆折中于公。"[1]"志学"即十五岁,那时王家的礼仪训诫便都取决于王俭的意见,可见他的礼学造诣之高。这与刘宋以来礼学复兴的时代精神相合,也是王俭日后声名显赫的原因之一。

王俭入仕后,因精通朝章礼仪制度而被统治者重用(详见下文"王氏青箱学"),被尊为"一代儒宗"。他的经学研究,最重《孝经》和《丧服》。《孝经》宣扬爱敬忠孝之道,是儒家经典的代表之作,影响深远。王俭以为,《孝经》"明百行之首,实人伦所先"。他编订《孝经义疏》,在其编撰的目录著作《七志》中,改变了儒家经典以《易经》为首的惯例,将《孝经》排列于"经典志"的最前面,冠群书之首。同时,他力排众议,在国子学中立郑玄《孝经》博士[2],突出了《孝经》在经学中的地位。

王俭重视《孝经》,不仅是为了发展经学,更重要的是用其理论解决当时严峻的社会问题。

首先是皇权与门阀士族之间的矛盾冲突问题。

刘宋王朝重建皇权政治,与门阀士族进行了一系列的斗争,从任用宗室、寒人分散门阀士族手中的权力,到对威胁皇权的士族大开杀戒,谢晦、谢灵运、王彧、王蕴等人皆因此丢了性命。但门阀士族雄厚的经济实力和巨大的社会影响力,却是皇权短时间内无法解决的。对此,不仅宋、齐的皇帝不满,习惯于门阀政治的高门士族也不满。他们瞧不起出身寒微的皇帝,对寒人掌机要愤愤不平,与皇权的冲突屡有发生,加剧了政局的动荡。

屡次争斗之后,统治者意识到,要让士族臣服于皇权,仅依靠政治和军事打压是不够的,而必须寻求皇权至高无上、不容侵犯的理论根据,在文化上将士族彻底征服。当时士族中流行的玄学推崇君主无为,显然不符合统治者的要求,唯有主张君主集权、宣扬"君为臣纲"的儒学才是最佳选择。刘宋统治者的文化水平不高,无力承担引领文化潮流的重担,因此,

---

[1]〔梁〕萧统选,〔唐〕李善注:《昭明文选》(下),北京:京华出版社,2000年,第210、209页。
[2]《南齐书》卷三十九《陆澄传》,第683页。"国学置郑玄《易》,杜服《春秋》,何氏《公羊》,麋氏《穀梁》,郑玄《孝经》。"

尽管他们尽力复兴国学，也取得一定的成就，却始终未能真正振兴儒学，也不能解决士族与皇权的矛盾问题。

士族在屡遭皇权打击之后，意识到自己在政治、军事上不是皇权的对手，不宜公开对抗，便转而从文化素养上打击文化水平低的统治者。从郑鲜之有意逼得刘裕出丑[1]，到王僧达嘲讽路琼之（宋孝武帝母路太后兄之孙），上表辞官，言语不逊，都是以文化为傲人之资。但是，郑鲜之不被刘裕重用，王僧达则被孝武帝下狱赐死，给士族留下了浓重的心理阴影。在皇权政治下，士族也急需寻求既与皇权妥协，以保全自己的性命和权益，又能适度逍遥的思想理论根据，他们熟悉的玄学显然解决不了这个问题。

南齐初，重新阐释皇权政治下士族与皇权的关系，指导当时的社会生活成为时代所需，这一理论建设任务最终由王俭完成。

永明五年（487），王俭与太子萧长懋讨论《礼记·曲礼》中的"无不敬"的议题。王俭明确指出君臣关系需要遵从的准则："资敬奉君，必同至极，移敬逮下，不慢而已。"[2]一方面，王俭承认君主的威权，肯定臣子必须的敬上行为，要求臣子以君主为纲，"进思尽忠，退思补过"[3]；另一方面，王俭提示君主对臣亦要敬，在士族尊崇皇权的情况下，保障他们的政治、经济特权。王俭巧妙回答了如何解决士族与皇权矛盾激化的问题。此后的梁、陈两朝，无论是士族还是皇权，基本遵循了王俭的方针。皇权允许士族保有一定的政治、经济、文化特权，而士族则必须无条件地臣服于皇权，双方再没有发生太大的冲突。

《孝经》"进思尽忠，退思补过"的思想，可以看作王俭君臣理论的纲领。他在当时也确实是这样做的。南齐前十年，王俭"寡嗜欲，唯以经国为务"[4]，辅佐萧道成、萧赜两代帝王治国理政。他注意劝谏君主，补救君主

---

[1]《宋书》卷六十四《郑鲜之传》，第1696页。"高祖少事戎旅，不经涉学，及为宰相，颇慕风流，时或言论，人皆依违之，不敢难也。鲜之难必切至，未尝宽假，要须高祖辞穷理屈，然置之。"
[2]《南齐书》卷二十一《文惠太子传》，第399页。
[3]〔春秋〕曾参：《孝经》，西安：西安交通大学出版社，2014年，第54页。
[4]《南齐书》卷二十三《王俭传》，第438页。

的过失，推行善政。刘宋后期诸帝，皆荒淫残暴，奢侈无度。萧齐建立，必须改变这种局面，才能稳定社会，发展生产。王俭身为宰相，"车服尘素，家无遗财"[1]，并经常劝君主节俭。萧道成即位初，一度倡导节俭，"身不御精细之物"，宣称"使我治天下十年，当使黄金与土同价"。[2]身为封建帝王，萧道成很难善始善终，即位不久，"坏宋明帝紫极殿，以材柱起宣阳门"。王俭与褚渊、王僧虔联名劝谏："陛下登庸宰物，节省之教既昭……简约之训弥远……且又三农在日，千畛咸事，辍望岁之勤，兴土木之役，非所以宣昭大猷，光示遐迩。"[3]萧道成采纳了此建议。永明年间，继续沿袭节俭之策，齐武帝"为治总大体，以富国为先。颇不喜游宴、雕绮之事"，临死前还下诏禁止奢靡，"远近荐献，务存节俭"。[4]可以说，齐初形成的节俭之风，与王俭有一定关系。

王俭肯定了君主的权威，同时，他也大力维护世家大族的利益。进入南朝，门阀士族趋于衰微，逐渐丧失了政治、经济优势。同时，大家族逐渐分化成小家庭，宗法松弛。江左一流高门琅邪王氏亦不能免，《宋书》卷六十《王韶之传》载：

> 韶之为晋史，序王珣货殖，王廞作乱。珣子弘，廞子华，并贵显，韶之惧为所陷，深结徐羡之、傅亮等……羡之被诛，王弘入为相，领扬州刺史。弘虽与韶之不绝，诸弟未相识者，皆不复往来。

王韶之是王廙后裔，王弘是王导后裔。昔年关系亲密的堂兄弟，到第四代已经是政见不同的两派，甚至到了不复往来的程度。即便是堂兄弟之间，身份地位也有较大差距。如王蕴因父亲名位不显，"欲以将途自奋"，叔父王彧警告他："阿答，汝灭我门户！"王蕴解释："答与童乌（王彧子

---

1 《南齐书》卷二十三《王俭传》，第434、438页。
2 《南齐书》卷二《高帝下》，第38—39页。
3 《南齐书》卷二十三《王俭传》，第434页。
4 《南齐书》卷三《武帝纪》，第62页。

王绚小字）贵贱觉异。"[1] 王僧祐曾写诗赠从兄王俭："汝家在市门，我家在南郭；汝家饶宾侣，我家多鸟雀。"[2] 可见琅邪王氏已不再是聚族而居，同宗共财，堂兄弟之间已有贵贱之别，族兄弟之间关系疏远。其他士族大致也是如此，"今士大夫以下，父母在而兄弟异计，十家而七矣。庶人父子殊产，亦八家而五矣。"家族分裂，血缘关系纽带越来越松弛，甚至发展到"危亡不相知，饥寒不相恤，又嫉谤谗害"[3]，这对世家大族的衰微无疑起了推波助澜的作用。

面对如此局面，身为世家大族代表的王俭竭力以儒家礼教，尤其是以孝道来促进家族团结。他特别重视《孝经》和丧服礼，即有此目的。

《孝经》开宗明义第一章，指出"孝"是一种至高无上的美德，"夫孝，始于事亲，中于事君，终于立身"。[4] 行孝首先要孝顺父母，继而用孝顺父母的态度侍奉君主，忠孝两全，才可立身扬名，给父母带来荣耀，这样就尽了孝道。"孝"在维系家庭血缘关系方面最易收其功效，若用以维系家族，乃至宗族的血缘纽带，却是远远不够的。促进宗族团结，最有效的方式是经常聚会，如游宴清谈，婚丧嫁娶等，以增加宗族成员之间的感情交流。在特别注重"孝"的时代，人们可以疏于交游，可以不赴婚宴，但若不参加丧礼，往往会受社会舆论的谴责。"江南凡遭重丧，若相知者，同在城邑，三日不吊则绝之；除丧，虽相遇则避之，怨其不己悯也。"[5] 更严重的，会因此而影响仕途，王彧即因"坐姊墓开不临赴，免官"。[6] 因此，丧礼往往可以聚集大部分甚至全部家族成员，成为促进家族成员密切联系的有效方式之一，有益于增强士族内部的凝聚力。士人重视丧礼，对《丧服》的研究尤为关注。《丧服》本是《仪礼》中的一篇，清人章宗源在《隋唐经籍志考证》里，著录有七十一家魏晋南北朝

---

1 《南齐书》卷一《高帝上》，第11—12页。
2 《南史》卷二十一《王弘传》，第580页。
3 《宋书》卷八十二《周朗传》，第2097页。
4 〔春秋〕曾参：《孝经》，西安：西安交通大学出版社，2014年，第2页。
5 王利器：《颜氏家训集解》卷二《风操》，北京：中华书局，1996年，第96页。
6 《宋书》卷八十五《王景文传》，第2178页。

论《丧服》的著作，内容涉及丧礼的各个细节。参加者需根据血缘亲疏和社会地位，确定不同的丧服，在宗族内分别亲疏，在亲戚间区别门第，士庶界限严格划分。王俭对丧葬诸礼钻研尤深，在他的三十四篇礼仪论中，与丧礼有关的就有十四篇（详见下文"王氏青箱学"），其《古今丧服集记》更是流传后世。

自东晋到宋齐之际，南方经学发展缓慢，"国学时或开置，而劝课未博，建之不能十年，盖取文具而已。是时乡里莫或开馆，公卿罕通经术，朝廷大儒，独学而弗肯养众，后生孤陋，拥经而无所讲习，大道之郁也久矣乎"。[1]南齐建立后，萧道成将儒学作为立国之本，齐武帝立国子学，"高选学官，广延胄子"[2]，以"长于经礼"[3]的王俭为国子祭酒，"礼学博闻"[4]的王逡之为国子博士。永明四年（487），"省总明观，于俭宅开学士馆，悉以四部书充俭家"，王俭"十日一还学，监试诸生"。[5]王俭是经学大家，极大地推动了魏晋以来经学的发展。"朝廷仰其风，胄子观其则，由是家寻孔教，人诵儒书，执卷欣欣，此焉弥盛。"[6]

（三）梁朝时期的儒学发展

梁朝时期，梁武帝崇儒兴学，琅邪王氏的家传儒学也得到一定发展。

1. 梁武帝的重儒措施

梁武帝博学多才，青年时期以儒学、诗文知名，"少而笃学，洞达儒玄"，曾任王俭的东阁祭酒，是南齐文学团体"竟陵八友"之一。中年转信道教，晚年信佛。梁武帝对儒释道三家学说都有较深造诣，因近半个世纪的治国所需，他的儒学修养很高，其学术著作也大多是经学方面的，如《制旨孝经义》《周易讲疏》《毛诗答问》《春秋答问》《尚书大义》《中庸讲

---

1 《南史》卷七十一《儒林传》，第1730页。
2 《南齐书》卷三《武帝纪》，第50页。
3 《南齐书》卷三十九传论，第687页。
4 《南齐书》卷五十二《文学传》，第902页。
5 《南齐书》卷二十三《王俭传》，第436页。
6 《南齐书》卷三十九传论，第687页。

第二章 经史传家

疏》《孔子正言》等,"并正先儒之迷,开古圣之旨"。[1]

梁武帝即位之初,"诏求硕学,治五礼,定六律,改斗历,正权衡"。[2]此后崇儒兴学,"立五馆,置《五经》博士"[3],并将通经定为入仕的基本条件:"今九流常选,年未三十,不通一经,不得解褐。若有才同甘、颜,勿限年次。"为鼓励学子学经,梁武帝打破了东晋以来的士庶之别,规定只要通经,即便是寒门,也可入仕,"虽复牛监羊肆,寒品后门,并随才试吏,勿有遗隔"。[4]为推广经学传播,不仅在中央设立官学,"十数年间,怀经负笈者云会京师",还在地方推动郡县学的发展,"分遣博士祭酒,到州郡立学",以此普及经学教育。天监七年(508),下诏广开庠序,命皇太子、皇子,宗室、王侯之子等皆入学,梁武帝"亲屈舆驾,释奠于先师先圣"。[5]儒学在有梁一代取得了很大的进展,达到了南朝的最高峰,"兴文学,修郊祀,治五礼,定六律……自魏、晋以降,未或有焉"。[6]

2. "三世国师"

梁武帝鼓励宗室、士族和寒门子弟学经,推动了儒家思想的传播,琅邪王氏正是在这种情况下出现了"三世国师"。

南朝时期,琅邪王氏家族逐渐丧失了政治、军事上的优势,能始终保持一流高门社会地位,仰赖于家族文化。因此,琅邪王氏特别重视家族教育,子弟多在幼年时期受教,多才多艺者史不绝书。如王微"少好学,无不通览,善属文,能书画,兼解音律、医方、阴阳术数"。[7]值得注意的是,王氏子弟虽涉猎甚广,但他们所接受的最基本、最重要的教育内容依然是儒家经学。当时,"士大夫子弟,数岁已上,莫不被教,多者

---

[1]《梁书》卷三《武帝下》,第96页。
[2]《梁书》卷四十八《儒林传》,第661页。
[3]《梁书》卷三《武帝下》,第96页。
[4]《梁书》卷二《武帝中》,第49页。
[5]《梁书》卷四十八《儒林传》,第662页。
[6]《梁书》卷三《武帝下》,第97页。
[7]《宋书》卷六十二《王微传》,第1664页。

或至《礼》《传》，少者不失《诗》《论》"。[1]故王俭"弱年便留意《三礼》，尤善《春秋》，发言吐论，造次必于儒教"，王筠"幼年读《五经》，皆七八十遍"。[2]

梁朝时期，琅邪王氏家族文化中经学的比重日渐提高。当时，梁武帝建国子学，命皇太子及王侯之子，够上年龄的皆入国子学受业。因此，梁朝王氏子弟多由国子生入仕。如王训"补国子生，射策高第，除秘书郎"；王金"补国子生……（射）策高第，除长兼秘书郎中[3]；王承"七岁通《周易》，选补国子生。年十五，射策高第，除秘书郎"[4]；王通"梁世起家国子生，举明经，为秘书郎、太子舍人"；王劢"梁世为国子《周易》生，射策举高第，除秘书郎"[5]；王质"补国子《周易》生，射策高第"[6]。

随着儒学的渐兴，琅邪王氏的经学成就为世所重，相继出现了"三世国师"。南齐时，王俭为国子祭酒；梁初，其子王暕任国子祭酒；王暕长子王承尤好儒学，"发言吐论，造次儒者"，后来也任国子祭酒。"三世为国师，前代未之有也，当世以为荣。"[7]

梁陈时期的琅邪王氏，在政治上已经没有多大影响，王氏子弟大多以文化知名。他们适应文化潮流的转变，将自宋齐以来逐渐恢复的家传儒学进一步巩固，将之视为立足朝堂的主要工具之一。但从总体来看，琅邪王氏的经学成就不及前朝，尤其没有出现像王弘、王俭那样能够以经学影响政治和文化潮流的人物。

五、王氏青箱学

琅邪王氏世代传承的经学中，礼学是重要组成部分，大到朝廷典制、

---

1 王利器：《颜氏家训集解》卷三《勉学》，北京：中华书局，1996年，第143页。
2 《南史》卷二十二《王昙首传》，第595、610页。
3 《梁书》卷二十一《王暕传附王训传》《王份传附王金传》，第323、327页。
4 《梁书》卷四十一《王承传》，第585页。
5 〔唐〕姚思廉：《陈书》卷十七《王通传》，北京：中华书局，1972年，第237、238页。
6 《陈书》卷十八《王质传》，第247页。
7 《梁书》卷四十一《王承传》，第585页。

政令草拟与发布、文牍处理，小到人们日常的礼仪规范，涉及国家政务和百姓生活的方方面面，是统治者不得不重视的内容，也是士族子弟赖以入仕从政的基本条件。作为政治、文化大族，琅邪王氏家族文化中礼制部分被称为"王氏青箱学"。

琅邪王氏的礼学传统始于西汉王吉，他重视礼制，在《上宣帝疏言得失》中根据孔子"安上治民，莫善于礼"的观点，主张"述旧礼，明王制"，建议"引先王礼宜于今者而用之"。[1]尽管王吉的礼学成就不及他在《诗经》和《春秋》上的造诣，但他对礼制的重视和研究，开琅邪王氏礼学的先河。此后，王氏子弟大多精通礼学，用其中的伦理规范维系宗族，依据礼仪制度、朝章国典以及家族保存的历朝施政故事参与朝政和国家的礼制建设。居于中枢的政治家，如王导、王彪之、王弘、王俭等人，无不博古通今，以精通典制著称于世。他们的政治经验，也被家族保存、整理并研究，世代传习，最终形成了"王氏青箱学"，一门以礼制典章为核心内容，便于族中子弟入仕参政，进而维护家族势力的家传学问。

魏晋南北朝时期，朝代更迭频繁。新政权甫一建立，当务之急是要以儒家理论为依据制定出礼仪、典章制度，向天下昭示其王朝正统性与统治权威性，同时，也以国典朝章控制臣民，维护统治秩序，因此，历代统治者都非常重视熟知典章制度的人才。琅邪王氏子弟久居朝堂，熟知历代国典朝章、礼仪制度。他们知道这是保证族人顺利入仕、参与朝政、维持门第的重要工具，因此对具有重要现实功用性的典制格外重视，并将其作为家学的重要组成部分世代相传，"练悉朝仪"逐渐成为琅邪王氏子弟的典型文化特征。

"王氏青箱学"形成的关键阶段是东晋时期。东晋初，王导主政，朝堂上的很多礼仪制度是他组织朝臣商讨、确定的，《全晋文》中还收录了他的《上疏论谥法》以及与贺循讨论虞庙、即位告庙的礼仪制度的书信，《晋书·礼志》有王导参与南郊祀仪、七庙之礼的讨论。王导辅政三十余年，

---

[1]《汉书》卷七十二《王吉传》，第3063页。

当时的礼仪典章多与他相关，为东晋王朝的建设做出了突出贡献。在家族内部，王导重视礼制也影响了族中子弟。此后的王氏子弟多精通典制，以之为入仕参政的重要手段。仅《晋书·礼志》中就列举了王讷之、王彪之、王劭、王混、王恬、王珣、王洽等人关于郊祀、朝仪、丧葬、谥号、冠礼、婚礼、遇闰诸方面的礼制建议。然而，因王氏家族分支较多，各支仕宦情况不同，族人的学术素养不同，所保留的典章朝仪自然也不同，且分散于不同的族人手中，直至东晋中期王彪之时才做了系统整理。

王彪之（305—377），字叔虎[1]，起家佐著作郎，仕至尚书令，是东晋中期唯一能够进入政权中枢的琅邪王氏子弟。

王彪之初入仕途，正值"王与马，共天下"的时代，故其早期仕宦一帆风顺。咸康五年（339），王导去世后，颍川庾氏、谯国桓氏相继把持政权，同辈兄弟王羲之、王恬等人或主动或被动远离权力中心，王彪之则尽可能站在朝廷一方，谨慎维护琅邪王氏家族的政治地位和社会地位。他精通典章、礼制，在朝中依礼行事，对大将军桓温的违礼行为持鲜明的反对态度，为稳定东晋中期政局做出了一定贡献，深为朝廷信重。后来他与谢安共同辅政，谢安赞叹："朝之大事，众不能决者，谘王公无不得判。"[2]

王彪之立足朝堂，周旋于各派势力中，努力支撑着步入中衰阶段的琅邪王氏家族，让他倍感压力的不仅有政局的纷争变幻、士族之间的权力斗争，还有对后辈子侄的担忧。当时，"尚庄、老，莫肯用心儒训"[3]成为一时风潮，王徽之等人随着琅邪王氏政治地位的降低，儒家治世思想日趋淡漠，老庄色彩日益浓厚，甚至步王澄后尘，走向了任诞放达。如王徽之"卓荦不羁，欲为傲达，放肆声色颇过度。时人钦其才，秽其行

---

[1] 《淳化阁帖》《晋中兴书》《全晋文》等皆作"叔虎"，《晋书》作"叔武"，是唐人为避唐高祖李渊祖父李虎讳所改。
[2] 《晋书》卷七十八《王彪之传》，第2011页。
[3] 《宋书》卷十四《礼一》，第363页。

也"。[1]王献之不请去游赏顾辟强的名园,被斥责"非礼","非道","不足齿之伧耳"。[2]长此以往,又怎么能承担起维护家族利益的重担?朝局纷争、家族隐忧迫使王彪之思考,在丧失政治优势的情况下,怎样才能确保王氏子弟顺利入仕并能在朝堂站稳脚跟。较为简单的方法,是让王氏子弟通晓典章制度,这样其才能为朝廷所需,一切问题自然迎刃而解。为此,王彪之对琅邪王氏家族长期传承的典章制度进行系统整理,传之后人。

王彪之精通礼学,熟悉国典朝章。《全晋文》卷二十一辑录了王彪之的礼仪文论三十余篇(见表2-2)。

表2-2 《全晋文》录王彪之礼仪文论

类型	篇名
婚姻礼仪	《正纳皇后礼》《纳彩版文笺书》《问名版文》《纳吉版文》《纳征版文》《请期版文》《迎后版文》《册立皇后何氏文》《上书论皇太子纳妃用玉璧虎皮》《上书论皇后拜迓上礼》《婚礼不贺议》《婚不举乐议》《答台符问小功服成婚》
丧葬礼仪	《上言开陵皇太后服》《奔丧议》《太后为亲属举哀议》《太后父丧废乐议》《丧不数闰启》《优赙陈留王议》《与会稽王笺》《答会稽王书》
朝堂礼仪	《帝加元服议》《优遇陈留王议》《讳议》《日食废朝会议》《与扬州刺史殷浩书》
官制	《省官并职议》
谥法	《驳彭城国李太妃谥议》《答孔严论蔡谟谥书》
祭祀	《答抚军访郊祀有赦》
政事	《整市教》《奏议陈留王废疾求立后》《上笺陈雷弱儿事》

王彪之的礼仪文论涉及婚丧、朝仪、官制等内容,解决了当时朝堂上

---

[1] 余嘉锡:《世说新语笺疏·任诞》,上海:上海古籍出版社,1993年,第759页。
[2] 《晋书》卷七十六《王羲之传》,第2105页。

的众多礼仪问题。他曾将历代典章制度、晋室迁居江南以后的政事、诏令等相关资料收藏在一个青色箱子之中,传之子孙,遂为王氏青箱学。"彪之博闻多识,练悉朝仪,自是家世相传,并谙江左旧事,缄之青箱,世人谓之'王氏青箱学'。"[1]

自王彪之之后,其子临之、孙讷之、曾孙准之,皆因熟悉典章制度,被统治者看重。此外,精通典章制度的不仅王彪之一家,琅邪王氏族人基本都能入仕,"练悉朝仪"者自不在少数。如"王献之习达朝章,近代之宗"[2],可知这位书法名家也熟悉国朝典章,直至南齐时期仍为人们尊崇。此外,王珣有"近世识古今者"[3]之誉,称羡一时,可知他也是一位博通古今的人。王韶之博学多才,撰七庙歌辞,皆与典章礼仪有关。

南朝时期,皇权政治取代门阀政治,门阀士族的政治地位逐渐下降,但他们经济实力雄厚,文化影响深远,尤其娴熟的国家政务处理能力,让起自寒门的皇帝不得不重用。如刘裕手下武将众多,政治人才却十分缺乏。元兴三年(404),刘裕统帅北府军讨灭桓玄后,面临着一系列政务难题:政令草拟与发布、朝廷典制的制定、禅位诏书、开国典礼仪式,乃至日常的文牍处理等琐碎事务,都需要熟知政务、富有统治经验的人来处理。而通晓典章制度、具有丰富的国家治理经验的人大部分出自文化底蕴深厚、长期占据国家要职的门阀士族。同时,门阀士族有巨大的社会和文化影响,其政治向背对新王朝的长治久安关系更大,若不拉拢他们,新政权也很难巩固。因此,早在执政之初,刘裕便搜罗王、谢等门阀士族的子弟,为己所用。

晋宋之际,琅邪王氏子弟熟知统治者建立新政权和巩固统治所急需的典章制度,因此获得较高的政治地位,进而扩大了王氏家族的社会影响。如王弘"博练治体,留心庶事……以民望所宗,造次必存礼法,凡

---

[1]《宋书》卷六十《王准之传》,第1623页。
[2]《南齐书》卷二十九《陆澄传》,第682页。
[3]《宋书》卷五十七《蔡廓传》,第1571页。

动止施为，及书翰仪体，后人皆依仿之，谓为王太保家法"。[1]他与王昙首、王华等人成为刘宋王朝的开国功臣，在元嘉初将琅邪王氏推向了继东晋之后的第二个高峰。王准之更以礼学、典制知名，他承袭"王氏青箱学"，"兼明《礼》《传》，赡于文辞"[2]，在礼仪典章方面贡献颇多。永初二年（421），他奏请三年之丧用郑玄二十七月之说，一直到清朝，均采用此制，"黜王扶郑，自此永为定制"。[3] 王准之"究识旧仪，问无不对"，当时辅政的彭城王刘义康赞叹："何须高论玄虚，正得如王准之两三人，天下便治矣。"[4] 王准之撰写的《仪注》，涉及大量礼仪制度，一直沿用到梁陈时期，可见他在仪制方面的建树之高。此外，王僧绰"练悉朝典"，被宋文帝委以重任，"朝政大小，皆与参焉"。元嘉末年，宋文帝打算废太子刘劭，让王僧绰"寻求前朝旧典"[5]，显然，废立的典故、朝仪也属于"王氏青箱学"的范畴。

南齐时期，长于典章制度的是王俭、王逡之、王僧虔和王珪之。

王俭入仕后，以精通"三礼"为统治者所重，被尊为"一代儒宗"。"三礼"是指《周礼》《仪礼》和《礼记》，涵盖国家政治制度、礼仪规范、伦理思想和风俗习惯等，可谓包罗万象。"三礼"既是统治者用以维系统治秩序的国家法典，也是约束人们思想、言论、行为的规范。因此，儒家倡导的礼治，兼具道德教化和行为规范的功能，其根本意图和作用，是约束不同阶层的人，使他们的思想和行为都能符合儒家伦理，安分守己，循规蹈矩，以此维系大一统的封建秩序。即所谓："夫礼所以安上治民，弘风训俗，经国家，利后嗣者也……故祠祭不以礼，则不齐不庄；丧纪不以礼，则背死忘生者众；宾客不以礼，则朝觐失其仪；军旅不以礼，则致乱于师律；冠婚不以礼，则男女失其时。为国修身，于斯

---

1 《宋书》卷四十二《王弘传》，第1317、1322页。
2 《宋书》卷六十《王准之传》，第1624页。
3 〔清〕王鸣盛撰，单远慕校证：《十七史商榷校证》卷六十，太原：三晋出版社，2021年，569页。
4 《宋书》卷六十《王准之传》，第1624页。
5 《宋书》卷七十一《王僧绰传》，第1850页。

攸急。"[1]

南齐初建,旧礼缺失,新王朝面临着各种礼仪问题,从郊殷祭祀、官员服饰到士人婚丧礼仪等,都需要一套完整的典章制度。当时,王俭身为朝廷重臣,又出身"练悉朝仪"的世家,深谙朝廷礼仪典章和前朝旧事,建设南齐礼典之任,责无旁贷。他依据"王氏青箱学",或以前朝礼制为准,或因时制宜,改革旧礼,制定了相应的礼乐制度。至永明二年(484),终于完成南齐的新礼,"撰治五礼,吉、凶、宾、军、嘉也"。[2]

王俭精通朝章礼典,"朝仪旧典,晋、宋来施行故事,撰次谙忆,无遗漏者"。他身居高位,常以朝仪典制解决实际问题。"当朝理事,断决如流。每博议引证,先儒罕有其例,八坐丞郎,无能异者。"[3]《全齐文》中共录有王俭的礼仪文论34篇(见表2-3)。

表2-3 《全齐文》录王俭礼仪文论

类型	篇名
祭祀	《郊殷议》《嗣位郊祀议》《日蚀废社议》《南郊明堂异日议》《释奠释菜议》《立春在郊无烦迁日启》
舆服	《乘舆副车议》《服章议》《金貂议》《公府长史朝服议》《又议》《庶姓三公輶车议》
冠礼	《皇孙南郡王冠议》《南郡王冠祝词》《南郡王冠醮酒词》
丧礼	《太子迎车驾临丧议》《国臣为太子妃服议》《官臣为太子妃服议》《太子妃铭旌议》《太子妃薨建旐议》《太子妃灵还在道不设祭议》《太子妃丧遇闰议》《答褚渊难丧遇闰议》《穆太妃小祥南郡王应不相待议》《安陆王子妇为范贵妃服议》《司空解职而薨府史制服议》《昭皇后迁祔仪议》《迁祔设虞议》《谅闇议》
朝堂礼仪	《朝堂讳训议》《单拜录尚书优策议》《司空未拜而薨掾属为吏敬议》
其他	《江敩不宜继慇启》《答王逡之问》

---
1 《梁书》卷二十五《徐勉传》,第379页。
2 《南齐书》卷九《礼上》,第118页。
3 《南史》卷二十二《王俭传》,第595页。

此外，根据《隋书·经籍志》和新、旧唐书所录，王俭的礼仪著作还有：《礼论要钞》十卷、《礼答问》三卷、《礼仪答问》八卷[1]、《吉仪》二卷、《古今丧服集记》[2]三卷、《丧服图》一卷、《吊答仪》[3]十卷、《古书仪》两卷、《皇室书仪》七卷。这些著作和王俭的礼仪文论，解决了祭祀、舆服、婚丧等一系列难题，时"朝廷初基，制度草创，俭识旧事，问无不答"[4]，对南齐初年礼仪典章的制定和完善起了较大推动作用。

王逡之"少礼学博闻"，在王俭修南齐新礼时，他是著作郎兼尚书左丞，与王俭共同"参定齐国仪礼"。[5]王逡之的礼学成就不逊于王俭，他曾与王俭探讨丧服制度，指出王俭的《古今丧服集记》有十一处不合礼仪。后来，王逡之著《丧服五代行要记》十卷、《礼仪制度》十三卷流传后世。

王僧虔通礼制、音律，针对"朝廷礼乐多违正典，民间竞造新声杂曲"[6]的现状，上书朝廷，请求恢复雅乐。当时，永嘉以后流传到江南的雅乐已搜罗殆尽，王僧虔写信给王俭，交代他在向北魏派遣使者时，令乐署官员随行，搜罗流传在北方的雅乐。

王珪之，长于史学，梳理历代官制演变，撰《齐职仪》，"纂集古设官历代分职，凡在坟策，必尽详究"。[7]

梁、陈时期，王亮、王志和王通、王玚被选为禅让大典时传玺之人。除了门第高贵，是门阀士族的代表，通晓典制礼仪也是他们入选的重要原因。

总之，东晋南朝时期，琅邪王氏家族的代表人物大多能凭借江左一流高门的地位和"王氏青箱学"成为朝廷重臣，发挥较大的政治作用。而

---

[1] 《旧唐书》卷四十六《经籍志上》载《礼仪问答》十卷、《礼仪答问》十卷，第1974页。
[2] 《南齐书》《南史》皆用此书名，《隋书·经籍志》和新旧唐书志皆为《丧服古今集记》。
[3] 《旧唐书》卷四十六《经籍志上》载《吊答书仪》，第2008页。
[4] 《南齐书》卷二十三《王俭传》，第435页。
[5] 《南齐书》卷五十二《王逡之传》，第902页。
[6] 《南齐书》卷三十三《王僧虔传》，第594页。
[7] 《南齐书》卷五十二《文学传》，第903页。

且,正因为琅邪王氏世代高官,更有得天独厚的条件熟知甚至把持朝廷的典章礼仪。而把持了国家典章制度的制定与修改,也就拥有了政治上的主动权与话语权。如王彪之借助礼学优势,在桓温废立皇帝和求九锡的政治活动中与之对抗,避免了皇位更迭过程中出现动荡失序,既维护了东晋王朝,也凸显出琅邪王氏的礼学成就。因而"练悉朝仪"逐渐成为琅邪王氏子弟的必修课,也是王氏家族的文化优势,常常会出现"朝臣莫有识其典故者"[1],唯有王氏子弟知晓的现象。这更加凸显出琅邪王氏在朝廷中的重要性,使历代统治者不得不重视王氏家族,不得不任用王氏子弟。这正是琅邪王氏在丧失政治上的优势后,能始终保持一流高门社会地位的原因,因此,可使王氏子弟"练悉朝仪"的青箱学,成为琅邪王氏维持家族门户地位最重要的手段之一。

"王氏青箱学"不仅在南朝发挥了巨大作用,南齐时期,王肃入北魏,因熟知历代典章制度,帮助魏孝文帝改革官制而获得了崇高的政治地位,"王氏青箱学"在北方也产生了巨大影响。(详见第七章)

琅邪王氏家族的青箱学,在家族发展史上发挥了重要作用,其影响一直延续到唐朝。

唐朝的琅邪王氏子弟,最知名的是王綝,他的后世子孙也最为昌盛,是唐朝时期琅邪王氏最具代表性的房支。

王綝,字方庆,起家为越王府参军。武则天时,累迁广州都督。在镇数载,为政清廉,秋毫无犯,执法严明,境内肃然,"当时议者以为有唐以来,治广州者无出方庆之右"。不久,武则天提拔王綝为宰相。王綝的政治建树主要在礼制方面,他"博学好著述……尤精《三礼》,好事者多询访之。每所酬答,咸有典据,故时人编次,名曰《礼杂答问》"。[2]他的礼仪、职官著作载于史册的还有《南宫故事》十二卷、《文贞公事录》一卷、《宫卿旧事》一卷、《尚书考功簿》五卷、《尚书考功状绩簿》十卷、《尚书科配

---

1 《晋书》卷七十六《王彪之传》,第2010页。
2 《旧唐书》卷八十九《王方庆传》,第2901、2879页。《新唐书》卷一百一十六《王綝传》称为《杂礼答问》。

簿》五卷、《五省迁除》二十卷、《三品官祔庙礼》二卷、《古今仪集》五十卷[1]。王綝是礼学名家，曾多次向武则天进言礼制，均被采纳。可见，"王氏青箱学"在唐代仍发挥了较大的作用。

"王氏青箱学"传承已久，唐朝时期精于典章制度的还有王仲丘。他在唐玄宗时仕至礼部员外郎，根据《贞观礼》和《显庆礼》中的典章制度，制定《大唐开元礼》一百五十卷，显然也是当时的礼学名家。

其他王氏子弟，如王丘、王无竞、王同皎等人，多以科举入仕，或政绩卓著，或以文才见长，青箱学自是他们的必修功课。

精于青箱学的琅邪王氏子弟，潜心于制度文化的传承工作，推出了诸如《晋宋杂记》《古今丧服集记》《仪注》《齐职仪》等典章著作。这些著作和王氏子弟的礼仪文论，不仅在当时被遵行使用，而且影响后世，传承至今，也是现代的宝贵精神文化遗产。

第二节　史书修撰

史学是中国传统文化的重要门类，且一向经史并称，"经以载道，阐万世之文明；史以辅经，昭累朝之鉴戒。"[2]魏晋南北朝时期是史学的重要发展阶段，作为一流文化大族的琅邪王氏，素习经史，在修史方面也有突出的成就。

一、魏晋南北朝史学繁荣

我国的史学源远流长，夏、商、周时期即设史官，编修史籍，如《尚书》中保留了部分三代史料汇编，此后孔子编《春秋》，左丘明撰《左传》，既是史书，也是经书。至西汉司马迁著《史记》，东汉班固著《汉书》，史学已颇具规模。但是，在魏晋南北朝之前，史学只是经学的附庸，还未能

1　《新唐书》卷五十八《艺文二》，第1475、1477、1492页。
2　商辂：《商文毅公集》卷十，《四库存目丛书》第35册，济南：齐鲁书社，1997年，第7页。

自成一家。西汉经学家、目录学家刘歆编著了我国第一部目录学著作——《七略》，除《辑略》为群书总要外，将古代文化典籍分为六艺、诸子、诗赋、兵书、术数、方技六部分，《史记》（当时称《太史公书》）等史书被附于儒家经典六艺略（《易》《书》《诗》《礼》《乐》《春秋》）中的《春秋》之后。班固著《汉书·艺文志》，以《七略》为蓝本，将史学著作列在《春秋》之后，除了史书（9家，411篇）相比经书（94家，2712篇）、诸子（189家，4324篇）、诗赋（106家，1318篇）、兵书（53家，790篇，图43卷）、数术（190家，2528卷）、方技（36家，868卷）数量偏少，也说明史学还未取得独立的地位。

西晋时期，荀勖在曹魏《中经》的基础上编《中经新簿》，以甲、乙、丙、丁分列经学、诸子、史书和文学，标志着史学已经摆脱经学附庸的地位，成为独立的学术门类。东晋初，李充整理典籍，作《晋元帝四部书目》，史学由西晋时期中的丙部上升为乙部，四部分类法的典籍分类方法最终确立下来。梁朝时阮孝绪撰《七录》，分经典、记传、子兵、文集、技术、佛、道七录，其中记传录专录史籍，并进一步按照所记内容细分为国史、注历、旧事、职官、仪典、法制、伪史、杂传、鬼神、土地、谱状、簿录十二类。《七录》的编撰，反映出史学在获得独立地位后，在史书的分类方面有了进一步细化，为后世目录学发展提供了重要依据。

魏晋南北朝时期，是史学繁荣发展的时代，《隋书·经籍志》所录的史书共分十三类[1]，多达八百七十四部一万六千五百五十八卷，约占当时全部图书的四分之一，与《汉书·艺文志》所著录的史书数量形成了鲜明的对比。除《史记》《汉书》等几十部史书成书于曹魏以前，《隋书》（未完成）等撰于隋朝以外，其他都是魏晋南北朝时期的作品。这一时期史家之多，史书之繁，体裁之杂，题材之广，超过了以往任何一个历史时期。梁启超评价："两晋六朝，百学芜秽，而治史者独盛。"[2]

---

[1] 正史、古史、杂史、霸史、起居注、旧事、职官、仪注、刑法、杂传、地理、谱系、簿录。
[2] 梁启超：《中国历史研究法》，上海：上海人民出版社，2014年，第19页。

究其原因，首先是统治者的重视。魏晋南北朝时期，战乱不断，王朝更迭频繁，各种矛盾错综复杂，社会经济、文化风习发生了较大变化，统治者急需总结历史经验和教训，为现实统治提供借鉴。因此，历代国君大多将史学视为巩固统治的工具，增置史官，编修国史和前朝历史。曹魏以前，虽有史官，多兼他职，魏明帝设著作郎，专职修史。西晋增置佐著作郎，刘宋以后改为著作佐郎，负责史料搜集，著作郎则负责撰修史书。后世延续，官修史书渐成定制，史官制度也逐渐向史馆制度演进。

其次，史学摆脱了经学附庸的地位，成为完全独立的学科。刘宋时设史学馆，与儒、玄、文并重而成为四学之一。宋齐之际，设总明观，分玄、儒、文、史四科，表明史学的作用已越来越受到重视。史学地位也随之提高，甚至一度成为选拔人才的重要途径，"二汉求贤，率先经术；近世取人，多由文史"。[1]因此，魏晋南北朝时期，士族大多关注史学，"世之学者，皆先曰'五经'，次云'三史'"。[2]他们留心于史书著述，私家修史之风兴起，最终形成了"一代之史，至数十家"[3]的盛况。

另外，魏晋南北朝时期，专制主义中央集权统治相对削弱，思想领域儒、玄、佛、道并存。多元的文化结构，为史学的发展提供了相对宽松的学术环境。再者，东晋以后纸张的广泛使用、字体的简化以及笔墨工具的改进，都为史学发展、史书普及提供了良好的条件。到梁武帝时期，"四境之内，家有文史"。[4]

二、王氏史学

在史学繁盛的背景下，琅邪王氏愈加重视家族成员史学方面的培养，王氏子弟大多熟读史书，留心史料收集（见表2-4）。

---

[1]《梁书》卷十四传论，第258页。
[2]〔唐〕刘知几著，〔清〕浦起龙通释：《史通通释》，上海：上海古籍出版社，2022年，第153页。
[3]《隋书》卷三十三《经籍志二》，第957页。
[4]《隋书》卷三十《经籍志一》，第907页。

表2-4 琅邪王氏子弟修习史学简况

王氏子弟	史学修习情况	史料出处
王廙	少好文学,志在史籍	《晋书》卷七十六《王廙传》
王洵	经史明彻	《晋书》卷六十五《王导传》
王伟之	少有志尚,当世诏命表奏,辄自书写。泰元、隆安时事,小大悉撰录之	《宋书》卷六十《王韶之传》
王韶之	好史籍,博涉多闻……善叙事,辞论可观,为后代佳史	
王珪之	有史学	《南齐书》卷五十二《文学传》
王锡	遍论经史	
王劢	博涉书史	《南史》卷二十三《王彧传》
王质	涉猎书史	
王固	颇涉文史	
王褒	博览史传	《周书》卷四十一《王褒传》
王猛	博涉经史	《南史》卷二十四《王准之传》

凭借一流高门的社会地位,王氏子弟大多以秘书郎或著作郎起家入仕,深厚的史学素养,使他们更易于担任史官(见表2-5)。

表2-5 琅邪王氏子弟担任史官表

王氏子弟	担任史官情况	史料出处
王珉	历著作、散骑郎	《晋书》卷六十五《王导传》
王彪之	初除著作佐郎	《晋书》卷七十六《王廙传》
王韶之	除著作佐郎,领著作郎	《宋书》卷六十《王韶之传》
王秀之	起家著作佐郎	《南齐书》卷四十六《王秀之传》
王逡之	以著作郎兼尚书左丞	《南史》卷二十四《王准之传》
王僧佑	为著作佐郎	《南史》卷二十一《王弘传》
王奂	解褐著作佐郎	《南齐书》卷四十九《王奂传》

续表

王氏子弟	担任史官情况	史料出处
王瞻	起家著作佐郎	《梁书》卷二十一《王瞻传》
王长玄	著作佐郎	
王峻	起家著作佐郎	《梁书》卷二十一《王峻传》
王泰	起家为著作郎	《梁书》卷二十一《王泰传》
王理	位著作佐郎	《北史》卷四十二《王肃传》

琅邪王氏等世家大族重视史学，多人担任史官，注重史书编撰，又进一步促进了魏晋南北朝史学的繁荣。

（一）推动史学发展

1. 晋书限断

早在西晋时期，琅邪王氏就关注史学发展，最具代表性的是王戎、王衍在晋书限断问题上的观点。西晋建立后，着手编修国史，对西晋王朝的开端之年争议较大。从晋武帝时期一直争论到晋惠帝时期，大致形成了三种说法。

首先是正始说。中书监荀勖主张以曹魏正始元年为晋书开端，这是司马懿与曹爽共同辅政的起始之年。

其次是嘉平说。著作郎王瓒主张嘉平元年为晋书开端，这是司马懿发动高平陵之变、控制朝政之年。

这两个时间都是司马氏崛起过程中关键性的时间。再加上当时已经有曹魏史官撰写的《魏书》，叙至嘉平末年，鱼豢私撰的《魏略》，截至魏明帝时期。西晋初的两种说法，除了鼓吹司马氏的早期功业，更主要的应该是要接续已有史书。但当时司马氏名义上仍是魏臣，以正始和嘉平为晋史开端，争议颇大，因此未有定论。

晋惠帝元康年间，陈寿完成《三国志》，截止时间是280年晋灭吴。此书出后，无论是正始说还是嘉平说，都不适合晋朝国史的编修。因此，朝堂上引发了第二次晋书限断的大讨论，出现了第三种说法：

（贾）谧上议，请以泰始为断。于是事下三府，司徒王戎、司空张华、领军将军王衍、侍中乐广、黄门侍郎嵇绍、国子博士谢衡皆从谧议。[1]

此外，荀崧、荀藩坚持正始说，荀熙、刁协坚持嘉平说。参与此次讨论的诸人分属不同阵营，即便是主张泰始说的贾谧一派，既有与贾氏联姻的王戎、王衍，也有持中立态度的张华、乐广，还有拒绝贾氏拉拢的嵇绍、政治立场不明的谢衡（谢安祖父）。他们共同支持泰始说，单凭政治立场很难解释清楚，更确切的说法，应该还是从史学角度展开。泰始元年（265）是司马炎登基称帝之年，与司马氏为臣子的正始、嘉平时期相比，既符合西晋的立国时间，更符合史书编撰避免大篇幅重复的要求。只是正始说和嘉平说由来已久，与泰始说展开了激烈论辩。从贾谧"重执奏戎、华之议，事遂施行"[2]可知，在这次大讨论中，王戎是主力辩手之一。他力主以泰始为晋史起点，最初是附议贾谧，后面则是与正始说、嘉平说竭力论辩，成为泰始说最终获胜的重要推手，解决了晋书限断问题。王戎的做法，符合史学发展规律，从中也可推测，以王戎、王衍为代表的琅邪王氏，关注史学，留意史书编撰，为西晋时期史学的发展做出一定贡献。

2. 史官设立

元康以后，西晋很快陷入动荡，晋史并未编修完成。永嘉之乱，大量典籍毁于战火，史学遭到较大破坏。东晋初建，王导上疏议立史官：

夫帝王之迹，莫不必书，著为令典，垂之无穷……当中兴之盛，宜建立国史，撰集帝纪，上敷祖宗之烈，下纪佐命之勋，务以实录，为后代之准……斯诚雍熙之至美，王者之弘基也。宜备史官，敕佐著作郎干宝等渐就撰集。[3]

---

1 《晋书》卷四十《贾谧传》，第1174页。
2 《晋书》卷四十《贾谧传》，第1174页。
3 《晋书》卷八十二《干宝传》，第2149页。

王导在上疏中首先指出中国悠久的修史传统，肯定了历史与政治密切相关，明确了其资政功能。当时正值少数民族占据中原，而东晋刚刚建立，还未能统一江南之际，修国史不仅可以树立自己的正统地位，斥其他政权和割据势力为僭伪，而且可以从西晋的治乱兴衰中吸取经验教训，巩固新政权的统治，此外，还可宣扬先祖帝业及朝臣的辅佐之功，传之后世。因此，王导提出设立史官，撰修晋史。他在上疏中还提出了修史必须遵循"实录"的原则，这样才能成为后代修史的标准。在王导建议下，建武元年（317）十一月，东晋"置史官，立太学，以干宝、王隐领国史"。[1]干宝等人尽力收集史籍，整理档案，编著史书，初步改变了永嘉之乱后典籍流散的局面，"于是典籍颇具"。[2]比较重要的史学成果是干宝著《晋纪》二十卷，记载了从司马懿到晋愍帝53年的历史，"其书简略，直而能婉，咸称良史"。[3]

　　王导推动了东晋史官制度的建立和史籍编修工作，对琅邪王氏家族也产生较大影响。此后的王氏子弟，多关注时事，史著颇丰，在史学史上也有一定的地位，其中王俭、王韶之的成就最突出。

3. 史书体例

　　南齐初，王俭对史学的发展极为关注，他身居要职，在史书编撰的讨论中发挥了较大作用。建元二年（480），初置史官，以檀超和江淹掌史职。他们上表列史书编修的条例，其中有：不设年表；立十志，分别为《律历志》《礼乐志》《天文志》《五行志》《郊祀志》《刑法志》《艺文志》《朝会志》《舆服志》《州郡志》，将《百官志》合并到《州郡志》中，将原载《五行志》的日食内容改入《天文志》；增加《帝女传》《处士传》和《列女传》。这种体例设置引起了较大争议，王俭提出了自己的意见：

> 金粟之重，八政所先，食货通则国富民实，宜加编录，以崇务本。《朝会志》前史不书，蔡邕称先师胡广说《汉旧仪》，此乃伯

---

[1]〔唐〕许嵩：《建康实录》，北京：中华书局，1986年，第127页。
[2]《晋书》卷六十五《王导传》，第1749页。
[3]《晋书》卷八十二《干宝传》，2150页。

啃一家之意，曲碎小仪，无烦录。宜立《食货》，省《朝会》。《洪范》九畴，一曰五行。五行之本，先乎水火之精，是为日月五行之宗也。今宜宪章前轨，无所改革。又立《帝女传》，亦非浅识所安。若有高德异行，自当载在《列女》，若止于常美，则仍旧不书。[1]

王俭针对檀超、江淹开列的志、传编修体例提出建议，认为应增加关乎国计民生的《食货志》，删前朝未设的《朝会志》《帝女传》，将日食仍列《五行志》，无需改入《天文志》。除了这最后一条，王俭所提的其他修史建议皆被采纳，说明南齐时期修撰国史基本遵循了王俭所定的类别。

4. 秉笔直书

王韶之（380—435），字休泰。其父王伟之，少年时期就关注史学，留意搜集史料，当时的诏命表奏，都亲自抄录，并详细记录了晋孝武帝太元年间（376—396）和晋安帝隆安年间（397—401）大小事件。王韶之受父亲影响，"好史籍，博涉多闻"。[2]他根据父亲保留下来的史料，撰成《晋安帝阳秋》[3]，以编年体方式记载了东晋后期太元、隆安年间的历史。此书完成后，获时人好评，"谓宜居史职，即除著作佐郎"，负责后续史书的修撰，延续至义熙年间。王韶之"善叙事，辞论可观，为后代佳史"。[4]这部史书为人称赞，并非仅因王韶之长于著述，"辞论可观"，最为可贵的是，他遵循史官职责，秉笔直书东晋末年的历史。身为琅邪王氏家族的一员，王韶之对王氏子弟也没有曲笔回护，"序王珣货殖，王廞作乱"[5]，据实直书，保存了部分珍贵史料。可惜的是，王韶之未能将晋末历史记载完整，刘勰在《文心雕龙·史传》评述："至于晋代之书，系乎著作。陆机肇始而未备，王韶

---

[1]《南齐书》卷五十二《文学传》，第891页。
[2]《宋书》卷六十《王韶之传》，第1625页。
[3]《晋安帝阳秋》有不同的称呼，《世说新语》刘孝标注，称此书为《晋安帝纪》。《南史》卷五十一《萧韶传》载："昔王韶之为《隆安纪》十卷。"《隋书》卷三十三《经籍志二》载："《晋纪》十卷，宋吴兴太守王韶之撰。"唐人避唐玄宗李隆基讳，故新、旧唐书皆曰《崇安纪》。
[4]《宋书》卷六十《王韶之传》，第1625页。
[5]《宋书》卷六十《王韶之传》，第1626页。

续未而不终。"[1]王韶即王韶之,刘勰惋惜他未能完成晋史。刘宋建立后,王韶之因"博学有文辞",奉命编修当代史,"高祖受禅……复掌《宋》书"。[2]

(二)史籍修撰

琅邪王氏关注史学发展,留意史书编修,既追求以古鉴今的政治目标,也用以立身扬名。因此,王氏子弟的史籍著作颇多,体裁也很广,有断代史、起居注、典章制度史、史注、目录学、人物传记等。这些史书,都有一定史料价值。

魏晋南北朝时期,王朝更迭频繁。新王朝建立后,一方面要编修国史,宣扬自己的功业以及正统性,另一方面要编修前朝的历史,总结其灭亡的经验教训,以为本朝借鉴,因此,断代史编修成为这一时期最重要的史书编写方式。琅邪王氏家族在断代史方面,较为知名的是南齐王智深撰写《宋纪》。《南齐书》卷五十二《文学传》载:

>(齐武帝)敕智深撰《宋纪》……隆昌元年,敕索其书。

王智深奉齐武帝之命撰写刘宋的断代史,共三十卷。只是《宋纪》在《隋书·经籍志》中没有记载,但两唐书志又都有著录。清人章宗源《隋书经籍志考证》云,《水经注》《初学记》等征引此书十二事[3],说明至少在唐代,王智深的《宋纪》还有流传。

琅邪王氏子弟担任史职的较多,其中一项重要工作是编修起居注。王逡之所著《永明起居注》和《三代起居注钞》十五卷,皆为一朝之史,为后世修史积累了史料。

此外,王氏史学还有典章制度史,以王珪之、王练的成就较高。

王珪之历仕宋齐两朝,宋后废帝元徽二年(474),受命编写职官制度

---

[1] 〔南朝梁〕刘勰著,王运熙、周锋译注:《文心雕龙译注》,上海:上海古籍出版社,2012年,第102页。
[2] 《宋书》卷六十《王韶之传》,第1625页。
[3] 二十五史刊行委员会编:《二十五史补编》第四册,北京:中华书局,1955年,第4957、4958页。

史。凡是载于史册的官职，都要详加研究、梳理、编录官职的不同等级、职掌，记录职位的设立、调整，并分析其调整原因。此外，还要记载官服制度的发展和变革，"述章服之差，兼冠佩之饰"。[1]王珪之的编写工作并未随着宋齐王朝更迭而停滞，直到南齐永明九年（491），才初步完成《齐职仪》[2]五十卷，被收录秘阁，成为南朝重要的典章制度史之一。

唐朝的王綝，也是典制史大家。他的典章制度方面的著作计有《尚书考功簿》五卷、《尚书考功状绩簿》十卷、《尚书科配簿》五卷、《五省迁除》二十卷、《三品官祔庙礼》二卷、《古今仪集》五十卷，保留了大量唐代的制度史资料。

两汉时期，学者重在注经，魏晋南北朝时期，注史却兴盛起来，《史记》《汉书》《三国志》等名著都有多家为之作注。梁朝王规，"集《后汉》众家异同，注《续汉书》二百卷"。[3]东汉之后，记载这一阶段历史的著作，最具代表性的先有西晋司马彪的《续汉书》，后有刘宋范晔的《后汉书》。此后司马彪的《续汉书》逐渐失传，唯有八志因补入范晔的《后汉书》得以保存。此外，著述东汉历史的还有谢承《后汉书》、薛莹《后汉记》、华峤《汉后书》、袁宏《后汉纪》、袁崧《后汉书》、谢沈《后汉书》、张莹《后汉南记》等，各有优缺点。王规集众家之长，为《续汉书》作注。司马彪的《续汉书》仅有八十三卷，王规的注文多达两百卷，显然其中补充了大量史料，是当时的史学名作。

琅邪王氏史学中，较为突出的还有目录学。王俭在刘宋后期担任秘书丞时，上表校勘古籍，作《宋元徽元年四部书目录》四卷，收录图书一万五千七百〇四卷，这是官方所修国家藏书目录。同时，王俭不满于四部分类法，私下编修了另外一份目录，他依刘歆《七略》撰《七志》四十卷[4]，将《七略》《汉书·艺文志》和《中经新簿》未载之书及佛经、道经都

---

1 《南齐书》卷五十二《文学传》，第903页。
2 《新唐书》卷五十八《艺文二》，第1476页。"王珪之《齐职官仪》五十卷。"
3 《梁书》卷四十一《王规传》，第583页。
4 《南齐书》卷二十三《王俭传》，第433页，《隋书·经籍志》和《新唐书·艺文志》皆作七十卷。

著录在《七志》中，也包括当时的新书，故《隋书·经籍志》著录为《今书七志》。《七志》收录南齐以前的古籍书目，对后世文化典籍研究助益颇多。直到唐朝开元年间，秘书监马怀素还说："自齐以前旧籍，王俭《七志》已详。请采近书篇目及亡志遗者，续俭《志》以藏秘府。"[1]可见《七志》在著录南齐以前典籍上的贡献之巨。

此外，王俭的《七志》在考镜源流、扩大图书目录范围和目录分类上颇有创新，是当时最有影响的目录巨著。

王俭在所录图书中，"于书名之下，每立一传"[2]。为作者立传，便于读者了解作者生平事迹，改变了此前目录过于简单的局面，也有利于后世的史籍真伪考证。王俭的这种编写方式，被称为"传录体"，后世大多效仿此方式，在书目之下编写内容简介，成为目录学的重要编纂体例之一。

在图书分类方面，《七志》与前后图书分类方法皆有不同，见表2-6。

表2-6 图书分类方法比较表

刘歆《七略》《汉书·艺文志》	辑略	六艺略	诸子略	兵书略	术数略	方技略	诗赋略	
荀勖《中经新簿》	甲（经学）丙（史学）		乙				丁	附佛经两卷
李充《晋元帝四部书目》	甲（经学）乙（史学）		丙				丁	
王俭《七志》	经典志		诸子志	军书志	阴阳志	术艺志	文翰志	图谱志	附道经、佛经
阮孝绪《七录》	经典录		记传录	子兵录		技术录	文集录	佛录	道录

王俭在《经典志》中并列六艺、小学、史记和杂传，本意大概是要借列入经典部来提高史学的地位，但将已经独立的史学图书重归经学之下，

---

[1]《新唐书》卷一百九十九《马怀素传》，第5681页。
[2]《隋书》卷三十二《经籍志一》，第907页。

却是较大的缺憾。《七志》在其他方面的变革，仍然是目录学的巨大进步。针对当时地图、谱牒类图书激增的情况，王俭突破刘歆收书不收图的旧例，新增《图谱志》。因诗赋不足以概括魏晋以来日益丰富的文学作品，王俭始创《文翰志》，以诗赋文集属之。后来阮孝绪《七录》改"文翰"为"文集"，即后世之集部。另外，将道教的经书目录收录于图集目录之中，也是王俭首创。此后的目录编著，一般都将世俗图书和佛教、道教的经书并录。

总之，王俭开创了私人编撰书目的先例，增设"传录体"，改变了图书分类方法，为目录学的发展做出了贡献。

另外，南齐时期，王亮与谢朓合著《四部书目》，凡一万八千一十卷[1]。唐朝王仲丘参与编写《群书四录》二百卷[2]，在目录学上也有较大贡献。

魏晋南北朝时期，门阀士族兴盛，谱学随之迅速发展，琅邪王氏谱学地位颇为重要。

谱牒起源于先秦时期，主要用以记帝王世系。两汉以后，随着士族的兴盛，世家大族的谱系逐渐发展起来。谱牒除了记载世系，侧重于家庭、家族、宗族等方面的记载，是门阀士族用以标榜高贵血统、维护特权地位，以及与其他士族社交、联姻的重要工具。"自隋、唐而上，官有簿状，家有谱系。官之选举必由于簿状，家之婚姻必由于谱系。"[3] 士族利用谱牒明确血缘关系，加强族人之间的凝聚力，通过对家族史、先辈事迹、家诫遗训的记载，起到教化族人的作用。谱牒由此成为维系宗族的重要工具。同时，谱牒突出了世家大族的高华门第，有利于维持其特殊的政治、经济地位。进入南朝，随着皇权加强，士族地位逐渐下降，但其入仕易、免赋役等特权吸引了一部分庶族伪造户籍，冒充士族。士族为保障自己的权益，大多注重编修家谱和家史。有司选官，需先核查谱牒，考其真伪，因此谱学日显重要。且当时避讳极严，与人交谈时不能触犯对方父、祖名讳，官场上尤需谨慎，否则便会遭不测之祸，故此，人人必须熟悉家谱，谱学随之大

---

1 《旧唐书》卷四十七《经籍志下》，第2081页。
2 《新唐书》卷五十八《艺文志二》，第1498页。
3 〔南宋〕郑樵撰，王树民点校：《通志二十略·氏族略》，北京：中华书局，1995年，第1页。

兴。《隋书·经籍志》共录各类谱牒四十一部三百六十卷，加上因战乱散佚的共五十三部一千二百八十卷。据清人秦荣光《补晋书艺文志》统计，梁朝刘孝标注《世说新语》，引用当时的谱牒多达五十八种，且绝大多数并未著录于《隋书·经籍志》，可知魏晋南北朝时期谱牒之多。

魏晋以来，士族盛修谱牒，在一定程度上推动了谱学的发展。当时，出现了一些专修谱学的家族，"故官有世胄，谱有世官，贾氏、王氏谱学出焉"。[1] 贾氏谱学形成于东晋太元年间（376—396），贾弼之"广集百氏谱记"，共"十八州士族谱，合百帙七百余卷"。[2] 此后，贾弼之子贾匪之、孙贾渊三世传承不辍。谱学的另一重要分支是王氏谱学，其形成要晚于贾氏谱学。刘宋初，王弘、刘湛精研贾氏谱学，王弘"日对千客，不犯一人之讳"。刘湛负责选官，为便于工作，"撰百家以助铨序，而伤于寡略"。王俭加以增补，将刘湛的两卷谱牒扩为十卷，撰《百家集谱》，"得繁省之衷"。[3] 王俭还在《七志》中增加了《图谱志》，使谱学成为一种专门之学。此后，王逡之在王俭《百家集谱》的基础上续撰《百家谱》四卷、《南族谱》二卷、《百家谱拾遗》一卷，最终形成了王氏谱学。

琅邪王氏声名显赫，分支众多，家谱的编修长期延续。至唐朝时，王綝作《王氏训诫》五卷、《王氏家牒》十五卷、《家谱》二十卷、《王氏著录》十卷[4]，说明王氏谱学仍有较大影响。

谱牒是世家大族标榜门第，维护家族特权地位的重要工具，作者在编撰中往往有虚夸的成分。但其中也记录了世家大族的发展历史和家族人物的仕宦、婚姻等，涉及当时社会的政局变动、经济状况、文学艺术和生活习俗等情况，为后世研究提供了大量史料。如南朝刘宋裴松之在注释《三国志》时，曾多次引用《琅邪王氏谱》和《太原王氏谱》；刘孝标注《世说新语》时，引用《太原晋阳王氏谱》八次，引用《琅邪临沂王氏谱》多达

---

1 《新唐书》卷一百九十九《柳冲传》，第5677页。
2 《南齐书》卷五十二《文学传》，第907页。
3 《南史》卷五十九《王僧孺传》，第1462页。
4 《新唐书》卷五十八《艺文志二》，第1484、1500页。

十五次，此外，还有《王氏家谱》和《王氏世家》各一次。

谱牒之学的兴盛和魏晋以来人物品评的风行，共同推动了人物传记的发展，这类作品被称为"杂传"。《隋书·经籍志》载：王俭的《七志》，"一曰《经典志》，纪六艺、小学、史记、杂传"。[1]魏晋南北朝时期，琅邪王氏活跃于政坛、文坛，交游广泛，王氏子弟所作的人物传记，数量和类型都很多，如表2-7。

表2-7 琅邪王氏子弟写作的人物传记

作者	书名	资料出处
王羲之	《许先生传》一卷	《新唐书》卷五十九《艺文志三》
王羲之	《九华真妃内记》一卷	《新唐书》卷五十九《艺文志三》
王镇之	《童子传》二卷	《隋书》卷三十三《经籍志二》
王微	《竺道生传》	《高僧传》卷七《竺道生传》
王巾[2]	《法师传》十卷	姚振宗《隋书经籍志考证》
王澄	《孝义传》	《周书》卷四十《颜之仪传附乐运传》
王褒	《王氏江左世家传》二十卷	《隋书》卷三十三《经籍志二》
王绘	《公卿故事》二卷、《南宫故事》十二卷、《文贞公事录》一卷、《宫卿旧事》一卷、《友悌录》十五卷、《王氏列传》十五卷、《王氏尚书传》五卷、《魏文贞故书》十卷、《王氏女记》十卷、《王氏王嫔传》五卷、《续妒记》五卷、《神仙后传》十卷、《王氏神通记》十卷	《新唐书》卷五十八《艺文志》
	《王氏家传》[3]二十卷	《新唐书》卷五十八《艺文志》

---

1 《隋书》卷三十二《经籍志一》，第906页。
2 〔梁〕萧统选，〔唐〕李善注：《昭明文选》（下），北京：京华出版社，2000年，第513页。《头陀寺碑文》注引《姓氏英贤录》，"王巾（或作王中），字简栖，琅邪临沂人，起家郢州从事，征南记室。天监四年卒。"
3 《旧唐书》卷四十六《经籍志上》，第2013页。"《王氏家传》二十一卷。"虽未有作者名，但多半与王褒所作的《王氏江左世家传》类似，应是出自王氏家族。

这些传记有僧道人物传、童子传、孝义传、王氏人物传记等,对研究当时的社会风习和王氏家族具有较高的史料价值。

琅邪王氏族人众多,居官之地各不相同,从北方迁居江南后,游玩之处甚广,所到之处,往往将当地的历史、山川、城邑、物产、风俗、人物等记录下来,成为地理类图书的重要组成部分,见表2-8。

表2-8 琅邪王氏子弟写作的地理类图书

作者	书名	资料出处
王彪之	《庐山记》	文廷式《补晋书艺文志》
王羲之	《游四郡记》	文廷式《补晋书艺文志》
王珣	《虎丘记》	文廷式《补晋书艺文志》
王韶之	《南康记》	聂崇岐《补宋书艺文志》
王韶之	《始兴记》《神境记》	章宗源《隋书经籍志考证》
王韶之	《始安郡记》	刘纬毅《汉唐方志辑佚》
王韶之	《南雍州记》	《古佚书辑本目录》
王瑱之	《浔阳记》	刘纬毅《汉唐方志辑佚》
王僧虔	《吴郡地理志》	章宗源《隋书经籍志考证》
王僧祐	《三吴决录》	《南齐书》卷四十六《王秀之传》
王缋	《九嶷山志》	《新唐书》卷五十八《艺文志二》

这些地理类的文籍,也会记载当地的先贤、耆旧传记。由此,地记和人物传记合而为一,地方志或地方史逐渐发展起来。

王氏史学中,还有为前书作续的著作。《世说新语》记载了东汉后期到刘宋时期的名士言行,是研究这段历史的重要史籍资料。唐朝时,王缋作《续世说新书》十卷,今已亡佚,具体内容无法详考,大致推测应该是自刘宋至唐朝时期的名士言论和轶事,保存了部分南朝史和隋唐史的相关资料。

王氏子弟熟读史书,修史传统长期延续,也多有史书著述,甚至在日常清谈中也时时引用。王惠与谢瞻兄弟相遇,"谈论锋起,文史间发,惠时相应酬,言清理远,瞻等惭而退"。[1]

总之,魏晋南北朝时期,是中国古代史学异彩纷呈的重要发展阶段。琅邪王氏是著名的高门士族,家族中藏书丰富,子弟又多以著作郎或秘书郎为起家官,有优越的修史条件。他们所著史籍,涉及正史、起居注、谱牒、杂传、地理、仪注、目录等多个史学门类,为这一时期史学的繁荣做出了贡献。

---

[1]《宋书》卷五十八《王惠传》,第1589页。

第三章 玄学清谈

魏晋时期，儒学的经世功能弱化了，文化领域最具代表性的哲学思潮是玄学，按照时间顺序，划分为正始玄学、竹林玄学、元康玄学和东晋玄学四个阶段。当时，玄学成为名士的文化标志，"儒学家族如果不入玄风，就产生不了为世所知的名士，从而也不能继续维持其尊显的士族地位"。[1]作为这一时期的政治、文化大族，众多琅邪王氏子弟以玄学清谈知名，在玄学发展历程中扮演了重要角色。王戎名列竹林七贤，作为名士重臣，推动了元康玄学的发展；王衍是元康时期的清谈领袖、"贵无"论的代表；王澄则是元康时期任诞派的主要代表；两晋之际，王敦、王导是玄学向江南发展的重要推手，引发了南方政治、文化的一系列巨变；东晋中期，王羲之在会稽大畅玄风，使其成为仅次于建康的玄学清谈中心。这些王氏子弟，在玄学清谈场上辩名析理，不仅引领文化风潮，玄学的主旨也渗透进他们的从政理念、文艺观念和日常生活中。玄儒双修一度成为琅邪王氏家族文化的突出表征，也是魏晋文化的显著特征。

第一节 玄学兴起

一、玄学兴起的背景

自汉武帝罢黜百家，以政治手段确立了儒学崇高的学术地位以后，其

---

[1] 田余庆：《东晋门阀政治》，北京：北京大学出版社，1989年，第356页。

他各家学说逐渐没落。没有了百家争鸣、互相吸收借鉴的学术环境，儒学缺少新的思想补充，尽管有今文经和古文经的内部争斗，但在整体上日渐走向僵化。

东汉时期，经学陷入困境，师法严格，更多的是注经方面的烦琐，"说五字之文，至于二三万言"[1]，如秦近君解释《尚书》中的《尧典》，"篇目两字之说至十余万言"。[2]原本三年学通一经，至三十岁即可学完五经，却因烦琐的注经形式，"一经说至百余万言"[3]，致使"幼童而守一艺，白首而后能言"。[4]皓首穷经，空守章句训诂，远离社会现实，无法适应社会发展的新形势，使经学为政治服务，作为社会指导思想的功能趋于弱化。

更为严重的是，经学出现了神化、谶纬化的趋势。谶纬是中国古代谶书和纬书的合称。谶是秦汉间巫师、方士编造的假托神灵的预言，如秦朝方士卢生假借从海中得来的图书，称"亡秦者胡也"。[5]谶常附有图画，也称图谶。纬与经相对，是托名孔子以诡语解释五经的书。西汉后期，谶纬广泛流行，王莽和光武帝刘秀都利用过谶纬，论证自己做皇帝合乎天命。刘秀晚年"宣布图谶于天下"[6]，使其成为法定经典，地位一度超过了经书。其后的汉明帝、章帝延续这一政策，"言五经者，皆凭谶为说"[7]，以致"儒者争学图纬，兼复附以妖言"[8]，研习谶纬形成风气，号为内学，五经则成为外学。由此，经学中渗透了大量的迷信色彩，内容空虚荒诞，失去了学术生命力。随着东汉政权的崩溃，靠皇权维系统治地位的儒学也面临着严重的危机。

东汉后期，政治腐败，连续两次党锢之祸，沉重打击了文人士子的精

---

[1]《汉书》卷三十《艺文志》，第1723页。
[2]〔汉〕桓谭撰，朱谦之校：《新辑本桓谭新论》，北京：中华书局，2009年，第38页。
[3]《汉书》卷八十八《儒林传》，第3620页。
[4]《汉书》卷三十《艺文志》，第1723页。
[5]《史记》卷六《秦始皇本纪》，第252页。
[6]《后汉书》卷一下《光武帝纪下》，第84页。
[7]《隋书》卷三十二《经籍志一》，第941页。
[8]《后汉书》卷五十九《张衡传》，第1911页。

神信仰。如范滂被抓,对他的儿子说:"吾欲使汝为恶,则恶不可为;使汝为善,则我不为恶。"[1]说明士人心中已经产生了严重的信仰危机。其后的军阀割据直至三国鼎立,战乱纷繁,社会动荡。不仅百姓流离失所,挣扎在死亡线上,统治阶层的地位也因政治斗争日益激化而极不稳定,得失无常,时有生命之虞。随着大一统王朝的瓦解,儒学统治思想的地位开始动摇,既无力维护统治者的统治,也无助于解决当时的社会实际问题,礼法纲常更成为束缚人们思想的桎梏。因此,统治者急需寻求一种新的思想武器来巩固统治,知识分子也需要新的精神支柱,思想界的变革应运而生。

东汉末,经学大师郑玄融合今古文经,删繁就简,开始了经学的改造之路,但沉疴之下,儒学无法迅速调整以适应乱世,不能挽救时代的危机。因此,曹操在统一北方的过程中,主要奉行名法之道,时称"魏武好法术,而天下贵刑名",[2]以致曹魏时期的学者"师商、韩而上法术,竟以儒家为迂阔,不周世用"。[3]刑名法术在一定程度上改变了汉末的腐败风气,成为曹操统一北方的重要手段,但这种做法也很快暴露出过于严酷的弊端。曹丕继位后,力图扭转严苛之刑,追慕黄老,一度形成了"魏文慕通达,而天下贱守节"[4]的文化氛围。不同学说的兴起,再次形成了百家争鸣的局面,为儒学提供了新的资料和发展途径。在这样的历史背景下,士人不断对两汉以来的儒家思想进行扬弃,吸收老庄道家哲学,力图重建精神家园,以何晏、王弼、夏侯玄为代表的玄学终于产生了。

二、正始玄学

何晏(约190—249),字平叔,南阳宛县(今河南省南阳)人,东汉大将军何进之孙。何进被宦官杀死,引发了董卓进京、少帝被废、军阀混战等一系列动荡。何晏的父亲大约也死在战乱中,其母尹氏被曹操纳为妾,

---

1 《后汉书》卷六十七《党锢列传》,第3207页。
2 《晋书》卷四十七《傅玄传》,第1317页。
3 《三国志》卷十六《魏志·杜恕传》,第502页。
4 《晋书》卷四十七《傅玄传》,第1317页。

何晏遂成曹操养子[1]，颇受宠爱。后来又娶了曹操的女儿金乡公主，与曹氏的关系更加亲近。他少年时无所忌惮，"服饰拟于太子"，以致曹丕"特憎之，每不呼其姓字，尝谓之为'假子'"。因此，文帝曹丕、明帝曹睿在位期间，何晏备受压制，"黄初时无所事任。及明帝立，颇为冗官"。[2] 正始年间（240—249），曹爽秉政，何晏党附曹爽，任吏部尚书。高平陵政变后，被司马懿所杀，株连三族。

何晏是玄学的创始人之一，"少以才秀知名，好老庄言"[3]。他抬高道家的地位，主张儒道合同：

> 自儒者论以老子非圣人，绝礼弃学。晏说与圣人同，著论行于世也。[4]

何晏著书立说，引道家学说阐释儒家思想，主要著作有《论语集解》《道德论》《无名论》《无为论》等。正始年间，何晏身份显贵，经常组织玄学清谈，成为名士领袖，"晏能清言，而当时权势，天下谈士，多宗尚之"。[5]

王弼（226—249），字辅嗣，出身山阳（今河南焦作）王氏，祖父王凯，父亲王业。后来王业出继族叔王粲，故建安七子之一的王粲亦为王弼祖父。王弼生于文化世家，自幼聪慧过人，十多岁时就对老子的学说有独到见解，更兼能言善辩，在玄学清谈风潮中迅速崛起，深为何晏赏识：

> 于时何晏为吏部尚书，甚奇弼，叹之曰："仲尼称后生可畏，若斯人者，可与言天人之际乎！"[6]

---

1 《三国志》卷九《诸夏侯曹传》第292页。何晏"长于宫省"，注引《魏略》："太祖为司空时，纳晏母并收养晏。"曹操任司空是196—208年。《世说新语·夙慧》："何晏七岁，明惠若神，魏武奇爱之。因晏在宫内，欲以为子。"说明何晏在七岁前已经成为曹操养子。
2 《三国志》卷九《诸夏侯曹传》，第292页。
3 《三国志》卷九《诸夏侯曹传》，第292页。
4 余嘉锡：《世说新语笺疏·文学》，上海：上海古籍出版社，1993年，第200页。
5 余嘉锡：《世说新语笺疏·文学》，上海：上海古籍出版社，1993年，第195页。
6 《三国志》卷二十八《钟会传》注引何劭《王弼传》，第795页。

王弼只活了二十四岁，在短暂的一生中，他以超人的智慧，著《周易注》《周易略例》《老子注》《老子指略》《论语释疑》，融合儒道学说，奠定了魏晋玄学的理论基础，在哲学上奏出了时代最强音。

　　夏侯玄（209—254），字泰初（或作太初），沛国谯县（今安徽省亳州市）人，曹魏名将夏侯渊侄孙，夏侯尚之子。他自幼聪慧，仪表出众，有"朗朗如日月之入怀"[1]之誉，名列"四聪"[2]之首。何晏盛赞他的才学："唯深也，故能通天下之志，夏侯泰初是也。"[3]夏侯玄的母亲是曹爽的姑母，曹爽专权后，对夏侯玄颇为照顾，再加上他确实有才干，相继担任中护军、征西将军等要职。高平陵政变，曹爽被杀，因夏侯玄在魏蜀交战的前线，未被株连。从前线被征召回京后，夏侯玄只任闲职，"不交人事，不畜笔研"[4]，尽量避免与司马氏的冲突。五年后，夏侯玄被卷入李丰、张缉事件，被司马师所杀，"玄格量弘济，临斩东市，颜色不变，举动自若，时年四十六"。[5]

　　夏侯玄是玄学早期创立者之一，著有《乐毅论》《张良论》《肉刑论》《道德论》《本无论》（或作《本玄论》）等。可惜这些理论著作大多散佚，目前仅存的玄学理论只有被何晏《无名论》引用的一句话"天地以自然运，圣人以自然用"[6]，可推知他推崇道家的自然无为。夏侯玄被后世列为正始名士之首，但在玄学发展史上，何晏、王弼的玄学成就令人高山仰止，夏侯玄的地位和作用常被忽略。反倒是他以玄学精神提出的政治改革方案"审官择人，除重官，改服制"，因被司马懿评价"皆大善"[7]而载于史册。

　　在正始玄学发展史上，毫无疑问王弼的作用最大。他在哲学舞台上崭

1　余嘉锡：《世说新语笺疏·容止》，上海：上海古籍出版社，1993年，第607页。
2　《三国志》卷二十八《魏书·诸葛诞传》注引《世语》，第769页。"是时，当世俊士散骑常侍夏侯玄、尚书诸葛诞、邓飏之徒，共相题表，以玄、畴四人为四聪，诞、备八人为八达。"
3　《三国志》卷九《诸夏侯曹传》，第293页。
4　余嘉锡：《世说新语笺疏·文学》，上海：上海古籍出版社，1993年，第285页。
5　《三国志》卷九《诸夏侯曹传》，第299页。
6　〔清〕严可均：《全上古三代秦汉三国六朝文·全三国文》卷三十九，北京：中华书局，1958年，第1275页。
7　《三国志》卷九《诸夏侯曹传》，第298页。

露头角是在正始前期拜访裴徽：

> 王辅嗣弱冠诣裴徽，徽问曰："夫无者，诚万物之所资，圣人莫肯致言，而老子申之无已，何邪？"弼曰："圣人体无，无又不可以训，故言必及有；老、庄未免于有，恒训其所不足。"[1]

这是玄学史上著名的哲学对话。从裴徽的提问中可以看出，"无"是万物之本，也是圣人人格之本的观点，已被思想界普遍接受，但是，被视为圣人的孔子从不讨论"无"，贤人老子却反复论述"无"的理论。这一矛盾没有合理的解释，令众多名士困惑不已。事实上，这个问题涉及儒道经典、儒道圣贤在玄学理论体系中的关系和地位，能否成功调解这一矛盾，关系到玄学理论能否将儒道思想融为一体。年轻的王弼，轻松地解答了这个难题：圣人以"无"作为自己人格的内在本体，但是"无"又无法用语言解释清楚，所以不去多说"无"，而总是谈及"有"；老子、庄子达不到圣人体"无"的高度，仍然以"有"为自己人格的内在本体，所以总是议论自己不足的东西——"无"。王弼的解释，既维护了儒家圣人的尊严，又提高了道家经典的地位，将"以无为本"的道家理念融入儒家思想中，完成了儒道思想的结合，奠定了玄学思想的理论基础。

正始年间，何晏、王弼引道入儒，以道家思想解释儒家经典，就其本意而言，绝不是要抛弃早已被视为正统的儒学，而是要以道家思想丰富儒学，重新诠释自汉末以来日益陷入僵化模式的儒学。他们提出"贵无"论，认为"天地万物皆以无为本"，"无"化生万物，而且是从来就有，又永远存在下去。世界上的"有"，即一切有形体的东西，都是"无"派生出来的。根据此理论，王弼提出了"名教本于自然"说。所谓"名教"，有时也被称为礼教、圣教，是维护宗法等级制的伦理道德规范、价值体系和政治制度，包含忠、孝、仁、义、礼、信等教条。"自然"一词来自道家，是道的特性和法则，也可以指人的纯真本性，即没有人为影响，自然而然、自

---

[1] 余嘉锡：《世说新语笺疏·文学》，上海：上海古籍出版社，1993年，第199页。

然无为。名教与自然的关系，实际上就是纲常礼教与自然无为的关系。一方面，王弼认为，名教是"有"的表现，自然是"无"的本来状态，自然是本，名教是末，不执着于名教，保持适度的逍遥自由就是自然而然，由此推动名教与人性自然走向和谐的道路。另一方面，名教出于自然，那么现实社会中的尊卑名分等都是自然的存在，需要人们自觉遵从。王弼力图以道家学说去阐释名教，论证儒家名教的合理性，使其能够继续发挥稳固人心、协调社会秩序的功能。

何晏、王弼将"以无为本"的本体论和"名教本于自然"的认识论推向政治领域，提出了"政治无为"的主张。他们认为，身为最高统治者的君主，所作所为要任其自然，不去干预或阻挠，也就是不去做伤害"自然"的事，只需清静无为，设官分职，定好名分，便可垂拱而治。同样，百姓若能坚持自然无为，不去造反作乱，就可以安安稳稳地生活下去。可见，这种政治无为的主张，实际上是为曹爽专权时淡化君权意识、稳固政权服务的。唐长孺《清谈与清议》分析：

> 玄学的理论乃是东汉政治理论的继承与批判，其最后目标在于建立一种更适合的政治理论，使统治者有所遵循以巩固其政权。我们完全可以相信这是一种为统治者服务的学说。[1]

正始年间，何晏身为朝廷重臣，他经常举办的清谈活动成为一道亮丽的文化风景线。魏晋时期的清谈，类似现代社会中的学术辩论会，一般在官员或学者的府邸、庄园中举行，有时也在山水之间或佛教寺院开办，如金谷游、洛水戏、兰亭会等都是著名的文人雅集活动。清谈是非官方性质的聚会，参与者的身份没有限定，可以是皇帝、官员，也可以是平民百姓，甚至是僧侣。清谈的内容与政治没有太多关系，议题大多出自《老子》《庄子》和《周易》，后世称为"三玄"，主要涉及本与末、有与无、名教与自然、言与意、情与礼、才与性等哲学问题。

---

[1] 唐长孺：《魏晋南北朝史论丛》，武汉：武汉大学出版社，2013年，第241页。

清谈的典型形式是有一个主持人，甲、乙两个主辩人，称为"主""客"或"法师""都讲"，再加上四座的听众。一般是甲先提出某个观点，称"道"或"通"，乙对此观点提出疑问，即"难""做难"，一问一答为一回合，叫作"一番"或"一交"。甲、乙双方反复论辩，称作"往返"。理屈词穷者为败方，或由听众根据其逻辑推理的严密性、哲理辨析的深刻性和创新性，以及辞藻是否华美，声音是否抑扬顿挫，乃至服饰、风度等要素评判胜负。《世说新语·文学》记载了多场精彩的清谈：

> 何晏为吏部尚书，有位望，时谈客盈坐，王弼未弱冠往见之。晏闻弼名，因条向者胜理语弼曰："此理仆以为极，可得复难不？"弼便作难，一坐人便以为屈，于是弼自为客主数番，皆一坐所不及。[1]

东晋时期，支道林与许询之间的清谈同样精彩：

> 支道林、许掾（询）诸人共在会稽王（司马昱）斋头，支为法师，许为都讲。支道一义，四坐莫不厌心。许送一难，众人莫不抃舞。但共嗟咏二家之美，不辩其理之所在。[2]

除此之外，清谈也可以是一人发表观点，其他人评说，或者是针对某个话题，一群人各抒己见，互相辩论。如支道林、许询和谢安在王濛家以《庄子·渔父》为题的清谈：

> 支道林先通，作七百许语，叙致精丽，才藻奇拔，众咸称善。于是四坐各言怀毕……谢后粗难，因自叙其意，作万余语，才峰秀逸。既自难干，加意气拟托，萧然自得，四坐莫不厌心。[3]

1　余嘉锡：《世说新语笺疏·文学》，上海：上海古籍出版社，1993年，第195页。
2　余嘉锡：《世说新语笺疏·文学》，上海：上海古籍出版社，1993年，第227页。
3　余嘉锡：《世说新语笺疏·文学》，上海：上海古籍出版社，1993年，第237页。

清谈可以提前约定，也可以临时组局，参与人数不定。清谈过程没有过多礼仪约束，不以权贵为尊，也不迷信经典，参与者往往直奔主题，或轻松畅谈，或激烈辩论。如王衍的诸婿集会：

> 当时名士，王、裴子弟悉集。郭子玄在坐，挑与裴（遐）谈。子玄才甚丰赡，始数交未快。郭陈张甚盛，裴徐理前语，理致甚微，四坐咨嗟称快。[1]

清谈也不限定时间，废寝忘食、彻夜长谈者大有人在。东晋时，王导与殷浩清谈，"既共清言，遂达三更"。[2] 殷浩与孙安国也有长时间的清谈：

> 左右进食，冷而复暖者数四。彼我奋掷麈尾，悉脱落，满餐饭中，宾主遂至莫忘食。[3]

清谈与玄学几乎同时形成，并在玄学的理论发展中起了巨大的推动作用。正始年间的玄学清谈，随着何晏等权贵的召集和王弼等天才少年的加入而风靡洛阳思想界，并迅速向周围州郡扩散，形成了强大的文化思潮。曹魏大部分士族都受到了玄学影响，琅邪王氏也不例外，如王祥以儒学知名，王戎却赞颂他的清谈之能：

> 太保居在正始中，不在能言之流。及与之言，理中清远，将无以德掩其言！[4]

在玄学清谈风行的正始年间，王祥被赞"理中清远"，虽然不能排除有夸大之处，但显而易见的是，当时琅邪王氏的代表人物王祥已经熟悉了清谈。只是他"不在能言之流"，说明王祥并未真正成为玄学名士，完成这

---

[1] 余嘉锡：《世说新语笺疏·文学》，上海：上海古籍出版社，1993年，第209页。
[2] 余嘉锡：《世说新语笺疏·文学》，上海：上海古籍出版社，1993年，第212页。
[3] 余嘉锡：《世说新语笺疏·文学》，上海：上海古籍出版社，1993年，第219页。
[4] 余嘉锡：《世说新语笺疏·德行》，上海：上海古籍出版社，1993年，第22页。

一转变的是名列竹林七贤的王戎。

第二节 由儒入玄

魏晋之际,是琅邪王氏接受玄学影响时期。王戎由儒入玄,改变了家族学风,由儒学独盛转向了儒玄双修,在王氏家族文化发展演变和玄学思想史上,都居于重要地位。

一、竹林七贤

王戎祖父王雄,官至幽州刺史,父亲王浑仕至凉州刺史,封贞陵亭侯,二人皆保持儒学家风。生于儒学世家的王戎,最终由儒入玄,与当时玄学盛行的文化环境、个人的思辨能力和仕途经历密切相关。

王戎自幼聪慧过人,"幼而颖悟,神彩秀彻"。他善于观察、思考,七岁时,曾与一群儿童在路边玩耍。路边李子树果实累累,伙伴们争相去摘,只有王戎站着不动。"或问其故,戎曰:'树在道边而多子,必苦李也。'取之信然。"童年时的王戎不仅聪慧,胆略也异于常人。有一次,魏明帝曹睿命人把一只凶猛的老虎关在笼子里,放到宣武场让人们观看。"猛兽在槛中虓吼震地,众皆奔走,戎独立不动,神色自若。"[1]小小年纪处变不惊,令人惊叹不已。由此可见,王戎在童年时期已表现出非凡的洞察力,面对香甜李子的诱惑,面对猛虎咆哮的威慑,他没有盲目跟风,而是认真观察,静心思考,做出准确的判断。王戎善于观察、思考,并能根据所见现象推理、判断的能力,不仅为童年伙伴叹服,还影响了他以后的人生。

正始九年(248),王戎随父亲王浑住在尚书郎的官署中,结识了大名士阮籍。《晋书》卷四十三《王戎传》载:

> 阮籍与浑为友。戎年十五,随浑在郎舍。戎少籍二十岁,而

---

[1]《晋书》卷四十三《王戎传》,第1231页。

籍与之交。籍每适浑,俄顷辄去,过视戎,良久然后出。谓浑曰:"濬冲清赏,非卿伦也。共卿言,不如共阿戎谈。"[1]

当时,正是玄学清谈风靡上层知识界之时,这一"谈"字,无疑是玄学清谈。阮籍"博览群籍,尤好《庄》《老》"[2],是清谈场上的常客。清谈并不限制谈者的年龄和身份,却要求有严密清晰的逻辑推理能力。王戎自幼颖悟过人,又在盛极一时的清谈辩论风气中长大,受其影响也是可想而知的。这一年,王戎十五岁,阮籍三十九岁,两人一见如故,结为忘年之交。

阮籍交游广泛,经他介绍,王戎结识了嵇康、山涛、阮咸、向秀和刘伶。他们曾相聚于嵇康隐居的山阳(今河南省辉县)竹林,饮酒清谈,后人誉为"竹林七贤"。在互相辩论和启发中,嵇康的《释私论》《声无哀乐论》《养生论》,阮籍的《通老论》《达庄论》《通易论》《大人先生传》,向秀的《儒道论》《难养生论》《庄子注》陆续问世,玄学也进入了"竹林玄学"阶段。

竹林七贤的思想与政治抱负并不相同,比较明显的是,《晋书》将山涛、王戎列在第四十三卷,其他五人列在第四十九卷。南朝颜延之作《五君咏》,弃山涛与王戎。正始后期,七贤隐居竹林,只不过是为了避免卷入曹爽与司马懿日趋激化的政治斗争。他们始终密切关注着洛阳的政坛风云变幻,待机而动。不久爆发高平陵政变,司马懿尽诛曹爽一党,趋于明朗的政局,直接导致了七贤的分化。阮籍、山涛、王戎先后入仕,嵇康被杀后,向秀、阮咸、刘伶也相继进入官场。

二、引道入儒

少年王戎与玄学名士阮籍、嵇康携手入竹林,"善发谈端,赏其要会"[3],至成年后仍与他们保持着密切联系。王戎称:"与嵇康居二十年,未

---

1 《晋书》卷四十三《王戎传》,第1231页。
2 《晋书》卷四十九《阮籍传》,第1359页。
3 《晋书》卷四十三《王戎传》,第1232页。

尝见其喜愠之色。"[1]嵇康被杀时，王戎二十九岁，因此"二十年"未必是个准确的数字，但他与嵇康长期交往是可以肯定的。王戎与阮籍交情更深，经常共饮酣醉，看着阮籍戏弄刘公荣，看着他喝醉了便躺在酒店老板娘身边睡觉，也看着他在母亲葬礼上饮酒食肉，对前去吊唁的礼法之士翻白眼[2]。这期间，阮籍和嵇康的学术成就和思想变化，王戎应该是了解的，也会在一定程度上受其影响。

嵇康和阮籍都是内心真正尊奉儒家传统伦理道德的人，对司马氏表面高举儒家名教大旗，实际上却是以残酷卑劣的手段排除异己、擅权弑君极为不满，更是鄙薄那些戴着儒家面具追名逐利的伪君子。在苦闷、彷徨之中，最终激变为批判礼教、破坏礼教。嵇康提出了"非汤武而薄周孔"[3]"以六经为芜秽，以仁义为臭腐"[4]的惊世骇俗之言，借抨击名教讥讽司马氏的篡权野心以及由此带来的不正之风。阮籍公然喊出"礼岂为我辈设邪"[5]，宣称礼法"诚天下残贼乱危死亡之术"。在《大人先生传》中将礼法之士比为裤缝中的虱子，"行不敢离缝际，动不敢出裈裆"。[6]在《猕猴赋》中，将礼法之士比为猕猴，"外察慧而内无度兮，故人面而兽心"。[7]在实际生活中，阮籍放浪形骸，做出许多有悖名教的狂怪举止，以表达不满，宣泄愤懑。

---

1 余嘉锡：《世说新语笺疏·德行》，上海：上海古籍出版社，1993年，第18页。
2 《世说新语·简傲》："王戎弱冠诣阮籍，时刘公荣在坐。阮谓王曰：'偶有二斗美酒，当与君共饮，彼公荣者，无预焉'。二人交觞酬酢，公荣遂不得一杯，而言语谈戏，三人无异。"《世说新语·任诞》："阮公邻家妇有美色，当垆酤酒。阮与王安丰常从妇饮酒，阮醉，便眠其妇侧。"《晋书》卷四十九《阮籍传》："性至孝，母终……及将葬，食一蒸肫，饮二斗酒，然后临诀，直言穷矣，举声一号，因又吐血数升，毁瘠骨立，殆致灭性……籍又能为青白眼，见礼俗之士，以白眼对之。及嵇喜来吊，籍作白眼，喜不怿而退。喜弟康闻之，乃赍酒挟琴造焉，籍大悦，乃见青眼。"
3 〔清〕严可均：《全上古三代秦汉三国六朝文·全三国文》卷四十七，嵇康：《与山巨源绝交书》，北京：中华书局，1958年，第1322页。
4 〔清〕严可均：《全上古三代秦汉三国六朝文·全三国文》卷五十，嵇康：《难张辽叔自然好学论》，北京：中华书局，第1337页。
5 余嘉锡：《世说新语笺疏·任诞》，上海：上海古籍出版社，1993年，第730页。
6 〔清〕严可均：《全上古三代秦汉三国六朝文·全三国文》卷四十六，阮籍：《大人先生传》，北京：中华书局，1958年，第1316页。
7 〔清〕严可均：《全上古三代秦汉三国六朝文·全三国文》卷四十四，阮籍：《猕猴赋》，北京：中华书局，1958年，第1305页。

他的所作所为，极大冲击了礼法名教，被当时和后世的礼法之士指斥为名教罪人，比之桀纣。

嵇康和阮籍站在竹林玄学的最前沿，他们一个主要从理论，一个主要从实践，向王戎展示了追求自由的道家精神。好友长久的熏陶，更兼身处玄学日盛的文化风潮中，足以使王戎在保持儒家传统的同时，适当变通，将道家思想引入王氏家传儒学中。

景元三年（262），秉性刚直、拒不妥协的嵇康被扣上"言论放荡，非毁典谟"[1]的罪名押赴东市。刑场上，嵇康旁若无人地弹奏千古绝唱《广陵散》，从容赴死。次年，阮籍在忧愤中病亡。嵇康被杀后，向秀被迫入仕，"应本郡计入洛"，在回答司马昭"闻有箕山之志，何以在此"的提问时，表示"以为巢许狷介之士，未达尧心，岂足多慕"，以此向司马氏低头。但内心的苦痛使他拒绝为司马氏服务，后来虽然任黄门侍郎、散骑常侍等职，"在朝不任职，容迹而已"。[2]在那个充满血腥与虚伪的年代，挚友的悲剧命运，让初入仕途的王戎不得不深思为官处世之道，探索理想与现实相冲突的应对之策。

景元四年（263），钟会伐蜀，出发前曾造访王戎，"问计将安出"。王戎回答说："道家有言，'为而不恃'，非成功难，保之难也。"不难看出，王戎已经一扫年少时"崇尚虚无、轻蔑礼法、纵酒昏酣、遗落世事"[3]的竹林之习，处处小心谨慎。西晋前期，王戎秉持儒家"治国平天下"的精神，积极参与政务、军务，成为西晋统一的功臣，封安丰县侯。同时，王戎在官场周旋中，既尊奉儒家哲学，兼奉道家处柔不争、平和守中的政治哲学，既积极入世，又圆滑世故，根据时局变化不断调整自己的处世方针，终至三公高位。

西晋后期，八王之乱爆发，宗室诸王你方唱罢我登场，外戚杨氏、贾氏相继覆灭，卷入政治斗争的卫瓘、张华、裴頠等权臣被杀，石崇、潘岳、欧阳建等名士惨遭株连。在这场浩劫中，王戎一度被免官，几为齐王

---

1 《晋书》卷四十九《嵇康传》，第1373页。
2 《晋书》卷四十九《向秀传》，第1374、1375页。
3 《资治通鉴》卷七十八，景元三年，第2463页。

司马冏所杀。在血腥险恶的政治形势下，王戎再也不能赖"治国平天下"安身立命，儒家经国治世济民的理想破灭，忠义正直等传统道德观念流于形式，道家的保身哲学被提到了至高无上的地位。

为了保全自己的权位和家族的利益，在动荡的政局中，王戎尽可能避免卷入政治纷争，对朝廷、社会的责任感大大弱化了。王戎任吏部尚书时，掌管官员选拔，"未尝进寒素，退虚名，但与时浮沈，户调门选而已"。元康九年（299），太子司马遹被皇后贾南风诬陷谋逆，张华、裴𬱟力保太子，在朝堂上与贾南风据理力争，以致朝议竟日不决，同为辅政大臣的王戎"竟无一言匡谏"。太安元年（302），河间王颙和成都王颖起兵攻打齐王冏，齐王冏问计于王戎，得到的意见竟是屈膝投降："今二王带甲百万，其锋不可当，若以王就第，不失故爵。委权崇让，此求安之计也。"齐王冏的谋臣葛旟大怒："汉魏以来，王公就第，宁有得保妻子乎！议者可斩。"[1]情急之下，王戎佯装五石散药力发作，故意跌入茅坑中，沾得浑身屎尿，让齐王冏等人以为他是服药之后胡说，因此并未追究。为了避祸不顾尊严、不择手段，毫无士大夫的君子气节和儒家人臣的责任感。正是由于以王戎为代表的高官显贵们只顾自身利益，在政治上不作为，致使国家机器无法正常运转，无力应对西晋后期的政治危局，最终使西晋走向覆灭。

王戎由儒入玄，兼容儒道两家，但他是竹林七贤中唯一没有留下任何文籍资料的人。要研究他的思想，只能根据间接材料窥测一二。《晋书》卷四十三《王戎传》载：

> 朝贤尝上巳禊洛，或问王济曰："昨游有何言谈？"济曰："张华善说《史》《汉》；裴𬱟论前言往行，衮衮可听；王戎谈子房、季札之间，超然玄著。"

《世说新语·言语》载：

---

[1]《晋书》卷四十三《王戎传》，第1233、1234页。

诸名士共至洛水戏。还,乐令(乐广)问王夷甫(王衍)曰:"今日戏乐乎?"王曰:"裴仆射善谈名理,混混有雅致;张茂先论《史》《汉》,靡靡可听;我与王安丰说延陵、子房,亦超然玄著。"[1]

元康元年(291)六月,贾南风以张华、裴𬱖为侍中,与王戎共同辅政。永康元年(300)四月,张华、裴𬱖同时被赵王伦杀害。此三人并提,应是在291年至300年之间。《晋书·王戎传》的记载中,清谈会的介绍者是王济,其生卒年不详,但《晋书》记载他死于父亲王浑之前,而王浑死于元康七年(297)七月,因此,这一次三月上旬的上巳节活动,应在292年至297年四月之间。《世说新语》记载的清谈会介绍者是王衍,他称裴𬱖为"裴仆射",考裴𬱖元康九年(299)八月始为尚书左仆射,故此次清谈活动应是在299年八月至300年四月之间。据此可知,这是两次名士聚会,但上述内容大致相同,也不排除史籍中混淆王济与王衍的可能。《世说新语》的成书时间早于《晋书》,文中对人物称字,称官职和封号,而不是直接称名,更符合当时的习惯,因此,《世说新语》的记载更为准确。这次清谈活动,应该是在永康元年(300)三月的上巳节。

张华"儒雅有筹略","造次必以礼度",有"王佐之才"。他协助晋武帝伐吴,是统一天下的功臣,但因支持齐王攸辅政被武帝猜忌,"遂终帝之世,以列侯朝见"。贾南风执政后,因张华出身庶族,"进无逼上之嫌,退为众望所依",遂委以辅政重任。张华"尽忠匡辅,弥缝补阙,虽当暗主虐后之朝,而海内晏然,华之功也",堪称一代贤相。张华博学多识,著《博物志》,"四海之内,若指诸掌……《晋》史及仪礼宪章并属于华"。[2] 显然,张华对前朝往事、历代典制甚为熟悉,在《史记》《汉书》方面有专长。裴𬱖"弘雅有远识,博学稽古……辞论丰博……时人谓𬱖为言谈之林薮"[3],为抑制虚浮之风,著《崇有论》与诸名士辩论,"善谈名理"也符合他的学识

---

1 余嘉锡:《世说新语笺疏·言语》,上海:上海古籍出版社,1993年,第85页。
2 《晋书》卷三十六《张华传》,第1072、1071、1074页。
3 《晋书》卷三十五《裴𬱖传》,第1041、1042页。

和身份。王戎所论二人,延陵是春秋时吴国贵族季札的封地。季札奉命出使鲁、齐、郑、卫、晋等国,在外交上纵横捭阖,为吴国谋求更高的地位。他多次推让君位,是儒家推崇的礼教模范。子房即张良,汉初三杰之一,辅助刘邦建立西汉政权,后功成身退,辟谷学道。王戎谈此二人"超然玄著",虽然主旨可能是论儒道两家的人格关系,以及士人如何解决仕与隐的矛盾,却与其辅政大臣的身份不合,仔细推敲,又能发现与其思想一致。

晋武帝时期,王戎积极参政,尤其在西晋灭吴战争中立下赫赫战功,与季札和张良的前期一样建立了青史留名的功业。然其仕途并非一帆风顺,他任荆州刺史时,因"遣吏修园宅",几被免官。他任豫州刺史时,险被羊祜所斩。他任侍中时,南郡太守刘肇赠细布五十端,王戎并未接受,仍遭群臣非议。最后晋武帝出面替王戎解释,以他曾经拒绝赇赠数百万[1]为例说明:"戎之为行,岂怀私苟得,正当不欲为异耳!"此后的王戎,官越做越大,也愈加贪婪、吝啬,"性好兴利,广收八方园田水碓,周遍天下。积实聚钱,不知纪极"。钱越来越多,王戎却越来越吝啬,"天下人谓之膏肓之疾"。[2]《世说新语·俭啬》共九条,王戎一人即占了四条。但注引的《晋阳秋》曰:"戎多殖财贿,常若不足。或谓戎故以此自晦也。"显然,王戎并不想贪财,只是不想和时俗相差太远。当时,王戎还曾资助郏县令华谭,"于时兵乱之后,境内饥馑,谭倾心抚恤。司徒王戎闻而善之,出谷三百斛以助之"[3],此事亦可为王戎多殖财贿以自晦的旁证。在官场上屡经磨难之后,尤其是在政局动荡之时,王戎羡慕张良、季札能远离政治纷争,保全性命,也就在情理之中了。他谈此二人,应该是对官场上的进退有了深刻体悟,对权位与养性的关系深入思考后,才能在仕与隐的阐述中"超然玄著"。

早在八王之乱初起之时,王戎就尽量躲开权力争斗。291年,杨骏被杀,东安公司马繇"专断刑赏,威震外内",王戎劝他激流勇退:"大事之

---

[1] 余嘉锡:《世说新语笺疏·德行》,上海:上海古籍出版社,1993年,第23页。"王戎父浑有令名,官至凉州刺史。浑薨,所历九郡义故,怀其德惠,相率致赙数百万,戎悉不受。"
[2] 《晋书》卷四十三《王戎传》,第1233页。
[3] 《晋书》卷五十二《华谭传》,第1453页。

后，宜深远之。"司马繇不听，旋即被流放边荒。八王之乱后期，晋室已乱，王戎数度面临生死存亡的险境，再也不能赖"治国平天下"安身立命。"戎以晋室方乱，慕蘧伯玉之为人，与时舒卷，无蹇谔之节。"[1]乱世之中，王戎为避祸全身，寄情于饮酒、服药和清谈。毕竟清谈内容为玄远虚无之事，不会引起执政者的猜忌与不满，而玄学清静无为的理论，又成为王戎从政的理论根据。王戎深通道家的无为之道，虽未如张良、季札一样远离政坛，然"位总鼎司，而委事僚采"。他选李重和李毅为吏部郎，李重"以清尚见称，（李）毅淹通有智识"[2]，让李重和李毅处理吏部具体事务，自己则从日常俗务中摆脱出来，逍遥无为。这种思想显然是来自玄学的清静无为理论，可见玄学已经成为他立身朝堂的主要精神支柱。

第三节　元康玄学

高平陵政变之后，曹爽、何晏被杀，天下名士减半，玄学清谈之风顿减。嵇康被杀，竹林七贤解体，清谈再遭重创。但玄学作为新兴的学术思想，融儒道之精华，其生命力早已超过了日趋荒诞繁缛的汉代经学，成为思想主潮已经是大势所趋。司马氏压制玄学，不过是一时的权宜之计。待到西晋建立，尤其全国统一之后，玄学清谈再度盛行，大部分西晋上层士族都经历了一个玄学化的过程，这就是元康玄学。而琅邪王氏则成为元康玄学的推动者，尤其王戎和王衍所起的作用最大。

一、王戎与元康玄学

太康初年，王戎已在中央任职。当时，玄学清谈复兴，推崇无为，"太康以来，天下共尚无为，贵谈老、庄，少有说事"。[3]正始名士大多死于屠刀之下，至太康后期，竹林名士仅余王戎一人，他利用自己名士兼重臣

---

[1]《晋书》卷四十三《王戎传》，第1232页。
[2]《晋书》卷四十六《李重传》，第1312页。
[3] 刘跃进、徐华：《〈文选〉旧注辑存》第十六册，南京：凤凰出版社，2017年，第10053页。

的身份，不断提携青年士子，在推动玄学发展方面发挥了积极的作用。

（一）提携名士

元康玄学领袖王衍和乐广的入仕、成名都与王戎有关。

王衍是王戎堂弟，比王戎小二十二岁。王戎为竹林名士，他则是元康名士。王戎素有人伦鉴识，鉴别人物往往一语中的，为时人信服。他对王衍的评价是"神姿高彻，如瑶林琼树，自然是风尘外物"[1]，可以说将王衍抬到了极高的位置上。后来晋武帝也听说了王衍的名声，问王戎："夷甫当世谁比？"王戎立即抓住机会，向皇帝推荐王衍："未见其比，当从古人中求之。"[2] 王戎对王衍大加夸赞，认为当世无人能比，对他顺利入仕和以后声名鹊起都有极大帮助。

王戎的提携只是王衍仕途平顺的原因之一，他自己也颇有才华。当时文士成名的主要途径不是著书立说，也不是诗词歌赋，而是在清谈场中雄辩无匹。如乐广善清谈而文笔不佳，上表让河南尹，请当时的文学家潘岳代笔。王衍"妙善玄言，唯谈《老》《庄》为事"，在清谈场上少有对手，即便遇到强敌，他也能随机应变，"义理有所不安，随即改更，世号'口中雌黄'"[3]，一时间声名显赫，成为元康玄学的领袖。

乐广，字彦辅，其父乐方曾为玄学名士夏侯玄的参军。乐广时年八岁，夏侯玄赞他"神姿朗彻，当为名士"。乐方早逝，青少年时期的乐广侨居山阳，生活贫苦，虽善清谈，并不为人所知。王戎任荆州刺史时，听说乐广曾被夏侯玄赏识，遂举乐广为秀才，使他得以入仕。后来乐广又得名士裴楷延誉，并将他举荐给太尉贾充，"遂辟太尉掾，转太子舍人"。[4] 竹林七贤之一山涛在乐广晋升的道路上亦有助力，"今尚书郎、御史、东宫洗马、舍人多缺，宰士中后进有美者，太尉掾乐广字彦辅……皆其选

1　余嘉锡：《世说新语笺疏·赏誉》，上海：上海古籍出版社，1993年，第428页。
2　《晋书》卷四十三《王衍传》，第1236页。
3　《晋书》卷四十三《王衍传》，第1236页。
4　《晋书》卷四十三《乐广传》，第1244页。

也"。[1]至元康年间,乐广与王衍齐名,都是当时的清谈领袖。"广与王衍俱宅心事外,名重于时。故天下言风流者,谓王、乐为称首焉。"[2]

此外,王戎的女婿裴頠也是元康玄学的代表人物,"时人谓頠为言谈之林薮"[3]。翁婿朝堂共事,又皆为清谈名士,二人间的交流定然不少,他们共同参加的"洛水戏"明确载于史册。再如《世说新语·任诞》载:

> 裴成公妇,王戎女。王戎晨往裴许,不通径前。裴从床南下,女从北下,相对作宾主,了无异色。

元康年间,裴頠与倡导"贵无论"的王衍等人互相攻难,提出"崇有论",或许有王戎的启发。

王戎族弟王敦、王导等人也被王戎、王衍引入清谈场,《世说新语·容止》载:

> 有人诣王太尉(王衍),遇安丰(王戎)、大将军(王敦)、丞相(王导)在坐;往别屋,见季胤(王诩)、平子(王澄)。还,语人曰:"今日之行,触目见琳琅珠玉。"[4]

王敦、王导过江后,成为江左清谈领袖,追忆往事,他们都以参与元康玄谈为荣:"王丞相过江,自说昔在洛水边,数与裴成公、阮千里诸贤共谈道。"[5]

元康玄学理论成就最高的是郭象。郭象,字子玄,"少有才理,好《老》《庄》,能清言"。王衍曾夸赞其清谈"如悬河泻水,注而不竭"。[6]郭象著《庄子注》,是玄学"自生独化论"的代表人物。他认为万物不是由

---

1 〔清〕严可均:《全上古三代秦汉三国六朝文·全晋文》卷三十四,山涛《启事》,北京:中华书局,1958年,第1655页。
2 《晋书》卷四十三《乐广传》,第1244页。
3 《晋书》卷三十五《裴頠传》,第1041、1042页。
4 余嘉锡:《世说新语笺疏·容止》,上海:上海古籍出版社,1993年,第612页。
5 余嘉锡:《世说新语笺疏·企羡》,上海:上海古籍出版社,1993年,第630页。
6 《晋书》卷五十《郭象传》,第1396页。

"无"产生,而是自生、独化而来。这一理论最终完成了玄学有与无的学术讨论,推出了"名教即自然"的学说,被视为仅次于王弼的学术高峰,"时人咸以为王弼之亚"。[1]

郭象出身不明,他初入仕途是"辟司徒掾"。元康后期,王戎、何劭、梁王肜、王衍相继为司徒。《世说新语》记载了郭象曾参加王衍的诸婿集会,并带头与王衍的新婿裴遐清谈。由此可知郭象应该与王衍交往颇多,推测辟郭象为掾的是王戎或王衍。加之他们身为名士,对郭象的玄学理论发展或有帮助,尤其是在名教与自然的关系方面,王戎的观点与郭象相近。

(二)名教自然"将无同"

名教与自然的关系问题,是儒道两家矛盾和争议的焦点。儒家重人事,贵名教,道家倡无为,任自然,二者之间有明显的差异。魏晋时期,名教与自然的关系一直是玄学的核心问题之一,涉及儒道两家的地位和作用。在玄学发展的不同阶段,士人依据时代的不同和社会的需要,做出了不同的探讨和回答。

正始年间,何晏、王弼提出"名教本于自然"说,认为自然是本,名教是末。儒家名教既出于自然,自有其合理性,并由此引申出清静无为的治国方针和人生态度,为曹魏政权的长治久安提供理论支持,也为士族阶层获得的政治、经济利益寻找哲学依据,这便是正始玄学。正如汤用彤在《魏晋玄学论稿》中所说:"盖玄风之始,虽崇自然,而犹严名教之大防……其于立身行事,实仍赏儒家之风骨也。"[2]

魏晋之际,嵇康、阮籍将正始玄学以自然为本的思想推向极端。他们不满司马氏对儒家名教的利用,使之成为"诛夷名族,宠树同己"[3]的工具,竭力攻击礼法名教,强调"名教"与"自然"的对立,提出"越名教而任自然"。

---

[1] 余嘉锡:《世说新语笺疏·文学》,上海:上海古籍出版社,1993年,第206页。
[2] 汤用彤:《汤用彤学术论文集》,北京:中华书局,1983年,第279页。
[3] 余嘉锡:《世说新语笺疏·尤悔》,上海:上海古籍出版社,1993年,第900页。

西晋后期,郭象提出了"自生独化"说,认为"名教即自然",力图将名教与自然融为一体,提出"夫圣人虽在庙堂之上,然其心无异于山林之中"。[1] 这既为维护专制王朝的政治秩序构建了更具操作性的理论基础,又约束了士大夫过于放诞、败坏社会风气的思想言行,提倡建功立业与适性逍遥交融,使知识分子依违儒道之间而游刃有余,最终解决了名教与自然的关系问题。郭象身为玄学名士,却并未完全醉心于清谈而不顾其他。东海王越执政,郭象为其主簿,勤于政务,"甚见亲委,遂任职当权,熏灼内外"[2],践行了自己的核心理论。

从儒道尖锐对立的"越名教而任自然",到儒道圆融的"名教即自然",这中间应该有一个缺环。而能跨竹林玄学和元康玄学,并将二者进行衔接的最佳人选就是王戎。从竹林七贤之一到元康玄学的领军人物,更兼身为朝廷重臣,王戎对名教与自然的认识,无疑会对玄学思想界产生较大影响。其中,最关键的一条史料载于《晋书》卷四十九《阮瞻传》:

> (阮瞻)见司徒王戎,戎问曰:"圣人贵名教,老庄明自然,其旨同异?"瞻曰:"将无同。"戎咨嗟良久,即命辟之。时人谓之"三语掾"。

王戎对名教、自然问题的思考,起自竹林时期。他与嵇康、阮籍同列七贤,但嵇、阮是文学家、哲学家,王戎则是政治家,早在竹林之游时,便与嵇、阮意见相左,被阮籍讥讽为败人意的"俗物"[3]。嵇、阮推崇的道家思想,对王戎来说主要是取其实用而非理想追求。他更看好的是山涛,赞其"如璞玉浑金,人皆钦其宝,莫知名其器"[4],何尝不是自况。两人追求的最终目标是身名俱泰,因此他们的志向、举措也大致相同,既有高名,又

---

[1] 郭庆藩:《庄子集释》,北京:中华书局,1982年,第28页。
[2] 《晋书》卷五十《郭象传》,第1397页。
[3] 《世说新语·排调》:"嵇、阮、山、刘在竹林酣饮,王戎后往,步兵曰:'俗物已复来败人意!'王笑曰:'卿辈意亦复可败邪?'"
[4] 余嘉锡:《世说新语笺疏·赏誉》,上海:上海古籍出版社,1993年,第423页。

有政绩，王戎还多了军功，最后都位列三公。在司马氏篡夺曹魏政权的过程中，王戎不像嵇、阮那样苦闷矛盾，名教是否被利用也不是他关注的重点。鲁迅曾言，嵇康、阮籍等人认为司马氏打着儒家招牌，却用卑劣的阴谋手段篡夺政权，是"亵渎了礼教"。无计可施之下，"激而变成不谈礼教，不信礼教，甚至反对礼教……可见魏晋的破坏礼教者，实在是相信礼教到固执之极的"。[1]嵇康、阮籍正是如此，他们外似放达，内心始终不能摆脱礼教束缚，最终一个被司马昭冠上破坏名教的罪名杀害，一个被迫与司马氏虚与委蛇忧郁而亡。他们的鲜血和苦痛，证明在当时的政治形势下，"越名教而任自然"的玄学人生观是条不归路，必然会产生新的玄学理论。在这个过程中，王戎应该起到一定作用。从他赞同名教、自然"将无同"来看，可知其思想不仅与嵇康、阮籍不同，与何晏、王弼亦有差异。王戎认为，自然与名教是可以调和，并行不悖的，因此，他既可以尊奉儒学，积极进取，成为朝廷高官，拥有权势、财富，用以维护家族地位，又可以运用道家的处世哲学，明哲保身，逍遥无为，以自身的实践论证新理论的可行性。元康年间，王戎身处政权中枢，又是名士代表。他的言论和行为，使儒道同、名教与自然同逐渐成为西晋士人的普遍认知，最终引出了郭象"名教即自然"的命题，将元康玄学推入高潮。

二、王衍与元康玄学

元康七年（297），王戎为司徒，王衍任尚书令，乐广为河南尹，新老名士闪耀政坛。在他们大力推动下，玄学风靡一时，尤以王衍名声最高，"朝野翕然，谓之'一世龙门'矣……后进之士，莫不景慕放效"。[2]

（一）贵无论

王衍与王戎一样，长于清谈却没有留下理论著作。他谈《老》《庄》，

---

[1]《鲁迅全集》第3卷，北京：人民文学出版社，2005年，第535页。
[2]《晋书》卷四十三《王衍传》，第1236页。

多是借用何晏、王弼的学说,《晋书》卷四十三《王衍传》载:

> 魏正始中,何晏、王弼等祖述《老》《庄》,立论以为:"天地万物皆以无为本"……衍甚重之。

正始时期,皇帝年幼,顾命大臣曹爽和司马懿辅政。适应大臣执政的形势,君主无为的思想随之抬头。曹爽的亲信何晏在这方面起了很大的作用,他和王弼提出了"贵无论",将道家以"无"为本的思想运用到政治方面,形成清静无为的政治理念,主张君主无为。唐长孺指出,魏晋玄学家抬出道家思想来的目的之一是"重新发挥老子无为而治的主张,指导怎样作一个最高统治者,这种政治主张随着门阀的发展与巩固,实质上是要削弱君权,放任世家大族享受其特权"。[1] 王衍活跃的晋惠帝、怀帝时代,政治背景与正始大同小异,皇帝不能亲政,前期是皇后贾南风依靠张华、裴颜、王戎等人执政,后期则是诸王相继掌权。在这种政治环境中,"贵无论"甚嚣尘上就不难解释了。王衍持"贵无"之说,宣扬君主无为而臣下有为的思想,既是适应当时的政治状况和门阀士族崛起的形势,也是希望以文化来影响政治,为士族专权提供理论根据。

(二)情之所钟,正在我辈

除了"贵无论",王衍在玄学情与礼的关系上也有重要表述。《晋书》卷四十三《王衍传》载:

> 衍尝丧幼子,山简吊之。衍悲不自胜,简曰:"孩抱中物,何至于此!"衍曰:"圣人忘情,最下不及于情。然则情之所钟,正在我辈。"

圣人是否有情,是魏晋玄学的重要论题之一。最初,何晏提出圣人无情

---

[1] 唐长孺:《魏晋南北朝史论丛》,武汉:武汉大学出版社,2013年,第270页。

之说，认为圣人没有喜怒哀乐；而王弼以为圣人亦有情，与常人一样有喜怒哀乐，因为圣人能体会"自然"而洞彻"无"的道理，所以能超越常人，不会丧失理智而有过分的行动，即不为情所牵累，不会被世事羁绊，"圣人之情，应物而无累于物者也"。[1]圣人有情无情之争，并不是一场空泛的讨论，而与现实生活中自然与名教、情与礼的冲突密切相关。任情即顺应自然，用礼法名教约束情则有悖于自然。王弼的圣人有情论，开始突破名教的藩篱，为魏晋士人纵情提供了理论依据。宗白华说："晋人向外发现了自然，向内发现了自己的深情。"[2]竹林七贤针对司马氏利用和矫饰名教、践踏伦理纲常，竭力抨击名教对人性的压抑，认为"六经以抑引为主，人性以从欲为欢"[3]，力主越礼任情、真率自然。阮籍甚至做出了很多违背礼法名教之举，开后世放达之风。此处王衍所言"圣人忘情"，就是庄子之流，妻死鼓盆而歌，旷达自适，完全与自然一致，而"最下不及于情"则是指因生活困扰无法顾及感情之人。王衍之"悲不自胜"，既是真情流露，又未达到庄子的境界，置身于"忘情"与"不及于情"之间，故称"情之所钟，正在我辈"。融情与礼于一身，也就是合自然与名教于一身，实践了王戎名教与自然"将无同"的理论。

元康玄学在玄学发展史上是流派纷呈、学术成就最高的时代，琅邪王氏在玄学理论和社会影响方面都扮演了重要角色。前期是王戎推动玄学向儒道同、名教与自然同发展，后期是王衍引领清谈风尚，被他们引入清谈场的王澄、王敦、王导等人也成为名士代表。他们的言行，折射出儒道"将无同"的理论已经成为琅邪王氏家族玄学思想的核心。

第四节　永嘉玄风

光熙元年（306）十一月，东海王越毒死晋惠帝，立晋怀帝，次年改

---

[1]《三国志》卷二十八《魏书·钟会传》注引刘劭《王弼传》，第795页。
[2] 宗白华：《美学散步》，上海：上海人民出版社，2005年，第368页。
[3]〔清〕严可均：《全上古三代秦汉三国六朝文·全三国文》卷五十，嵇康：《难张辽叔自然好学论》，北京：中华书局，1958年，第1336页。

元永嘉。当时,西晋王朝已经走到了穷途末路,内部"公私罄乏,所在寇乱,州郡携贰,上下崩离,祸结衅深"[1],外则石勒、王弥等率少数民族军队不断侵扰,兵连祸结。在内忧外患中,以王衍为首的名士依然清谈不已,"永嘉时,贵黄、老,稍尚虚谈"[2],王澄扩大放诞之风,玄学进入了一个新的发展阶段。

一、网罗名士

东海王司马越出自宗室远支,为抬高自己的声望,拉拢名士领袖王衍为之搜罗名士装点朝堂,东海王府因之充斥大量名士,见表3-1。

表3-1 东海王府名士职位表

姓名	东海王府中的职位	史料出处
卫玠	西阁祭酒	《晋书》卷三十六《卫瓘传》
王澄	司空长史	《晋书》卷四十三《王澄传》
阮瞻	记室参军	《晋书》卷四十九《阮籍传》
阮修	参军	
谢鲲	掾	《晋书》卷四十九《谢鲲传》
胡毋辅之	从事中郎	《晋书》卷四十九《胡毋辅之传》
光逸	不详	《晋书》卷四十九《光逸传》
庾敳	参军、军谘祭酒	《晋书》卷五十《庾敳传》
郭象	主簿	《晋书》卷五十《郭象传》
王导	参军	《晋书》卷六十五《王导传》
王承	记室参军	《晋书》卷七十五《王湛传》
邓攸	参军	《晋书》卷九十《良吏传》
裴遐	掾	《世说新语·文学》
潘滔	长史	《世说新语·识鉴》

---

1 《晋书》卷五十九《东海王越传》,第1625页。
2 〔梁〕钟嵘著,周振甫译注:《诗品译注》,北京:中华书局,2017年,第17页。

这些名士大多得王衍赏识，关系亲近：

> 衍有重名于世，时人许以人伦之鉴。尤重澄及王敦、庾敳，尝为天下人士目曰："阿平（王澄）第一，子嵩（庾敳）第二，处仲（王敦）第三。"……时王敦、谢鲲、庾敳、阮修皆为衍所亲善，号为四友，而亦与澄狎，又有光逸、胡毋辅之等亦豫焉。[1]

"四友"的另一说法载于《晋书》卷四十九《胡毋辅之传》：

> 辅之少擅高名，有知人之鉴。性嗜酒，任纵不拘小节。与王澄、王敦、庾敳俱为太尉王衍所昵，号曰四友。

王衍利用自己名士领袖的地位，将王澄定为第一名士，赞赏其"落落穆穆"，广为延誉，凡是经王澄评价的士人，他都不再重复品评。"四友"之一的胡毋辅之，任乐安太守时，"与郡人光逸昼夜酣饮，不视郡事"。后来回京任中庶子，"遂与谢鲲、王澄、阮修、王尼、毕卓俱为放达"[2]，被王澄誉为"后进领袖"。此外，阮瞻因"将无同"被王戎辟为掾，"时人谓之'三语掾'。太尉王衍亦雅重之"。[3]阮修，是阮咸的侄子，清谈水平很高。王衍为清谈领袖，自认对《易》已经研读透彻，但仍有不解之处，经王敦介绍结识阮修，"及与修谈，言寡而旨畅，衍乃叹服焉"。[4]谢鲲少年知名，"好《老》《易》，能歌、善鼓琴，王衍、嵇绍并奇之"。[5]王承，字安期，长于清谈，"太尉王衍雅贵异之，比南阳乐广焉"。[6]至于郭象与王衍的关系已如前述，二者之间交往颇多，互相欣赏。

王澄与卫玠交好，卫玠"少有名理，善通《庄》《老》"，王澄每闻卫

---

1 《晋书》卷四十三《王澄传》，第1239页。
2 《晋书》卷四十九《胡毋辅之传》，第1380页。
3 《晋书》卷四十九《阮瞻传》，第1363页。
4 《晋书》卷四十九《阮修传》，第1366页。
5 《晋书》卷四十九《谢鲲传》，第1377页。
6 《晋书》卷七十五《王承传》，第1960页。

玠清谈,"至于理会之间,要妙之际,辄绝倒于坐。前后三闻,为之三倒。时人遂曰:'卫君谈道,平子三倒。'"[1]

庾敳、胡毋辅之、郭象、阮瞻、阮修、谢鲲、王承等人,都长于清谈,除郭象外多不预世事。他们与王澄有相近的生活方式,"纵酒放诞";与王衍有类似的精神追求,"虽居宰辅之重,不以经国为念",在乱世之中,只顾明哲保身而不管国家、民族危亡。这样一批名士,经王氏兄弟的褒扬,他们的名声得以提高,在司马越搜罗名士时被举荐进东海王府。"司马太傅府多名士,一时隽异。"[2]

二、王澄与任诞派

王澄是西晋后期著名玄学名士群体——任诞派的代表。与王衍的"贵无派"、裴颜的"崇有派"和郭象的"自生独化派"不同,任诞派没有人在哲学上阐释老庄思想,也没有致力于自然与名教的理论融合。他们主要表现为追求个人精神上的自由,蔑视礼法,任达放诞,以极端的形式来标榜"自然",在日常生活中甚至政事中践行老庄的虚无精神,"皆尚虚玄,不以世务婴心,纵酒放诞"。[3]

任诞派的兴起,与玄学发展和当时的时局有密切关系。

儒学衰微、玄学兴起的文化潮流是士人思想转变的重要原因。西晋时期,名士们多弃儒经而尚老庄,蔑视礼法而习于放达,礼法名教陷入空前的危机之中。尤其在魏晋之际,嵇康、阮籍反抗被司马氏利用的虚伪名教,不拘礼法,追求个性解放,标榜自我,在社会上产生了极大影响,"于时风誉扇于海内"。[4]但当时司马氏以名教打压政敌,一度出现了"礼教尚峻"的局面。何曾等礼法之士占据高位,曾弹劾阮籍,打压违礼之风。傅玄长期担任御史中丞、司隶校尉等监察官员,他尊崇儒学,反对玄学清谈,在

---

[1] 余嘉锡:《世说新语笺疏·赏誉》,上海:上海古籍出版社,1993年,第447页。
[2] 余嘉锡:《世说新语笺疏·赏誉》,上海:上海古籍出版社,1993年,第439页。
[3] 《资治通鉴》卷八十六,光熙元年,第2721页。
[4] 余嘉锡:《世说新语笺疏·任诞》,上海:上海古籍出版社,1993年,第726页。

朝堂上尽力整齐风俗，纠正违礼行为，在一段时间内达到"贵游慑伏，台阁生风"[1]的效果。西晋统一后，礼法之士大多因自然生命终结退出政治舞台，其后代的思想、行为与玄学名士的差距逐渐缩小，对放达违礼行为的接受度大大增加，名士们的放诞行为日益增加。

西晋后期政局动荡和战乱频发是影响士人思想转变的社会原因。八王之乱爆发以后，虽然不乏努力救世之人，如：江统作《徙戎论》，提醒统治者面临的民族危机；裴頠著《崇有论》，力图纠正士族放达不羁之风；祖逖和刘琨闻鸡起舞，时刻准备报效国家；王导谋划南渡，以保全宗族和国家；等等。但大部分名士，在空前的乱局中无能为力，他们无法在政治上救国全家，于是更加推重老庄思想，注重个人欲望的满足。在这种背景下，任诞派名士打着"以无为本"的旗帜，有意识地做出疏远现实政治和社会的表现，任职而不任事，以此标榜清高。在日常生活中做出种种任达放诞之举，表面是追求老庄的任性自然、向往自由，遵从自己内心的真实情感，实际上却成了摆脱各种束缚、追求享乐的手段。史载：

> 魏末阮籍，嗜酒荒放，露头散发，裸袒箕踞。其后贵游子弟阮瞻、王澄、谢鲲、胡毋辅之之徒，皆祖述于籍，谓得大道之本。故去巾帻，脱衣服，露丑恶，同禽兽。甚者名之为通，次者名之为达也。[2]

王澄诸人并不具备嵇康和阮籍反虚伪名教、与社会对立的忧患意识，他们所谓的名士风度，不过是简单模仿阮籍等人的嗜酒、反抗礼教的外形，没有心灵上的旷达，实际是单纯的纵欲放荡，如同东施效颦："竹林之为放，有疾而为颦者也，元康之为放，无德而折巾者也。"[3]如此一来，礼法刑政因之败坏，"渎弃长幼之序，混漫贵贱之级，其甚者至于裸裎"。[4]任诞派

---

1 《晋书》卷四十七《傅玄传》，第1323页。
2 余嘉锡：《世说新语笺疏·德行》，上海：上海古籍出版社，1993年，第24页。
3 《晋书》卷九十四《戴逵传》，第2458页。
4 《晋书》卷三十五《裴頠传》，第1045页。

的荒唐,连名士领袖乐广都无法忍受,他曾出言规劝:"名教内自有乐地,何必乃尔。"[1]

元康年间,王戎、王衍声名显赫,王澄在仕途和声望上都得到他们提携,"少历显位……封南乡侯"。王澄任成都王颖从事中郎时,曾为被冤杀的陆机兄弟平反,"士庶莫不称善"。后来转为东海王越的长史,与担任主簿、勤于政务的郭象不同,王澄根本不屑关心政务,在京城与胡毋辅之等人纵酒任诞,穷欢极娱。后来局势恶化,王衍为保全家族,也为西晋政权寻找出路,委派王澄向江南、王敦向山东发展。"以弟澄为荆州,族弟敦为青州。因谓澄、敦曰:'荆州有江汉之固,青州有负海之险,卿二人在外,而吾留此(洛阳),足以为三窟矣。'"荆州是江南重镇,保全荆州,西晋政权就能得到一重安全保障。王澄接受任命后,曾经有过如何治理荆州的规划,当众陈述时"辞义锋出,算略无方,一坐嗟服"。临出京时,面对倾朝相送的官员,王澄脱衣上树,取出鹊巢中的幼鸟玩弄,神气萧然,旁若无人。这副名士派头让人颇为担心他能否胜任地方大员之职,刘琨说:"卿形虽散朗,而内实动侠,以此处世,难得其死。"[2]可谓一语成谶。王澄到荆州后,仍然保留了京城中的放诞之习,日夜纵酒,对军政大事全不放在心上,彻底放弃了荆州军事统帅和行政长官的责任,最终打了败仗,命丧王敦之手。

琅邪王氏在西晋后期有显赫的地位和很大的文化影响,尤其王衍推崇的"贵无论"影响巨大。王衍的领袖地位以及他在政务处理方面的风格,直接影响了当时的朝堂风气,"后进之士,莫不景慕放效。选举登朝,皆以为称首。矜高浮诞,遂成风俗焉"。[3]具体表现为如王戎、王衍、王澄那样身居高位不理政务的被视为高雅,忠于职守、勤于政务的被视为俗吏,"庄老之俗倾惑朝廷,养望者为弘雅,政事者为俗人,王职不恤,法物坠丧"。[4]

---

[1]《晋书》卷四十三《乐广传》,第1245页。
[2]《晋书》卷四十三《王澄传》,第1239—1240页。
[3]《晋书》卷四十三《王衍传》,第1236页。
[4]《晋书》卷七十一《陈𫖮传》,第1893页。

身居要职，不理政务，致使官场秩序混乱，削弱了王朝行政机构的活力。尤为严重的是，"贵无"、任诞之风盛行，纲常名教被摒弃，社会更加混乱。"朝经废于上，职事隳于下……伤风败俗，曾莫之悟。永嘉不竞，戎马生郊，宜其然矣。"[1]

清谈之风、浮诞之俗风靡一时，进一步加快了西晋的灭亡速度。后来干宝激烈抨击西晋王朝的玄学清谈之风：

> 朝寡纯德之人，乡乏不贰之老，风俗淫僻，耻尚失所，学者以《老》《庄》为宗而黜《六经》，谈者以虚荡为辨而贱名俭，行身者以放浊为通而狭节信，进仕者以苟得为贵而鄙居正，当官者以望空为高而笑勤恪。是以刘颂屡言治道，傅咸每纠邪正，皆谓之俗吏；其倚杖虚旷，依阿无心者皆名重海内。[2]

显然，"倚杖虚旷，依阿无心"而又"名重海内"，毫无疑问是指王衍等人。《世说新语·轻诋》曰：

> 夷甫虽居台司，不以事物自婴，当世化之，羞言名教。自台郎以下，皆雅崇拱默，以遗事为高。四海尚宁，而识者知其将乱。[3]

随着八王之乱的纷争加剧，五胡相继进入中原，西晋逐步走向灭亡，王衍也死于战乱。他临死前回首往事，彻底否定了自己曾经热衷的玄学清谈：

> 呜呼！吾曹虽不如古人，向若不祖尚浮虚，戮力以匡天下，犹可不至今日。[4]

王衍、王澄引领的玄学风尚，以及随后的永嘉之乱，被后世总结为

---

1 《梁书》卷三十七传论，第534页。
2 《晋书》卷五《帝纪第五》，第135—136页。
3 余嘉锡：《世说新语笺疏·轻诋》，上海：上海古籍出版社，1993年，第834页。
4 《晋书》卷四十三《王衍传》，第1238页。

"清谈误国"。刘琨反思玄学之害,"然后知聃周之为虚诞,嗣宗之为妄作也"。[1]葛洪对清谈名士大加挞伐:"口之所谈,身不能行;长于识古,短于理今,为政政乱,牧民民怨。"[2]应詹批评说:"元康以来,贱经尚道,以玄虚宏放为夷达,以儒术清俭为鄙俗。永嘉之弊,未必不由此也。"[3]卞壶痛斥效仿王澄、谢鲲放诞颓唐的贵族子弟,称其"悖礼伤教,罪莫斯甚",指出"中朝(西晋)倾覆,实由于此"。[4]桓温更将王衍视为中原沦丧的罪魁祸首:"遂使神州陆沈,百年丘墟,王夷甫诸人,不得不任其责!"[5]直到唐朝修《晋书》,仍然指摘玄学清谈废弃儒家经典、破坏名教,是西晋亡国的重要原因,"遂使宪章弛废,名教颓毁,五胡乘间而竞逐,二京继踵以沦胥"。[6]

虽然西晋灭亡有多方面的原因,不能简单将学术问题抬高到政治层面,以"清谈"为王朝灭亡的替罪羊,但以王衍为代表的清谈名士占据中枢,终日谈空说无,于实际政务无补,的确容易引发灾难性的后果。西晋后期的政局动荡,确与执政的士族崇尚虚浮、无力整顿朝堂和地方政务有一定关系,对国家和民族造成了极大伤害。尤其以王澄等人不拘礼法、任诞放达之习受后人抨击最剧,以之为引发西晋末士人道德堕落、生活腐化的罪魁祸首。但从哲学发展史来看,西晋时期的清谈,是玄学发展过程中成就最高的阶段,在否定异化的儒家礼教、提倡人性解放和人格自由上有进步的作用,后世称赞的魏晋风度、名士风流皆与之相关,成为中国文化史上一道赏心悦目的风景线。

第五节 江左风流

西晋后期,王导、王敦辅助琅邪王司马睿渡江南下,缔造了东晋王

---

[1] 逯钦立:《先秦汉魏晋南北朝诗》,北京:中华书局,1983年,第851页。
[2] 〔晋〕葛洪著,杨明照校笺:《抱朴子外篇校笺》(上),北京:中华书局,1997年,第550页。
[3] 《晋书》卷七十《应詹传》,第1858页。
[4] 《晋书》卷七十《卞壶传》,第1871页。
[5] 余嘉锡:《世说新语笺疏·轻诋》,上海:上海古籍出版社,1993年,第834页。
[6] 《晋书》卷九十一《儒林传》,第2346页。

朝,也由此奠定了琅邪王氏在江南一流高门的根基。值得注意的是,琅邪王氏不仅在政治舞台上扮演了重要角色,还推动了北方文化在江南的传播,尤其是在玄风南渡、玄儒交融过程中发挥了重要作用。

一、玄风南渡

王敦、王导渡江之初,面临着极其困难的局面。在建立和巩固东晋政权的过程中,为团结南方士族,安抚北方士族,实践"清静为政"的政治方针,他们引玄风南渡。

(一)北方士族的玄风

永嘉之乱,中原大批士族和百姓南迁,"洛京倾覆,中州士女避乱江左者十六七"。[1] 国破家亡,被迫远离故土,让渡江南下的士族心理上笼罩着伤感、绝望的情绪。如卫玠过江:

> 形神惨悴,语左右云:"见此芒芒,不觉百端交集。苟未免有情,亦复谁能遣此!"[2]

过江之后,虽然相对安全,但江左初创,不能尽如人意,南渡士人大多有失落之感,尤其回忆起中原沦丧,山河破碎,他们仓皇南渡,存亡未卜,往往悲从中来。《晋书》卷六十五《王导传》载:

> 过江人士,每至暇日,相邀出新亭饮宴。周颛中坐而叹曰:"风景不殊,举目有江河之异。"皆相视流涕。

甚至有些南渡士人纵酒消愁,通宵达旦:

> (胡毋)辅之与谢鲲、阮放、毕卓、羊曼、桓彝、阮孚散发

---

[1] 《晋书》卷六十五《王导传》,第1746页。
[2] 余嘉锡:《世说新语笺疏·言语》,上海:上海古籍出版社,1993年,第94页。

第三章　玄学清谈

裸袒,闭室酣饮已累日。(光)逸将排户入……遂与饮,不舍昼夜。时人谓之八达。[1]

因国破家亡引发的伤感、失落情绪,使很多南渡士人消极应对各项事务,不利于新政权的巩固。如何让南渡士族在最短的时间内振奋精神,鼎力支持新政权,是王导必须解决的难题。

南渡士族是司马睿的核心支持力量,为了安抚他们,王导一方面保证北方士族在江东政权中的核心地位,让他们担任尚书令、中书监、侍中和吏部尚书等高级职位,控制中枢机关;另一方面,继续推行西晋的占田荫客制,允许南渡士族在江南地区广占土地,使他们能在江南建立起新的经济基础;再有,就是为南渡士族提供一服心灵上的灵丹妙药。王导知道,要让南渡士族从国破家亡的伤感情绪中摆脱出来,当务之急是为他们创造熟悉的文化氛围,让其精神有所寄托。南渡士族大多来自京洛地区,最熟悉的莫过于玄学清谈。

当时,一部分士族名士反思永嘉之乱的惨痛教训,激烈抨击西晋时期盛极一时的玄学,指斥清谈误国。渡江之初,百废待兴,正是丞相王导、大将军王敦"戮力以匡天下"之时,理应以国事、军政为重,放弃"祖尚浮虚"[2]之清谈。且江南士人学承两汉,未涉玄风,江南缺乏玄学流播的环境。但无论是时人对玄学的批判,还是江东新环境的影响,都未使王导、王敦放弃玄学。早在洛阳时,王敦、王导得王戎、王衍援引,进入元康玄学的清谈场,跻身名士之列。如王敦"口不言财利,尤好清谈"[3],与当时著名清谈大家王衍、王澄、庾敳、胡毋辅之为"四友"。王导亦参与其中,过江后,多次谈及元康玄谈盛况,言"我与安期(王承)、千里(阮瞻)共游洛水边"[4],"自说昔在洛水边,数与裴成公、阮千里诸贤共谈道",感慨时光

---

1 《晋书》卷四十九《光逸传》,第1385页。
2 《晋书》卷四十三《王衍传》,第1238页。
3 《晋书》卷九十八《王敦传》,第2566页。
4 余嘉锡:《世说新语笺疏·轻诋》,上海:上海古籍出版社,1993年,第828页。

不再,"但欲尔时不可得耳"[1]。

王敦过江后军务繁忙,仍雅尚清谈。永嘉六年(312),卫玠避乱过江,在豫章见到了王敦,"相见欣然,谈话弥日"。王敦大加夸赞,比之为王弼:"昔王辅嗣吐金声于中朝,此子今复玉振于江表,微言之绪,绝而复续。不悟永嘉之中,复闻正始之音。"[2]在王敦主持下,大将军府成为长江中游的清谈中心,会聚了谢鲲、羊曼、阮裕等清谈名士。他们饮酒清谈,暂时抛却仓惶南渡的痛苦。王敦随着权势扩张,野心日益膨胀,"不臣之迹,显于朝野"。名士们不愿卷入政治斗争,更加沉湎于酒中,如谢鲲"知不可以道匡弼,乃优游寄遇,不屑政事,从容讽议,卒岁而已。每与毕卓、王尼、阮放、羊曼、桓彝、阮孚等纵酒"。[3]积习之下,荆州属官常"以谈戏废事",后任荆州刺史陶侃不得不大力整顿,将其酒器、蒱博之具"悉投之于江,吏将则加鞭扑",指斥《老》《庄》浮华,非先王之法言,不可行也"。[4]陶侃任荆州刺史七年(325—332),力禁玄风。这期间,名士们大多东下建康,王敦建立的荆州清谈中心瓦解了。

王导在引领玄风南渡的过程中,所起的作用最大。王导深受玄风熏陶,对老庄玄学有浓厚兴趣,作为资深政治家,他知道"清谈误国"之说的偏颇。时人也并不完全同意"清谈误国"之论,祖逖就曾说:"晋室之乱,非上无道而下怨叛也。由藩王争权,自相诛灭,遂使戎狄乘隙,流毒中原。"[5]后世的王夫之分析:"强宗妒后互乱,而氐、羯乘之以猖狂。小人浊乱,国无与立,非但王衍辈清谈误之也。"[6]王导将洛阳盛极一时的玄学清谈之风带到江南,为南渡士人营造了一个熟悉的文化环境。辩名析理的清谈,使南渡士人回忆起元康清谈的盛况,清谈场上的激烈交锋,将他们趋于颓丧、消极的精神振奋起来,逐渐摆脱了国破家亡的悲怆情绪,在江

1　余嘉锡:《世说新语笺疏·企羡》,上海:上海古籍出版社,1993年,第630页。
2　余嘉锡:《世说新语笺疏·赏誉》,上海:上海古籍出版社,1993年,第449—450页。
3　《晋书》卷四十九《谢鲲传》,第1377—1378页。
4　《晋书》卷六十六《陶侃传》,第1774页。
5　《晋书》卷六十二《祖逖传》,第1694页。
6　〔清〕王夫之:《读通鉴论》卷十一,北京:中华书局,1975年,第302页。

南新环境中迅速适应下来。如桓彝过江,与王导"极谈世事"之后,因"朝廷微弱"而忧惧失望的心情为之一变,对人说:"向见管夷吾,无复忧矣。"[1] 温峤见王导,"深自陈结,丞相亦厚相酬纳。既出,欢然言曰:'江左自有管夷吾,此复何忧?'"[2]

(二)引导南方士族学习玄学

两晋之际,南北文化因地域不同而差异较大,中原玄学盛行,江南则未染玄风,依然尊奉儒家学说。以西晋时期江南著名才子陆机、陆云兄弟为例,陆机"伏膺儒术,非礼不动",陆云被目为"当今之颜子"。[3] 此外,贺循家传庆氏《礼》学,"言行进止,必以礼让。朝廷疑滞皆谘之于循,循辄依经礼而对,为当世儒宗"。[4] 南方士族固守两汉经学传统、坚持儒家礼教的社会风气,和当时北方士族中流行的玄学清谈、新的处世态度与道德标准均不相同。如北方士族居丧饮酒食肉,江南则习于礼法,风尚不同,南北相轻。因此,王导初至江南,欲与江东陆氏联姻,陆玩表面以"培塿无松柏,薰莸不同器"表示谦抑,却以"不能为乱伦之始"[5]加以拒绝,南北士族心理隔膜之深由此可见一斑。

文化分歧最终会表现为政治纷争。格格不入的南北风习,使南北士族之间一直存在着矛盾和斗争。《世说新语·政事》载:

> 陆太尉诣丞相咨事,过后辄翻异。王公怪其如此,后以问陆。陆曰:"公长民短,临时不知所言,既后觉其不可耳。"[6]

陆玩与王导的政见分歧,即南北士族文化分歧的表现之一。江东大族

---

1 《晋书》卷六十五《王导传》,第1747页。
2 余嘉锡:《世说新语笺疏·言语》,上海:上海古籍出版社,1993年,第97页。
3 《晋书》卷五十四《陆机传》,第1467、1482页。
4 《晋书》卷六十八《贺循传》,第1824、1830页。
5 《晋书》卷七十七《陆玩传》,第2024页。
6 余嘉锡:《世说新语笺疏·政事》,上海:上海古籍出版社,1993年,第176页。

周玘、周勰父子甚至以武力反抗朝廷，欲杀北方大族代表王导、刁协等人，与"诸南士共奉帝以经纬世事"。[1]得不到南方士族支持的东晋政权，绝不可能在江南立足。

为缓和南北士族之间的矛盾，稳固江东政局，王导在过江之初，即以中原士族领袖和江东新政权首辅的身份，尽力做好笼络江东士族的工作。在政治上对南方士族开放仕宦之途，将顾荣、贺循、纪瞻等人引入朝堂，安排一部分南方士族出任地方官；经济上避免南北士族的利益冲突，要求南渡士族不在南方士族的势力范围内建立庄园，对江东豪强隐瞒户口也没有过分追究；为表示对南方士族的尊重，王导不顾北方士族的耻笑，努力学习使用吴语；沟通南北文化，消除南北士族之间的心理隔阂，其中最重要的就是引玄风南渡。

王导努力将玄学介绍给南方士族，那么，他们有没有接受玄学的可能呢？试以陆机、陆云为例分析。相传，陆机入洛途中，在河南偃师夜遇王弼鬼魂：

> 机初入洛，次河南之偃师，时忽结阴，望道左若民居者，因往逗宿，见一少年，姿神端远，与机言玄，机服其能而无以酬折，前致一辩，机题纬古今，综检名实，此少年不甚欣解。将晓，去，税驾逆旅，妪曰：君何宿而来？自东数十里无村落，止有山阳王家墓。机乃怪怅，还睇昨路，空野霾云，攒木蔽日，知所遇者，审王弼也。[2]

《晋书》卷五十四《陆云传》记载了类似的事件，只是主角换成了陆云：

> 初，云尝行，逗宿故人家，夜暗迷路，莫之所从。忽望草中

---

[1]《晋书》卷五十八《周处传》，第1573页。
[2]〔北魏〕郦道元著，陈桥驿注释：《水经注》，杭州：浙江古籍出版社，2000年，第268页。

有火光，于是趣之。至一家，便寄宿，见一年少，美风姿，共谈《老子》，辞致深远。向晓辞去，行十许里，至故人家，云此数十里中无人居，云意始悟。却寻昨宿处，乃王弼冢。云本无玄学，自此谈《老》殊进。

陆机、陆云见王弼的鬼魂自然不可信，剔除其中的迷信色彩，至少可以推测到以下事实：

首先，即便是南方著名才子陆机、陆云，在入洛阳之前"本无玄学"，与王弼鬼魂谈论"服其能而无以酬折"，其他南方士人更可想而知。

其次，太康十年（289），陆机、陆云北上洛阳之后，在玄学清谈之风大盛的环境中，为与中原士人酬答，他们开始接触玄学，而且清谈水平进步很快，"自此谈《老》殊进"。

尽管南方士族对玄学了解较少，但以陆机、陆云为例可推知，其他南方士人在接触玄学后，有接受玄学的可能，这是永嘉以后玄学能在南方流行的原因之一。

以王导为代表的北方士族在江东政权中占有绝对优势，其思想文化自然成为文化风向标，更兼他们本身具有的名士风度文化感染力较强，有引领文化潮流的可能。如苏峻之乱后，"库中惟有练数千端，鬻之不售，而国用不给"。王导为解决经济困难，"与朝贤俱制练布单衣，于是士人翕然竞服之，练遂踊贵。乃令主者出卖，端至一金。其为时所慕如此"。[1]王导等人的服饰用具、音容笑貌都被人刻意效仿，他们擅长的玄学清谈也逐渐为南方士族接受。

东晋初，王导是建康清谈场的核心人物，公务之暇，时常与身边的士人清谈玄理，如他与殷浩"既共清言，遂达三更"[2]，"招祖约夜语，至晓不眠"[3]。王导诸人的清谈活动，不仅使玄学清谈在江东蔚然成风，还在一定程

---

1 《晋书》卷六十五《王导传》，第1751页。
2 余嘉锡：《世说新语笺疏·文学》，上海：上海古籍出版社，1993年，第212页。
3 余嘉锡：《世说新语笺疏·赏誉》，上海：上海古籍出版社，1993年，第454页。

度上影响了南方士族的仕途。长于玄谈者，多被提拔，如顾和学习玄学颇有成效，"理识清敏"[1]，被王导夸赞"珪璋特达，机警有锋，不徒东南之美，实为海内之俊"[2]，提拔为别驾。不善清谈者，纵为高官，亦不为世人所重。陆玩即因"不能敷融玄风"而受"咎责"，被任命为司空时，自称"以我为三公，是天下为无人"。[3]

此外，南方士族逐渐效仿北方士族，将玄学清谈与家族文化、家族兴衰联系在一起，《世说新语·言语》载：

> 张玄之、顾敷，是顾和中外孙，皆少而聪慧。和并知之，而常谓顾胜，亲重偏至，张颇不恢。于时张年九岁，顾七岁，和与俱至寺中。见佛般泥洹像，弟子有泣者，有不泣者，和以问二孙。玄谓"被亲故泣，不被亲故不泣"。敷曰："不然，当由忘情故不泣，不能忘情故泣。"[4]

《世说新语·夙惠》载：

> 司空顾和与时贤共清言，张玄之、顾敷是中外孙，年并七岁，在床边戏。于时闻语，神情如不相属。暝于灯下，二儿共叙客主之言，都无遗失。顾公越席而提其耳曰："不意衰宗复生此宝。"[5]

这两则史料中，顾敷、张玄之的年龄有些差异，但核心内容都是介绍他们二人的玄学修习和表现。七岁幼童，因耳濡目染，熟悉了玄学清谈，能准确把握玄学要义。这说明，玄学清谈已经风靡江东，成了南方士人的必修课。当时，以义理品鉴人才的方式流行，若幼而颖悟，长大必将致高名，因此，顾和将振兴门户的希望寄托在孙辈身上，欣慰"衰宗复生

---

1 余嘉锡：《世说新语笺疏·言语》，上海：上海古籍出版社，1993年，第99页。
2 《晋书》卷八十三《顾和传》，第2163页。
3 《晋书》卷七十七《陆玩传》，第2025、2026页。
4 余嘉锡：《世说新语笺疏·言语》，上海：上海古籍出版社，1993年，第110页。
5 余嘉锡：《世说新语笺疏·夙惠》，上海：上海古籍出版社，1993年，第591页。

第三章　玄学清谈

此宝"。

经过王导等人的努力，江南士族逐渐从思想到行为接受了北方文化。如以丧礼来说，西晋时，洛阳名士并未严格遵循礼制，阮籍、王戎等人居丧饮酒食肉，时人并不以为忤；江南则沿袭汉儒之风，尊礼而行。永嘉以后，流行于京洛一带的放达生活方式，对江南士族乃至普通百姓都产生了影响。葛洪《抱朴子》载：

> 凡琐小人之有财力者，了不复居于丧位，常在别房，高床重褥，美食大饮，或与密客引满投空，至于沈醉。曰："此京洛之法也。"

当时，三吴子弟纷纷学习北方士族的书法、语言乃至居丧哭声：

> 乃有转易其声音以效北语，既不能便良，似可耻可笑。所谓不得邯郸之步，而有匍匐之嗤者。此犹其小者耳。
>
> 乃有遭丧而学中国哭者，令忽然无复念之情。[1]

总之，东晋一朝，"江南土著大族经历了一个对北方侨姓大族，由仇恨抵制到屈从依附，乃至崇拜模仿的演进程序，并最终以消灭自己的特征而同对方合流"。[2] 江南士族的心态演变，说明北方士族带来的中原文化在江南广为流行了，中国传统文化的重心亦由黄河流域转移到了长江流域。

概而言之，两晋之际，王导、王敦出于政治目的引玄风南渡，直接影响了江南文化的发展。此后的社会知识阶层，都不同程度地受到玄学影响，以他们为载体的哲学、文学、艺术、宗教都带上了鲜明的玄学特色。

二、玄儒双修

王导是两晋之际的著名政治家，同时又是江东的清谈领袖，"内戢强

---

[1] 〔晋〕葛洪著，杨明照校笺：《抱朴子外篇校笺》（下），北京：中华书局，1997年，第17、12、15页。
[2] 曹文柱：《六朝时期江南社会风气的变迁》，《历史研究》1988年第2期。

臣，外御狄患，暇则从容谈说，自托风流"。[1]在他的推动下，清谈蔚然成风，但王导本人谈玄的内容并不多：

> 旧云：王丞相过江左，止道《声无哀乐》《养生》《言尽意》，三理而已。然宛转关生，无所不入。[2]

王导仅谈三理，一方面是因为玄学理论在西晋元康年间已经发展到顶峰，有与无、名教与自然、情与礼等核心思想前人论述甚精，难有新的发展，王导只能选择部分内容作为清谈之资。另一方面，王导是西晋灭亡的见证者，从政治家的角度，他明确意识到元康以来玄学名士的放诞之风对朝堂、社会的恶劣影响，要维系江东政权，必须对玄学做适度打压，重建儒学的权威。何况，玄学本就是儒道融合的学说。在玄学家眼中，玄学不过就是以道家学说解释儒家理论，或者以儒家思想阐释道家观点而已。如此一来，玄儒双修势必成为一种文化发展趋势。两晋之际，王导利用这种文化风潮，在政治上推行清静无为的方针，引领士族走向新的生活方式，并在文化方面产生了巨大影响。

（一）清静为政

渡江之初，王导集重臣与名士于一身，被称为"江左管夷吾"，身系江东安危，举手投足，一颦一笑都有举足轻重的感染力量。他的清谈，并非仅仅是个人爱好，其清谈内容与当时的政治密切相关。

王导擅长清谈的《声无哀乐论》，是嵇康的名著，本是以谈论声音与哀、乐的关系为中心，但其核心观点之一是"崇简易之教，御无为之治。君静于上，臣顺于下"[3]，恰好符合当时的门阀政治格局，尤其便于王导利用其君主无为的理论，推行清静无为的政治方针。

---

1 〔清〕王夫之：《读通鉴论》卷十五，北京：中华书局，1975年，第419页。
2 余嘉锡：《世说新语笺疏·文学》，上海：上海古籍出版社，1993年，第211页。
3 〔清〕严可均：《全上古三代秦汉三国六朝文·全三国文》卷四十九，北京：中华书局，1958年，第1332页。

渡江之初，外有强敌，内有各种错综复杂的矛盾，且主弱臣强，形成多元化的政治格局。对此，王导为司马睿制定了"谦以接士，俭以足用，以清静为政，抚绥新旧"[1]的基本施政方针，竭力联合江东所有势力，巩固新政权，以对抗北方胡虏。

过江初，大部分流亡者都心怀故土，盼望收复北方失地，因此，北伐的呼声很高。王导也有意识地利用北方士族的这一情绪，以"勠力王室，克复神州"相号召。但是，当时北方胡族势力强大，刘曜、石勒等人纵横黄河流域，与之作战的晋军败多胜少，宁平城一战更是"王公士庶死者十余万"。[2]江北国土大片沦丧，而江东政权草创，疆域狭小，仅有扬州的一部分土地；江南士族并未真心臣服，义兴周氏等曾武力反抗；江南军事实力不足，后来叱咤风云的王敦、陶侃诸将尚未成长起来，不具备北伐的条件。司马睿诸人在江南立足未稳之时，倾全力北伐，实无可能。但若龟缩在江南，完全放弃江北，既无法以"克复神州"为旗号将南北士人团结起来，也是坐等胡族坐大，对江南形成更强的威压。在此情况下，想要维持偏安局面，进行一定力度的北伐，才是最好的"以攻为守"。

在"镇之以静"方针的指导下，王导并未对北方少数民族政权采取大规模的主动出击，他将南下的流民帅多布置在长江一线，以防御为主。同时，施行"以攻为守"的战略，任命祖逖为奋威将军、豫州刺史，允许他有限度地北伐，意图收复部分失地，以之为江东与少数民族政权之间的缓冲区，同时对少数民族政权形成一定牵制，为江东政权的巩固争取时间和空间。在兵源不足、经济困窘的情况下，王导还是给祖逖部分物资支持，"给千人廪，布三千匹"，让他自行招兵买马。祖逖颇有军事谋略，北伐之初成效显著，"黄河以南尽为晋土……石勒不敢窥兵河南"。[3]以当时的形势而言，有限度北伐"以攻为守"的策略是正确的。终东晋一朝，偏安局面没有改变。后来庾翼、褚裒、殷浩、桓温北伐，征发过多，违背"镇之以

----
1 《资治通鉴》卷八十六，永嘉元年，第2731页。
2 《晋书》卷五十九《东海王越传》，第1625页。
3 《晋书》卷六十二《祖逖传》，第1695、1696、1697页。

"静"的方针，且他们的主要目的并非"以攻为守"，而是要以北伐作为影响东晋政局、为自己和家族谋取更多利益的工具，最终都没有多少成效。

大兴元年（318）三月，司马睿登基称帝时发布诏书称，"我清静而人自正"，要求官员"同心勠力，深思所以宽众息役，惠益百姓"。[1] 当时"王与马，共天下"的时局，再加上王导"朝野倾心，号为'仲父'"[2]的地位，诏书内容很大程度上反映的是王导的政治理念和施政方针。

接下来的十年，是东晋政权磨合发展时期。其间相继爆发了王敦之乱和苏峻、祖约之乱。咸和四年（329），苏峻、祖约之乱被平定，宗庙宫室毁坏严重。温峤建议徙都豫章，三吴豪杰坚持迁都会稽，王导则坚持不迁都。他指出，"古之帝王不必以丰俭移都"，何况"北寇游魂，伺我之隙"，迁都示弱，并非良计，"宜镇之以静，群情自安"。[3] 显然，这时的王导依然强调"镇之以静"。

王导一生都在坚持清静无为的方针，"为政务在清静"，"镇之以静"，终能稳固江东政权，"荆扬晏安，户口殷实"。[4] 此外，时人还以"愦愦之政"概括王导的施政方针。《世说新语·政事》记载：

> 丞相末年，略不复省事，正封箓诺之。自叹曰："人言我愦愦，后人当思此愦愦。"

注引徐广《历纪》曰：

> 导阿衡三世，经纶夷险，政务宽恕，事从简易，故垂遗爱之誉也。

王导的"政务宽恕"，在他去世不久即被人与庾冰的执政方针相比较：

---

1 《晋书》卷六《元帝纪》，第150页。
2 《晋书》卷六十五《王导传》，第1746页。
3 《晋书》卷六十五《王导传》，第1751页。
4 《晋书》卷六十五《王导传》，第1746页。

> 王公薨后，庾冰代相，纲密刑峻……（殷羡）尝从容谓冰曰："卿辈自是纲目不失，皆是小道小善耳。至如王公，故能行无理事。"[1]

庾冰执政，"纲密刑峻"，被殷羡视为"小道小善"，与之相比较的王导，推行"清静为政"或"愦愦之政"，则是"务存大纲，不拘细目"。[2]顾和曾评价王导的执政方针是"网漏吞舟"，即在律法的制定或施行上，不是将法律或条令的严密视为要务，对违反者，尤其是对士族阶层来说尽量宽容，不搞"察察之政"[3]。如周玘、周勰父子意图谋反，准备杀掉执政的王导等北方士族代表，建立以江东士族为核心的政权。王导冷静处理，用较小的代价平息反叛，为拉拢江东士族，他没有彻底查办义兴周氏，"以周氏奕世豪望，吴人所宗，故不穷治，抚之如旧"。[4]

为了安定南方士族，在经济上尽量不触动他们的根本利益，对他们隐匿户口，基本采取默认或不干涉态度。当时，"法禁宽弛，豪族多挟藏户口，以为私附"。山遐任余姚县令期间，严查豪族的隐匿人口，"绳以峻法，到县八旬，出口万余……诸豪强莫不切齿于遐"。[5]王导权衡利弊，最终将山遐免官，而对隐匿户口的豪强不予追究，对江南大族妥协退让，以此来消弭吴人的敌对情绪，最终达到稳定江东的目的。《晋书·颜含传》记载了类似事件。苏峻之乱平定后，颜含被任命为吴郡太守。赴任前王导询问他到郡后的治理方案，颜含针对当时"编户虚耗，南北权豪竞招游食"的情况，提出将隐匿的户口全部征出，使其成为国家编户。吴郡是江东大族集中之地，显然是以他们为主要打击对象，再加上颜含"明而能断"，"以威御下"，王导感叹"颜公在事，吴人敛手矣"。[6]为不加剧南北士族矛盾，王

---

1 余嘉锡：《世说新语笺疏·政事》，上海：上海古籍出版社，1993年，第177页。
2 《晋书》卷七十三《庾亮传》，第1921页。
3 余嘉锡：《世说新语笺疏·规箴》，上海：上海古籍出版社，1993年，第565页。
4 《晋书》卷五十八《周处传》，第1574页。
5 《晋书》卷四十三《山涛传》，第1230页。
6 《晋书》卷八十八《颜含传》，第2286页。

导留颜含在京城任侍中,另行委派他人出任吴郡太守。

王导为政宽恕,施行"网漏吞舟"政策,主要是为争取南北士族支持,维护他们的利益,对底层则相对严苛,"大较江东政,以伛偻豪强,以为民蠹,时有行法,辄施之寒劣。如往年偷石头仓米一百万斛,皆是豪将辈,而直打杀仓督监以塞责"。[1]但王导不仅是世家大族的代表,同时也是统治阶层的代表,他知道适当维护士族利益可以换取他们的支持,但若无限度地纵容大族兼并土地和隐匿人口,会加剧江东内部矛盾,不利于国家政权的稳定。因此,王导执政期间,早期侨置郡县,安抚流民,后期实行土断,减免赋役,禁止霸占山泽,规定"占山护泽,强盗律论,赃一丈以上,皆弃市"[2],以此保证百姓能勉力维持简单生活,进而成为国家的支撑力量。这正是王导"清静为政"方针的主要目标。当时,人们已经认识到这种措施的有效之处,"王导辅政,以宽和得众,(庾)亮任法裁物,颇以此失人心"。[3]陈寅恪《述东晋王导之功业》高度评价王导的为政方针:

> 王导自言"后人当思此愦愦",实有深意。江左之所以能立国历五朝之久,内安外攘者,即由于此。[4]

王导之后的执政者,奉行"清静为政"方针的,多能保持政局稳定,而东晋的几次政局动荡,也正是执政者改变此方针的结果。经过几次反复,王导制定的"镇之以静,群情自安"[5]的治国方针,成为举国上下共同遵循的基本国策,使东晋最终能够立足江南并持续百余年统治。

此外,王导推行清静无为的政治方针,还与琅邪王氏所处的地位以及与皇室的关系密切相关。

东晋初,王导任丞相,在扬州掌控政权,王敦为大将军,坐镇荆州,

---

1 《晋书》卷七十三《庾翼传》,第1932—1933页。
2 《宋书》卷五十四《羊希传》,第1537页。
3 《晋书》卷七十三《庾亮传》,第1918页。
4 陈寅恪:《金明馆丛稿初编》,北京:生活·读书·新知三联书店,2001年,第61页。
5 《晋书》卷六十五《王导传》,第1751页。

形成了"王与马,共天下"的政治格局。司马睿称帝,曾命王导与他共坐御床接受百官朝贺。明帝即位,王导受遗诏辅政。明帝崩,成帝幼年即位,"见导,每拜。又尝与导书手诏,则云'惶恐言',中书作诏,则曰'敬问',于是以为定制。"[1] 蔡谟曾戏弄王导:"朝廷欲加公九锡,公知不?"王导虽"自叙谦志"[2],却谓为然,其地位之高、权势之重由此亦可见一斑。王敦在给晋元帝的上书中也称:"臣门户特受荣任,备兼权重,渥恩偏隆,宠过公族。"后来明帝讨伐王敦时所下的诏书里还承认:"先帝以圣德应运,创业江东,司徒导首居心膂,以道翼赞。故大将军敦参处股肱,或内或外,夹辅之勋,与有力焉。阶缘际会,遂据上宰,杖节专征,委以五州。"[3] 由此可见,东晋初的琅邪王氏达到巅峰,势力远超宗室。"王与马,共天下"恰如其分地道出了琅邪王氏家族在当时所处的地位。从王导执政开始,门阀政治正式拉开了序幕。此后,又有颍川庾氏、谯国桓氏、陈郡谢氏几家南渡士族轮流执掌政权,"朝权国命,递归台辅,君道虽存,主威久谢"。[4] 皇权不振的局面,决定了为君主集权服务的儒学不可能独自承担起统治思想的重担,而最能为士族执政服务的理论莫过于"君主无为"这一玄学的核心理论。这是王导以及庾亮、谢安等人始终未放弃玄学的原因之一。玄学之中,最能体现"君主无为"的是嵇康的《声无哀乐论》,"崇简易之教,御无为之治。君静于上,臣顺于下"[5]。这正是王导最需要的政治观点,也是他坚持谈《声无哀乐论》的关键原因。

（二）引领士风

《养生论》也是嵇康的名著,此文以为,通过合理的养生途径,可达长寿目的。其养生之道是"呼吸吐纳,服食养身,使形神相亲,表里俱

---

1 《晋书》卷六十五《王导传》,第1751页。
2 余嘉锡:《世说新语笺疏·轻诋》,上海:上海古籍出版社,1993年,第829页。
3 《晋书》卷九十八《王敦传》,第2561页。
4 《南史》卷一《宋本纪上》,第31页。
5 〔清〕严可均:《全上古三代秦汉三国六朝文·全三国文》卷四十九,北京:中华书局,1958年,第1332页。

济",以呼吸吐纳安定心神,以服食强身健体,内外兼养,并且"养神"重于"养形",主张"清虚静态,少私寡欲"。[1] 王导谈《养生论》,正是利用了这一观点,指导当时士人的生活。

自西晋中期起,君臣上下,无不奢靡无度。如何曾"食日万钱,犹曰无下箸处";其子何劭"食必尽四方珍异,一日之供以钱二万为限"[2];石崇"财产丰积,室宇宏丽。后房数百,皆曳纨绣,珥金翠。丝竹尽当时之选,庖膳穷水陆之珍"[3]。当时的达官显贵不仅自身穷奢极欲,还互相攀比。《晋书·石崇传》和《世说新语·汰侈》都记载了石崇与王恺斗富之事,耗费资财无数。士族间的奢侈之风愈演愈烈,为了支持豪奢的生活,他们多不择手段地聚敛财富,盘剥百姓,大大激化了国内的阶级矛盾。傅咸曾上书晋武帝,指出奢侈之风对社会的危害,"奢侈之费,甚于天灾"。[4] 同时,对财富的争夺,也加剧了西晋政权内部的互相倾轧。赵王伦专权时,孙秀劝赵王伦杀石崇,谋夺其家产。石崇临死才意识到,"奴辈利吾家财"[5],但悔之晚矣。更重要的是,官僚士族的腐化,进一步引起了官场的腐化,国家机器运转不灵,无力应付八王之乱、晋末流民起义带来的政治危机和社会混乱。这不仅削弱了西晋王朝的统治力量,还给少数民族入主中原提供了可乘之机。在内外交困中,西晋王朝最终崩溃。

王导以政治家的敏锐,意识到"公卿世族,豪侈相高"[6]是西晋灭亡、中原大乱的重要原因,倘旧习不改,江南亦难免沦丧。何况,渡江之初,财政困难,国用不足,"公私匮竭,仓庾未充"[7],连司马睿的饮食都受到限制。初到江南时,"公私窘罄,每得一豚,以为珍膳,项上一脔尤美,辄以

---

[1]〔清〕严可均:《全上古三代秦汉三国六朝文·全三国文》卷四十八,北京:中华书局,1958年,第1324页。
[2]《晋书》卷三十三《何曾传》,第998、999页。
[3]《晋书》卷三十三《石崇传》,第1006、1007页。
[4]《晋书》卷四十七《傅咸传》,第1324页。
[5]《晋书》卷三十三《石崇传》,第1008页。
[6]《晋书》卷六十五《王导传》,第1746页。
[7]《晋书》卷六十一《周浚传》,第1661页。

荐帝,群下未尝敢食,于时呼为'禁脔'"。[1]正因对当时的财政问题深有体会,因此,初到江南,王导制定的基本施政方针中即有"俭以足用"一条,对百姓行惠益之政,宽众息役,保证农业生产的正常进行,使江南经济得以发展,为立国江东奠定了坚实的经济基础。

对习惯于奢侈生活的士族,王导一方面立法限制他们盘剥百姓,"占山护泽,强盗律论,赃一丈以上,皆弃市"。[2]另一方面,则从理论上加以引导,让他们主动放弃奢侈腐化的生活。这是王导在清谈场上谈《养生论》,宣扬"清虚静态,少私寡欲"养生之道的主要原因。而且,王导将其理论用于实践,力倡节俭,"简素寡欲,仓无储谷,衣不重帛"。[3]王导威望甚高,其衣饰行为均为时人效仿,如他穿练布单衣,士人便纷纷效仿,致使原先卖不出去的练价格上涨。王导以丞相的身份做了表率,引导士族走出耽于纵欲享乐的旧习。《世说新语·汰侈》共载十二条,前十一条均为西晋之事,最后一条发生在东晋初,"王右军少时,在周侯(周𫖮)末坐。割牛心啖之,于此改观"[4],已毫无汰侈迹象了。

王导大谈《养生论》,并在生活中以身作则,对当时和后世的士族产生了较大的影响,士人不再追求穷奢极欲的生活,但求"足"而不求"富",崇尚清高淡雅。《晋书》卷七十五《王述传》载:

> 初,述家贫,求试宛陵令,颇受赠遗,而修家具,为司州所检,有一千三百条。王导使谓之曰:"名父之子不患无禄,屈临小县,甚不宜耳。"述答曰:"足自当止。"时人未之达也。比后屡居州郡,清洁绝伦,禄赐皆散之亲故,宅宇旧物不革于昔,始为当时所叹。

《南史》卷二十四《王秀之传》:

---

1 《晋书》卷七十九《谢安传》,第2079页。
2 《宋书》卷五十四《羊希传》,第1537页。
3 《晋书》卷六十五《王导传》,第1752页。
4 余嘉锡:《世说新语笺疏·汰侈》,上海:上海古籍出版社,1993年,第885页。

（秀之）为晋平太守，期年求还，或问其故，答曰："此郡沃壤，珍阜日至，人所昧者财，财生则祸逐，智者不昧财，亦不逐祸。吾山资已足，岂可久留，以妨贤路。"乃上表请代。时人以为王晋平恐富求归。

但求"足"不求"富"的社会风气，使士族容易安于现状，不致出现西晋时期为争财而发生的残酷斗争，有利于缓和统治集团内部的矛盾。同时，士族在职期间，只要"山资已足"，便不再过分刻剥百姓，也有利于缓解统治阶级与被统治阶级之间的矛盾。因此，东晋前期和中期，始终没有爆发大规模农民起义，固然与当时的主要矛盾是民族矛盾，阶级矛盾居于次要地位有关，而东晋士族奢靡之风的改变亦是重要原因之一。

在处理国家政务时，王导也坚持俭约之风，"导善于因事，虽无日用之益，而岁计有余"。苏峻之乱平定后，宗庙宫室毁坏严重，多数人主张迁都。王导本着"俭以足用"的方针，反对迁都。他说建康曾为孙吴都城，被孙权、刘备视为"王者之宅"，古代帝王"不必以丰俭移都……且北寇游魂，伺我之隙……宜镇之以静，群情自安"。[1]在王导的坚持下，东晋将建康城重新修复，此后宋、齐、梁、陈四朝，一直定都建康。

士族奢靡之风的改观，使东晋政权避免了重蹈西晋覆辙，逐渐在江东站稳脚跟，王导及《养生论》的引领作用是毋庸置疑的。

（三）文化影响

《言尽意论》是西晋欧阳建所著。先秦时期，儒家认为语言可以在人们的日常生活中起到表情达意的作用，同时也承认它有不完善之处；而道家则主张言不尽意，得意而忘言。魏晋之际，"言不尽意"成为一种思潮，部分名士坚持认为语言不能完全反映客观实际，从而间接否定了以经典古籍为标志的语言文化在历史演进中的作用，如"（荀）粲诸兄并以儒术论

---

[1]《晋书》卷六十五《王导传》，第1751页。

议，而粲独好言道，常以为子贡称夫子之言性与天道，不可得闻，然则六籍虽存，固圣人之糠秕"。[1]欧阳建则认为言能尽意，意只能通过言表现出来，得出"古今务于正名，圣贤不能去言"[2]的结论，肯定了语言是表达思想、指称事物的工具，捍卫了经典古籍尤其是儒家经典的权威性。

嵇康的《声无哀乐论》和《养生论》，道家色彩均多于儒家色彩，王导谈此两篇，是为他适应东晋初的局势需要，政治上推行"清静无为"方针，生活上提倡"少私寡欲"，提供理论根据。虽然不无进步意义，但毕竟是倚重道家"无为"思想，削弱了儒家思想的作用。显然，在王导心目中，儒学已经失去了往日的独尊和支配地位，无法单独完成统治思想的任务。在日常生活中，王导也并未坚持以儒家礼教为行为准则，《世说新语》中多有记载："王丞相作女伎，施设床席。""王丞相枕周伯仁膝，指其腹曰：'卿此中何所有？'""康僧渊目深而鼻高，王丞相每调之。""丞相曹夫人性甚忌，禁制丞相"[3]，王导惧内，也是其礼法观念淡漠的一个表现。

王导是出身于儒学世家的政治家，深知儒学在巩固政权、维持社会秩序方面的作用是其他思想无法替代的。经过西晋后期玄学风行、礼教颓毁之后，要保住能够维系人心的东晋政权，王导一方面以"勠力王室，克复神州"号召士人致力于新政权建设，另一方面必须重建儒学的权威，方能改变元康以来的放诞之风。因此，王导除了在行政上坚持儒家政治理念、兴修学校传播儒家思想，也在清谈场上，向士人宣传这一观点。他在选择《声无哀乐论》和《养生论》时，同时选择了批驳有道家倾向的"言不尽意"论的《言尽意论》，通过肯定儒家经典地位，进一步肯定了儒家思想的作用。

---

1 《三国志》卷十《魏书·荀彧传》注引何劭《荀粲别传》，第319页。
2 〔清〕严可均：《全上古三代秦汉三国六朝文·全晋文》卷一百九，北京：中华书局，1958年，第2084页。
3 余嘉锡：《世说新语笺疏》之《方正》《排调》《轻诋》，上海：上海古籍出版社，1993年，第320、797、799、829页。

王导自己在生活中不拘礼法，却在朝堂之上树立了一个礼法之士的典型——卞壸。永嘉初，过江南下的胡毋辅之、谢鲲等人"散发裸裎，闭室酣饮……不舍昼夜"[1]，在当时产生了较大影响，致使社会上纵欲主义风行。对此，王导一方面提倡玄学清谈，将名士们的注意力吸引到辩名析理中；另一方面，以卞壸为放荡不羁的名士树立榜样，抨击贵游子弟的放达行为，"闻者莫不折节"。[2]在王导诸人的努力下，东晋名士虽不拘礼法，但已经和西晋后期名士放纵不羁有很大区别。他们多注重道德情操，如王氏子弟中王劭"美姿容，有风操"，王荟"恬虚守靖，不竞荣利"[3]，王胡之"治身清约，以风操自居"[4]，生活上不重小节而不伤大雅，如王羲之在郗鉴选婿时坦腹东床，萧散自得。

综观王导一生，"内戢强臣，外御狄患，暇则从容谈说，自托风流"。[5]他谈《声无哀乐论》《养生论》《言尽意论》，并非仅用于清谈场，更重要的是以清谈的方式向士人宣传其政治观点。前两者是为他引道入儒提供理论依据，后者又为维护儒家地位所需，玄儒双修，方能"利用礼制以巩固家族为基础的政治组织，以玄学证明其所享受的特权出于自然"。[6]

王导将儒学和玄学融合在一起，主要是出于政治目的。渡江初，不同政治势力之间的矛盾冲突、极其困窘的经济状况、格格不入的南北学风，呈现出复杂、严峻的局面。就政治指导思想来说，无论是汉朝的儒法合流、曹魏的名法之治，还是西晋前期的礼法政治以及后期的玄学思想，都难以在江南奏效，必须另辟蹊径。为团结北方士族，王导不可能放弃玄学，为笼络南方士族，他又不能放弃儒学，更何况，治理国家、稳定社会，也不可能离开儒学。王导根据江东社会的实情，在坚持儒家传统的同时，适时将玄学思想引入政治，制定了"谦以接士，俭以足用，以清静

---

[1]《晋书》卷四十九《光逸传》，第1385页。
[2]《晋书》卷七十《卞壸传》，第1871页。
[3]《晋书》卷六十五《王导传》，第1759页。
[4] 余嘉锡：《世说新语笺疏·赏誉》，上海：上海古籍出版社，1993年，第486页。
[5]〔清〕王夫之：《读通鉴论》卷十五，北京：中华书局，1975年，第419页。
[6] 唐长孺：《魏晋南北朝史论丛》，武汉：武汉大学出版社，2013年，第282页。

为政，抚绥新旧"的基本施政方针。此方针既符合儒学的一般理论，又符合初镇建康的具体情势，很快使社会秩序稳定下来，为江东政权打下了基础。

王导在政治方面尊崇儒家道德规范，如元帝命他同升御座时坚持君臣大义，维护立嫡立长的儒家礼制，以收复故土为己任，倡导复兴儒学，推动太学重建，王敦叛乱时大义灭亲等，他的社会责任心远超王衍等人。在日常生活中，清谈玄理已经成为王导精神文化生活和社交活动的一部分。他一直以《声无哀乐论》《养生论》《言尽意论》为主要清谈内容，与王衍、王澄的清谈，无论是从内容上还是表现形式上都有不小的差距。王导更多了儒者气象，少了元康、永嘉名士的放达不羁。

王导作为琅邪王氏家族的领头人，一举一动都对家族产生极大影响。他的玄儒双修，使琅邪王氏家族文化逐渐走向了儒玄合流的道路。王导的子侄辈，在接受正统儒家教育的同时，大多精通老庄，长于清谈。王导六子，长子王悦、四子王协早亡，其他四子均有名士风范：王恬"识理明贵，为后进冠冕"[1]；王洽与名士王濛交好，与荀羡齐名；王劭"清贵简素，研味玄赜。大司马桓温称为凤雏"；王荟"有清誉，夷泰无兢"[2]。王导的众多从子也深受其影响，如王胡之"性简，好达玄言"[3]，王羲之"辩赡，以骨鲠称"[4]，王敦比之清谈名士阮裕，"汝是我佳子弟，当不减阮主簿"[5]。随着王导子侄辈相继入仕，不少人到外地任职，将盛行于建康的玄风带到了江南各地，尤以王羲之最知名。他在会稽与谢安、支道林、许询诸名士"出则渔弋山水，入则言咏属文"[6]，使当地成了仅次于建康的清谈中心。

作为江左一流高门，琅邪王氏的家族文化对当时社会影响巨大。东晋时期，玄儒双修成为江东文化的主潮。如《晋书》卷五十六《江惇传》载：

---

1 余嘉锡：《世说新语笺疏·赏誉》，上海：上海古籍出版社，1993年，第477页。
2 余嘉锡：《世说新语笺疏·雅量》，上海：上海古籍出版社，1993年，第367页。
3 余嘉锡：《世说新语笺疏·赏誉》，上海：上海古籍出版社，1993年，第485页。
4 《晋书》卷八十《王羲之传》，第2093页。
5 余嘉锡：《世说新语笺疏·赏誉》，上海：上海古籍出版社，1993年，第454页。
6 《晋书》卷七十九《谢安传》，第2072页。

（江惇）性好学，儒玄并综。每以为君子立行，应依礼而动，虽隐显殊途，未有不傍礼教者也。若乃放达不羁，以肆纵为贵者，非但动违礼法，亦道之所弃也。乃著《通道崇检论》，世咸称之。

江惇（305—353）以为，无论尊奉儒家还是道家，都必须遵从礼教，放达不羁者，既不容于名教，也为大道所弃，从中明显可以看出儒玄在礼教方面的统一。

《晋书》卷七十五《王坦之传》：

坦之有风格，尤非时俗放荡，不敦儒教，颇尚刑名学，著《废庄论》。

王坦之的曾祖父王湛、祖父王承都是玄学清谈名士，但王坦之却崇尚刑名之学，批评"不敦儒教"的行为。其《废庄论》一方面攻击庄子学说利天下少而害天下多，另一方面则倡导儒道融合，名教与自然合。

《晋书》卷九十二《李充传》：

李充……幼好刑名之学，深抑虚浮之士，尝著《学箴》，称："……圣教救其末，老庄明其本，本末之途殊而为教一也。"

李充指出，儒道虽理论不同，但二者分别从本末两端论述，在教化方面可以互补。

《晋书》卷九十四《戴逵传》：

戴逵……少博学，好谈论，善属文……性高洁，常以礼度自处，深以放达为非道，乃著论曰："……竹林之为放，有疾而为颦者也，元康之为放，无德而折巾者也。"

由此可见，玄学之士，并不排斥名教，儒雅之士，亦兼通玄学，他们反对的仅仅是放荡不羁的行为。东晋一朝，激烈抨击玄学，指责何晏、王弼罪深于桀纣的仅戴逵、范宁、王坦之数人而已。从江惇著《通道崇检论》，"世咸称之"来看，人们已基本接受了儒玄的融合，所以，"善谈论，性好《庄》《老》"与"风格峻整，动由礼节"[1]才会奇妙地集中于一个人身上。

可以说，王导在清谈之中，将政治理念蕴含其中，既宣扬了清静为政的方针，又引导了儒玄双修的文化发展趋势。玄儒合流并不仅仅表现在社会风尚中，更重要的是，玄学辩名析理的学风影响了东晋南朝的经学发展，使南方经学由固守章句、烦琐考证转向注重义理，与因袭汉学的北朝经学有了较大的区别：

> 褚季野语孙安国云："北人学问，渊综广博。"孙答曰："南人学问，清通简要。"支道林闻之曰："圣贤固所忘言。自中人以还，北人看书，如显处视月；南人学问，如牖中窥日。"[2]

《隋书》卷七十五《儒林传》曰：

> 南北所治，章句好尚，互有不同……大抵南人约简，得其英华，北学深芜，穷其枝叶。

学者们儒玄兼综的治学方式，使他们打破了两汉以来的师法、家法束缚，博采众家学说，突破了不同学派之间的学术隔阂，尤其是将道家思想融入经学之中，注重哲学义理的阐发和文辞玄妙，对趋于僵化、烦琐的经学是一个巨大的冲击。东晋时期学术水平最高的经学著作，当推范宁《春秋穀梁传集解》，是公认的《穀梁传》最权威的注释。所谓集解，是魏晋时期兴起的集合各家注解的著作，兼采众家之长，阐述自己的思想，帮助读者理解。这种注经方式，再加上玄学"得意忘言"的理解，推动了经学的

---

[1] 《晋书》卷七十三《庾亮传》，第1915页。
[2] 余嘉锡：《世说新语笺疏·文学》，上海：上海古籍出版社，1993年，第216页。

"约简"之风,从而"得其英华",改变了汉代自"幼童而守一艺,白首而后能言"[1]的状况。故东晋南朝的士人多博览群书,《颜氏家训》称时人"皆以博涉为贵,不肯专儒"。[2]所谓博涉,不仅指兼习儒、道、佛各家学说,而且还指博通儒家诸经。两汉"多专一经,罕能兼通"[3]的局面顿改,极大地推动了经学的兼容发展。

由于清谈的影响,东晋南朝的讲经方式也发生了较大变化。汉代传经的主要途径是师传徒受,或父传子受,严格遵循师法、家法,注重章句训诂。东晋南朝时期则以相互辩论、互相启发为主要讲经形式。由一人或数人主讲,主讲者往往博采众家之说,提出自己的论点,听讲者可与之往复论辩,形成一种宽容、民主的学术辩论气氛。这种讲经方式,使南方经学不可能专于一家,而是走向了综合发展的道路。隋朝统一南北后,南学超越北学,最终完成了儒学的统一。皮锡瑞云:

> 北人笃守汉学,本近质朴;而南人善谈名理,增饰华词,表里可观,雅俗共赏。故虽以亡国之余,足以转移一时风气,使北人舍旧而从之。……经学统一之后,有南学,无北学。[4]

总之,东晋南朝时期,经学失去了独尊的地位,却得到了重新发展的机会,在与玄学、佛教、道教的共同发展过程中互相吸收对方的思想,渐趋融合。

同时,玄学的影响进一步扩展,由士人的清谈辩论逐步渗透到文学、艺术之中,其追求逍遥的自由精神、个性主义,使文学、艺术开始由"古质"向"新妍"转变,表现为逐渐摆脱汉魏以来的庄重质朴,转向飘逸、自然的审美追求。东晋时期,表述玄学义理的玄言诗最为盛行,"诗必柱

---

1 《汉书》卷三十《艺文志》,第1723页。
2 〔北齐〕颜之推撰,王利器集解:《颜氏家训集解》卷三《勉学》,北京:中华书局,1993年,第177页。
3 〔清〕皮锡瑞著,周予同注释:《经学历史》,北京:中华书局,1959年,第126页。
4 〔清〕皮锡瑞著,周予同注释:《经学历史》,北京:中华书局,1959年,第194、196页。

下之旨归,赋乃漆园之义疏"[1],与长期以来儒家推崇的以道德教化为主的文风大相径庭。在一片玄风笼罩之下,表达个人感情和自然山水的文学作品也日渐增多,至南朝终于推出了山水诗。而玄学精神在书法艺术中的最直接体现,则是摆脱了汉代隶书的古拙质朴,推出了追求空灵、富有韵味的"二王"书风。

三、玄学余绪

王导去世后,把持朝中大权的是庾冰、庾翼兄弟。他们改变了王导"镇之以静"的方略,崇尚事功,鄙薄清谈,建康的清谈之风受到抑制。但随着士人聚居浙东,在会稽一带形成了另一声势颇高的玄谈中心。《晋书》卷八十《王羲之传》载:

> 会稽有佳山水,名士多居之,谢安未仕时亦居焉。孙绰、李充、许询、支遁等皆以文义冠世,并筑室东土,与羲之同好。

《世说新语·文学》记载了王羲之与支遁清谈《庄子·逍遥游》:"支作数千言,才藻新奇,花烂映发。王遂披襟解带,留连不能已。"[2]王羲之等人在会稽大畅玄风,一时间王氏子弟的老庄色彩日渐浓厚,儒家治世思想淡漠了。较为典型的是王徽之,他任桓充骑兵参军时,整日不理政事、军务,以玄谈为要,"卓荦不羁,欲为傲达,放肆声色颇过度。时人钦其才,秽其行也"。[3]玄风流煽之下,"世尚庄、老,莫肯用心儒训"[4]一度成为东晋中后期的文化主流。

晋宋之际,随着皇权政治取代门阀政治,为统治者巩固政权所必需的儒学在朝堂上、在社会中日显重要,而主张君主无为、门阀执政、尊重

---

1 〔南朝梁〕刘勰著,王运熙、周锋译注:《文心雕龙译注》,上海:上海古籍出版社,2012年,第303页。
2 余嘉锡:《世说新语笺疏·文学》,上海:上海古籍出版社,1993年,第223页。
3 余嘉锡:《世说新语笺疏·任诞》,上海:上海古籍出版社,1993年,第759页。
4 《宋书》卷十四《礼一》,第363页。

个性、提倡逍遥的玄学则丧失了存在的现实基础。随着皇权的加强，士族趋向衰微，玄学的失势、没落已经是大势所趋。但文化的兴衰，不是短时间内完成的，南朝时期的玄学，犹如落日余晖，装点着江南的政坛和名士风流。

南朝的士族，仍然有很大的势力，与庶族多以军功、恩倖仕进不同，士族主要依靠文化展现他们的政治才能和社会影响。作为门阀士族意识形态的玄学，依然有广阔的市场。如果说东晋初王导等人清谈是为其清静无为的政治方针服务，东晋中期王氏子弟清谈主要是为了自己的逍遥，那么，南朝时期的玄学清谈已经成为士族有较高文化水平的标志。时人以能否清谈为鉴识人才的标准，如王准之为彭城王义康赏识，认为"何须高论玄虚，正得如王准之两三人，天下便治矣"，然"寡乏风素，不为时流所重"。[1]因此，能否清谈不仅是士族博取高名的重要方式之一，亦影响到士人的婚宦。如张绪少年时即因善清谈被称为"今之乐广"，袁粲因张绪"有正始遗风"，举荐他担任太子属官。南齐建立，"绪善言，素望甚重，太祖（萧道成）深加敬异"。[2]王景文"美风姿，好言理……太祖甚相钦重，故为太宗娶景文妹，而以景文名与太宗同"。[3]

玄学清谈仍为一时风尚，即便是最高统治者也叹服名士风流。如刘裕出身行伍，"不经涉学，及为宰相，颇慕风流，时或言论"。[4]但清谈辩论需要有渊博的知识、雄辩的口才，南齐王僧虔为儿子开列的必读书目是《老子》《庄子》《周易》，而且要"专一书，转诵数十家注"。例如读《老子》，就要熟悉何晏、王弼、马融、郑玄等人的注释，倘若六十四卦的名称不明，《庄子》分不清内篇和外篇，不清楚《才性四本》中四家所擅长的内容，"便盛于麈尾，自呼谈士，此最险事"。[5]这往往是出身寒微、文化水平不高

---

[1]《宋书》卷六十《王准之传》，第1624页。
[2]《南齐书》卷三十三《张绪传》，第600页。
[3]《宋书》卷八十五《王景文传》，第2178页。
[4]《宋书》卷六十四《郑鲜之传》，第1696页。
[5]《南齐书》卷三十三《王僧虔传》，第598页。

的庶族可望而不可即的。故陈显达谓其子曰:"麈尾扇是王谢家物,汝不须捉此自逐。"[1]

南朝琅邪王氏仍然是一流高门,非常注重子弟的玄学教育,王氏子弟多以长于清谈为荣。王惠善清谈,"言清理远",王诞即对刘裕称"惠后来秀令,鄙宗之美也"。[2]王球被赞"正始之风尚在"[3],知名一时。

在玄学清谈之风的影响下,宋文帝立玄、儒、文、史四学馆,以玄学馆开馆最早。元嘉十三年(436),以何尚之为丹阳尹,"立宅南郭外,置玄学,聚生徒……谓之南学"。[4]两年后,文帝命雷次宗立儒学馆,何承天立史学馆,谢元立文学馆。玄学第一次被立为官学,且在四学中居首,权威大为增加。元嘉十九年(442),重建国学。建学之始,国学中《周易》郑玄、王弼注并立,"逮颜延之为祭酒,黜郑置王,意在贵玄,事成败儒"。[5]

南齐时期,尽管王俭被称为"一代儒宗",极大推动了魏晋以来经学的发展,然而,王导一支儒玄兼综的传统在他身上也有明显体现。如他称赞"江左风流宰相,唯有谢安",为与之相比,"作解散髻,斜插帻簪,朝野慕之,相与放效"。[6]但王俭与王导清谈的内容并不相同。王导儒玄兼修,用于清谈的是玄学名篇《声无哀乐论》《养生论》《言尽意论》。王俭更偏重于儒学,儒家经义也成了他清谈的主要内容。如他与文惠太子、张绪、竟陵王萧子良等人在国学中的论辩,围绕"敬"与"孝"以及《周易·乾卦》《孝经》的相关内容展开。参与辩论者互相辩难,互相启发,以玄言、佛理杂糅经义,大大超出了讨论儒家经义的范围。

另据《梁书·萧琛传》记载,萧琛"有纵横才辩",少年时曾与王俭清谈,"俭与语,大悦……辟为主簿"。王俭与萧琛所谈内容史无详载,同卷中记载了萧琛的另一次著名清谈:永明九年(491),北魏与齐通好,在

---

1 《南齐书》卷二十六《陈显达传》,第490页。
2 《宋书》卷五十八《王惠传》,第1589页。
3 《南史》卷三十《何尚之传》,第782页。
4 《宋书》卷六十六《何尚之传》,第1734页。
5 《南齐书》卷三十九《陆澄传》,第684页。
6 《南齐书》卷二十三《王俭传》,第436页。

宴请北魏使者李道固时，萧琛劝酒，李道固固辞："公庭无私礼，不容受劝。"萧琛以儒家经典回答："《诗》所谓'雨我公田，遂及我私。'"[1] 王俭是当世大儒，萧琛去见他，很可能也是以谈儒家经义为主。同样的事例发生在梁初。王锡善辩，声闻北朝，北魏的使者刘善明与他"遍论经史"，深感其学问渊深，感慨："不有君子，安能为国！"[2] 正如清人赵翼所说："当时虽从事于经义，亦皆口耳之学，开堂升座，以才辩相争胜，与晋人清谈无异，特所谈者不同耳。"[3]

梁朝时期，皇室成员的文化素养相对较高，梁武帝、简文帝、梁元帝都喜好玄学清谈，在他们的推动下，玄学一度兴盛。"洎于梁世，兹风复阐，《庄》《老》《周易》，总谓三玄。"[4] 梁武帝博学多通，"洞达儒玄"[5]，常与臣子清谈，并亲自讲述《老子》，作《老子讲疏》和《周易讲疏》。在梁武帝影响下，简文帝萧纲、梁元帝萧绎也倡导玄学。简文帝为太子时，经常召集玄儒之士互相辩论。太清二年（548），侯景围攻建康，他还"频于玄圃自讲《老》《庄》二书"。[6] 梁元帝在荆州任职时，召集玄学名士，主办玄学讲谈，甚至自己亲自讲《老》《庄》。在江陵称帝后，他将善于清谈的周弘正接到江陵，亡国前夕还在殿堂上讲《老子》，"百僚戎服以听"[7]，可见他对玄学的沉迷。

此外，梁朝玄风复盛也与门阀士族趋于衰落有关。当时整体的选人趋势是："势门上品，犹当格以清谈；英俊下僚，不可限以位貌。"[8] 清谈成为士族入仕的考核标准之一，他们为保持一定的政治权力和社会地位，不得不仰赖文化优势，借文学、玄学等获取进身之阶，"文义之事，此是士大夫

---

1 《梁书》卷二十六《萧琛传》，第396页。
2 《梁书》卷二十一《王锡传》，第326页。
3 〔清〕赵翼著，王树民校证：《廿二史札记校证》卷八，北京：中华书局，1984年，第169页。
4 王利器：《颜氏家训集解》卷三，北京：中华书局，1996年，第187页。
5 《梁书》卷三《武帝下》，第96页。
6 《梁书》卷三十七《何敬容传》，第533页。
7 《南史》卷八《梁元帝纪》，第242页。
8 《梁书》卷二十一《王暕传》，第322页。

以为伎艺欲求官耳"。[1]

总之,梁朝时期,由于统治者的提倡,出于门阀士族标榜身份的需求,玄学清谈成为一时风潮,经学从内容到形式都出现玄化趋势。赵翼称:"梁时所谈,亦不专讲《五经》……《五经》之外,仍不废《老》《庄》,且又增佛义,晋人虚伪之习依然未改,且又甚焉。"[2]唐长孺考察齐梁时期的著名学者后得出结论:刘瓛、何胤、贺玚、皇侃、周弘正等人"实际上是以玄学为主而兼涉儒经。这里我们清楚地看到南朝经学玄学化与玄谈化"。[3]

在时风熏染之下,琅邪王氏不乏善谈之人。王暕是"三世国师"之一,以儒学见称,但二十一岁时就已被比作清谈名士卫玠和乐广,"晖映先达,领袖后进"。[4]其侄王规"好学有口辩","文辩纵横"[5],被简文帝萧纲盛赞:"名理超于荀、王,博洽侔于终、贾。"[6]言辞中难免夸张之处,但王暕、王规叔侄显然都是精于玄学名理的。梁武帝曾于宴席间问群臣:"朕为有为无?"有、无问题自曹魏以来一直是玄学的重要问题,梁武帝提出此问题,也是针对当时儒学复兴、玄风尚在的实际情况而发的。正当群臣面面相觑之时,王份巧妙回答:"陛下应万物为有,体至理为无"[7],暗含推崇梁武帝之意,武帝大悦。

待到陈朝,琅邪王氏经侯景之乱和江陵之难的洗劫,人物凋零,王氏子弟不仅在政治事件中无足轻重,在文化方面,尤其是玄学方面也已无骄人之处。昔年曾有"麈尾扇是王谢家物"[8]一说,此时的王氏子弟却是"玄言非所长"[9],盛极一时的玄学清谈不再是王氏家族文化的主流。

---

[1]《南史》卷四十一《始安王遥光传》,第1040页。
[2]〔清〕赵翼著,王树民校证:《廿二史札记校证》卷八,北京:中华书局,1984年,第169页。
[3] 唐长孺:《魏晋南北朝隋唐史三论》,武汉:武汉大学出版社,1993年,第222页。
[4]《梁书》卷二十一《王暕传》,第322页。
[5]《梁书》卷四十一《王规传》,第581、582页。
[6]〔清〕严可均:《全上古三代秦汉三国六朝文·全梁文》卷十三,北京:中华书局,1958年,第3028页。
[7]《梁书》卷二十一《王份传》,第3225页。
[8]《南齐书》卷二十六《陈显达传》,第490页。
[9]《陈书》卷二十一《王固传》,第282页。

第四章 文才相继

琅邪王氏家族是魏晋南北朝时期的政治大族，同时也是文学世家。王羲之、王俭、王融、王筠等人都是中国古代文学史上的重要代表。他们创作的文学作品，如王羲之的《兰亭集序》、王籍的《入若耶溪》皆为千古传颂的佳作。梁代文学家沈约盛赞：

> 吾少好百家之言，身为四代之史，自开辟已来，未有爵位蝉联，文才相继，如王氏之盛者也。[1]

琅邪王氏有如此高的文学成就，与其家族的政治地位、文化底蕴和魏晋南北朝时期的文学发展有关，并对当时的文学演进产生了较大的影响，进而成为维系家族地位的有力工具。

第一节 人人有集

刘师培在《中国中古文学史讲义》中概括："自江左以来，其文学之士，大抵出于世族；而世族之中，父子兄弟各以能文擅名。"[2]琅邪王氏是江左著名门阀士族，文士辈出，梁代王筠曾自豪地与后辈谈论家族的文学传统：

---
[1] 《梁书》卷三十三《王筠传》，第487页。
[2] 刘师培：《中国中古文学史讲义》，南宁：广西人民出版社，2017年，第121页。

史传称安平崔氏及汝南应氏，并累世有文才，所以范蔚宗云崔氏"世擅雕龙"。然不过父子两三世耳；非有七叶之中，名德重光，爵位相继，人人有集，如吾门世者也。[1]

王筠所言，是从王导开始的七代人都有文学作品。虽然因史籍、文集散佚，不能尽窥"人人有集"全貌，但据《隋书·经籍志》《旧唐书·经籍志》和《新唐书·艺文志》记载，可列琅邪王氏家族有文集传世者如表4-1。

表4-1 琅邪王氏子弟传世文集表

时代	王氏子弟	《隋书·经籍志》	《旧唐书·经籍志》	《新唐书·艺文志》
西晋	王旷	《王旷集》五卷	《王旷集》五卷	《王旷集》五卷
东晋	王廙	《王廙集》十卷，梁三十四卷	《王廙集》十卷	《王廙集》十卷
东晋	王敦	《王敦集》十卷	《王敦集》五卷	《王敦集》五卷
东晋	王导	《王导集》十一卷	《王导集》十卷	《王导集》十卷
东晋	王胡之	《王胡之集》十卷	《王胡之集》五卷	《王胡之集》五卷
东晋	王洽	《王洽集》五卷	《王洽集》三卷	《王洽集》三卷
东晋	王羲之	《王羲之集》九卷，梁十卷	《王羲之集》五卷	《王羲之集》五卷
东晋	王彪之	《王彪之集》二十卷	《王彪之集》二十卷	《王彪之集》二十卷
东晋	王献之	《王献之集》十卷		
东晋	王珉	《王珉集》十卷		
东晋	王肃之	《王肃之集》三卷		
东晋	王徽之	《王徽之集》八卷		
东晋	王珣	《王珣集》十一卷	《王珣集》十卷	《王珣集》十卷
东晋	王谧	《王谧集》十卷	《王谧集》十卷	《王谧集》十卷
东晋	王诞	《王诞集》二卷		

----

[1]《梁书》卷三十三《王筠传》，第486页。

续表

时代	王氏子弟	《隋书·经籍志》	《旧唐书·经籍志》	《新唐书·艺文志》
宋	王叔之[1]	《王叔之集》七卷，梁十卷	《王叔之集》十卷	《王叔之集》十卷
	王韶之	《王韶之集》二十四卷，《晋宋杂诏》八卷	《王韶之集》二十四卷	《王韶之集》二十卷
	王昙首	《王昙首集》二卷	《王昙首集》二卷	《王昙首集》二卷
	王弘	《王弘集》一卷，梁二十卷	《王弘集》二十卷	《王弘集》二十卷
	王敬弘	《王敬弘集》五卷		
	王微	《王微集》十卷	《王微集》十卷	《王微集》十卷
	王僧谦	《王僧谦集》二卷		
	王僧绰	《王僧绰集》一卷，《颂集》二十卷		
	王僧达	《王僧达集》十卷	《王僧达集》十卷	《王僧达集》十卷
	王素	《王素集》十六卷		
	王瓒之[2]	金紫光禄大夫《王瓒集》十五卷		
齐	王俭	《王俭集》五十一卷，梁六十卷	《王俭集》六十卷	《王俭集》六十卷
	王融	《王融集》十卷	《王融集》十卷	《王融集》十卷
	王僧佑	《王僧佑集》十卷		
	王寂	《王寂集》五卷		
梁	王巾	《王巾集》十一卷		
	王锡	《王锡集》七卷	《王锡集》七卷	《王锡集》七卷
	王暕	《王暕集》二十一卷	《王暕集》二十卷	《王暕集》二十卷
	王揖	《王揖集》五卷		

---

1 寇志强：《晋宋诗人王叔之生平略考及诗文补遗》，《天中学刊》2021年第2期。王叔之，字穆夜，正史无传，可能是王廙的后人。
2 王瓒之，曾任金紫光禄大夫，可能《隋书·经籍志》脱落了一"之"字。

续表

时代	王氏子弟	《隋书·经籍志》	《旧唐书·经籍志》	《新唐书·艺文志》
梁	王筠	《王筠集》十一卷、《中书集》十一卷、《临海集》十一卷、《左佐集》十一卷、《尚书集》九卷	《洗马集》十卷、《中庶子集》十卷、《左右集》十卷、《临海集》十卷、《中书集》十卷、《尚书集》十一卷	《洗马集》十卷、《中庶子集》十卷、《左右集》十卷、《临海集》十卷、《中书集》十卷、《尚书集》十一卷
北周	王褒	《王褒集》二十一卷	《王褒集》三十卷	《王褒集》二十卷
隋	王胄	《王胄集》十卷	《王胄集》十卷	《王胄集》十卷
唐	王方庆			《王氏神道铭》二十卷

注：史籍未收录的以空白处理。

上表所列，西晋一人，东晋十四人，南朝宋十一人，南齐四人，梁五人，北周一人，隋一人，唐一人。此外，还有很多虽无文集传世但文名载于史册、有诗文流传的王氏子弟，如王籍七岁即有文名，曾得文学家任昉、沈约赞赏，"时人咸谓康乐（谢灵运）之有王籍，如仲尼之有丘明，老聃之有严周"，其《入若耶溪》流传后世，"蝉噪林逾静，鸟鸣山更幽"更为千古佳句。《梁书·文学下》记载王籍"文集行于世"[1]，但《隋书》和新、旧唐书都未收录王籍的文集，可能是在南朝后期的战乱中散佚了。与王籍一样的应该不在少数，故王筠所云"人人有集"当不为虚。

一、琅邪王氏文学兴盛的原因

魏晋南北朝时期，琅邪王氏子弟创作了大量文学作品，取得较高的文学成就，与当时的文学发展以及王氏家族的地位和文化传统密切相关。

魏晋以前的"文学"一般是指学术，特别是儒学，《史记》《汉书》记

---

[1] 《梁书》卷五十《文学下》，第713页。

载的贾谊、枚乘、司马相如、扬雄等文学家,其文学作品多为宣扬儒家政教而作,因此,现代意义上的"文学"在当时只是经学的附庸、政治教化的工具。

魏晋南北朝时期,朝代改易频繁,社会动荡不安,战乱、水旱、蝗灾、瘟疫频发,人口急剧减少,曹操《蒿里行》中"白骨露于野,千里无鸡鸣"就是当时惨状的真实写照。这一切都刺激着文人个体生命意识的觉醒,抒发生命脆弱、人生短暂的感慨,表达个人情感的作品常现于文人笔端,文学逐渐从经学中分离出来。曹丕著《典论·论文》,视文章为"经国之大业,不朽之盛事"[1],大大抬高了文学的地位。在统治者的重视和提倡下,乱世文人的兴趣逐渐由经学转向文学,"自魏氏膺命,主爱雕虫,家弃章句,人重异术"。[2]文学作品日见繁多,形式多样,题材丰富,进入"文学的自觉时代"[3]。可以说,文学已经成为魏晋南北朝士人的必备素养。当时涌现出一大批文学家,并常常以某个政治上或文化上的重要人物为中心,形成一定的文学集团,如三曹七子、竹林七贤、二十四友、竟陵八友等。文人之间相互切磋研讨,进一步刺激了文学的兴盛,越来越多的作家摆脱了经学的束缚,用文学作品自由表达个人的思想感情和美的追求,传统的"诗言志"逐渐转变为"诗缘情而绮靡"[4],注重抒情,追求形式美。尤其永嘉以后,大批士族南迁,在江南的秀丽风景中,"诗赋欲丽"[5]表现更为突出,文学体裁多变,语言也由质朴走向华美。

南朝时期,开国君主都崛起于行伍,除萧衍外本身文化水平不高,他们及其子弟对以文化见长的士族大多怀有鄙视和羡慕的双重心态。为了能得到士族的支持和尊重,也必须在文化上占据一席之地,因此,南朝君主

---

1 〔清〕严可均:《全上古三代秦汉三国六朝文·全三国文》卷八,北京:中华书局,1958年,第1098页。
2 《宋书》卷五十五传论,第1552页。
3 鲁迅:《鲁迅全集》第3卷,北京:人民文学出版社,2005年,第526页。
4 〔清〕严可均:《全上古三代秦汉三国六朝文·全晋文》卷九十七,北京:中华书局,1958年,第2013页。
5 〔清〕严可均:《全上古三代秦汉三国六朝文·全三国文》卷八,北京:中华书局,1958年,第1098页。

大都爱好文学,礼遇文士。"先是宋孝武好文章,天下悉以文采相尚,莫以专经为业。"[1]统治者选拔官员多注重文才,以致"膏腴贵游,咸以文学相尚,罕以经术为业"。[2] 与这种选拔人才的标准相对应,宋文帝在朝廷立四馆,文学与玄学、儒学、史学并立。当时范晔作《后汉书》,《文苑传》与《儒林传》并列,文学真正成为一门独立的学科。

在此历史背景下,琅邪王氏家族注意子弟的文学素养培养,使文学日渐成为家族文化的重要组成部分,终成文学世家,并对魏晋南北朝的文学发展起了较大的推动作用。琅邪王氏能有如此成就,是多重因素叠加的结果。

首先,优越的政治、经济条件,是王氏子弟能够在文学领域取得辉煌成就的基本保障。

从政治层面看,琅邪王氏受惠于九品中正制良多。《通典·选举》记载:"乡举里选,不核才德,其所进取,以官婚胄籍为先,遂令甲族以二十登仕,后门以三十试吏。"[3] 王氏子弟无论贤愚,多在二十岁左右出仕,起家官品多为六品、七品。只要不短命早亡或卷入政治漩涡中去,约五六年后可升为五品或四品官,在五品或四品任上迁调沉浮五六年,便可升至中枢,或为地方重镇的二品或三品官,此时年纪也不过在四十岁左右。其中官运亨通或才干卓著者,年纪轻轻便可进入权力中心,如王昙首被宋文帝委以重任时三十岁,王僧绰成为宋文帝的心腹,升任侍中时年仅二十九岁,王俭二十八岁即为南齐右仆射,兼领吏部。祖孙三代入主中枢的年龄一代比一代低。因此,宋孝武帝时,三十岁的王僧达"自负才地……一二年间,便望宰相"[4],南齐王融"自恃人地,三十内望为公辅"[5]。时人不以为异,后人感叹:"贵仕素资,皆由门庆,平流进取,坐至公卿。"[6]

---

1 《南史》卷二十二《王俭传》,第595页。
2 《梁书》卷四十一《王承传》,第585页。
3 〔唐〕杜佑撰,王文锦等点校:《通典》卷十四《选举》,北京:中华书局,1988年,第334—335页。
4 《宋书》卷七十五《王僧达传》,第1952页。
5 《南齐书》卷四十七《王融传》,第822页。
6 《南齐书》卷二十三史臣曰,第438页。

从经济方面说，王氏子弟多入仕为官，可以从朝廷获得俸禄和皇帝的赏赐。做地方官的，获得额外收益的机会更多，而且被国家和社会承认。如王锡卸任临海郡太守，"送故及奉禄百万以上"。[1] 王秀之仅做了一年的晋平太守，就自称"此郡沃壤，珍阜日至……吾山资已足"。[2] 王琨任广州刺史，"南土沃实，在任者常致巨富"，王琨清廉，仍"买宅百三十万，余物称之"。[3] 王僧达为吴郡太守，遣下属抢掠富裕僧侣，"得数百万"。[4] 王筠任临海郡太守，"在郡侵刻，还资有芒属两舫，他物称是"。[5]

此外，琅邪王氏子弟可利用占田荫客制合法获得土地和劳动力，广建庄园。王羲之写信给谢万称："比当与安石东游山海，并行田视地利。"由此可知，即便是辞官归隐的王氏子弟，也有一定规模的田产，进行多种经营，"修植桑果"。[6]

除了法定占田，琅邪王氏家族还有皇帝的赐田。如东晋王导曾有八十余顷赐田在钟山，一直传到梁朝王骞手中，被梁武帝强行买去施舍给寺院。

另外，还有王氏子弟善于敛财，如王戎"性好兴利，广收八方园田水碓，周遍天下"，[7] 王珣"颇好积聚，财物布在民间"[8]。

优越的政治地位和物质条件，使琅邪王氏子弟生活稳定、优裕，有充足的时间和精力从事文学艺术的研究和创作，这是王氏文学发展的前提。

其次，家学渊源是琅邪王氏文学得以发展、繁荣的基础。

琅邪王氏自汉代成为经学世家，二百余年传承不辍，文化底蕴深厚。陈寅恪称："士族之特点既在其门风之优美，不同于凡庶，而优美之门风实基于学业之因袭。"[9] 在文化氛围浓厚的家族中，王氏子弟从小就受到良好

---

1 《宋书》卷七十五《王僧达传》，第1951页。
2 《南史》卷二十四《王裕之传》，第651页。
3 《南齐书》卷三十二《王琨传》，第578页。
4 《宋书》卷七十五《王僧达传》，第1954页。
5 《南史》卷二十二《王筠传》，第610页。
6 《晋书》卷八十《王羲之传》，第2102页。
7 《晋书》卷四十三《王戎传》，第1234页。
8 《宋书》卷四十一《王弘传》，第1312页。
9 陈寅恪：《唐代政治史述论稿》，上海：上海古籍出版社，1997年，第71页。

的家庭教育。当时,"士大夫子弟,数岁已上,莫不被教,多者或至《礼》《传》,少者不失《诗》《论》。"[1]《晋书》《南史》《世说新语》等书中关于王氏子弟的记载印证了这一说法,如王廙"少能属文",王弘"少好学",王俭"幼笃学",王规"年十二,略通《五经》大义",王瞻"六岁从师",王筠"幼年读《五经》","七岁能属文",王诞"少有才藻",王绚"年五六岁,读《论语》",等等。

魏晋之际,王戎等人由儒入玄,引领家族文化走向多元发展。王氏子弟所学内容之广,是一般士大夫家族难以比拟的,博学多才者屡屡见诸史籍,如:王廙"多所通涉,工书画,善音乐、射御、博弈、杂伎"[2];王微"少好学,无不通览,善属文,能书画,兼解音律、医方、阴阳术数"[3];王筠"幼年读《五经》,皆七八十遍。爱《左氏春秋》,吟讽常为口实。广略去取,凡三过五抄,余《经》及《周官》《仪礼》《国语》《尔雅》《山海经》《本草》并再抄,子史诸集皆一遍"[4]。

如此广博的学习内容,既是王氏子弟文化水平高的表现,也昭示着王氏族中必然藏书丰富。如王珣既家财丰厚,又收集了大量图书典籍,他死后,诸子分家,幼子王昙首"唯取图书而已"。[5]南齐时期,齐武帝罢总明观,在王俭家中开学士馆,将原属总明观的儒、道、文、史、阴阳五部图书全部送到王俭家中。直到唐朝,王綝"家聚书多,不减秘府,图画皆异本"。[6]琅邪王氏家族藏书丰富,经、史、子、集皆备,便于子弟读书学习,为王氏家族保持文化传统提供了便利条件。

此外,王氏子弟多以秘书郎(主要职责是收藏、整理和校阅图籍)、著作郎(掌国史和皇帝起居注)等官职入仕,有较多的机会接触大量珍贵图书典籍。

---

[1] 〔北齐〕颜之推撰,王利器集解:《颜氏家训集解》,北京:中华书局,1993年,第143页。
[2] 《晋书》卷七十六《王廙传》,第2002—2003页。
[3] 《宋书》卷六十二《王微传》,第1664页。
[4] 《南史》卷二十二《王筠传》,第610页。
[5] 《宋书》卷六十三《王昙首传》,第1678页。
[6] 《新唐书》卷一百一十六《王綝传》,第4225页。

琅邪王氏家族藏书丰富，借阅国家藏书或其他家族的藏书也并非难事，有如此得天独厚的读书条件，王氏子弟又多自幼勤学，所谓"读书破万卷，下笔如有神"，家族中长于文学的子弟辈出，终成文学世家。

再次，琅邪王氏子弟积极参与学术交游，有效促进了家族文学发展。早在西晋时期，由于玄学的盛行，王氏子弟常聚集在一起清谈，《世说新语·容止》记载：

> 有人诣王太尉，遇安丰、大将军、丞相在坐；往别屋见季胤、平子。还，语人曰："今日之行，触目见琳琅珠玉。"[1]

王衍、王戎、王敦、王导、王诩、王澄皆是当时的名士，各有文名，兄弟相聚，除了清谈玄理，免不了会有些文学方面的探讨。而且，他们交游广阔，活跃于上层社会文化圈子，清谈赋诗之举常见。如元康六年（296），石崇为王诩送行而组织金谷宴集：

> 时征西大将军祭酒王诩当还长安，余与众贤共送往涧中……遂各赋诗，以叙中怀。[2]

潘岳、刘琨等三十人与会赋诗，宴后结集，命名为《金谷集》，成为一时佳话。

东晋时期，文人雅集一度成为社会风尚。最著名的是永和九年（353）兰亭集会，共有四十二人参加，王氏一族即有九人：王羲之、王凝之、王肃之、王徽之、王献之、王彬之、王玄之、王封之、王涣之。除王献之（344—386）年龄小未赋诗外，其他八人共赋诗十三首。此次集会的诗歌，编为《兰亭集》，王羲之亲为作序，即流芳千古的《兰亭集序》。

进入南朝，统治者组织的文士聚会、朝堂赋诗更是常见王氏子弟的身

---

1 余嘉锡：《世说新语笺疏·容止》，上海：上海古籍出版社，1993年，第612页。
2 〔清〕严可均：《全上古三代秦汉三国六朝文·全晋文》卷三十三，北京：中华书局，1958年，第1651页。

第四章 文才相继

影。《宋书》卷六十三《王昙首传》:

> 高祖大会戏马台,豫坐者皆赋诗;昙首文先成。

《梁书》卷一《武帝纪上》:

> 竟陵王子良开西邸,招文学,高祖与沈约、谢朓、王融、萧琛、范云、任昉、陆倕等并游焉,号曰八友。

竟陵八友经常进行同题创作、刻烛赋诗、诗歌赠答等,永明体就产生在这些文学活动中,影响了后来律诗的发展。

梁朝时期,以萧衍、萧统、萧纲、萧绎为核心的文学集团汇集了大量文学之士,王筠、王规、王籍、王褒都是知名代表。

家族内、社交圈、朝堂上的频繁交游研讨,使王氏子弟得以开阔视野,提高文学水平,进而形成异常深厚的家族文学传统。

最后,琅邪王氏政治地位的变化,是王氏文学发展的助推力。

东晋初,王敦死后,琅邪王氏失去了军权,从此,家族内部形成了重文轻武的风气。王导次子王恬"少好武,不为公门所重。导……见恬便有怒色"。[1] 尚文轻武使王氏子弟形成了鄙薄武职之风,即便担任军职,也不任军中庶务,如王徽之任骑兵参军,"蓬首散带,不综府事"。[2] 待至刘宋,随着皇权对士族的打压力度加强,尚武成为士族亡身灭门的原因之一。王蕴"少有胆力……欲以将途自奋",被叔父王景文斥责:"汝灭我门户!"[3] 后来王蕴卷入政治斗争被杀。如此一来,尚文之风愈盛。

东晋中期以后,王氏子弟主要仰赖文化立足朝堂,彰显门第高贵。随着文学的自觉、统治者的重视,文学逐渐成为士人出人头地的重要途径。刘宋时,"宋孝武好文章,天下悉以文采相尚"。[4] 梁朝时,萧衍、萧统、萧

---

[1] 《晋书》卷六十五《王导传》,第1754、1755页。
[2] 《晋书》卷八十《王羲之传》,第2103页。
[3] 《南齐书》卷一《高帝上》,第11、12页。
[4] 《南史》卷二十二《王俭传》,第595页。

纲父子皆重文学，梁武帝经常命群臣赋诗，"其文善者，赐以金帛"。[1]王规在一次赋诗活动中"援笔立奏，其文又美"，被梁武帝嘉奖，"即日诏为侍中"。[2]直到陈朝时，还有"近世取人，多由文史"[3]之说。王锺陵指出：在家族势力根深蒂固的古代社会，"文名与家声紧紧地结合着，文名广延则易于得仕，得宦则家势壮"。[4]因此，士族子弟争相习文，"膏腴子弟，耻文不逮，终朝点缀，分夜呻吟"。[5]丧失了政治、军事优势的琅邪王氏子弟，为维护个人权益和家族社会地位，不得不迎合统治者的喜好，把文学当作扬名士林、顺利入仕的捷径。这也正是琅邪王氏在南朝时期的文学作品无论是数量、质量上还是题材、体裁上都远超魏晋时期的重要原因。

总之，魏晋南北朝时期，文学声名与家族声望密切相关，士族大多注意培育子弟的文学素养。在优越的政治、经济条件和文学自觉的历史背景下，琅邪王氏子弟借助家学优势，几乎无人不能为文，"人人有集"，足见其文学之盛。当时可比者，唯有以文学著称的陈郡谢氏，其中，谢灵运和谢朓在文学上的深远影响，自是琅邪王氏所不能及。但从整体情况看，谢氏家族又不能与王氏家族相比，琅邪王氏对魏晋南北朝文学之贡献也由此可见一斑。

二、两汉时期的王氏文学

两汉时期，王吉、王骏父子为经学名家，不以文学见长，再加上史料散佚，其他子弟多无详载。这二百年间王氏子弟的存世作品仅余五篇，即王吉的《上疏谏昌邑王》《奏书戒昌邑王》《上宣帝疏言得失》，王骏的《谕指淮阳王钦》《劾奏匡衡》，以王吉的《上疏谏昌邑王》最知名：

> 臣闻古者师日行三十里，吉行五十里，《诗》云："匪风发兮，匪车揭兮，顾瞻周道，中心怛兮。"说曰：是非古之风也，

---

1 《梁书》卷四十九《文学传》，第685页。
2 《梁书》卷四十一《王规传》，第582页。
3 《梁书》卷十四传论，第258页。
4 王锺陵：《中国文学史的原生态生长情状》，《学术研究》1994年第6期。
5 〔梁〕钟嵘著，周振甫译注：《诗品译注》，北京：中华书局，2017年，第21页。

发发者;是非古之车也,揭揭者。盖伤之也。今者大王幸方与,曾不半日而驰二百里,百姓颇废耕桑,治道牵马,臣愚以为民不可数变也。昔召公述职,当民事时,舍于棠下而听断焉。是时人皆得其所,后世思其仁恩,至乎不伐甘棠,《甘棠》之诗是也。

大王不好书术而乐逸游,冯式撙衔,驰骋不止,口倦乎叱咤,手苦于箠辔,身劳乎车舆;朝则冒雾露,昼则被尘埃,夏则为大暑之所暴炙,冬则为风寒之所匽薄。数以奥脆之玉体犯勤劳之烦毒,非所以全寿命之宗也,又非所以进仁义之隆也。

夫广夏之下,细旃之上,明师居前,劝诵在后,上论唐虞之际,下及殷周之盛,考仁圣之风,习治国之道,诉诉焉发愤忘食,日新厥德,其乐岂徒衔橛之间哉!休则俯仰诎信以利形,进退步趋以实下,吸新吐故以练臧,专意积精以适神,于以养生,岂不长哉!大王诚留意如此,则心有尧舜之志,体有乔松之寿,美声广誉登而上闻,则福禄其辏而社稷安矣。

皇帝仁圣,至今思慕未怠,于宫馆圃池弋猎之乐未有所幸,大王宜夙夜念此,以承圣意。诸侯骨肉,莫亲大王,大王于属则子也,于位则臣也,一身而二任之责加焉,恩爱行义孅介有不具者,于以上闻,非飨国之福也。臣吉愚戆,愿大王察之。[1]

汉代尊奉儒学,形成了"温柔敦厚"的文艺观,文学注重政治教化作用,强调委婉含蓄。王吉的谏文中引经据典,说理透彻,语气委婉,态度恳切,劝说昌邑王效仿前朝明君贤相留意国政,改掉耽于游乐的毛病,表现了王吉忧国忧民之苦心。全篇文辞典雅,句式丰富,富有感染力。

总之,两汉时期的琅邪王氏,传世文学作品不多,但谏书、章表都有明显的文学特色,说明这一时期的王氏子弟大都有一定的文学修养。王吉等人尊奉儒家的文艺观,注重文学的政治教化作用。他们的作品一般针对

---

[1]《汉书》卷七十二《王吉传》,第3058—3061页。

朝堂和社会生活中的具体事件展开论述，论证严密，语句典雅，兼具实用性和文学性，对后世王氏家族的奏章表疏等庙堂文学产生了深远影响。

三、魏晋时期的王氏文学

（一）曹魏西晋时期

曹魏时期，王雄以才干显名边疆，王祥、王览[1]兄弟以品行著称于世。他们的下一代或为边疆统帅，或为朝廷高官，皆不以文学见长，流传后世的文章仅有王祥的《训子孙遗令》。王祥在遗训中回顾自己八十余年的人生，要求简办丧礼，全文文风质朴，感情真挚。尤其结尾"夫言行可覆，信之至也；推美引过，德之至也；扬名显亲，孝之至也；兄弟怡怡，宗族欣欣，悌之至也；临财莫过乎让：此五者，立身之本"[2]，谆谆告诫子孙遵循儒家道德规范，对后世子孙产生了较大影响。

魏晋之际的竹林七贤，不仅是玄学名士团体，也是文学名人的集合。阮籍、嵇康是当时的文学大家，刘伶、向秀皆善属文，山涛有《山公启示》传于后世，阮咸亦有家学渊源。唯王戎没有文字资料流传后世，但他传承王氏家族文化，自有文化底蕴，与阮籍、嵇康为至交好友，文学素养当不低，可惜身处乱世，不仅诗文无存，半个世纪的仕宦生涯，竟然连章表疏奏都未能流传下来。

西晋元康年间，玄学清谈风靡一时，当时文士成名的主要途径不是诗赋，而是在清谈场中驰骋辩才。王衍以谈玄著称，《全晋文》仅录《谢表》和《答山简书》的简短文句，还有一个只有名而无内容的上表，其女为太子妃，太子被废，王衍"惧祸，自表离婚"。[3]刘师培认为："王衍、乐广之

---

1 二十五史刊行委员会编：《二十五史补编》，北京：中华书局，1955年，第3686页。丁国钧《补晋书艺文志》："散骑常侍王览集九卷。"考《晋书》所列王览的官职，并无散骑常侍一职，《隋书·经籍志》未收录王览文集，此处不予评价。
2 《晋书》卷三十三《王祥传》，第989页。
3 《晋书》卷四十三《王衍传》，第1237页。

流,文藻鲜传于世,用是言语、文章,分为二途。"[1]尽管如此,还是可以从其他记载中推测王衍的文学素养。《世说新语·文学》载:

> 裴成公作《崇有论》,时人攻难之,莫能折。唯王夷甫来,如小屈。时人即以王理难裴,理还复申。

注引《晋诸公赞》曰:

> 颜疾世俗尚虚无之理,故著《崇有》二论以折之。才博喻广,学者不能究。

注引《惠帝起居注》曰:

> 颜著二论以规虚诞之弊。文词精当,为世名论。[2]

既然王衍能使"才博喻广""文词精当"的《崇有论》"小屈",可知他的辩论之词定然相当精彩,应不在《崇有论》之下。只是没有流传下来,后人无法了解王衍的文学水平。

元康中,金谷聚会传为佳话,此次宴集的主要目的是为王诩送行。送行者都要赋诗,被送行的王诩,赋诗也是难免的,只是他的文章、诗作也没有流传下来。

西晋时期的琅邪王氏子弟,唯王旷有五卷文集流传至宋代,现在仅余两篇残篇。《与东海王越书》:"裴郃在此,虽不治事,然识量弘淹,此下人士大敬附之。"此信是向东海王越汇报司马睿南下建康后的情况,仅余对裴郃的介绍,语气平易,文句转折自然。《与扬州论讨陈敏计》:"贼今下屯固横江。复据乌江,皆堑垒,彭排鹿角,步安严峻,以袭历阳诸军。"[3]王旷写

---

1 刘师培:《中国中古文学史讲义》,南宁:广西人民出版社,2017年,第66页。
2 余嘉锡:《世说新语笺疏·文学》,上海:上海古籍出版社,1993年,第201页。
3 〔清〕严可均:《全上古三代秦汉三国六朝文·全晋文》卷二十一,北京:中华书局,1958年,第1579页。

信给扬州刺史刘机,商讨如何平定陈敏之乱,言辞中直白地介绍了陈敏的军事布局,少有文学色彩,但从"彭排鹿角,步安严峻"中,仍能看出其遣词造句之文风。

(二)东晋时期

东晋时期的琅邪王氏,不仅在政治上达到巅峰,在文学领域也取得较大成就,有文集流传后世的多达十四人。根据他们生活的时代,大致可分为东晋初期、中期和后期三个阶段。每一阶段的文学作品,都因王氏家族的政治地位以及当时的文风不同而呈现出不同特点。

1. 东晋初期

自永嘉元年(307)王敦、王导辅助司马睿渡江南下,至咸康五年(339)王导去世,琅邪王氏处于"王与马,共天下"的政治巅峰时期。这一时期王氏子弟的文学作品,据《全上古三代秦汉三国六朝文·全晋文》和《先秦汉魏晋南北朝诗·晋诗》,列表如下(见表4-2)。

表4-2 东晋初期琅邪王氏子弟文学作品

王氏子弟	政论文	书信	诗歌	赋	散文
王导	《表》《上书论谥法》《上疏请自贬》《请建立国史疏》《上疏请修学校》《议复肉刑》《议追赠周札》《重议周札赠谥》《请原羊聃启》《迁丹阳太守上笺》《转陈耽谢鸾教》《祭卫玠教》《求别驾教》	《与贺循书论虞庙》《又与贺循书问即位告庙》《答荀崧书》《答陶侃书》《遗王含书》《与从子允之书》			《麈尾铭》

续表

王氏子弟	政论文	书信	诗歌	赋	散文
王廙	《表庾亮为中书监》《表王舒》《举贺循为贤良杜夷为方正疏》《辞荆州牧疏》《上疏言王导》《上疏罪状刘隗》《上言父子生离服限》	《与刘隗书》《与王导书后自手笔》			
王廙	《奏〈中兴赋〉上疏》		《春可乐》	《洛都赋》《思逸民赋》《笙赋》《白兔赋（并序）》	《宰我赞》《保傅箴》《妇德箴》
释道宝①			《咏诗》		

注：①〔梁〕释慧皎：《高僧传》卷四《竺法崇传》，北京：中华书局，1992年，第171页。"时剡东仰山，复有释道宝者。本姓王，琅邪人，晋丞相导之弟。"

上述王氏子弟，作品最多的是王导，他"善于斟酌，有文章才义"[1]。流传下来的文章，大都是奏疏章表教令之类的应用文，涉及时政、礼乐、教育、刑法等多方面，如《上疏请修学校》，既有明显的政治实用性，又语词典雅、论证严谨，堪为东晋疏文的代表作。王导的书信，多与时事有关，历史价值颇高，从中也可看到他的文学素养。如《遗王含书》，是王敦第二次起兵之时所作。当时，王敦病重，委任其兄王含为元帅领兵东下。王导为顾全大局，也为维护王氏家族的地位和利益，出任讨伐军的总指挥。他写信给王含，晓之以理，动之以情，指出王敦必败，劝说王含退兵，保全家族。王导表示自己忠心为国，"导虽不武，情在宁国。今日之事，明目张

----
1 《晋书》卷九十八《王敦传》，第2557页。

胆为六军之首,宁忠臣而死,不无赖而生矣"。[1]全文典雅流畅,字里行间透露出王导维护家国利益的良苦用心。

大将军王敦也有较高的文学修养,现存的文章多是奏章表疏,以《上疏言王导》最具代表性。东晋建立后,晋元帝欲加强皇权,削弱琅邪王氏的势力,遂重用刘隗、刁协,疏远王导。当时,王敦坐镇荆州,手握雄兵,权势欲日渐膨胀,对晋元帝削弱王氏家族势力的举措极为不满。他上疏给晋元帝,先回顾当年王氏兄弟与晋元帝"管鲍之交"的亲近关系,力陈王导的才干与功业,"虚己求贤,竭诚奉国……辅翼积年,实尽心力";接着提出解决之道,既然元帝以为王导权势过重,"内综机密,出录尚书,杖节京都,并统六军",不妨削减其行政权和军权,使其仅承担顾问之责,便可"外无过宠,公私得所"。王敦为王导在朝内所受的冷遇鸣不平,上疏中甚至威胁要采取适当的行动,若"圣恩不终,则遐迩失望。天下荒弊,人心易动;物听一移,将致疑惑"。[2]全文语句流畅,用典颇多,暗含锋芒,正是王敦个性和权势地位的鲜明体现。

东晋初,琅邪王氏家族文学才华最高的是王廙。他"少好文学",诗文俱佳,有文集三十四卷,但流传下来的诗歌仅有一首描绘早春景色的《春可乐》。王廙长于辞赋,《中兴赋》《白兔赋》等都是为司马睿歌功颂德,为维护东晋新政权制造舆论而作,"宣扬盛美",以达"嗟叹咏歌之义"。[3]即便是咏物赋,政治意味也较浓,如《笙赋》赞扬笙乐"足可以易俗移风,兴洽至教"[4],强调笙的教化意义。

总之,王导和王敦都是朝廷重臣,他们在东晋政权初创期,忙于政务、军务,其作品大多是以时政为中心的奏章表疏等应用文,部分书信也与当时的社会政治息息相关。虽然可以看出他们都有较好的文学功底,但

---

1 《晋书》卷九十八《王敦传》,第2564页。
2 《晋书》卷九十八《王敦传》,第2556页。
3 《晋书》卷七十六《王廙传》,第2004页。
4 〔清〕严可均:《全上古三代秦汉三国六朝文·全晋文》卷二十,北京:中华书局,1958年,第1571页。

第四章 文才相继

文学性的确不强。王廙的诗赋等文学作品,主要是为统治者歌功颂德而作,充斥着儒家的伦理说教。这些都说明,东晋初期的琅邪王氏文学更多地体现在实用上,缺乏真正抒发个人感情的文学作品。尽管如此,以王导等人在朝堂和家族中的身份地位,他们对文学的间接推动,直接影响了王氏子弟,为琅邪王氏向文学世家发展奠定了基础。

2. 东晋中期

东晋中期,琅邪王氏丧失了与皇室"共天下"的政治地位,进入中衰阶段。这一时期,王氏子弟的心态、生活情趣和所追求的境界都发生了变化,他们大多远离权力中心,或畅游山水,或饮酒清谈,在优裕的生活环境中创作了大量文学作品。辑录于《全上古三代秦汉三国六朝文·全晋文》和《先秦汉魏晋南北朝诗·晋诗》的作品,列表如下(见表4-3)。

表4-3 东晋中期琅邪王氏子弟文学作品

王氏子弟	政论文	书信	诗歌	赋	散文
王恬		《书》			
王洽	《临吴郡上表》《辞中书令表》	《书》《与林法师书》			
王劭		《书》			
王胡之	《释奠表》《上疏荐沈劲》	《与庾安西笺》《与从弟洽书》	《赠庾翼诗》八章、《答谢安诗》八章		
王彪之	《正纳皇后礼》《省官并职议》等二十余篇(详见第二章第二节)	《与会稽王笺》《答会稽王书》《与扬州刺史殷浩书》《答孔严论蔡谟谥书》	《登会稽刻石山诗》《游仙诗》《与诸兄弟方山别诗》《登冶城楼诗》	《庐山赋》《水赋》《井赋》《关中赋》《赋》	《二疏画诗序》《伏羲赞》

续表

王氏子弟	政论文	书信	诗歌	赋	散文
王羲之	《临护军教》	《与会稽王笺》《与桓温笺》《报殷浩书》《又遗殷浩书》《与殷浩书》《遗谢安书》《与谢安书》《与谢万书》《又遗谢万书》《与人书》《与所知书》	《兰亭诗二首》《答许询诗》	《用笔赋》	《三月三日兰亭诗序》《临河叙》《游四郡记》《为会稽内史称疾去郡于父墓前自誓文》《书论》《题卫夫人笔阵图后》《月仪》《笔经》
王纳之	《议郊祀不得三公行事》				
卞嗣之	《劾范宁表》		《兰亭诗二首》	《风赋》	
王涣之		《书》	《兰亭诗》		
王徽之		《书》	《兰亭诗二首》		
王操之		《书》			
王玄之			《兰亭诗》		
王肃之			《兰亭诗二首》		
王彬之			《兰亭诗二首》		
王丰之			《兰亭诗》		

上表中的王氏子弟，王彪之的作品最多，大部分是礼仪、政事方面的奏疏表章。如《省官并职议》，围绕"职事之修，在于省官；朝风之澄，在于并职"的核心思想，提议撤并六卿、宿卫军官和侍中等官职，提出"令大官随才位所帖而领之"[1]的方案。此文论证严密，虽文学色彩不重，仍有

---
[1] 〔清〕严可均：《全上古三代秦汉三国六朝文·全晋文》卷二十一，北京：中华书局，1958年，第1576页。

"明辩畅达"[1]的评价,显然文学水平不低。他的诗赋多为残篇,以《水赋》较有代表性,"泉清恬以夷淡,体居有而用玄"[2],以水的特点阐述玄学理论,带有明显的玄风。

东晋中期,最能代表王氏文学发展方向和格调的是王羲之。王羲之(303—361),字逸少,起家秘书郎,出任临川太守,转征西将军庾亮的参军、长史,再迁宁远将军、江州刺史,拜右军将军、会稽内史。永和十一年(355)称病去职,世称王右军。

王羲之的"书圣"之名,不仅使其政绩不为世人尽知,也掩盖了其文学成就。实际上,王羲之青少年时期正是琅邪王氏最强盛的时代,他自幼勤学,身边的长辈又是王氏家族杰出的政治、文化精英,在政治才能、书法、文学等诸方面对他多加培养。因此他十三岁时已有高名,被视为王氏的"佳子弟",与王承、王悦并称"王氏三少"。入仕后,王羲之屡任要职,最后定居风景如画的会稽。"会稽有佳山水,名士多居之",王羲之与"以文义冠世"[3]的谢安、孙绰、李充、许询等人交游频繁,常以诗文唱和,"出则渔弋山水,入则言咏属文"。[4]《全晋文》辑录的王羲之的诗文、书信,大多是在会稽创作的。如他写给会稽王司马道子、桓温、殷浩、谢安的书信,分析朝局,陈述自己的政治观点,展示了他的远见卓识和忧国忧民之心。在父母墓前的自誓文,简洁陈述辞官原因和远离官场的决心。给谢万的书信,描述自己归隐后巡行田园、教养子孙的生活,婉拒再入仕途。这些书信没有工整的对偶和华丽的辞藻,清新朴实却又蕴含深情,是东晋散文中不可多得的佳作。王羲之的作品,传世最多的是杂帖,《全晋文》辑录多达五卷,大部分是与亲朋好友之间的问候赠答,或者记录日常琐事,短小精悍,最长不过百余字。文风简约平易,语言简洁凝练,口语化的内容居多,

---

1 刘师培:《中国中古文学史讲义》,南宁:广西人民出版社,2017年,第87页。
2 〔清〕严可均:《全上古三代秦汉三国六朝文·全晋文》卷二十一,北京:中华书局,1958年,第1574页。
3 《晋书》卷八十《王羲之传》,第2098、2099页。
4 《晋书》卷七十九《谢安传》,第2072页。

偶有文雅的骈句。如"忽然改年。新故之际，致叹至深，君亦同怀。"[1]"仆近修小园子，殊佳，致果杂药，深可致怀也。"[2]"奉橘三百枚，霜未降，未可多得。"[3]杂帖融书法和文学为一体，又蕴含着深刻的情感，抒情性大大增强。

永和九年（353）上巳日，王羲之以地方官和名士的双重身份召集会稽名流于山阴兰亭，在清丽山水中，曲水流觞，对景赋诗。《会稽志》卷十所引《天章碑》详细罗列了此次与会人员的名单及赋诗情况。参加这次雅集的名流文士多达四十二人，其中赋诗者二十六人，作品三十七首。此次文坛盛会会聚了当时当地的知名文士，而王氏一族即有九人，其中有八人赋诗，共十三首，可见王氏家族的文学之盛。这些诗篇被汇编为《兰亭集》，王羲之亲自为之作序，即在文学史和书法史上皆享有盛名的《兰亭集序》：

> 永和九年，岁在癸丑，暮春之初，会于会稽山阴之兰亭，修禊事也。群贤毕至，少长咸集。此地有崇山峻岭，茂林修竹，又有清流激湍，映带左右，引以为流觞曲水，列坐其次。虽无丝竹管弦之盛，一觞一咏，亦足以畅叙幽情。
>
> 是日也，天朗气清，惠风和畅，仰观宇宙之大，俯察品类之盛，所以游目骋怀，足以极视听之娱，信可乐也。
>
> 夫人之相与，俯仰一世，或取诸怀抱，悟言一室之内，或因寄所托，放浪形骸之外。虽趣舍万殊，静躁不同，当其欣于所遇，暂得于己，快然自足，不知老之将至。及其所之既倦，情随事迁，感慨系之矣。向之所欣，俯仰之间，已为陈迹，犹不能不以之兴

---

[1]〔清〕严可均：《全上古三代秦汉三国六朝文·全晋文》卷二十三，北京：中华书局，1958年，第1591页。
[2]〔清〕严可均：《全上古三代秦汉三国六朝文·全晋文》卷二十五，北京：中华书局，1958年，第1604页。
[3]〔清〕严可均：《全上古三代秦汉三国六朝文·全晋文》卷二十六，北京：中华书局，1958年，第1608页。

怀。况修短随化,终期于尽。古人云,死生亦大矣,岂不痛哉!

每览昔人兴感之由,若合一契,未尝不临文嗟悼,不能喻之于怀。固知一死生为虚诞,齐彭殇为妄作,后之视今,亦犹今之视昔,悲夫!故列叙时人,录其所述,虽世殊事异,所以兴怀,其致一也。后之览者,亦将有感于斯文。[1]

《兰亭集序》分为两部分:前面介绍兰亭集会、山水风景,既描写了兰亭优美的山水春色,又抒写了与朋友相聚的欢欣;后面阐述自己对宇宙、生命的见解,抒发了生死无常、及时行乐、快然自足的情怀。全文句式整齐,音韵和谐,不事雕琢。文章情理并茂,虽带有玄学色彩,但语言清新质朴,基本摆脱了玄言体的枯燥、乏味。时人将此文与西晋石崇的《金谷诗序》相提并论,可知《兰亭集序》在当时就产生了较大影响,其前叙事写景后论理抒情的写作方式,也给后世的散文家以启示。

此外,王氏子弟诗歌成就较为突出的还有王胡之,他"善属文辞,为当世所重"。[2] 王胡之的四言诗成就最高,如《赠庾翼诗》,前面盛赞庾翼的名士风度和功勋业绩,后面表述自己的人生追求,用流畅的语言描绘隐逸生活;

回驾蓬庐,独游偶影。陵风行歌,肆目崇岭。高丘隐天,长湖万顷。可以垂纶,可以啸咏。[3]

东晋中期,玄言诗笼罩诗坛,王彪之、王羲之、王胡之等人的文学创作多受其影响,诗文形成了平淡、萧散的特点。在玄学风行之时,兰亭集会创作了一批玄言和山水相融的优秀作品,昭示着山水诗即将兴起。

3. 东晋后期

东晋后期琅邪王氏子弟的文学作品,辑录于《全上古三代秦汉三国六

---

1 《晋书》卷八十《王羲之传》,第2099页。
2 余嘉锡:《世说新语笺疏·品藻》,上海:上海古籍出版社,1993年,第531页。
3 逯钦立:《先秦汉魏晋南北朝诗·晋诗》卷十二,北京:中华书局,1983年,第886页。

朝文·全晋文》和《先秦汉魏晋南北朝诗·晋诗》的列表如下（见表4-4）。

表4-4　东晋后期琅邪王氏子弟文学作品

王氏子弟	政论文	书信	诗歌	散文
王诞				《伐广固祭牙文》
王珣	《奏追崇郑太后》	《书》《与范宁书论释慧持》《重与范宁书》	《秋怀诗》《歌太宗简文皇帝》《歌烈宗孝武皇帝》	《林法师墓下诗序》《琴赞》《虎丘山铭》《孝武帝哀策文》《祭徐聘士文》
王珉	《告庙议》	《答徐邈书》	《直中书诗》	《论序高座师帛尸梨蜜多罗》
王琨	《并琅邪王丕议（升平五年）》			
王谧	《疏》《殷祭议》	《与释慧远书》《答桓玄书明沙门不应致敬王者》《答桓玄难》《重答桓玄难》《三答桓玄难》		
王廞		《与静媛等疏》	《长史变歌》	
王献之	《为中书令启琅琊王为中书监表》《进书决表》《上疏议谢安赠礼》《辞尚书令与州将书》	《与郗超书》	《桃叶歌》	《保母砖志》

上述王氏子弟，较早以文学显名的是王珣。他弱冠为桓温掾，后转主簿。桓温对他极为看重，常称"王掾必为黑头公，未易才也"。[1]在桓温帐下，还会聚了袁宏、伏滔等知名文士，他们经常一起探讨诗文。《世说新

---

[1] 余嘉锡：《世说新语笺疏·雅量》，上海：上海古籍出版社，1993年，第377页。

语·文学》载：

> 桓宣武命袁彦伯作《北征赋》，既成，公与时贤共看，咸嗟叹之。时王珣在坐云："恨少一句，得'写'字足韵，当佳。"袁即于坐揽笔益云："感不绝于余心，溯流风而独写。"[1]

在这次文学讨论会上，王珣看出了《北征赋》中的缺憾，并提出了恰当的修改意见，显然其文学素养颇高。

王珣升任侍中后，"以才学文章见昵于帝"。[2]晋孝武帝崩后，哀册谥议，都是王珣起草，被称为"大手笔"。他还参与了当时的宗庙歌诗创作，《晋书·乐下》载：

> 太元中，破苻坚，获其乐工杨蜀等，闲习旧乐，于是四厢金石始备焉。乃使曹毗、王珣等增造宗庙歌诗。[3]

《歌太宗简文皇帝》《歌烈宗孝武皇帝》就是因此写作的，皆为四字诗，属于歌功颂德之作，古奥典雅，文学性不强。

王珣"学涉通敏，文高当世"[4]，但作品流传下来的不多，诗赋多有缺文。《世说新语·文学》载：

> 裴郎作《语林》，始出，大为远近所传。时流年少，无不传写，各有一通。载王东亭作《经王公酒垆下赋》，甚有才情。[5]

被评为"甚有才情"的《经王公酒垆下赋》在当时广泛传播，现今仅余篇名。

---

1 余嘉锡：《世说新语笺疏·文学》，上海：上海古籍出版社，1993年，第270页。
2 《晋书》卷六十五《王导传》，第1756页。
3 《晋书》卷二十三《乐下》，第698页。
4 余嘉锡：《世说新语笺疏·文学》，上海：上海古籍出版社，1993年，第272页。
5 余嘉锡：《世说新语笺疏·文学》，上海：上海古籍出版社，1993年，第269页。

王珣弟王珉，"风情秀发，才辞富赡"[1]，与王献之相继为中书令，世称"大小令"。王珉曾有文集十卷，现存仅有数篇。相传他曾作《团扇歌》，流传很广。

王诞亦有文才，《宋书》卷五十二《王诞传》载：

> 诞少有才藻，晋孝武帝崩，从叔尚书令珣为哀策文，久而未就，谓诞曰："犹少序节物一句。"因出本示诞。诞揽笔便益之，接其秋冬代变后云："霜繁广除，风回高殿。"珣嗟叹清拔，因而用之。

这一时期政治地位颇高的王谧，也有文章传世，但多与佛教有关。桓玄执政后，下令僧徒遵从华夏礼制，礼敬君主。王谧站在佛教立场与之论辩，力主沙门不需致敬王者。王谧的论辩言辞虽无太多文学色彩，但层层推进，说理性较强，再加上其他政治因素，桓玄最终收回成命。

王献之的《桃叶歌》和干麽《长史变歌》，都带有江南民歌特色。（详见第二节）

总之，东晋后期的琅邪王氏子弟在深厚的家学渊源和优越的社会环境中，培养了较高的文学素养。他们的作品文体不同、题材各异，既有涉及时政的奏疏表章、宗庙歌诗等庙堂文学，也有受玄学、江南民歌和佛教影响的诗文，出现了多元发展的态势。

四、南北朝时期的王氏文学

南朝时期，统治者重视文学，"时主儒雅，笃好文章"，江南文风昌盛，"才秀之士，焕乎俱集"[2]，文学作品大量涌现，文学题材和文学风格发生了较大变化。这一时期的琅邪王氏，丧失了政治、军事方面的优势，逐渐走向下坡路，家族文化成为他们维系社会地位的主要工具。王氏子弟大多幼年即开始学习经史子集，无论是作家群体还是作品数量都远超其他士

---

1 余嘉锡：《世说新语笺疏·赏誉》，上海：上海古籍出版社，1993年，第494页。
2 《南史》卷七十二《文学传》，第1762页。

族，既有文士领袖王俭，也有蜚声文坛的王融、王筠、王籍等人，取得了辉煌的文学成就。齐、梁时期，随着王肃、王褒北上，将江南文风传播到北方，推动了南北文学交流。

（一）刘宋时期

宋武帝刘裕执掌政权后，为弥补自己及心腹大多出身武将、文化不足的劣势，广泛搜罗世家子弟，一度形成了有利于文学发展的局面。其后几代帝王都大力提倡文学：元嘉十五年（438），文帝命司徒参军谢元建立文学馆，与玄学、儒学、史学并立，文学摆脱了经学附庸的地位，真正独立起来；孝武帝喜好文章，以致天下皆以文采相尚；明帝于泰始六年（470）立总明观，设儒、道、文、史、阴阳五学。在统治者的提倡下，文风甚盛，刘勰《文心雕龙·时序》评价："缙绅之林，霞蔚而飙起；王袁联宗以龙章，颜谢重叶以凤彩。"[1] 王、袁、颜、谢都是当时著名的文学家族，琅邪王氏家族虽没有谢灵运、颜延之那样的文学大家，但族人众多，有文集传世的共计十一人。流传至今的作品，据《全上古三代秦汉三国六朝文·全宋文》和《先秦汉魏晋南北朝诗·宋诗》列表如下（见表4-5）。

晋宋之际政局动荡，琅邪王氏子弟大多参与其中，他们的作品多涉及当时的时政、礼制和法制，如王敬弘、王弘、王韶之、王僧达等人的章表，部分仍延续前朝文风，简约质朴，也有些内容受当时的文风影响，出现了骈文趋势。如王敬弘的上表：

> 臣躬耕南沂，不求闻达。先帝拔臣于蛮荆之域，赐以国士之遇。陛下嗣徽，特蒙眷齿，由是感激，委质圣朝。虽怀犬马之诚，遂无尘露之益。[2]

---

[1]〔南朝梁〕刘勰著，王运熙、周锋译注：《文心雕龙译注》，上海：上海古籍出版社，2012年，第305页。
[2]《宋书》卷六十六《王敬弘传》，第1731页。

表4-5 刘宋琅邪王氏子弟文学作品

王氏子弟	政论文	书信	诗歌	赋	散文
王敬弘	《辞太子少傅表》《辞左光禄大夫开府仪同三司表》《又表》《奏请征王弘之郭希林》《又陈》	《与子恢之书》《与子瓒之书》			
王昇之	《垦起湖田议》				
王弘	《开广陵前浦表》《谢赐河上梨表》《辞建安郡公封邑表》《因大旱引咎逊位》《又表逊位》《又表逊位》《陈会稽王道子请建屯田》《奏弹谢灵运》《上言定丁役》《与八座丞郎疏》《刑法议》	《与谢灵运书问辨宗论议》《答谢灵运书》			
王景首	《南合不开门启》	《与释某书》			
王华	《建议劝文帝亲征》				

续表

王氏子弟	政论文	书信	诗歌	赋	散文
王韶之	《为晋恭帝禅诏策》《玺书禅位》《请定不赎罪四条启》《驳王裒之请假事》《临郡蔡潘综孝廉教》		《咏雪离合》《赠潘综逵举孝廉诗》《宋宗庙登歌八首》《宋四厢乐歌五首》《食举歌十章》《宋前后舞歌二首》		
王准之	《奏请三年之丧用郑义》《刑法议》				
王徽①		《与何偃书》		《芍药华赋》《野鹜赋》	
王微		《与江湛书》《与从弟僧绰书》《报何偃书》	《杂诗二首》《四气诗》		《衣赞》《禹余粮赞》《桃枱赞》《以书告弟僧谦灵》《遗令》
王僧达	《答诏》《表谢》《上表解职》《求徐州启》	《与沈璞书》《答丘珍孙书》	《释奠诗》《答颜延年诗》《和琅邪王依古诗》《七夕月下诗》《诗》		《祭颜光禄文》

222　门阀士族：琅邪王氏文化传家

续表

王氏子弟	政论文	书信	诗歌	赋	散文
王景文	《自陈求解扬州》	《与辛臣王道老书》			
王叔之			《游罗浮山诗》《拟古诗》	《翟雉赋》	《舟赞》《筇赞》《甘橘赞》《兰菊铭》《遂隐论》《怀旧序》《伤孤鸟诗序》《续刘伯伦酒德颂》《七日诗序》
王素			《学阮步兵体诗》	《蛟赋》	

注：①《宋书》卷五《文帝纪》（第76页）载："夏四月庚戌，以廷尉王徽为交州刺史。"《宋书》卷九十二《良吏传》（第2265页）载："太祖元嘉四年，以廷尉王徽为交州刺史。"《全上古三代秦汉三国六朝文·全宋文》卷十九（第2536页）载："徽，（王）弘从子，元嘉初为廷尉，出为交州刺史。"考，《宋书》的两处记载不同，可能是《文帝纪》多了一个"之"字。

王敬弘明显是模仿了诸葛亮的《出师表》,但比《出师表》更加注重词句雕琢。再如王弘的上表:

> ……台辅之职,论道赞契,上佐人主,燮理阴阳。位以德授,则和气淳穆;寇窃非据,则谪见于天。是以陈平有辞,不滥主者之局;邴吉停驾,大惧牛喘之由……陛下圣哲御世,光隆中兴,宜休征表祥,醴泉愆涌。而顷阴阳隔并,亢旱成灾,秋无严霜,冬无积雪,疾厉之气,弥历四时。此岂非任失其人,覆𫗧之咎。[1]

王弘的奏章中,讲究对仗、用典,句式整齐,四字、六字的骈文风格已经较为明显。这种文风,延至齐梁时期,更加风行。

刘宋时期,王韶之的诗歌作品最多,但大部分是庙堂文学,注重用典,文风凝重,文学价值不高。这一时期王氏子弟文学成就最高的是王微和王僧达。

王微(415—453)"少好学,无不通览,善属文"[2],元嘉年间,他的文名远播北朝。元嘉二十七年(450),北魏南侵彭城,派尚书李孝伯出使刘宋,"访问(谢)庄及王微,其名声远布如此"。[3]

王微的文学特点是"为文古甚,颇抑扬",被袁淑讥讽为"诉屈"。王微解释自己的文学理念:"文辞不怨思抑扬,则流澹无味。文好古,贵能连类可悲,一往视之,如似多意。"[4] 王微延续了孔子"诗可以怨"的主张,认为诗作表述怨思悲苦,更能打动人心。显然他注重文学的情感表达,与流行百余年的玄言诗风有较大差距。钟嵘《诗品》将王微和谢赡、谢混、袁淑、王僧达等合在一起品评,以其诗为"中品",认为"其源出于张华,才力苦弱,故务其清浅,殊得风流媚趣"。[5] 其代表作《杂诗二首》,是南朝闺

---

[1]《宋书》卷四十二《王弘传》,第1314—1315页。
[2]《宋书》卷六十二《王微传》,第1664页。
[3]《宋书》卷八十五《谢庄传》,第2167页。
[4]《宋书》卷六十二《王微传》,第1666、1667页。
[5]〔梁〕钟嵘著,周振甫译注:《诗品译注》,北京:中华书局,2017年,第68页。

怨诗的代表，《文选》《古诗源》《玉台新咏》等选本都收录了。

现存的王微散文主要是书信，文辞质朴，在骈文流行的刘宋文坛，他的文风较有特色。《与从弟僧绰书》论及时事，总结了"持盈畏满"的琅邪王氏家风；《与江湛书》陈述自己"素无宦情"的人生志向，坚辞吏部郎之职，排比典故，较重辞藻；《报何偃书》自述胸襟，谈及自己服食、书画的爱好，文少雕饰，几同口语；《以书告弟僧谦灵》，叙说兄弟手足之情，饱含哀痛之情，结尾如泣如诉，哀婉动人。"阿谦！何图至此！谁复视我，谁复忧我……吾临灵，取常共饮杯，酌自酿酒，宁有仿像不？冤痛！冤痛！"[1]

王僧达（423—458）自幼聪慧，"少好学，善属文"。宋文帝闻其名，亲自召见，妻以临川王刘义庆女。孝武帝时，王僧达升任尚书右仆射。他自恃门第高贵，为人倨傲，觐见孝武帝"傲然了不陈逊"，一度被免官禁锢，再加上轻视皇太后路氏家族[2]，被孝武帝借故扯入一桩谋反案赐死，时年三十六岁。

王僧达在仕途上不如意，但在文坛上有一定地位，钟嵘《诗品》列王僧达诗为"中品"。现存诗作涉及礼制、朋友赠答、山水景物等诸多方面，风格不一，以《答颜延年诗》最知名。

颜延之，字延年，与谢灵运、鲍照并称"元嘉三大家"，在当时影响很大。鲍照曾比较谢灵运、颜延之的文风，前者"如初发芙蓉，自然可爱"，后者"若铺锦列绣，亦雕缋满眼"。[3] 汤惠休也有类似评价："谢诗如芙蓉出水，颜诗如错彩镂金。"[4] "铺锦列绣""错彩镂金"都反映了颜延之诗文的主要特点是喜用典故，堆砌辞藻，如《赠王太常僧达诗》，着意雕琢，用典繁密，几乎无一字无来历。王僧达的回书《答颜延年诗》也大量用典，

---

1 《宋书》卷六十二《王微传》，第1666、1672页。
2 《南史》卷二十一《王僧达传》，第574页。路琼之是路太后兄路庆之的孙子，与王僧达比邻而居，"尝盛车服诣僧达，僧达将猎，已改服。琼之就坐，僧达了不与语，谓曰：'昔门下驺人路庆之者，是君何亲？'遂焚琼之所坐床。太后怒，泣涕于帝：'我尚在而人陵之，我死后乞食矣……我终不与王僧达俱生。'"
3 《南史》卷三十四《颜延之传》，第881页。
4 〔梁〕钟嵘著，周振甫译注：《诗品译注》，北京：中华书局，2017年，第67页。

刻意藻饰，与颜延之的诗风相似。孝建三年（456），颜延之去世，王僧达作《祭颜光禄文》，模仿颜延之的《祭屈原文》，采用四言骈文形式，深事雕琢，词语典雅，声韵和谐，盛赞颜延之的品格和文才，表达自己痛失友人的伤痛。《答颜延年诗》和《祭颜光禄文》皆为《文选》所收，从中亦可看出颜延之对王僧达文学创作的影响。

王僧达的诗文，一方面折射出刘宋时期雕琢词句、注重用典的骈体文风，另一方面也反映出山水诗的兴盛。《七夕月下诗》以细腻的笔触描绘了七夕月下的清冷幽雅之美，烘托牛郎织女相聚的短暂时光，是写景的佳作。

总之，刘宋时期的琅邪王氏文学，一方面延续前朝文风，保留了部分汉魏古诗传统，如王素的《学阮步兵体诗》、王僧达的《和琅邪王依古诗》，从形式到内容，都带有明显的拟古倾向。另一方面，受元嘉文风影响，王氏子弟的文章注重形式优美和辞采修饰，句式对仗工整，用典颇多；诗歌一改"理过其辞，淡乎寡味"[1]的玄言诗风，意境深远，音韵谐和，抒情性增强，并逐渐向山水诗风转换。王微对诗歌抒情功能的强调、王僧达对诗文词句的雕琢，开启了王氏家族的新诗风，折射出南朝文学新的发展方向。

（二）南齐时期

南齐前期政局相对稳定，"十许年中，百姓无鸡鸣犬吠之警，都邑之盛，士女富逸"。[2]社会安定和经济发展，再加上帝王的崇文之风，南齐文学步入繁荣阶段，诗歌中的"永明体"就形成于这一时期。《文心雕龙·时序》盛赞："经典礼章，跨周轹汉，唐、虞之文，其鼎盛乎！"[3]

这一时期的琅邪王氏，在文坛居于重要地位。保存至今的王氏子弟的作品，据《全上古三代秦汉三国六朝文·全齐文》和《先秦汉魏南北朝诗·齐诗》列表如下（见表4-6）。

---

1 〔梁〕钟嵘著，周振甫译注：《诗品译注》，北京：中华书局，2017年，第17页。
2 《南齐书》卷五十三《良政序传》，第913页。
3 〔南朝梁〕刘勰著，王运熙、周锋译注：《文心雕龙译注》，上海：上海古籍出版社，2012年，第306页。

表4-6 南齐琅邪王氏子弟文学作品

王氏子弟	政论文	书信	诗歌	赋	散文
王琨	《请以小息修袭封从兄华爵表》				
王逡之	《奏劾谢超宗衰表》《锡格议》				
王珪之	《丧遇闰议》				
王颙	《上文挂之求职仪启》				
王曾虔	《乐表》《请禁上汤茶因疏》《辞判二岸事启》《请用谢朏督运启》《为王琰乞郡启》《答南帝论书启》《条疏古来能书人名启》	《报殖珪书》《与兄子俭书》《与张绪书》《与某书》《诫子书》			《论书》
王慈	《朝堂诗榜表》				
王俭	《策齐公九锡文》《策命齐王》《再命齐王》《拜仪同三司章》	《与豫章王嶷笺》《答陆澄书》《答王逡之问》	《太庙二室及郑配辞》《太庙二室歌辞》《高德宣烈乐》《齐白纻辞》	《和竟陵王子良高松赋》《灵丘竹赋应诏》	《高帝哀策文》《皇太子妃哀策文》《太宰褚彦回碑文》《太宰楮连珠》

第四章 文才相继 227

续表

王氏子弟	政论文	书信	诗歌	赋	散文
王俭	《让左仆射表》《谏起宣阳门表》《又求解选表》《奏功受禅》《国史条例议》《江教不宜继嫁启》《乘舆副车议》等礼议三十三篇（详见第二章）		《侍太子九日宴玄圃诗》《侍皇太子释奠诗》《赠徐孝嗣诗》《春日家园诗》《春夕诗》《后园饯从兄豫章诗》		
王融	《让领南校尉表》《拜秘书丞谢表》《为王俭让国子祭酒表》《又表》《又表》《上疏请给虏书》《画汉武北伐图上疏》《上疏乞自试》《求自试启》《谢竟陵王赐纳袄启》《谢敕赐御装启》《谢竟陵王赐示玄圃枝榴启》《谢竟陵王示扇启》	《为竟陵王与隐士刘虬书》	《齐明王歌辞七首》《有所思》《三妇艳诗》《青青河畔草》《巫山高》《芳树》《临高台》《望地高》《少年子》《江皋曲》《思公子》《王孙游》《阳翟新声》《奉和秋夜长》《永明乐十首》《赠族叔卫军俭诗十五章》	《拟风赋》《应竟陵王教桐树赋》	《永明九年策秀才文》《永明十一年策秀才文》《三月三日曲水诗序》《皇太子哀策文》《永嘉长公主墓志铭》《豫章文献王墓志铭》

续表

王氏子弟	政论文	书信	诗歌	赋	散文
王融	《谢司徒赐紫鲊启》《谢敕赐米启》《谢安陆王赐铁启》《谢竟陵王示法制启》《法门颂启》《下狱答辞》		《从武帝琅邪城讲武应诏诗》《栖玄寺听讲毕应司徒教》游邸园七韵应司徒教诗》《杂体报范沈通直诗》《萧谘议西上夜集诗》《别王丞僧孺诗》《寒晚敬和何徼君点诗》《古意诗二首》《奉和竟陵王郡县名诗》《游仙诗五首》《河诸四大门诗》《春游回文诗》《奉辞方山应诏诗》《侍游镇西应教诗》《饯谢文学离夜诗》《和南海王殿下咏秋胡妻诗》《咏琵琶诗》《星名诗》《药名诗》《咏幔诗》《奉句月下诗》《咏池上梨花诗》		

续表

王氏子弟	政论文	书信	诗歌	赋	散文
王融			《咏梧桐诗》《咏女萝诗》《移席琴室应司徒教诗》《抄众书应司徒教诗》《奉和代徐诗二首》《拟古诗二首》《四色咏》《离合赋物为咏火》《后园作回文诗》《双声诗》《代五杂组诗》《奉和纤纤诗》《净住子颂》		
王秀之		《贻崇测书》《与朝士书》	《卧疾叙意诗》		《遗令》
王晏	《奏为文惠太子服》《又奏》《又奏太子树太庙礼》《又奏明堂配飨议》《江学不应转都官尚书启》《西昌侯不应领选启》		《和徐孝嗣诗》		

续表

王氏子弟	政论文	书信	诗歌	赋	散文
王思远	《让吏部郎表》		《皇太子释奠诗》		
王延之			《别萧谘议诗》		
王僧佑			《赠王俭诗》		
王寂			《第五兄揖到大傅竟陵王属奉诗》		

第四章 文才相继 231

王俭是南齐前期政坛的核心人物,也有一定的文学造诣,因此,南齐初建,"礼仪诏策,皆出于俭……手笔典裁,为当时所重"。[1]现存的王俭作品,大多是政事、礼仪方面的奏疏表章,典质有余,文学色彩不足。散文以《太宰褚彦回碑文》为代表,全文两千余字,对仗工整,大量用典,极力颂扬褚渊的德行。后被作为碑文典范录入《文选》,其中"风仪与秋月齐明,音徽与春云等润"[2],一向被视为王勃《滕王阁序》"落霞与孤鹜齐飞,秋水共长天一色"的蓝本。王俭现存的诗歌成就不高,钟嵘评价王俭"既经国图远,或忽是雕虫"[3],将其诗歌列入"下品"。王俭的文学成就远远不及经学和史学建树,他对南齐文学发展所起的作用,不在诗文,而在以文坛领袖的身份引导文风。(详见第二节)

　　王融(467—493),字元长,王僧达之孙,父早亡,其母谢氏出身文学世家,王融自幼随母学习,集琅邪王氏、陈郡谢氏两家之长,"博涉有文才"。入仕后,王融在文坛大放异彩,"文辞辩捷,尤善仓卒属缀,有所造作,援笔可待"[4],被视为家族振兴的希望。从叔王俭曾对人说:"此儿至四十,名位自然及祖。"[5]王融自恃出身高门,文采盖世,自认为三十岁内即可成为宰辅。他深知仅以自己所长的文学才华不足进取,更重要的是积极参政。为建功立业,王融在齐武帝病危之际谋立竟陵王萧子良。皇太孙萧昭业即位后,很快赐死王融,时年二十七岁。

　　王融在政治上一败涂地,却是南齐时期琅邪王氏家族中文学成就最高的。他在短暂的一生中创作了大量文学作品,流传至现代的,有九十三首诗歌,五十七篇表、启、疏、序等文章。如《三月三日曲水诗序》,文藻富丽,是南朝骈体文佳作,其艺术成就之高,不仅轰动江南,还流传到北方,为北朝的文士所赞许。

------

[1]《南齐书》卷二十三《王俭传》,第434、438页。
[2]〔清〕严可均:《全上古三代秦汉三国六朝文·全齐文》卷十一,北京:中华书局,1958年,第2851页。
[3]〔梁〕钟嵘著,周振甫译注:《诗品译注》,北京:中华书局,2017年,第93页。
[4]《南齐书》卷四十七《王融传》,第823页。
[5]《南史》卷二十一《王融传》,第575页。

萧齐文学的主要成就是诗歌，尤其在政治、经济相对稳定与繁荣的永明年间，文人们在刘宋文学的基础上加以继承和创新，其中最明显的，就是五言诗的格律化，形成所谓"永明体"。王融作为"竟陵八友"之一，推动了永明体的演进，为这一阶段的文学发展做出了突出贡献。（详见第二节）

王融生命的短暂，使其作品数量和诗名皆不及同时代的谢朓和沈约，但他仍以诗文显名南齐，文集行于世。梁朝萧子显著《南齐书》，将王融与号称"永明之雄"的谢朓合为一传，且排在谢朓之前，足见当时人对其文学地位的充分肯定。

南齐（479—502）的统治时间只有二十三年，但文学却有较大发展。琅邪王氏家族前有王俭引领的典雅古诗风，后有王融推行的永明体新诗风，在南齐文学的发展演进历程中扮演了关键角色。

除此而外，王智深、王逡之、王珪之文名颇高，被列入《南齐书·文学传》，王氏家族文风之盛由此可见一斑。因为史料散佚，很多王氏子弟的诗文不存，如王智深是史学家，文学作品没有流传下来，史载南齐衡阳王萧钧"性好学，善属文，与琅邪王智深以文章相会，济阳江淹亦游焉"。[1] 王智深与长于文学的萧钧和江淹"以文章相会"，显然当时是有文学创作的，而且文学水平不低。

（三）梁陈时期

梁朝是南朝文化的鼎盛阶段，"自江左以来，年逾二百，文物之盛，独美于兹"。[2] 梁武帝在位四十七年，极大地推动了文学发展，"每所临幸，辄命群臣赋诗，其文之善者赐以金帛。是以缙绅之士，咸知自励"。[3] 梁武帝萧衍、昭明太子萧统、简文帝萧纲和元帝萧绎，都长于诗文著述。他们以帝王之尊，引纳才学之士，形成各自的文学集团，当时文坛名士，皆为

---

[1] 《南史》卷四十一《萧钧传》，第1038页。
[2] 《南史》卷七《梁本纪中》，第226页。
[3] 《南史》卷七十二《文学传》，第1762页。

他们的臣僚掾属。在上层统治集团的推动下，文学总集《昭明文选》编纂完成，宫体诗[1]大量出现，文学理论著作《文心雕龙》《诗品》相继问世，文学成就斐然。

梁朝时期的琅邪王氏子弟，王巾、王锡、王暕、王楫（南史作"揖"）、王筠都有文集传世，王籍、王规、王泰、王训等人皆有佳作，盛名一时，辑录在《全上古三代秦汉三国六朝文·全梁文》和《先秦汉魏晋南北朝诗·梁诗》的作品列表如下（见表4-7）。

上述王氏子弟，作品最多、成就最高的是王筠。王筠（481—549），字元礼，一字德柔。自幼勤奋好学，七岁能属文，十六岁时作《芍药赋》，文辞华美，轰动一时。文坛领袖沈约对王筠的诗文极为欣赏，赞叹"好诗圆美流转如弹丸"，有"晚来名家，唯见王筠独步"[2]之誉。

王筠长期担任昭明太子萧统的属官，是昭明文学集团中的核心成员，参与编纂《正序》《诗苑英华》《昭明文选》。中大通三年（531），萧统薨，萧纲被立为太子。王筠此前与萧纲关联不多，且其文学风格与萧纲极力倡导的宫体诗风不同，故颇受排斥，由京官出为临海太守。此后不断改迁，历秘书监、太府卿、度支尚书、光禄大夫、司徒左长史等职，后死于侯景之乱，时年六十九岁。

王筠晚年自编文集，以历任官职为集名，有洗马、中书、中庶子、吏部、左佐、临海、太府各十卷，尚书三十卷，《隋书·经籍志》录《王筠集》十一卷，故其文集共一百一十一卷。按任官顺序编订系列文集，突破了以文体类型为主要编纂方式的做法，在一集之中和不同文集之间建构了作家的创作编年史，使文集成为文人一生居官、写作的记录。这是文集体例的创新，也是王筠对古代文学史的一大贡献。此后，"一官一集"被文人

---

1 《隋书》卷三十五《经籍四》（第1090页）："简文之在东宫，亦好篇什。清辞妙制，止乎衽席之间；雕琢蔓藻，思极闺闱之内。后生好事，递相放习，朝野纷纷，号为'宫体'。"宫体诗是梁、陈时期流行的文体，词句艳丽，内容空虚，但它讲究声律，注意措辞，强调形式美，对唐朝律诗的形成颇有影响。

2 《南史》卷二十二《王筠传》，第609页。

表4-7 梁朝琅邪王氏子弟文学作品

王氏子弟	政论文	书信	诗歌	赋	散文
王莹		《答释法云书难范缜神灭论》			
王志		《答释法云书难范缜神灭论》			
王楫		《答释法云书难范缜神灭论》	《在齐答弟寂诗》五章		
王泰		《答释法云书难范缜神灭论》	《赋得巫山高诗》《上黄侯巫止萧晔》《奉和太子秋晚诗》		
王缉		《答释法云书难范缜神灭论》			
王暕		《答释法云书难范缜神灭论》	《观乐应诏诗》《咏舞诗》		
王训			《度关山》《独不见》《奉和同泰寺浮图诗》《奉和率尔有咏诗》《应令咏舞诗》《诗》		
王巾					《头陀寺碑文》

续表

王氏子弟	政论文	书信	诗歌	赋	散文
王琳		《答释法云书难范缜神灭论》			
王锡			《大言应令诗》《细言应令诗》	《宿山寺赋》	
王泯			《赠情人诗》		
王规			《大言应令诗》《细言应令诗》		
王筠	《为王仪同堂初让表》《为第六叔让重除吏部尚书表》《为上让侍中表》《从兄让吴郡干夫表》	《答湘东王示忠臣传笺》《与诸儿书论家世集》《与长沙王别书》《与东阳盛法师书》《与云僧正书》《答释法云书》	《有所思》《陌上桑》《侠客篇》《三妇艳》《杂曲二首》《行路难》《楚妃吟》《侍宴饯临川王北伐诗》《早出巡行瞩望山海诗》《北寺黄上人房望远岫玩前池诗》《和卫尉新渝侯巡城口号诗》《寓直中庶坊赠萧洗马诗》《奉和皇太子忏悔应诏诗》《和吴主簿诗六首》	《芍药赋》《蜀葵花赋》	《云阳记》《奉和皇太子忏悔应诏序》《自序》《昭明太子哀册文》《国师草堂寺智者约法师碑》《问师堂寺碑》

续表

王氏子弟	政论文	书信	诗歌	赋	散文
王筠			《代牵牛答织女诗》《苦暑诗》《五日望采拾诗》《奉酬从兄临川桐树》《摘安石榴赠刘孝威诗》《东南射山诗》《春游诗》《观海诗》《春日望》诗》《向晓闻情》《和孔中丞雪里梅花诗》《摘园菊赠谢仆射诗》《咏轻利舟应临汝侯教诗》《咏灯檠诗》《咏蜡烛诗》《和萧子范入元襄王第诗》《闺情诗》《东阳还经严陵濑赠萧大夫诗》《游望诗》《以服散枪赠殷钧别诗》《诗》《诗》		
王籍			《樟歌行》《入若耶溪》		

第四章　文才相继　237

模仿，成为一种重要的文集编纂形式。

王筠是梁代文坛名家，他的文章辞采华美、音韵和谐，最知名的是《昭明太子哀册文》。全文采用四六骈文形式，对萧统的德行、学识予以赞美，对仗工整，文辞富丽，情感亦真挚动人，特别是几个"呜呼哀哉"排比句，感染力强，使人悲不自胜。其《自序》及《与诸儿书论家世集》文风朴实，通俗晓畅。前文将自幼年时期养成的爱好、习惯、追求娓娓道来，清新自然；后文以长者的身份，以自豪的笔触描述王氏家族七代人爵位相继、人人有集的事实，希望子孙继续努力，发扬光大。

王筠驰骋文坛五十余年，主要成就是诗歌。他前期隶属昭明文学集团，尊奉萧统的古典文学观，诗尚典雅清丽；后期归附萧纲文学集团[1]，受其浮靡轻艳的宫体诗风影响，趋向精致、绮丽。王筠的诗歌创作题材多样，内容丰富，有赠答诗、应制诗、乐府诗、山水诗、咏物诗、闺思艳情诗等，大多为五言诗，也有个别篇章为四言或七言。王筠的诗歌大都语言含蓄，风格温婉，感情真挚，特别是描写景物，生动传神，清新明丽（详见第二节）。现存的王筠诗作中，赠和酬唱（包括应制诗）诗最多，有近二十首，重对偶，用典多，有堆砌之嫌，成就不高。但与之唱和者如沈约、萧子范、元法僧、谢举等人或为文坛领袖，或为宗室亲王，或为当朝显贵，或为世族名流，王筠与这些人交往密切，从中亦可见他在当时文坛中的地位。

梁朝时期，扬名文坛的琅邪王氏子弟还有许多，如王规"文辩纵横，才学优赡"[2]，他有文集二十卷，还曾"一诗得侍中"。王训"文章之美，为后进领袖"[3]，王泰才思敏捷，"刻烛赋诗，文不加点"[4]。王彬"好文章……文辞典丽"[5]。王籍更有"文外独绝"之誉。

王籍（480—约536），字文海，"七岁能属文，及长好学，博涉有才

---

1 《梁书》卷三十五《萧子显传》（第513页）载："太宗与湘东王令曰：'王筠本自旧手，后进有萧恺可称，信为才子。'"被萧纲视为"才子"，说明王筠也追随时代潮流，转向宫体诗的创作。
2 《梁书》卷四十一《王规传》，第582页。
3 《梁书》卷二十一《王训传》，第323页。
4 《南史》卷二十二《王昙首传》，第607页。
5 《南史》卷二十二《王昙首传》，第611页。

气"[1],曾赋《咏烛》,得文坛领袖沈约赏识。王籍诗歌学谢灵运,长于山水诗,"时人咸谓康乐之有王籍,如仲尼之有丘明,老聃之有严周"。[2]天监末年,王籍任湘东王萧绎的咨议参军,随府至会稽,到若耶溪游玩时,作了著名的《入若耶溪》:

> 艅艎何泛泛,空水共悠悠。阴霞生远岫,阳景逐回流。蝉噪林逾静,鸟鸣山更幽。此地动归念,长年悲倦游。[3]

王籍描述了在若耶溪泛舟的场景,刻意营造出一种清幽静谧的境界,远望云霞生岫,近观溪水波光粼粼,在寂静的山林中,"蝉噪""鸟鸣"以动衬静,显示了较高的艺术技巧。最后的"动归念""悲倦游",从外界之静转入内心之静,羁旅宦游的尘心被清静的山溪洗涤干净,归于恬淡悠远的境界。此诗传出后,"当时以为文外独绝"[4],王籍因此蜚声文坛。《入若耶溪》是以闹写静的典范,对唐宋诗人影响深远,如王维的《鸟鸣涧》就是借用这种艺术手法写出的千古佳作。

梁朝时期,佛教盛行,宣扬神不灭,范缜提出《神灭论》予以反驳。梁武帝组织文士与之论辩,掀起了一场大论战。上表中的王氏子弟,大多有参与论战的文章传世,内容以佛教观点为主,文学色彩不重,显示琅邪王氏在这一时期佛教信仰已经确立。

总之,在文化昌盛的梁朝,以王筠为代表的琅邪王氏子弟,不仅创作了大量文学作品,还鲜明地体现了当时的文风转变,以及佛教对社会的影响。

陈霸先建立的陈朝(557—589)是南朝疆域最小的王朝,不仅政治、经济实力远远不及宋、齐、梁,文化也大为逊色。这一时期的琅邪王氏,在政治上没有代表性人物,文化上也缺乏出彩之人,社会影响远逊于前

---

1 《梁书》卷五十《王籍传》,第713页。
2 《南史》卷二十一《王籍传》,第580页。
3 逯钦立:《先秦汉魏晋南北朝诗·梁诗》卷十七,北京:中华书局,1983年,第1854页。
4 《梁书》卷五十《王籍传》,第713页。

第四章 文才相继

朝。《隋书·经籍志》未收录王氏子弟的文集，《全上古三代秦汉三国六朝文·全陈文》没有王氏子弟的文章，《先秦汉魏晋南北朝诗·陈诗》录有王瑳的《折杨柳》《洛阳道》《长相思》三首诗。

（四）北朝时期

齐、梁时期，王肃、王褒相继北上，家族势力在北方得以发展，但族人不多，文学作品的数量也不及南朝。据《全上古三代秦汉三国六朝文》之《全后魏文》《全后周文》和《先秦汉魏晋南北朝诗》之《北魏诗》《北周诗》以及赵超《汉魏南北朝墓志汇编》列表如下（见表4-8）。

表4-8 北朝琅邪王氏子弟文学作品

王氏子弟	政论文	书信	诗歌	散文
王肃	《奏请依旧改检》《奏增彭城王勰邑户》		《悲平城诗》	
王诵		《与故旧李神俊等书论卢义僖》		
王褒	《为百僚请立皇太子表》《上新定钟表》《为库狄峙致仕表》《上祥瑞表》《谢赉绢启》《谢赉马启》	《与周弘让书》	《关山篇》《从军行二首》《长安有狭邪行》《饮马长城窟》《轻举篇》《凌云台》《出塞》《入塞》《关山月》《长安道》《明君词》《游侠篇》《古曲》《高句丽》《燕歌行》《日出东南隅行》《墙上难为趋》《九日从驾诗》《入朝守门开诗》《赠周处士诗》	《象戏经序》《服要记序》《论》《皇太子箴》《漏刻铭》《灵坛铭（并序）》《馆铭》《四渎祠碑铭》《温汤碑》《善行寺碑》《京师突厥寺碑》

续表

王氏子弟	政论文	书信	诗歌	散文
王褒			《别陆子云诗》《奉和赵王途中五韵诗》《和张侍中看猎诗》《和庾司水修渭桥诗》《玄圃浚池临泛奉和诗》《和从弟佑山家诗二首》《咏雁诗》《送观宁侯葬诗》《送刘中书葬诗》《别王都官诗》《送别裴仪同诗》《渡河北诗》《咏月赠人诗》《和殷廷尉岁暮诗》《看斗鸡诗》《弹棋诗》《从驾北郊诗》《奉和赵王隐士诗》《始发宿亭诗》《山池落照诗》《咏雾应诏诗》《入关故人别诗》《过藏矜道馆诗》《明庆寺石壁诗》《云居寺高顶诗》《咏定林寺桂树》	《太保吴武公尉迟纲碑铭》《太子太保中都公陆逞碑铭》《太傅燕文公于谨碑铭》《上庸公陆腾勒功碑》《故陕州刺史冯章碑》《祭梁王僧辩母贞敬魏太夫人文》《幼训》《周经藏愿文》
王衍				《魏故使持节侍中司空尚书左仆射骠骑大将军徐州刺史王（诵）墓志铭》

上表中，绝大部分是王褒的作品。王褒字子渊，"七岁能属文"[1]，长大

---

[1]《梁书》卷四十一《王规传》，第583页。

后"博览史传，尤工属文"。王褒起家秘书郎，转太子舍人，袭爵南昌县侯，历秘书丞、宣城王文学、安成内史等职。侯景之乱时，王褒"辑宁所部"，力抗侯景，"见称于时"。梁元帝萧绎嗣位于江陵，王褒"既世胄名家，文学优赡，当时咸相推挹"[1]，很快升任吏部尚书、左仆射。王褒在江陵期间，曾力劝元帝还都建康，但未被采纳。

554年，西魏丞相宇文泰进攻江陵，梁元帝投降，王褒、王克等亡国之臣被带到了长安，颇为宇文氏父子看重。宇文泰以王褒为车骑大将军，仪同三司。入北周后，明帝宇文毓喜好文学，经常命王褒和另一文学名家庾信侍从，"每游宴，命褒等赋诗谈论，常在左右"。武帝即位后，因王褒出自累世宰辅的家族，熟知朝典，因此命其参与朝议，"凡大诏册，皆令褒具草"。[2] 后王褒出为宜州刺史，六十四岁死于任上。

王褒现存的作品中，散文除了《与周弘让书》和《幼训》以外，绝大多数是应用性的骈体文，虽语言典雅，但形式单一，文学价值不高。最能代表其文学成就的是诗歌，如《燕歌行》《渡河北诗》，讲究对仗和用典，音调婉转流畅。王褒入北后，将江南文风传播到北方，与庾信一起承担了文学交融使者的责任，成为隋唐融合南北诗风的前奏。（详见第二节）

五、隋唐时期的王氏文学

隋唐时期，是琅邪王氏丧失了政治、经济优势，逐步走向衰亡的时期。大部分分支已经与庶民无异，但也有一部分王氏子弟，凭借着深厚的家学渊源立足朝堂。除了奏章表疏，他们在文学方面的主要成就是诗歌，据《全上古三代秦汉三国六朝文·全隋文》《全唐诗》《全唐文》列表如下（见表4-9）。

---

1 《周书》卷四十一《王褒传》，第729、730页。
2 《周书》卷四十一《王褒传》，第731页。

表4-9 隋唐琅邪王氏子弟文学作品

王氏子弟	诗歌	散文
王眘	《七夕诗二首》	
王胄	《白马篇》《枣下何纂纂二首》《纪辽东二首》《在陈释奠金石会应令诗》《奉和赐酺诗》《奉和悲秋应令诗》《言反江阳寓目灞涘赠易州陆司马诗》《酬陆常侍诗》《答贺属诗》《卧疾闽越述净名意诗（并序）》《别周记室诗》《赋得雁送别周员外戍岭表诗》《为寒床妇赠夫妇诗》《雨晴诗》《西园游上才》《燕歌行》	《卧疾闽海简颙法师诗序》
王宏	《从军行》	
王弘直		《谏汉王元昌畋猎书》
王方庆		《献俘用军乐奏》《有丧不得朝会燕乐奏》《请改东宫门殿名疏》《谏孟春讲武疏》《明堂告朔议》《与徐坚问服制书》《唐魏郑公谏录序》
王元宗		《临终口授铭》
王无竞	《和宋之问下山歌》《北使长城》《凤台曲》《铜雀妓》《巫山》《咏汉武帝》《驾幸长安奉使先往检察》《灭胡》《君子有所思行》	
王丘	《咏史》《奉和圣制答张说扈从南出鼠雀谷之作》《奉和圣制送张尚书巡边》	《授崔翘中书舍人制》《授裴敦复中书舍人制》
王仲丘		《请祀五方帝议》
王璿		《石尨阿弥驰像铭（并序）》
王玙		《请禁百官祭日无故请假奏》
王师乾		《王右军祠堂碑》
王公亮	《鱼上冰》	

隋朝时期的琅邪王氏子弟，以王胄的文才最高。王胄，字承基，是王筠之孙，《北史》卷八十三《文苑传》和《隋书》卷七十六《文学传》有传，极为简短。陈亡后，王胄因富有文才，被晋王杨广引为学士。杨广即位，王胄为著作佐郎，"以文词为炀帝所重"。他曾写诗吹捧炀帝"大君苞二代，皇居盛两都"，被炀帝评为"气高致远"。王胄与虞绰齐名，"后进之士咸以二人为准的"。炀帝一直将王胄当作文学侍臣，"帝所有篇什，多令继和"，并未委以重任，而王胄一向自视甚高，对此极不满意。"胄性疏率不伦，自恃才大，郁郁于薄宦，每负气陵傲，忽略时人。"有人密告炀帝，"帝爱其才而不罪"。[1] 王胄与杨玄感私交甚密，大业九年（613），杨玄感举兵攻洛阳，兵败被杀。王胄受到牵连，流放岭南。不久，他潜回江左，被捕处死，时年五十六岁。

唐代文学是中国文学史的高峰，在诗歌大行、古文复兴的时代，琅邪王氏子弟应该也做过许多诗文，但这一时期李白、杜甫、韩愈、柳宗元等群星璀璨，王氏子弟的诗文自然难以望其项背。再加上作品散佚，保存不多，故大多籍籍无名，其中较知名的是王无竞和王丘。

王无竞，字仲烈，自幼受到良好教育，加之天资过人，少年时即很有诗名。早年参加下笔成章科举及第，与著名诗人陈子昂为友，曾参与武则天时期《三教珠英》的修撰。王无竞仕至殿中御史，因得罪宰相宗楚客、杨再思被贬为太子舍人。神龙初年，再贬为苏州司马。张易之被杀后，王无竞受牵连，被贬岭南，死于广州，时年五十四岁。

王无竞一度与陈子昂齐名，但诗文传世不多，以《巫山》[2]最知名：

神女向高唐，巫山下夕阳。徘徊作行雨，婉娈逐荆王。电影江前落，雷声峡外长。霏云无处所，台馆晓苍苍。

王丘十一岁时，参加童子举考试，同辈人皆以诵经为主，唯王丘以文

---

1 《隋书》卷七十六《文学传》，第1741—1742页。
2 一说是沈佺期诗。

辞见长，由是知名。弱冠，又参加了制举，拜奉礼郎，后仕至礼部尚书。王丘志行修洁，尤善辞赋，深为族人王方庆及御史大夫魏元忠称赏，现存诗歌仅有三首。

综上所述，在文学自觉的历史大背景中，在维护家族文化地位的需求下，琅邪王氏家族重视子弟的文学素养培养，最终形成"文才相继""人人有集"的局面。另外，家族的重文之风，不仅培养了大批以文学见长的子弟，他们的文学创作，也在东晋以后家族势力衰弱的过程中，发挥了巩固家族文化地位，扩大家族文化影响的作用。

第二节　琅邪王氏文学的影响

魏晋南北朝时期，借助江左第一高门的政治和社会地位，一部分琅邪王氏子弟在文学创作方面成为引领文学潮流的风云人物。东晋王导和南齐王俭一度成为文士领袖，南齐王融、梁朝王筠是齐梁文风的典型代表，王褒则将江南文风带入北方，充当了南北文学交流的使者。特殊的文化环境，造就了琅邪王氏的文学成就，反过来，琅邪王氏的文学成就，又对魏晋南北朝的文学发展产生了较大影响。

一、文士领袖

琅邪王氏子弟以家族文化优势为基础，敏锐把握了文学发展的方向，其中位高权重者，往往成为文士领袖。

（一）王导

东晋初建，百废待兴，统治者急需获取南北士族的鼎力支持。身为丞相的王导为能立足江东、稳定朝局，劝司马睿辟"百六掾"，他自己也不断征召贤才能士，"丞相王导辟名士时贤，协赞中兴。旌命所加，必延俊乂"[1]，

---

[1] 余嘉锡：《世说新语笺疏·仕诞》，上海：上海古籍出版社，1993年，第746页。

大批幸免于战火的北方文士和南方当地知名文人被王导辟为掾属（见表4-10）。

表4-10　王导有文学成就的属官

姓名	职位	文学成就	史料出处
温峤	长史	文集十卷	《晋书》卷六十七《温峤传》
杨方	掾	著有《五经钩沉》《吴越春秋》，有文集二卷，诗五首传世	《晋书》卷六十八《杨方传》
郭璞	参军	"词赋为中兴之冠"，为游仙诗的鼻祖，文集十七卷	《晋书》卷七十二《郭璞传》
葛洪	掾、咨议参军	"才章富赡"，著《抱朴子》	《晋书》卷七十二《葛洪传》
谢尚	掾	文集十卷	《晋书》卷七十九《谢尚传》
干宝	右长史	东晋史学家、文学家，著《晋纪》《搜神记》，中国志怪小说的鼻祖	《晋书》卷八十二《干宝传》
顾和	从事	文集五卷	《晋书》卷八十三《顾和传》
李充	掾、记室参军	东晋文学家、目录学家和书法家，文集二十卷	《晋书》卷九十二《文苑传》
王濛	掾	文集五卷	《晋书》卷九十三《王濛传》

上述诸人，从王导属官进入朝堂，使建康逐渐会聚了一批文学人才。郭璞、干宝、李充等人的文学创作，主要是互相酬答或个人的创作，尤其郭璞的游仙诗较有代表性。尽管当时主要的文化活动是玄学清谈，文学并未取得较大成就，但在王导等人的努力下，经战乱破坏、文人流散的文坛逐渐恢复，故刘勰《文心雕龙·时序篇》云："元皇中兴，披文建学。"[1]可以说，东晋文坛在经过八王之乱和永嘉之乱的摧残后能在江南恢复，王导功不可没。

1　〔南朝梁〕刘勰著，王运熙、周锋译注：《文心雕龙译注》，上海：上海古籍出版社，2012年，第303页。

（二）王俭

南齐时期，王俭政治地位尊崇，学术造诣较高，主持学士馆，对才学之士多所引进，"虽单门后进，必加善诱"。[1] 齐梁时期的许多著名文士都曾为王俭掾属或与其交往颇多，形成了一个文学集团。

首先，南齐文学集团竟陵八友大都与王俭关系密切。其中，有四人曾为王俭的属官。《梁书》卷一《武帝纪》：

> （萧衍）博学多通……迁卫将军王俭东阁祭酒。

《南齐书》卷四十七《谢朓传》：

> 朓少好学，有美名，文章清丽……转王俭卫军东阁祭酒。

《梁书》卷二十六《萧琛传》：

> 琛少而朗悟，有纵横才辩……俭为丹阳尹，辟为主簿。

《梁书》卷十四《任昉传》：

> 永明初，卫将军王俭领丹阳尹，复引为主簿。

此外，竟陵八友中的沈约、范云与王俭同殿为臣，王融则是王俭从子。王融曾替王俭写过奏疏，《艺文类聚》卷四十六载有王融的《为王俭让国子祭酒表》三篇。叔侄之间的诗文唱和较多，《南齐书》卷四十七《王融传》：

> 从叔俭，初有仪同之授，（王）融赠诗及书，俭甚奇惮之。

竟陵八友是永明文学的核心人物，他们与王俭关系亲近，这一文学团

---

[1] 〔清〕严可均：《全上古三代秦汉三国六朝文·全梁文》卷四十四，任昉：《王文宪集序》，北京：中华书局，1958年，第3203页。

体的形成和发展，少不了王俭的推动作用。

其次，王俭对当时的文士多加引进。

表4-11 王俭引进文士名录

姓名	史料记载
庾杲之	《南齐书》卷三十四《庾杲之传》："杲之少而贞立，学涉文义……出为王俭卫军长史，时人呼俭府为入芙蓉池。"
谢瀹	《南齐书》卷四十三《谢瀹传》："卫军王俭引为长史，雅相礼遇。"
蔡撙	《梁书》卷二十一《蔡撙传》："齐左卫将军王俭高选府僚，以撙为主簿。"
陆杲	《梁书》卷二十六《陆杲传》："杲……卫军王俭主簿。"
袁昂	《梁书》卷三十一《袁昂传》："迁……王俭镇军府功曹史。俭时为京尹，经于后堂独引见昂，指北堂谓昂曰：'卿必居此。'"
钟嵘	《梁书》卷四十九《钟嵘传》："嵘，齐永明中为国子生，明《周易》，卫军王俭领祭酒，颇赏接之。"
高爽	《梁书》卷四十九《吴均传》："广陵高爽……齐永明中赠卫军王俭诗，为俭所赏，及领丹阳尹，举爽郡孝廉。"
伏暅	《梁书》卷五十三《伏暅传》："初，暅父曼容与乐安任瑶皆匿于齐太尉王俭，瑶子昉及暅并见知。"

王俭对文学之士多加褒奖，如齐武帝曾问王俭："当今谁能为五言诗？"王俭回答："谢朓得父膏腴；江淹有意。"[1]在一定程度上抬高了他们的名声。

从上述史料记载看，南齐初王俭地位尊崇，较知名的文人学士大多曾居于王俭门下，或与王俭交往颇多，形成一个以他为核心的文人群体。王俭学问渊博，号一代宗师，处理政务之余，经常以隶事用典相炫耀，形成了新的文学发展趋势。《南史》卷四十九《王摛传》载：

尚书令王俭尝集才学之士，总校虚实，类物隶之。谓之隶

---

[1] 《南齐书》卷四十三《谢瀹传》，第764页。

事，自此始也。

"隶事"即分门别类列举与某事物有关的典故，以多者为胜，其所考量的，主要是一个人的博学程度。《南齐书》卷三十九《陆澄传》载：

> 俭在尚书省，出巾箱机案杂服饰，令学士隶事，事多者与之，人人各得一两物。澄后来，更出诸人所不知事复各数条，并夺物将去。

王俭首开"隶事"之风，直接影响了当时文人的文学创作，以学问相尚、质朴典雅成为显著特征，萧衍、谢朓、王融、萧琛、任昉皆受其影响，对齐初文风的形成起了较大的作用。此举也直接影响了梁代文风，即注重对偶，铺陈雕绘，以用典为长。

二、文风变革

魏晋南北朝时期，文风屡变，琅邪王氏子弟创作了大量引领文风的文学作品，对当时的文学发展产生了较大影响。

（一）诗风转换

两晋时期，玄学大行，"自中朝贵玄，江左称盛，因谈余气，流成文体"，玄学深入文学，"诗必柱下之旨归，赋乃漆园之义疏"[1]，直接导致了当时的文学作品"理过其辞，淡乎寡味"。文士们大多以文学阐释玄理，言诗随之兴起，"诗皆平典似《道德论》，建安风力尽矣"。[2]然而，在浓重的玄风中，也酝酿着新的文风。

永嘉之乱，衣冠南渡，与北方迥异的江南风景吸引他们游山览水。如王献之赞叹："从山阴道上行，山川自相映发，使人应接不暇。若秋冬之

---
1 〔南朝梁〕刘勰著，王运熙、周锋译注：《文心雕龙译注》，上海：上海古籍出版社，2012年，第303页。
2 〔梁〕钟嵘著，周振甫译注：《诗品译注》，北京：中华书局，2017年，第17页。

际,尤难为怀。""镜湖澄澈,清流泻注,山川之美,使人应接不暇。"[1]纵情山水之间的琅邪王氏子弟,闲情游戏之余,寄情山水、感悟自然之作渐出。清丽可人的写景之作,初步扭转了玄言诗的风格,如王廙的《春可乐》:

> 春可乐兮,乐孟月之初阳。冰泮涣以微流,土冒橛而解刚。野晖赫以挥绿,山葱倩以发苍。吉辰兮上戊,明灵兮唯社。百室兮必集,祈祭兮树下。濯茆兮葅韭,齿蒜兮擗鲊。缥醪兮浮蚁,交觞兮并坐。气和兮体适,心怡兮志可。浮盘兮流爵,接饮兮相娱。上禊兮三巳,临川兮荡饮。回波兮曲沼,夹岸兮道渠。若乃良辰三祖,祈始吉元。华坛峻□,羽盖幢幡。弱篁平端。[2]

此诗杂用四言、五言和六言,文中多用"兮"字,带有明显的楚辞特色。诗歌以春为主题,生动描绘了春回大地、花草树木欣欣向荣的美景,以及名士们曲水流觞、饮酒赋诗的场面,语言清新自然。在玄言诗盛行之时,王廙以山水风景入诗,初启山水诗风,在文学史上具有重要地位,并对东晋中后期王羲之等人的文学创作产生了一定影响。

东晋中期,政局稳定,在清谈风气下成长起来的名士们更有闲暇游山玩水。清谈之余,便以诗歌点缀他们闲适的生活,如王羲之、谢安诸人在"有佳山水"的会稽,"出则渔弋山水,入则言咏属文"。[3]"言咏"自然是玄学清谈,"属文"则是指诗歌等文学创作,二者相结合,玄言诗文一度笼罩诗坛。同时,发现了江南山水之美的文士,易于在明山秀水、万木葱茏中感悟自然,体悟玄理,"取欢仁智乐,寄畅山水阴"。[4]与之相应,自然与玄理成为这一时期文学的主题,带山水特色的玄言诗日渐增多。最具代表性的是王羲之组织的兰亭集会,名士们的兰亭诗大多通过山水阐发精妙的玄理,既有玄言诗的特征,又有山水诗的色彩,成为东晋中期文学的典型代

---

[1] 余嘉锡:《世说新语笺疏·言语》,上海:上海古籍出版社,1993年,第145页。
[2] 逯钦立:《先秦汉魏晋南北朝诗·晋诗》卷十一,北京:中华书局,1983年,第855页。
[3] 《晋书》卷七十九《谢安传》,第2072页。
[4] 逯钦立:《先秦汉魏晋南北朝诗·晋诗》卷十三,北京:中华书局,1983年,第896页。

表。如王羲之五言《兰亭诗》：

> 三春启群品，寄畅在所因。仰望碧天际，俯磐绿水滨。寥朗无崖观，寓目理自陈。大矣造化功，万殊莫不均。群籁虽参差，适我无非新。[1]

三月暮春时节，生机盎然，蓝天、绿水，俯仰之间所见，皆蕴含天地之道，置身其中，享受山水之乐，体悟自然之道。

王玄之的《兰亭诗》，山水色彩更浓：

> 松竹挺岩崖，幽涧激清流。消散肆情志，酣畅豁滞忧。[2]

诗中以高洁的松竹、陡峭的山崖、幽静的山涧、清澈的溪水，勾勒出超尘脱俗的山水画卷。"肆情志""酣畅"等词语，展现了诗人在清幽山水中追求逍遥的心念，也是兰亭集会的主要论题。

王肃之的《兰亭诗》：

> 嘉会欣时游，豁尔畅心神。吟咏曲水濑，绿波转素鳞。[3]

诗中赞颂兰亭"嘉会"可以"畅心神"，与王玄之"酣畅豁滞忧"皆为玄言感悟。末句"绿波转素鳞"，巧用"绿""转"二字，描绘鱼戏溪水，色彩鲜明动人。

从山水游赏中体悟自然之道，由写景而抒发自己对人生乃至宇宙的看法，成为兰亭诗歌的共同特色。因此，这些诗歌虽有景物描写，但山水只是比兴的媒介，还算不上是纯粹的山水诗。时人更看重寓于其中的玄言，使得诗歌总体上寡淡无味。但这些诗作，毕竟融合了玄言和山水，反映了文士的山水情趣，成为山水诗的前驱。

---

1 逯钦立：《先秦汉魏晋南北朝诗·晋诗》卷十三，北京：中华书局，1983年，第895页。
2 逯钦立：《先秦汉魏晋南北朝诗·晋诗》卷十二，北京：中华书局，1983年，第911页。
3 逯钦立：《先秦汉魏晋南北朝诗·晋诗》卷十三，北京：中华书局，1983年，第913页。

东晋后期,政局动荡,琅邪王氏子弟大多积极参与了政治斗争。他们的文学创作,逐渐突破了玄言诗的束缚,描述现实之作增多,诗作中的山水景物描写也越来越多。如王珣的《秋怀诗》残句:"天悠云际,风辽气爽。"[1]王韶之《咏雪离合诗》:

> 霰先集兮雪乃零,散辉素兮被簷庭。曲室寒兮朔风厉,州陆洌兮群籁鸣。[2]

这是一首骚体诗,描写冬日狂风凛冽、雪花飞扬之景,给人苍凉之感。

王彪之《登会稽刻石山诗》:

> 隆山嵯峨,崇峦岧峣。傍觊沧洲,仰拂玄霄。文命远会,风淳道辽。秦皇遐巡,迈兹英豪。宅灵基阿,铭迹峻峤。青阳曜景,时和气淳。修岭增鲜,长松挺新。飞鸿振羽,腾龙跃鳞。[3]

这是一首四言诗,描绘会稽刻石山的山水风景,以秦始皇巡游为引,抒发了对自然的赞美,展示自己的壮志豪情。全诗意境高远,气势恢宏。

东晋后期,王彪之等人的诗作中,山水景物描写大多篇幅较短,也并非专门的写景之作。尽管如此,相比王廙、王羲之等人的诗作,玄理的内容明显减少了,山水景物不再是玄理的比附,而是回归到自然的状态,寄托了诗人的情感与志趣。这种文学变化,逐渐成为玄言诗向山水诗的过渡,为刘宋时期谢灵运真正开创山水诗积累了一定经验。

"宋初文咏,体有因革,庄老告退,而山水方滋。"[4]南朝时期的琅邪王氏子弟,顺应诗风转换,创作了很多山水佳作,进一步推动了山水诗的

---

1 逯钦立:《先秦汉魏晋南北朝诗·晋诗》卷十四,北京:中华书局,1983年,第929页。
2 逯钦立:《先秦汉魏晋南北朝诗·宋诗》卷四,北京:中华书局,1983年,第1188页。
3 逯钦立:《先秦汉魏晋南北朝诗·晋诗》卷十四,北京:中华书局,1983年,第921页。
4 〔南朝梁〕刘勰著,王运熙、周锋译注:《文心雕龙译注》,上海:上海古籍出版社,2012年,第31页。

兴盛。

王僧达的《七夕月下诗》是写景的佳作：

> 远山敛氛祲，广庭扬月波。气往风集隙，秋还露泫柯。节期既已屡，中宵振绮罗。来欢讵终夕，收泪泣分河。[1]

诗中描绘七夕月下的清冷幽雅之美，烘托牛郎织女相聚的短暂时光，已经完全摆脱了玄理的影响，突出了对自然景物的描写。

南齐王俭现存的诗歌以《春诗二首》堪为代表：

> 兰生已匝苑，萍开欲半池。轻风摇杂花，细雨乱丛枝。

> 风光承露照，露色点兰晖。青荑结翠藻，黄鸟弄春飞。[2]

两首五言短诗，生动描绘了春日细雨、生机盎然的场景，清新明丽。尤其第二首的尾句，一个"弄"字使全诗情趣盎然。

南齐王融的《临高台》：

> 游人欲骋望，积步上高台。井莲当夏吐，窗桂逐秋开。花飞低不入，鸟散远时来。还看云栋影，含月共徘徊。[3]

这首诗写游人登临高台远望的景象，视线由近及远，以吐、逐、飞、散、含等动词形象地描写了井旁绽放的莲花、窗边新开的桂花、飞舞的鸟儿、云月徘徊等景物之情态，刻画清丽细腻，并表现出一种含婉不露的情韵。

梁代王筠长于景物描写，其诗歌以山水景物诗水平最高，如《杂曲二首》：

---

1 逯钦立：《先秦汉魏晋南北朝诗·宋诗》卷六，北京：中华书局，1983年，第1241页。
2 逯钦立：《先秦汉魏晋南北朝诗·齐诗》卷一，北京：中华书局，1983年，第1380页。
3 逯钦立：《先秦汉魏晋南北朝诗·齐诗》卷二，北京：中华书局，1983年，第1389页。

> 鸟还夜已逼,虫飞晓尚赊。桂月徒留影,兰灯空结花。
>
> 可怜洛城东,芳树摇春风。丹霞映白日,细雨带轻虹。[1]

这两首诗用简洁的语句描绘了夜景和春景,构思精巧,音韵和谐。第一首诗中巧用"逼""赊""留""结"等动词,展现了夜幕降临、皓月当空、兰灯高照的景象,极富情趣。第二首语言清新简洁,用"摇""映""带"三字,描绘洛阳春景,颇得天然之趣,有唐诗五绝之韵。

王筠的《望夕霁诗》,也是山水诗代表作:

> 连山卷乱云,长林息众籁。密树含绿滋,遥峰凝翠霭。石溜正淙潺,山泉始澄汰。物华方入赏,跂予心期会。[2]

诗歌以"卷""息""含""凝"等动词,描绘周围的景物。全诗情景交融,突出反映了王筠诗歌注重字词锤炼的艺术特点。王筠堪称描写山水的能手,在他笔下,山水景色从形似转向传神,气韵生动,耐人玩味,为宫体诗弥漫的梁代诗坛吹进了一股清风。

此外,王训的《度关山》描写边塞景象和军伍生活,意境开阔;王锡的《宿山寺赋》描绘山寺的清幽景色,抒发了自己无心于外物、向往闲云野鹤生活的心情。

总之,东晋南朝时期的琅邪王氏文人,在江南秀美的山水风景中,创作了一批带有山水风格的诗作,从以山水比附玄理,到玄言内容减少而山水描写增多,再到纯粹地描摹山水景物之美。这些诗作,既是山水诗萌芽的推手,又是南朝诗风转换的重要表现。

(二)声律新变

西晋时期,陆机在《文赋》中提出诗文需要注意声韵之美,"暨音声

---

1 逯钦立:《先秦汉魏晋南北朝诗·梁诗》卷二十四,北京:中华书局,1983年,第2010—2011页。
2 逯钦立:《先秦汉魏晋南北朝诗·梁诗》卷二十四,北京:中华书局,1983年,第2019页。

之迭代，若五色之相宜"¹，五色搭配可产生更加鲜明的色彩，言语间的节律变化，会使辞赋节奏更为流畅。当时，将韵律引入辞赋的创新方式，并未被文士普遍接受。琅邪王氏家族中，王珣是较早注意到文学音韵的。他在桓温军府与同僚共观袁宏的《北征赋》时，明确指出："恨少一句，得'写'字足韵，当佳。"²显然，此时的王氏族人，已经逐步接受文学音韵说，为南齐时期王融创立声律论奠定了基础。

关于声律说的出现，史学界和文学界有不同的说法，有王融首创说，有沈约首创说，也有沈约与周颙共创说。钟嵘《诗品·序》载：

> 王元长创其首，谢朓、沈约扬其波。三贤或贵公子孙，幼有文辩，于是士流景慕。³

《梁书》卷四十九《庾肩吾传》：

> 齐永明中，文士王融、谢朓、沈约始用四声，以为新变。至是转拘声韵，弥为丽靡，复逾往时。

《南史》卷四十八《陆厥传》：

> 时盛为文章，吴兴沈约、陈郡谢朓、琅邪王融以气类相推毂。汝南周颙善识声韵。约等文皆用宫商，将平上去入四声，以此制韵，有平头、上尾、蜂腰、鹤膝。五字之中，音韵悉异，两句之内，角徵不同，不可增减。世呼为"永明体"。

永明年间，音韵学家周颙发现并创立以平上去入制韵的四声说，沈约等人根据四声和双声叠韵来研究诗句中声、韵、调的配合，提出了八病

---

1 〔清〕严可均：《全上古三代秦汉三国六朝文·全晋文》卷九十七，北京：中华书局，1958年，第2013页。
2 余嘉锡：《世说新语笺疏·文学》，上海：上海古籍出版社，1993年，第270页。
3 〔梁〕钟嵘著，周振甫译注：《诗品译注》，北京：中华书局，2017年，第27页。

（平头、上尾、蜂腰、鹤膝、大韵、小韵、正纽、旁纽）必须避免之说。沈约曾解释："欲使宫羽相变，低昂互节，若前有浮声，则后须切响；一简之内，音韵尽殊；两句之中，轻重悉异。"[1]实际上就是要求诗歌一句或相邻的两句中音调要错综变化，避免四声重复，又要音韵和谐，使之具有抑扬顿挫之美。后来刘勰在论声律时就从总体着眼把四声区分为平、仄两大类，并且随着创作实践逐渐形成了一整套格律诗规定[2]，推动了诗歌的创作和传播。

以竟陵八友为核心的文人，创作了大量的诗歌和章、启、表、疏等文章，追求和谐流畅的音韵美，注重对偶，文采华美，句式基本固定，五言四句、五言八句为多，号为"永明体"。这种新体诗比古体诗更华美、精练，标志着中国古典诗歌的一大进步。竟陵八友的诗歌已经基本摆脱了玄言诗的艰涩，语言流畅，风格清丽，易于诵读。他们将声律理论运用到诗歌创作中去，并在诗的对仗排偶、遣词用句以及构思、意境等方面做了较多探索，是中国诗歌走向格律诗的开启者。因此，王融诸人不仅推动了齐、梁、陈文学的发展，而且为后来唐代格律诗的成熟和繁荣做了多方面的准备。

王融较早将声律运用于诗歌创作，他的许多诗作都是严格入律的。《临高台》："花飞低不入，鸟散远时来。"《咏琵琶》："丝中传意绪，花里寄春情。"《咏池上梨花》："芳春照流雪，深夕映繁星。"[3]这些律句表明王融比较自觉地追求声律的和谐，较为充分地注意到了一句乃至相邻两句中平仄的调配，并且已经掌握了初步的法则，但在全诗格律方面还不是很注意。这正是永明新体诗与格律诗较大的差别之一，也表明了它是诗歌发展到格律诗的一个过渡形式。

王融的九十余首诗作，对仗工整，语言流畅，音律和谐，写景清丽自

---

1 《宋书》卷六十七《谢灵运传》，第1779页。
2 律诗的四种基本句式：平平仄仄平；仄仄平平仄；平平平仄仄；仄仄仄平平。由这四种基本句式推出几种变调：平仄仄平平；仄平平仄仄；平仄平平仄。
3 逯钦立：《先秦汉魏晋南北朝诗·齐诗》卷二，北京：中华书局，1983年，第1389、1402、1403页。

然，抒情含蓄委婉，反映了永明年间诗歌的大体风貌。如《古意二首》：

  游禽暮知反，行人独未归。坐销芳草气，空度明月辉。嘣容入朝镜，思泪点春衣。巫山彩云没，淇上绿条稀。待君竟不至，秋雁双双飞。

  霜气下孟津，秋风度函谷。念君凄已寒，当轩卷罗縠。纤手废裁缝，曲鬓罢膏沐。千里不相闻，寸心郁纷蕴。况复飞萤夜，木叶乱纷纷。[1]

  这两首诗都写闺妇思夫，是典型的闺怨诗。第一首以春起，以秋结，第二首只在秋落笔。前诗以比兴手法开篇，秋雁双飞反衬闺妇的孤独寂寞，后诗用飞萤、木叶的夜景来烘托闺妇的纷乱凄凉之情，言已尽而情韵无穷。诗歌以景物描写结尾，是唐诗常用手法，但在宋齐的诗坛中，这样的作品还并不多，王融的诗歌，给人以新颖别致之感。

  王融是永明体的创始人之一，在新体诗的演进中发挥了巨大作用。他在短暂的一生中创作了大量文学作品，也代表了南齐时期琅邪王氏家族在文学上的最高造诣。

  梁朝时期，王筠前期的诗作延续了永明诗风，注重声律的应用。沈约是永明体的代表诗人，他看到王筠的诗作后说："自谢朓诸贤零落，平生意好殆绝，不谓疲暮复逢于君。"沈约将王筠视为永明文学的传人，常与其探讨声律，感慨"知音者希"，称赞王筠的诗语言流畅、声韵和谐，具有抑扬顿挫之美，便于吟诵，"好诗圆美流转如弹丸"。[2]

  此外，王筠还长于用韵。齐梁时代，文士喜欢限时限韵赋诗，如竟陵王萧子良"夜集学士，刻烛为诗，四韵者则刻一寸，以此为率"。[3]梁武帝为元景隆饯行，"诏群臣赋诗，同用五十韵"。在乐游苑宴集群臣时，令褚

---

[1] 逯钦立：《先秦汉魏晋南北朝诗·齐诗》卷二，北京：中华书局，1983年，第1397页。
[2] 《南史》卷二十二《王昙首传》，第609页。
[3] 《南史》卷五十九《王僧孺传》，第1463页。

翔、王训"为二十韵诗，限三刻成"。以限时限韵评判诗人才华，其中才思敏捷、用韵自如者最为人欣赏。王规因"援笔立奏，其文又美，武帝嘉焉，即日授侍中"。[1]王筠在用韵方面表现更为突出。"筠为文能压强韵，每公宴并作，辞必妍美。"[2]所谓"强韵"，从押韵角度来说，有勉力适应困难，押稳韵脚之义，既包括生僻难押的韵脚，也包括并不生僻却也难押，须"强力"始能押稳的韵脚，故其难度较大。王筠《奉和皇太子忏悔应诏诗》即是一篇"强韵"诗，诗序记载他参与和诗："同所用十韵，私心庆跃，得未曾有，招采余韵，更题鄙拙。"[3]由此可知，这首奉和诗是用对方剩余诗韵作韵脚，说明王筠对于声律音韵有独到的理解和造诣，被众人称赏。

总之，魏晋南北朝时期，随着诗歌的发展，讲求音律和谐成为主要发展方向之一。东晋王珣已经注意到文学创作中的声律之美，南朝王融首倡声律论，王筠也非常重视诗文中的音节和谐，是声律发展中的代表性诗人。

三、南北文学交流

西晋末年，琅邪王氏迁居江南，在文学创作方面，主动吸纳江南民歌中的一些元素，构成文学新的形式和内容。齐、梁时期，随着王肃、王褒的北奔，王氏文学中所蕴含的江南文风又传播到北方，推动了南北文学的交流。

（一）民歌新词

东晋南朝的民歌，流传至今的大多是表述情人之间的悲欢离合。最具代表性的是《子夜歌》，共四十二首，多用双关隐语，缠绵悱恻，如：

> 始欲识郎时，两心望如一。理丝入残机，何悟不成匹。[4]

---

[1]《梁书》卷四十一《王规传》《褚翔传》，第582、586页。
[2]《梁书》卷三十三《王筠传》，第485页。
[3] 逯钦立：《先秦汉魏晋南北朝诗·梁诗》卷二十四，北京：中华书局，1983年，第2014页。
[4] 逯钦立：《先秦汉魏晋南北朝诗·晋诗》卷十九，北京：中华书局，1983年，第1040页。

诗中的"丝"与"思"谐音，布匹与夫妇匹配相应，委婉含蓄地表达了女子思念情郎的愁苦之情。

《子夜歌》作为江南民歌的代表作，最早的记载就与琅邪王氏有关：

> 《子夜歌》者，有女子名子夜，造此声。晋孝武太元中，琅邪王轲之家有鬼歌《子夜》。[1]

王轲之，谱系不详，但以"之"字为名，多半是王羲之的近支族人。剔除此文中的神话色彩，很可能《子夜歌》是王轲之或其他琅邪王氏族人所创，或者是他们整理的民歌，毕竟民间俚曲与世家大族的文化风尚差距较大，便以"鬼歌"为由，使《子夜歌》传播开来。这并非毫无根据的臆测，而与琅邪王氏学习江南文化有关。

迁居江左后，琅邪王氏族人大多生活在江南文化的核心区域扬州。王导为了笼络江东士族，主动接触江南文化，学习吴语，《世说新语·排调》载：

> 刘真长始见王丞相，时盛暑之月，丞相以腹熨弹棋局，曰："何乃渹！"刘既出，人问见王公云何，刘曰："未见他异，唯闻作吴语耳。"[2]

在王导影响下，在久居江南的环境中，琅邪王氏子弟逐渐习惯了江南语音，《世说新语·轻诋》载：

> 支道林入东，见王子猷兄弟。还，人问："见诸王何如？"答曰："见一群白颈乌，但闻唤哑哑声。"[3]

王徽之兄弟的吴侬软语，令支道林十分不适，讥讽他们为白颈乌鸦。此事应该发生在东晋中后期，显然，王氏子弟已经习惯了江南吴语，流行

---
1 《宋书》卷十九，《乐一》，第549页。
2 余嘉锡：《世说新语笺疏·排调》，上海：上海古籍出版社，1993年，第792页。
3 余嘉锡：《世说新语笺疏·轻诋》，上海：上海古籍出版社，1993年，第848页。

第四章 文才相继

于江南的民歌定然所知不少。再加上他们长于玄学,追求精神上的享受,汉乐府的古雅难以满足其需求,江南民歌轻松活泼的曲调和缠绵悱恻的唱词越来越被士人关注。王氏子弟开始学习、接受民歌,甚至自己也创作新歌。

王献之(344—386)曾作《桃叶歌》三首,带有明显的江南民歌特色。

> 桃叶复桃叶,渡江不用楫。但渡无所苦,我自迎接汝。
>
> 桃叶复桃叶,桃叶连桃根。相怜两乐事,独使我殷勤。
>
> 桃叶映红花,无风自婀娜。春花映何限,感郎独采我。[1]

桃叶是王献之的爱妾,三首诗语义双关,抒发了对桃叶的缱绻深情。此诗传播很广,至南朝时仍广为传唱,"陈时,江南盛歌王献之《桃叶》之词"[2],至今秦淮古渡仍被称为"桃叶渡"。

此外,王珉与婢女谢芳姿也有类似的爱情唱和诗[3]:

> 白团扇,辛苦五流连,是郎眼所见。
>
> 白团扇,憔悴非昔容,羞与郎相见。[4]

两首诗语言通俗,音节和谐,民歌的风格非常突出,后世有众多模拟者,影响很大。

东晋后期,王廞作《长史变歌》:

> 出侬吴昌门,清水绿碧色。徘徊戎马间,求罢不能得。

----

1 逯钦立:《先秦汉魏晋南北朝诗·晋诗》卷十三,北京:中华书局,1983年,第903—904页。
2 《隋书》卷二十二《五行上》,第637页。
3 《宋书》卷十九《乐一》(第550页)载:"《团扇歌》者,晋中书令王珉与嫂婢有情,爱好甚笃,嫂捶挞婢过苦,婢素善歌,而珉好捉白团扇,故制此歌。"
4 逯钦立:《先秦汉魏晋南北朝诗·晋诗》卷十四,北京:中华书局,1983年,第923页。

> 日和狂风扇,心故清白节。朱门前世荣,千载表忠烈。
>
> 朱桂结贞根,芬芳溢帝廷。陵霜不改色,枝叶永流荣。[1]

隆安元年(397),青州、兖州刺史王恭,因不满司马道子与王国宝控制中央政权,举兵入讨。当时,王恭任命王廞为建武将军、吴国内史,"令起军,助为声援"。[2]王廞很快纠集万余人,欲趁乱求取富贵。不久王国宝赐死,王恭罢兵,撤销对王廞的任命。此前王廞诛杀异己,已无退路,便举兵讨王恭,战败后不知所踪。相传,王廞临败前作《长史变歌》,回顾自己的戎马生涯,感慨"求罢不能得",追忆家族盛景,表白自己忠贞不渝的气节。

《桃叶歌》《长史变歌》都是学习江南民歌而创作的,格调清新,注重抒情,与古奥雅正的文人诗歌有较大不同,是雅俗文学交融,也是南北诗风交流的体现。

(二)江南文风北传

永嘉以后,衣冠南下,文化重心也随之南移。自此中国南北长期对峙,北朝政治、经济、文化、自然环境、民族风尚与南朝大不相同,受其影响,南北方文学差别很大。

江南山明水秀,风景如画。南朝宋齐梁陈更迭,变乱集中于上层,大规模战乱较少,更兼统治者多注重文化,文人士子咸以文学相尚,名家辈出,佳作频现。《南史》卷七十二《文学传序》曰:

> 自中原沸腾,五马渡江,缀文之士,无乏于时。降至梁朝,其流弥盛。盖由时主儒雅,笃好文章,故才秀之士,焕于俱集。

北方塞外苦寒,空旷、肃杀。自永嘉之后,十六国争雄,生灵涂炭。

---
1 逯钦立:《先秦汉魏晋南北朝诗·晋诗》卷十九,北京:中华书局,1983年,第1053—1054页。
2 《晋书》卷六十五《王导传》,第1760页。

北魏后期六镇反叛,国家分裂为东魏和西魏,后又被北齐、北周取代,政局动荡,战乱不息。再加上少数民族统治者对汉族士人心存疑忌,文士屡遭杀害,人们汲汲于保全性命,无暇搞文学创作,"戎狄交侵,僭伪相属,生灵涂炭,故文章黜焉"。北朝在魏孝文帝迁都洛阳后,才开始重视文学:"衣冠仰止,咸慕新风,律调颇殊,曲度遂改。"[1]

当时,由于政治和地域的不同,南北文风迥异。《隋书》卷七十六《文学传》曰:

> 彼此好尚,互有异同。江左宫商发越,贵于清绮,河朔词义贞刚,重乎气质。气质则理胜其词,清绮则文过其意,理深者便于时用,文华者宜于咏歌,此其南北词人得失之大较也。

南朝文学文辞清丽婉约,民歌以情歌为主,多用双关隐语,语言清新自然,情调婉转缠绵。北朝民歌题材广泛,语言质朴,风格直率豪放。梁启超评述:"燕赵多慷慨悲歌之士,吴楚多放诞纤丽之文。"[2]

随着南北政治、经济和文化的交流,南北文学风格渐趋融合。在南北交往过程中,入北的南方士人,将南朝文学介绍到北方,令北朝人叹赏不已,"衣冠仰止,咸慕新风"。[3]在这一文风转输过程中,王肃和王褒扮演了极其重要的角色。

王肃因父兄被杀逃亡北魏,正值魏孝文帝厉行汉化,熟悉江南文化的王肃,不仅在制定北魏官制方面做出了巨大贡献,还对北魏的诗歌创作产生了一定影响。王肃初入北方时,塞北的风雪和严寒给久居江南的他留下了深刻的印象,于是作了《悲平城》:"悲平城,驱马入云中。阴山常晦雪,荒松无罢风。"全诗于荒凉的景象刻画中暗寓着悲凉的情感。彭城王元勰对王肃的诗"甚嗟其美",以"声律殊佳"来评价概括此诗,说明他体悟到

---

[1] 《北史》卷八十三《文苑传》,第2778、2779页。
[2] 梁启超:《饮冰室文集》第2册《中国地理大势论》,北京:中华书局,1989年,第86页。
[3] 《魏书》卷八十五《文苑传》,第1869页。

了南朝诗风的特质。王肃此诗创作后在北魏产生了较大影响，祖莹作《悲彭城》，全仿此诗的形式："悲彭城，楚歌四面起。尸积石梁亭，血流睢水里。"[1] 此后，彭城王元勰奉孝文帝之命作了一首《问松林》[2]，体制也全仿王肃此诗。

王肃的诗歌，带有明显的江南文风，颇为北人欣赏，但他并不以文学见长。在南北文学交流过程中，他虽对诗歌形式和风格产生了一定影响，却并不显著。梁末入北的王褒则是当时的文学大家，他和另一位文学家庾信在南北文学交流中发挥了特殊的作用，推动了江南文风北传，促进了北朝文学在形式技巧上的发展，对相对滞后的北方文学产生了较大的影响。同时，王褒以亡国之臣被俘北上，终身未归，饱尝了羁旅生涯的苦痛，再加上受到北朝质朴文风的影响，他入北后自身文风亦发生了变化，展现出与南朝文学迥然不同的新面貌。他的文学作品，成为南北文风融合的代表。

王褒幼习家学，其父王规属昭明集团，王褒深受其古典文风影响。入仕后，初侍太子萧纲，后奉梁元帝萧绎，此二人都倡导宫体诗，王褒自然深受影响。由于战乱等原因，他在梁朝时的诗作保存下来的较少，有明确记载的是《燕歌行》：

> 初春丽景莺欲娇，桃花流水没河桥。蔷薇花开百重叶，杨柳拂地数千条。陇西将军号都护，楼兰校尉称嫖姚。自从昔别春燕分，经年一去不相闻。无复汉地关山月，唯有漠北蓟城云。淮南桂中明月影，流黄机上织成文。充国行军屡筑营，阳史讨虏陷平城。城下风多能却阵，沙中雪浅讵停兵。属国小妇犹年少，羽林轻骑数征行。遥闻陌头采桑曲，犹胜边地胡笳声。胡笳向暮使人泣，长望闺中空伫立。桃花落地杏花舒，桐生井底寒叶疏。试为

---

[1]《魏书》卷八十二《祖莹传》，第1799页。
[2]《魏书》卷二十一《彭城王勰传》（第572页）载："问松林，松林经几冬？山川何若昔，风云与古同。"

来看上林雁，应有遥寄陇头书。[1]

这是一首描写相思之苦的诗作，王褒以用典、音韵、对仗等写作技巧，成功刻画了一个丈夫从军、独守空房的女子复杂、细微的心理状况。全诗以写景起句，用华艳的字眼、浓丽的色泽描绘了早春景象，集中体现了宫体诗的手法特征。接着点出离别之怨，中间数句写亲人远征的战斗经历以及女子思念亲人时的各种想象及心理活动，将边塞生活同闺中相思相结合，南方春色和塞北苦寒形成强烈的对比，具有较强的艺术感染力。总体看来，这首诗讲究对仗和用典，音调婉转流畅，深具南方文学的写作技巧和审美情趣。

王褒成长于齐梁时期的华丽文风之中，其诗作得江左文学之精髓，入北后自然将南方文学的风格带到了北方，如《高丽句》：

萧萧易水生波，燕赵佳人自多。倾杯覆碗灌灌，垂手奋袖婆娑。不惜黄金散尽，只畏白日蹉跎。[2]

这是一首六言三韵诗，前二句用典，化用诗句"风萧萧兮易水寒"，造成一种雄浑悲壮的气氛，转而却写"燕赵佳人自多"。中间两句描绘了佳人轻盈的舞姿，"垂手奋袖婆娑"，南朝宫廷诗风的痕迹较为明显。结尾两句抒情，人生短暂，岂能虚掷光阴，蹉跎一生。全诗对仗工整，音节婉转，衔接自然，表现出纯熟的写作技巧。这种南朝诗风以及高超的写作技巧，令文学创作颇为贫乏的北方文士耳目一新，从而引发了学习模仿江南文学的风气，使北方的文学形势为之一变。史载：

唯王褒、庾信奇才秀出，牢笼于一代。是时，世宗雅词云委，滕、赵二王雕章间发。咸筑宫虚馆，有如布衣之交。由是朝廷之人，闾阎之士，莫不忘味于遗韵，眩精于末光。犹丘陵之仰

---

[1] 逯钦立：《先秦汉魏晋南北朝诗·北周诗》卷一，第2334页。
[2] 逯钦立：《先秦汉魏晋南北朝诗·北周诗》卷一，第2333页。

嵩、岱，川流之宗溟渤也。[1]

世宗是指周明帝宇文毓，他对汉文化尤其是齐梁诗歌艺术倾慕非常，急于仿效，"善属文，词彩温丽"[2]，所谓"温丽"即指其诗文颇具南朝文学风格。周明帝诗歌现存三首，其中就有《和王褒咏摘花诗》："玉碗承花落，花落碗中芳。酒浮花不没，花含酒更香。"[3]此诗完全是一派南方诗歌风韵，显然是学习、模仿王褒诗作的结果。此外，滕王宇文逌、赵王宇文招也热衷于学习南方诗风，赵王"博涉群书，好属文。学庾信体，词多轻艳"，滕王"少好经史，解属文"。[4]王褒还与赵王有相互唱和之作，现存有《奉和赵王途中五韵诗》《奉和赵王隐士诗》两首。前一首为军旅之作，后一首是吟咏隐士之诗，前诗中的"村桃拂红粉，岸柳被青丝"，后诗中的"清襟蕴秀气，虚席满风飙"[5]，均未脱南朝宫体诗风气。虽然赵王诗已不存，但从王褒和作中，不难推测出对王褒、庾信极为推崇的赵王所写诗歌的内容和艺术风格。

总之，王褒北上之初，在宴集中赋诗以及同北周贵族赠和酬唱的诗作，明显带有江南文风，为北方贵族和文士所钦慕、仿效，引发了他们学习南方文学的风潮。

与此同时，因为自然环境、身份地位的改变，以及亡国寄居生活经历所导致的内在思想感情变化，王褒入北后对社会现实感受较深，诗歌内容由局限于宫廷生活扩展为政局、军旅、边塞、游侠、羁旅生活、乡关之思、闺思、风景等多方面，诗风也逐渐发生了变化。在他的诗歌中，有很多北国风光的描写，特别是边塞诗苍茫刚健，毫无齐梁诗歌中的绮靡浮艳。如《渡河北》：

> 秋风吹木叶，还似洞庭波。常山临代郡，亭障绕黄河。心悲

---

1 《周书》卷四十一传论，第744页。
2 《周书》卷四《明帝纪》，第60页。
3 逯钦立：《先秦汉魏晋南北朝诗·北周诗》卷一，北京：中华书局，1983年，第2324页。
4 《周书》卷十三《文闵明武宣诸子传》，第202、206页。
5 逯钦立：《先秦汉魏晋南北朝诗·北周诗》卷一，北京：中华书局，1983年，第2337、2342页。

异方乐,肠断陇头歌。薄暮临征马,失道北山阿。[1]

这是他作为亡国之臣在被押送长安的路上,目睹北地萧瑟的秋色,思及亡国之痛所作。诗中以北地风物衬托家国之思,既有苍茫雄阔之美,又充斥着沉郁悲凉的情绪,与前期柔媚艳丽的宫体诗风大相径庭。

王褒北上不久,北周建立,与陈朝的关系开始缓和,双方商定:"南北流寓之士,各许还其旧国。陈氏乃请王褒及(庾)信等十数人。"因王褒、庾信才名甚高,周武帝"唯放王克、殷不害等,信及褒并留而不遣"。[2] 王褒被迫羁留北方,南归无望,思念故土的伤感、对自身命运的感慨萦绕心头,因此其诗歌中常常流露出思乡、悲凉的情绪,如《送别裴仪同诗》《送刘中书葬诗》《与周弘让书》等,希望"书生之魂,来依旧壤",却是"白云在天,长离别矣。会见之期,邈无日矣"。[3]

王褒身在北国但魂系故国,异域风情、乡关之思的强烈感情冲击,使他创作出了大量文学作品。这些诗赋文章中,既有南方的华美文风以及声律、辞藻等文学技巧,又吸收了北方诗歌悲凉、慷慨的格调,将南北文学融合起来,在当时影响很大。时人以为他和庾信"奇才秀出,牢笼于一代"[4],成为隋唐融合南北诗风的前奏。

---

1 逯钦立:《先秦汉魏晋南北朝诗·北周诗》卷一,北京:中华书局,1983年,第2340页。
2 《周书》卷四十一《庾信传》,第734页。
3 《周书》卷四十一《王褒传》,第731页。
4 《周书》卷四十一传论,第744页。

第五章　书画传统

美学家宗白华在《论〈世说新语〉和晋人的美》中说："汉末魏晋六朝是中国政治上最混乱、社会上最痛苦的时代，然而却是精神史上极自由、极解放、最富于智慧、最浓于热情的一个时代，因此也就是最富有艺术精神的一个时代。"[1]艺术和文学一样，在这一时期也进入了自觉时代，成为士人必备的修养，是他们展示才华、表达情感、寄托精神的有效途径。

魏晋南北朝时期，是艺术繁荣发展的时代，其中最具代表性的是书法，"书以晋人为最工，亦以晋人为最盛。晋之书，亦犹唐之诗，宋之词，元之曲，皆所谓一代之尚也"。[2]这一时期，书法家辈出，各种书体交相辉映，书法理论著作不断涌现，是中国书法史上的高峰。三百年间，书法成就最高、作品数量最多、影响最大的是琅邪王氏家族，"大抵字学之妙，晋人得之为多，而王氏之学尤盛焉"。[3]尤其王羲之、王献之合称"二王"，是中国书法史上的里程碑。王氏书法不仅在当时声名显赫，还确定了中国书法艺术的发展方向，对后世产生了深远影响。

1　宗白华：《美学散步》，上海：上海人民出版社，2005年，第356页。
2　马宗霍：《书林藻鉴 书林记事》卷六，北京：文物出版社，1984年，第43页。
3　〔宋〕佚名著，顾逸点校：《宣和书谱》卷七，上海：上海书画出版社，1984年，第60页。

第一节　琅邪王氏书法传统

西汉以前，中国文字经过了甲骨文、金文、小篆、隶书的简化发展，主要以记录资料和文化传承的实用功能为主。直至东汉，随着纸的发明改进、士人群体的壮大，书法艺术进入了早期发展阶段。当时，字帖、碑刻等书法资源相对较少，练习书法是权贵阶层的特权，而琅邪王氏作为高门士族，凭借政治优势搜罗了大量书帖和书法著作，便于子弟学习书法。自西晋时起，王氏子弟大多擅长书法，形成了世代相传的书法传统，魏晋南北朝时期最具代表性的书法家和书法作品大多出自琅邪王氏家族。

一、王氏书法的早期发展

宋太宗淳化三年（992），将内府所藏从先秦到唐朝的历代法帖编为十卷，即著名的《淳化阁帖》，共一百零三人四百二十帖，其中琅邪王氏子弟十八人二百六十二帖，王氏书法之盛，由此可见一斑。

表5-1 《淳化阁帖》收录琅邪王氏子弟书帖数量

《淳化阁帖》	王氏子弟	书帖数量
卷二	王导、王敦、王洽、王珉、王珣、王廙	16
卷三	王徽之、王涣之、王操之、王凝之、王劭、王厥、王恬、王昙首、王僧虔	9
卷四	王筠	1
卷六、卷七、卷八	王羲之	160
卷九、卷十	王献之	76

尽管《淳化阁帖》收录的王氏子弟书帖是从王导开始的，但从现存史料来看，早在西晋时期，王戎、王衍已经在书法方面取得一定成就。北宋《宣和书谱》记载：

> 王戎……作草字得崔、杜法，妙鉴者多所称赏。自是所造渊

深,一出便在人上……今御府所藏草书一:《忻慰帖》。[1]

(王衍)作行草尤妙……其自得于规矩之外,盖真是风尘物表脱去流俗者,不可以常理规之也。今御府所藏行书一:《尊夫人帖》。[2]

行书、章草在汉代已有发展,本是为书写快捷、方便而发展来的文体,经刘德升、杜操初创,张芝、钟繇、胡昭等人推行,逐渐成熟并艺术化,流行于士大夫之间,成为他们遣情逸志的表现形式之一。上文中提到的崔瑗、杜操都是汉代章草名家,王戎的书法被称赞有他们二人的神韵,显然草书水平较高。王衍擅长的是行草书,这是一种介于楷书、草书之间的字体,可以说是楷书的草化或草书的楷化。它是为了弥补楷书书写速度慢和草书难于辨认的缺点而产生的,笔势既不像草书那样潦草,也不要求像楷书那样端正。楷法多于草法的叫"行楷",草法多于楷法的叫"行草"。王衍的行草潇洒飘逸,苏东坡《题晋人帖》曰:"夷甫独超然,如群鹤耸翅欲飞而未起也。"[3]

东晋初,王敦、王导、王廙、王邃皆长于书法,性格不同,身份地位不同,书学也各有所长。

王敦长于草书。"初以工书得家传之学,其笔势雄健,如对武帝击鼓,振袖扬袍,旁若无人。"[4]王敦青年时期豪爽不羁,声震朝野,中年执掌兵权,扫平江东,晚年坐大荆州,跋扈朝堂,堪称一代枭雄。中规中矩的隶书、楷书和飘逸的行书都未必能表达出他的胸襟和霸气,而笔意奔放、气势万千的草书则可以直抒胸臆,这是他喜爱草书、长于草书的原因。王敦现存的作品《蜡节帖》,带有隶书横向取势之态,基本字字独立,偶有笔画

---

[1] 〔宋〕佚名著,顾逸点校:《宣和书谱》卷十三,上海:上海书画出版社,1984年,第106页。杜操,字伯度,汉章帝时为齐相,魏晋时期,为避曹操讳,称为杜度,至唐代被称为汉代章草第一人。崔瑗师承杜操,二人合称"崔杜"。
[2] 〔宋〕佚名著,顾逸点校:《宣和书谱》卷七,上海:上海书画出版社,1984年,第56页。
[3] 〔宋〕苏轼著,堵友祥校注:《东坡题跋》卷四,上海:上海远东出版社,1996年,第193页。
[4] 〔宋〕佚名著,顾逸点校:《宣和书谱》卷十四,上海:上海书画出版社,1984年,第110页。

牵连，点画遒劲，整体笔势雄健，体现的正是威震朝野的大将军气度。

王导也是书法名家，他"初师钟繇、卫瓘，力学不倦"，永嘉初，于战乱中"携钟繇《宣示帖》过江"，可见其对书法的热爱。《宣和书谱》载：

> （王导）行草尤工，然论者以谓疏柯迥擢，密叶危阴，虽秀有余而实不足。晋元、明二帝并工书，皆推难于导，故当世尤所贵重。子恬、洽皆以书名，时人方为杜、卫焉……今御府所藏草书二：《省示帖》《改朔帖》。[1]

王导是东晋开国丞相，得朝野拥戴，同时他又是名士领袖，引领文化风尚。双重身份、儒玄双修的思想，决定了他的书法必然具备端严与姿媚两种态势，而行草书恰恰可以满足此要求。行草书笔法流动，书者可以纵情挥洒，书中所带的楷法，又起着一定的约束作用。观《省示帖》，可见其笔力遒健，既有古朴厚重之态，又有潇洒灵动之美。王导的书法是东晋初最典型的书风，为当时的君主、名士推重，也直接影响了王氏下一代人，王恬、王洽、王羲之等人皆学其书，成为王氏书法发展史上的关键人物。

东晋初，在书法方面成就最高的是王廙。王僧虔《论书》云："王平南廙，右军叔，过江之前以为最。"[2]《宣和书谱》记载：

> （王廙）才能属文，工书画，至音律、射、御、游艺，无不精绝，作草隶、飞白得张芝、卫瓘遗法。自王羲之过江前，廙号为独步……今御府所藏四：草书《仲春帖》、章草《郑夫人帖》、行书《贺雪表》《嫂何如帖》。[3]

王廙在家传书学的基础上，又学习钟繇、张芝、卫瓘的书法，草书尤工，笔法灵动，流畅妍美，并逐渐摆脱章草的形态，向今草书发展，

---

[1] 〔宋〕佚名著，顾逸点校：《宣和书谱》卷十四，上海：上海书画出版社，1984年，第111页。
[2] 《南齐书》卷三十三《王僧虔传》，第597页。
[3] 〔宋〕佚名著，顾逸点校：《宣和书谱》卷十四，上海：上海书画出版社，1984年，第109页。

可以说是王羲之新体书的前奏。其飞白也名重一时，时人称："王廙飞白，右军之亚。"[1]

这一时期长于书法的王氏子弟还有王邃：

> 王邃失其世系……而世所传者特因其书尔。作行书有羲、献法……《婚事》一帖尤为人所知，流传至今，观其布置婉媚，构结有法，定非虚得名。[2]

王邃生卒年不详，事迹不详。《王邃别传》仅有简单记载："邃字处重，琅邪人，舒弟也，意局刚清，以政事称。累迁中领军、尚书左仆射。"[3]他的《婚事帖》"布置婉媚，构结有法"，为后人赞赏，也因此得以留名后世。

二、王氏书法家学形成

曹魏时期，王雄、王祥和王览不以书法见长，他们的下一代也无书名，可推知琅邪王氏的书法家学尚未形成。王戎所学崔、杜之法，大约不是从父辈习得，或许与当时的书法传授以及王戎的社会交往有关。

汉魏之际，是中国书法的早期发展阶段，当时的书法传承，与汉代经学一样，注重师法。如姜诩、梁宣、田彦、韦诞都是张芝的弟子，"并善草，诞书最优"。钟繇、胡昭"俱学于刘德升，而胡书肥，钟书瘦"。[4]这是私人之间的师徒传授。至西晋时，书法教育已列入官学，秘书阁"置令史、正书及弟子，皆典教书画"。[5]所教书法内容，不是以前的《苍颉篇》一类的字书，而是"立书博士，置弟子教习，以钟、胡为法"。[6]这是典型的官

---

1 〔唐〕张彦远著，范祥雍点校：《法书要录》卷八张怀瓘《书断中》，北京：人民美术出版社，1984年，第276页。
2 〔宋〕佚名著，顾逸点校：《宣和书谱》卷七，上海：上海书画出版社，1984年，第60页。
3 余嘉锡：《世说新语笺疏·赏誉》，上海：上海古籍出版社，1993年，第447页。
4 〔唐〕张彦远著，范祥雍点校：《法书要录》卷一羊欣《采古来能书人名》，北京：人民美术出版社，1984年，第12页。
5 《南齐书》卷十八《百官志》，第324页。
6 《晋书》卷三十九《荀勖传》，第1154页。

方推行师法。因史料缺乏，王戎的师承已无详载。

梳理与王戎交往颇多的书法家，有嵇康、钟会、卫瓘、卫恒、索靖等人。嵇康的草书被列为妙品，王戎曾说"与嵇康居二十年"[1]，可能会随他学习草书。钟会长于隶书、行书和草书，与父亲钟繇号称大小钟。钟会伐蜀之前专门征求王戎的意见，二人关系亲近，王戎从钟会处获取书帖应该不难，或许王导收藏的钟繇《宣示帖》就是由此而来。此外，王戎与卫瓘、卫恒父子同朝为官，族弟王旷娶妻卫氏，显然两族之间应该有密切交往。索靖长于草书，他在尚书台任职时，与卫瓘号称"一台二妙"。王戎与上述书法家有长期的交往，纵然不是师承他们，也可能受其书法影响，才能"妙鉴者多所称赏"，甚至"一出便在人上"。[2]

魏晋之际，除了师法的传承，知名书法家逐渐形成的家法，也成为一种重要的传承方式。如钟繇、钟会父子和卫觊、卫瓘、卫恒祖孙之间的书法传承，书法世家逐渐形成，族人多长于书法，甚至女子都习书，如卫恒族弟卫展之女卫夫人[3]即是知名书法家，后来成为王羲之的老师。西晋时期，钟、卫书法盛名一时，除了在族内传承，很多士族也主动学习二家书法，琅邪王氏即是其中之一，如王导收藏钟繇《宣示帖》，王廙"能章楷，传钟法"。[4]在学习的过程中，琅邪王氏逐渐形成了自己的书法传统。

琅邪王氏的书法传统，大约是从王戎逐渐发展起来的。王戎的书法今已不存，但他身兼朝廷重臣和名士领袖，在琅邪王氏家族内部影响较大。王衍比王戎小二十二岁，仕途受其提携，玄学清谈受其影响，很可能也学习他的书法，并进一步提升书艺。随着玄学的盛行，传统礼教束缚减轻，行书、草书的任意挥洒，不拘形迹，越来越为追求个性逍遥、纵情任性的玄学名士欣赏。王戎、王衍都是当时的玄学名士，自然喜爱最能体现书者

1　余嘉锡：《世说新语笺疏·德行》，上海：上海古籍出版社，1993年，第18页。
2　〔宋〕佚名著，顾逸点校：《宣和书谱》卷十三，上海：上海书画出版社，1984年，第106页。
3　卫夫人，卫铄，字茂漪，书承卫氏家法并师承钟繇。
4　〔唐〕张彦远著，范祥雍点校：《法书要录》卷一羊欣《采古来能书人名》，北京：人民美术出版社，1984年，第14页。

个性的行书、草书，故此以行书、草书见长，并有书帖传世。两人相继为三公，声名显赫，其书法成就在当时有较大的社会影响，在家族内部也容易被族人效仿，进而形成书法家学，如王敦"初以工书得家传之学"[1]，王旷传授王羲之笔法，可知王氏书法家学已经形成。此后，家族内部广泛收藏法帖，注重子弟书艺培养，王氏子弟多自幼习书，如王羲之七岁善书，王献之"七八岁时学书，羲之密从后掣其笔不得"。[2]善书的王氏子弟辈出，书法逐渐成为琅邪王氏的家族文化符号。

东晋前期，王敦、王导等人延续王氏书法。当时，对王氏书法影响最大的是王廙，他是王羲之走向书圣之路的教导者和指引者，为王氏书法的昌盛做出了突出贡献。王羲之幼年失父，叔父王廙承担了抚育、教导之责，直到永昌元年（322）去世，是年王羲之二十岁。十余年的精心教导栽培，已经为王羲之打下了坚实的书学基础。张彦远《历代名画记》记载了王廙的《孔子十弟子图》画赞：

> 余兄子羲之，幼而岐嶷，必将隆余堂构。今始年十六，学艺之外，书画过目便能，就余请书画法，余画《孔子十弟子图》以励之。嗟尔羲之，可不勖哉！画乃吾自画，书乃吾自书。吾余事虽不足法，而书画固可法。欲汝学书，则知积学可以致远；学画，可以知师弟子行己之道。[3]

从这段文字里可以看出王廙对王羲之的悉心教导和殷切期望。他的字体也有很多被王羲之继承，尤其是在草书方面，王羲之许多字形结构都与王廙《嫂何如帖》近似。王羲之后来能开创一代书风，成为书法史上的丰碑，王氏书风统领书坛一千余年，王廙功不可没。

此外，王廙促成了琅邪王氏家族的书画传统，并提出书法、绘画创作

---

[1] 〔宋〕佚名著，顾逸点校：《宣和书谱》卷十四，上海：上海书画出版社，1984年，第110页。
[2] 《晋书》卷八十《王羲之传》，第2105页。
[3] 〔唐〕张彦远：《历代名画记》卷五，杭州：浙江人民美术出版社，2019年，第84页。

必须有鲜明的独创性,"画乃吾自画,书乃吾自书",不因循守旧,要敢于创新,自成一家,确定了王氏家族书画的基本精神,也为后来王羲之、王献之变革古体,开创新体提供了理论指导。

总之,自王戎启其端,王衍继其后,王敦、王导、王廙推波助澜,王氏书法传统形成。东晋初期,"王与马,共天下",王导等人借助崇高的政治地位、巨大的社会影响和高超的书法艺术,推动了家族书法的发展,奠定了琅邪王氏书法世家的基础。

第二节 "二王"书风

东晋中期,政局相对稳定,琅邪王氏基本退出了政权中枢,但仍保持较高的政治地位,无须过多地加入政治角逐和积极钻营。在优越的物质条件保障下,王氏子弟大多生活闲雅,他们沉迷于玄学清谈的精神享受,徜徉于清秀温润的江南山水之中。他们比王敦、王导一代有了更多的闲情逸致研习书法,书法既用于写诗赋文,也用以书信往来。王氏子弟以萧散自得的心态作书,逐渐改变了汉魏书法雄浑古拙的审美倾向,转向俊秀清雅,使这一时期的书法艺术成为东晋审美趣尚最具体的表现。当时,王羲之、王献之引领了楷书、行书和草书的发展,成为王氏书法的最高峰,也是中国书法史上的第一个高峰。

一、王羲之书法

王羲之是琅邪王氏家族书法的集大成者,他在中国书法艺术史上登峰造极,被誉为"书圣",历代书学评论家对其书法给予了最高评价。刘宋羊欣《采古来能书人名》评:

> 博精群法,特善草隶……古今莫二。[1]

---

[1] 〔唐〕张彦远著,范祥雍点校:《法书要录》卷一,北京:人民美术出版社,1984年,第15页。

梁朝庾肩吾《书品》模仿九品中正制论书法，评王羲之的书法为"上之上"品，非凡人所能及：

> 疑神化之所为，非人世之所学……贵越群品，古今莫二。[1]

唐人张怀瓘《书断》列王羲之的隶书、行书、草书、章草、飞白皆为神品：

> 备精诸体，自成一家法，千变万化，得之神功，自非造化发灵，岂能登峰造极。[2]

唐太宗更是大力推广王羲之的书法，他亲自为《晋书·王羲之传》写传论，将王羲之推至书坛至高无上的地位：

> 详察古今，研精篆素，尽善尽美，其惟王逸少乎！观其点曳之工，裁成之妙，烟霏露结，状若断而还连；凤翥龙蟠，势如斜而反直。玩之不觉为倦，览之莫识其端，心慕手追，此人而已。其余区区之类，何足论哉！[3]

至此，王羲之"书圣"的地位基本奠定，王氏书法流播海内，传承千古。

（一）王羲之的学书环境

王羲之取得如此高的成就，有多方面的原因。

首先，名师指导是王羲之成功的主要原因。王羲之生在书法世家，家族中收藏大量法帖，父辈多为书法名家，他从小就深受书学熏陶。相传王旷曾从卫夫人处得到蔡邕书法，转授幼年王羲之。309年王旷战败下落不

---

1 〔唐〕张彦远著，范祥雍点校：《法书要录》卷二，北京：人民美术出版社，1984年，第64页。
2 〔唐〕张彦远著，范祥雍点校：《法书要录》卷八，北京：人民美术出版社，1984年，第266页。
3 《晋书》卷八十《王羲之传》，第2108页。

明，王羲之主要随叔父王廙学书，从叔王导也对他多有指点，并将自己珍藏的钟繇《宣示帖》赠予王羲之。除了家学渊源，王羲之曾跟随卫夫人学习。卫夫人兼钟繇书法和卫瓘书法之长，擅长隶书、楷书和行书，她的妍媚书风，对王羲之影响很大。总之，在王廙和卫夫人的悉心教导下，王羲之初学书法就站到了很高的起点上。成年以后，王羲之广泛地研习历史上著名书法家如李斯、曹喜、梁鹄、蔡邕、张昶等的碑帖作品，博采秦汉魏晋诸家书法精华，终能集其大成。

其次，勤学苦练是王羲之成功的重要原因。相传王羲之幼时练字非常刻苦，每日带着笔墨纸砚在水池边练字，练习结束后便在池中清洗毛笔、砚台。天长日久，池中的水都变成黑色，洗砚池的传说由此而来。这一习惯贯穿了王羲之一生，不仅临沂有洗砚池，王羲之后来定居的浙江绍兴和曾任官的温州、江西抚州临川，也都有墨池的传说和遗迹。"临池学书，池水尽墨"已经成为王羲之刻苦练字的典故。

再次，王羲之与其他书法家之间的切磋交流，间接促进了其书艺的进步。唐代窦臮《述书赋》概述东晋书法世家："博哉四庾，茂矣六郗，三谢之盛，八王之奇。"[1]颍川庾氏、高平郗氏、陈郡谢氏和琅邪王氏并称，其中的"八王"是指王导、王劭、王珉、王羲之、王献之、王廙、王濛、王述。王羲之得王导指导良多，与王劭为同辈兄弟，互相切磋书艺的机会更多。王羲之娶书法家郗鉴之女郗璇[2]为妻，与内弟郗愔过从甚密，又为王献之娶郗昙之女郗道茂。同时，王羲之与谢安、谢万交好，次子凝之娶谢安侄女谢道韫为妻。此外，王羲之曾长期担任庾亮的参军、长史，与庾翼多有书信往来，探讨书艺。东晋时期常常举行的文人雅集，书法也是重要的讨论内容。婚姻和交游作为纽带，将四大书法世家联系起来。书家之间的交流以及相互借鉴，取长补短，进一步促进了书法艺术的融会贯通。这是王羲之集众家之长，隶、楷、行、草、章草、飞白皆精的原因之一。

---

1 〔唐〕张彦远著，范祥雍点校：《法书要录》卷五，北京：人民美术出版社，1984年，第146页。
2 〔宋〕陈思：《书小史》，北京：中国书店，2018年，第45页。"王羲之妻郗氏……甚工书，兄愔与昙谓之笔中之仙。"

此外，王羲之家族的天师道信仰也影响了其书法艺术。道教抄写道经和画符，必以能书者任之，而抄写道经又是一种功德，信道者也乐于为之，王羲之就曾为道士抄写《道德经》《黄庭经》。陈寅恪考证，两晋南北朝的天师道世家多为书法世家，"南朝书法自应以王、郗二氏父子为冠，而王氏、郗氏皆天师道之世家，是南朝最著之能书世家即奉道之世家也"。[1] 琅邪王氏书法艺术的发展，与天师道信仰不无关系。王羲之《记白云先生书诀》称，"书之气，必达乎道，同混元之理"[2]，书法的最高境界在于与"道"相通，这正是其道教信仰在书法理论中的具体体现。

最后，王羲之的成就亦与他所处的时代环境有关。东晋时期，书写工具如笔、墨的改良和推广，对书法的演进起了较大推动作用。纸的广泛使用，更是书法繁荣的关键条件。自东汉蔡伦改进造纸术，竹木简牍逐渐为纸取代。至东晋时期，纸的产量大增，如"王右军为会稽令，谢公就乞笺纸，库中惟有九万枚，悉与之"。[3] 可以说，文房用具的改进，为笔法的丰富创造了有利的条件。同时，中国书法经过汉魏时期的发展，进入自觉发展时代，抒情性进一步增强。原本更易抒情的文学，却在东晋时期进入了"理过其辞，淡乎寡味"[4]的玄言诗时代。"情之所钟，正在我辈"[5]的士人，便将满腔深情投入书法研究与创作中，推动了书体的完善和多样化，将汉末以来日渐摆脱实用的书法不断雅化、艺术化。当时，思想界的变化也影响了书法发展。儒学思想统治地位动摇，玄学清谈风靡一时，佛教、道教广泛传播，直接导致了士大夫阶层追求旷达自适的精神境界，尤其道家的飘逸、释家的超然，都渗透到书法创作之中，为书法创作理念的更新提供了思想基础。王羲之本是玄学名士，崇尚自然，任性纵情，"坦腹东床"传为佳话。辞官之后，他与道士许迈共修服食之道，"采药石不远千里"，又

---

1 陈寅恪：《金明馆丛稿初编》，北京：生活·读书·新知三联书店，2001年，第39页。
2 黄简：《历代书法论文选》，上海：上海书画出版社，1979年，第37页。
3 〔唐〕徐坚等：《初学记》卷二十一，北京：中华书局，2005年，第517页。
4 〔梁〕钟嵘著，周振甫译注：《诗品译注》，北京：中华书局，2017年，第17页。
5 《晋书》卷四十三《王衍传》，第1237页。

与谢安诸名士"遍游东中诸郡,穷诸名山,泛沧海,叹曰:'我卒当以乐死'"。江南山水之清奇灵秀,与王羲之追求风流飘逸、纵情不羁相合,他自觉不自觉地将任性纵情之风与山水之势融入书法之中,摆脱了汉代厚重、质朴的书风,转而趋向妍丽,"论者称其笔势,以为飘若浮云,矫若惊龙"。[1]

在各种有利因素的推动下,王羲之秉承王廙"自成一家"的艺术理论,精研体势,推陈出新,一改汉魏以来质朴古拙的书风,开创了流美飘逸的新书体,成为当时最著名的书法家。早在东晋中期,人们对王羲之的书法已是竞相购求,争相效仿。当时与王羲之齐名的书法家庾翼,对自己的子侄辈弃庾氏书法而学习王书大不以为然,在荆州时写信回京城,称:"小儿辈贱家鸡,皆学逸少书。须吾下,当比之。"[2]后来见到王羲之答庾亮的章草,他才心悦诚服,给王羲之写信道:"吾昔有伯英(张芝)章草十纸,过江颠狈,遂乃亡失,常叹妙迹永绝。忽见足下答家兄书,焕若神明,顿还旧观。"[3]在庾翼看来,王羲之已经是张芝之后最杰出的书法家。

(二)王羲之书法的特点

从中国书法发展史看,楷书、草书和行书的新书体都成熟于王羲之的笔下。他的书法开一代新风,是我国书法史上一座承前启后的里程碑。

1. 楷书

中国的书法艺术源远流长,秦汉时期,盛行篆书、隶书,东汉章帝时期楷书出现,"有王次仲者,始以隶字作楷法,所谓楷法者,今之正书是也"。[4]

汉末,钟繇简化了部分笔画,以横捺停顿代替隶书的"蚕头燕尾",在书写方式上完成了由隶书到楷书的重大转折和过渡,但他的书法仍有隶书的痕迹,如《宣示帖》是楷书帖,却基本以隶书笔法写成,竖短横长,

---

[1]《晋书》卷八十《王羲之传》,第2101、2093页。
[2]《南齐书》卷三十三《王僧虔传》,第597页。
[3]《晋书》卷八十《王羲之传》,第2100页。
[4]〔宋〕佚名著,顾逸点校:《宣和书谱》卷三,上海:上海书画出版社,1984年,第19页。

字体多呈扁方，重心偏下。卫夫人和王廙的楷书，比钟繇多了些变化，更趋向于清丽、俊逸，也仍保留了隶书的特色。王羲之在此基础上，在书体和书写技法上进一步改革楷书。他改变了钟繇翻挑出锋的写法，形成了和隶书不同的结体、笔画特点，变横张为纵展，字的重心上移，笔画更为简洁明快，起笔处有按笔动作，回锋收笔，使楷书完全摆脱了隶书的影响，最终完成了由隶到楷的飞跃。而且，回锋运笔，如果裹在原笔画之内，便成王羲之楷书式样；如果发锋，可与下个字的起笔相呼应，便成王羲之行、草式样。

书法界区分旧体与新体的主要标准，是看字体中是否有篆书、隶书属性，有则为旧体，无则为新体。王羲之的楷书将成形期的钟繇楷书转为成熟，开一代新风。书体的演进与新书体的诞生，并不是靠一个人，而是在长时间的使用过程中，经过人们不断改进才最终完成的。经汉魏以来士人书法家参与改造、美饰之后，楷书字体逐渐脱离篆书、隶书的影响，独立成体。尽管如此，王羲之在新书体的成熟与完善方面，仍做出了相当大的贡献。史载："变古制，今唯右军、领军（王洽）；不尔，至今犹法钟、张。"[1]

王羲之的楷书端庄妍美，代表作品有《乐毅论》《黄庭经》《东方朔画赞》。梁朝时期，《乐毅论》被认为是楷书第一，梁武帝命人复制副本，作为贵族子弟学书的范本。"梁世模出，天下珍之，自萧阮之流，莫不临学。"[2]

2. 草书

草书始于西汉，最初用以快速起草文稿，其发展历程大体可分为早期草书、章草和今草三个阶段。在篆书向隶书转化的时期，为了便捷书写，民间流行一种笔画省略、结构简便的书体，此即早期草书。随着笔画简省的草字数量逐渐增多，写法逐渐统一，笔画省变有章法可循，这就是章草。章草字体带有隶书形式，字与字不相牵连。东汉末期，为能更好书写、抒

---

[1]《南齐书》卷三十三《王僧虔传》，第591页。
[2]〔唐〕张彦远著，范祥雍点校：《法书要录》卷二，北京：人民美术出版社，1984年，第77页。

情，章草进一步"草化"。书法家张芝对草体进行了整理和加工，脱去隶书笔画行迹，上下字之间笔势连贯，偏旁部首也做了简化，书写时笔势流畅，可以一笔呵成，一气贯通，已不拘于章法，称为今草。这是草书艺术史上的第一次变革，张芝因之被尊为"草圣"。

王羲之使草书艺术发生了第二次变革。他另创了一条今草道路，即"作草如真"，以楷书的笔法写草书，剔除章草中的隶书痕迹，虽字字独立，但笔画之间互相照应，连绵笔势将两个或三个字组合为一个字群，展现出草书的新形态，即所谓"状若断而还连"。王羲之的创新，将章草的字字独立与今草的流畅纵逸巧妙结合起来。他的今草代表作品有《十七帖》《上虞帖》《平安帖》等，笔姿矫健雄逸，体态遒媚秀婉，风格清新流便，因此大行于世。王羲之的今草改变了章草盛行的局面，将今草书进一步向前推进。张怀瓘《书断》载：

> 张芝草圣，皇象八绝，并是章草，西晋悉然。迨乎东晋，王逸少与从弟王洽，变章草为今草，韵媚婉转，大行于世，章草几将绝矣。[1]

3. 行书

行书起源于东汉末，是介于楷书和草书之间的一种字体，既不像草书那样难以辨识，也不像楷书那样端正。行书没有固定的写法，写得比较放纵流动，近于草书的称"行草"；写得比较端正平稳，近于楷书的称"行楷"。行书书写"临事制宜，从意适便"，而且体态多变，易于抒情，"有若风行雨散，润色开花，笔法体势之中，最为风流者也"。[2] 汉魏时期，人们看重的是书法记录资料的实用性，偏重艺术色彩的行书并没有普遍应用。直到东晋时期，王羲之、王献之等人在宽松的历史环境中，摆脱了各种束缚，任意挥洒，点画自如，肆意奔放，如天马行空，使书法真正成为一门

---

[1] 〔唐〕张彦远著，范祥雍点校：《法书要录》卷七，北京：人民美术出版社，1984年，第239页。
[2] 〔唐〕张彦远著，范祥雍点校：《法书要录》卷四，北京：人民美术出版社，1984年，第156页。

独立自觉的艺术，行书才由此大行。宗白华指出："晋人风神潇洒，不滞于物，这优美的自由的心灵找到一种最适宜于表达他自己的艺术，这就是书法中的行草。"[1]

王羲之的行书基本清除了旧体行书中的横向隶书笔意，以纵向取势为主，上下映带，潇洒飘逸，将行书的实用性和艺术性最完美地结合起来了。他创作了《兰亭集序》《快雪时晴帖》《奉橘帖》《丧乱帖》《孔侍中帖》《得示帖》等杰出的书法作品。

《兰亭集序》被誉为"天下第一行书"，成为后代行书的范本。它同时也是文学史上的不朽之作，书文双绝，千百年来倾倒了无数文人墨客。《兰亭集序》全篇共二十八行，三百二十四字，章法布局疏朗有致，笔势流畅，提按节奏明快，点画精妙，字态潇洒飘逸，如行云流水，达到了极高的艺术境界。王羲之曾在《书论》中总结书法经验，"若作一纸之书，须字字意别，勿使相同"。[2]《兰亭集序》中，凡有重复的字都各不相同，"之"字最多，有二十余字，竟无一雷同，姿态各异，竭尽变化之能事。明代解缙《春雨杂述》评《兰亭集序》："字既尽美，尤善布置，所谓增一分太长，亏一分太短。"[3]马宗霍《书林藻鉴 书林记事》称："学书家视《兰亭》，犹学道者之于《语》《孟》。羲、献余书非不佳，惟此得其自然，而兼具众美。"[4]

《兰亭集序》是王羲之身处良辰美景、好友皆至、酒酣兴逸之时所作，以高超的书艺承载绝妙的美文，形式和内容得到了完美统一。待他酒醒之后，又重新写了许多幅，皆不及原作。王羲之对自己都无法超越的得意之作极为爱重，《兰亭集序》一直作为传家宝在家族中传承，直到第七世孙释智永。智永出家，没有子嗣，临终将《兰亭集序》托付给了弟子辩才。辩才在自己居住的房间屋梁上掏了一个暗龛，用来珍藏《兰亭集序》，秘不示人。相传唐太宗醉心于王羲之的书迹，传世真品都搜罗殆尽，独缺最著名

---

[1] 宗白华：《美学散步》，上海：上海人民出版社，2005年，第363页。
[2] 黄简：《历代书法论文选》，上海：上海书画出版社，1979年，第28页。
[3] 黄简：《历代书法论文选》，上海：上海书画出版社，1979年，第498页。
[4] 马宗霍：《书林藻鉴 书林记事》，北京：文物出版社，1984年，第50页。

的《兰亭集序》。后听说真迹在辩才手中，几次索要不成，便命监察御史萧翼设计赚得，令书法家欧阳询、虞世南、褚遂良、冯承素等人临摹成副本，分赐诸皇子和近臣。太宗崩，《兰亭集序》真迹殉葬昭陵，冯承素摹本现藏故宫博物院。

《兰亭集序》在书法史和文学史上都产生了深远影响，开启了文学与书法相结合的先河，后世文人的书法创作越来越以文学作品为主。

王羲之诸体皆精，书法中往往糅合了行书、楷书、章草和今草，传世的书帖中并不是固定一种字体，如《兰亭集序》并非全是行书，帖中有楷书"九年"，也有"以""亦"等草书，巧妙结合。《丧乱帖》前面为行书，后面为草书，字里行间，折射出王羲之因先墓被毁而哀痛的心情。

王羲之是中国书法史上有着划时代意义的大书法家，他在继承众家之长的基础上，摆脱旧体限制，对各种书体进行了改良与创新，奠定了新体楷书、草书和行书三种字体的规范。此后书法界不再有字体的变革，只有风格的流变而已。后世大凡学书，多以他的书帖为范本。直至今天，人们日常使用的字体和用于书法创作的字体依然以新体为主。王羲之的书法无疑是中国书法史上的最高峰，他被尊为"书圣"是当之无愧的。

二、王献之书法

升平五年（361），王羲之卒，他毕生积累的书法艺术创作经验悉数传给了七个儿子，其中凝之、涣之、徽之、操之与献之五人皆精通书法，名重一时。黄伯思《东观余论》对他们的书法有一个总体评价："皆得家范，而体名不同：凝之得其韵，操之得其体，徽之得其势，涣之得其貌，献之得其源。"[1]其中王献之最得其父书学精髓，在书法史上被誉为"小圣"。

王献之，字子敬，是王羲之的第七子。自幼聪慧，起家州主簿、秘书郎，转秘书丞，后历任建威将军、吴兴太守、中书令。太元十一年（386）去世，年仅四十三岁。王献之死后，族弟王珉继为中书令，故世称献之为

---

[1]〔宋〕黄伯思：《东观余论》，北京：中华书局，1991年，第5页。

大令，王珉为小令。

王献之学习书法的环境可谓得天独厚：父亲是"书圣"，母亲、同族兄弟和叔、祖辈以及外祖父、舅父皆是书法大家。他幼年学书，天资极高，又颇为勤奋。七八岁时，"羲之密从后掣其笔不得"，不由感叹："此儿后当复有大名。"[1]在王羲之的悉心传授和教导下，王献之继承了父亲的笔法风格，后来，他又学习张芝的草书，兼众家之长，不拘成法，别创新法，隶、楷、行、草皆精，与王羲之合称"二王"。

王献之的书法极富个性，有鲜明的艺术特色。张怀瓘《书议》评王献之书云：

> 子敬之法，非草非行，流便于行草，又处于其中间……有若风行雨散，润色开花，笔法体势之中，最为风流者也！[2]

当时，论者以为"羲之草隶，江左中朝莫有及者，献之骨力远不及父，而颇有媚趣"。[3]王羲之生活在东晋前中期，是时玄风流煽，儒学亦在王导诸人的努力下在意识形态领域占有重要的一席之地。王羲之素以"骨鲠称"，虽为玄学名士，但仍保留儒家基本精神。所以，王羲之写信给权臣殷浩，建议他与桓温团结协作，在条件不成熟时不要北伐；与谢安共登冶城，劝谢安不要沉于虚谈浮文，以国事为重；任地方官期间关心百姓疾苦，"百姓之命□□倒悬，吾夙夜忧此"[4]，在荒年时开仓赈济，建议朝廷减免赋役、减轻刑罚，"羲之每上疏争之，事多见从"。[5]书法乃心迹体现，所谓字如其人，儒者刚健之风，己身骨鲠之气，反映在书法上，即是他虽变古风，书中仍有雄健之气，遒劲有力，"字势雄逸，如龙跳天门，虎卧凤阙"。[6]王

---

1 《晋书》卷八十《王羲之传》，第2105页。
2 〔唐〕张彦远著，范祥雍点校：《法书要录》卷四，北京：人民美术出版社，1984年，第156页。
3 《晋书》卷八十《王羲之传》，第2106页。
4 〔清〕严可均：《全上古三代秦汉三国六朝文·全晋文》卷二十六，北京：中华书局，1958年，第1606页。
5 《晋书》卷八十《王羲之传》，第2097页。
6 黄简：《历代书法论文选》，上海：上海书画出版社，1979年，第81页。

献之则生活在东晋中后期，当时正是玄盛儒衰之时，社会风尚的转变导致了审美取向的变化，追求心灵自由、漠视外在束缚，使书法更加张扬个性、追求妍美。王献之高迈不羁，风流为一时之冠，他的审美观点与王羲之相异，其行书、草书秀美灵动，逸气纵横，展现出他风神潇洒、不滞于物的艺术人格。黄庭坚《山谷题跋》对王羲之和王献之的书法做了相当恰当的评价：

> 以右军父子草书比之文章，右军似左氏，大令似庄周也。[1]

东晋南朝时期，无论是文学还是艺术，都逐渐走向绮靡。"古质而今妍，数之常也；爱妍而薄质，人之情也。"[2]在书法发展史上，从钟繇、张芝到"二王"，新书体逐渐形成、完善，与之相适应，书法风格也由"古质"向"今妍"发展，趋于流美妍丽。王羲之改革楷书、行书和草书的结构、笔法，开一代新风；王献之在父亲的基础上，顺应时代潮流，书风愈加妍美，富于气韵和流动美，更加适应了当时的审美倾向。因此，他的书法在东晋后期至南齐时期风靡朝野，其名望甚至超过王羲之。刘宋书法家羊欣得王献之亲授，对他推崇备至：

> 元嘉中，羊欣重王子敬正隶书，世共宗之，右军之体微轻，不复见贵。[3]

王献之书法盛极一时，王羲之和钟繇的书法一度受到冷落。梁朝陶弘景写信给梁武帝论书，提到：

> 比世皆尚子敬书，元常（钟繇）继以齐代，名实脱略。海内非惟不复知有元常，于逸少亦然。[4]

---

1 〔宋〕黄庭坚著，白石校注：《山谷题跋》，杭州：浙江人民美术出版社，2022年，第57页。
2 〔唐〕张彦远著，范祥雍点校：《法书要录》卷二，北京：人民美术出版社，1984年，第36页。
3 《南史》卷四十七《刘休传》，第1180页。
4 严可均：《全上古三代秦汉三国六朝文·全梁文》卷四十六，北京：中华书局，1958年，第3215页。

梁武帝也是一位书法大家，他欣赏刚健遒媚的王羲之书法，不喜更加妍媚的王献之书法，宣称"子敬之书，不及逸少"[1]，以帝王身份引领书风，恢复王羲之的书法地位，结束了王献之书法独霸书坛的局面。在最高统治者的提倡下，当时庾肩吾著《书品》，将王羲之列为"上之上"品，而王献之则低了一等，为"上之中"品。

至唐代，唐太宗抬高王羲之而贬抑王献之：

> 献之虽有父风，殊非新巧。观其字势疏瘦，如隆冬之枯树；览其笔踪拘束，若严家之饿隶。其枯树也，虽槎枿而无屈伸；其饿隶也，则羁羸而不放纵。兼斯二者，故翰墨之病欤！[2]

直到唐玄宗时期，王献之的书法艺术才又被世人肯定，真正确定了他在书法史上的地位，并对唐代张旭、怀素的狂草，颜真卿的行书产生了较大影响。

王献之是东晋后期最杰出的书法家，他和王羲之一样，也有不拘成法的创新意识，主张变古为今。十五六岁时，他就奉劝父亲在书法创作上跟随时代的步伐：

> 古之章草，未能宏逸。今穷伪略之理，极草纵之致，不若藁行之间，与往法固殊，大人宜改体。且法既不定，事贵变通，然古法亦局而执。[3]

王献之认为事贵变通，章草的字字独立不能表现出更宏大、纵逸的气势，他认为草书与行书之间可找到突破"往法"的途径，建议父亲"改体"。由此可见，少年王献之已经对传统书体有了深刻的体悟与研究。成年后，王献之在继承父亲书法的基础上，进行了大胆创新，进一步改变了汉

---

[1]《梁书》卷三十五《萧子云传》，第515页。
[2]《晋书》卷八十《王羲之传》，第2107页。
[3]〔唐〕张彦远著，范祥雍点校：《法书要录》卷四，北京：人民美术出版社，1984年，第155页。

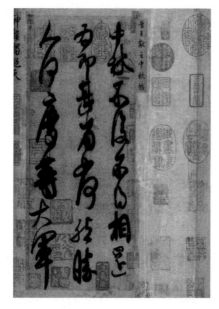

《中秋帖》部分

魏古朴书风。

首先，王羲之的草书字字独立，王献之的草书则多字贯通，流畅连绵，逸气纵横，此即所谓"一笔书"，主要表现为"字之体势，一笔而成，偶有不连而血脉不断。"[1]如《中秋帖》字字相连，萦回曲折，一笔直下，一气呵成，给人以潇洒飘逸之感，世所罕见。

《奉对帖》也是"一笔书"的代表作。王献之先娶表姐郗道茂，夫妻恩爱，后来新安公主下嫁，王献之被迫与郗道茂离婚。他在写给前妻的信中，追忆昔年情谊，感慨"岂谓乖别至此，诸怀怅塞实深。当复何由日夕见姊耶？俯仰悲咽，实无已已，唯当绝气耳"。[2]王献之满怀悲伤，字势跌宕起伏，尤其书信的后半部分，由行书转为草书，伤感愈盛。

---

[1] 〔唐〕张彦远著，范祥雍点校：《法书要录》卷七，北京：人民美术出版社，1984年，第240页。
[2] 〔清〕严可均：《全上古三代秦汉三国六朝文·全晋文》卷二十七，北京：中华书局，1958年，第1614页。

其次，父子二人用笔、结体不同。"右军用笔内撅而收敛，故森严而有法度；大令用笔外拓而开廓，故散朗而多姿。"[1] 王羲之的书法用笔向内收敛，相对含蓄，王献之的书法，用笔向外扩展，注重个人风格的表达，书风更加宏逸疏朗，将王羲之以来的妍丽书风进一步发展。如他的楷书是在学习父亲书法艺术基础上，新创的一种书风，以捺笔长为特色，字里行间，结体疏朗，气韵生动，给人以轻松快意、妩媚秀丽之感。虞龢《论书表》评价："父子之间又为今古，子敬穷其妍妙，固其宜也。"[2] 张怀瓘认为："若逸气纵横，则羲谢于献，若簪裾礼乐，则献不继羲。"[3] 在《书断》中把王羲之的草书列入能品，而将王献之的草书列为"神品"，并评其行草书：

    行草兴合，如孤峰四绝，迥出天外，其峻峭不可量也。尔其雄武神纵，灵姿秀出，臧武仲之智，卞庄子之勇，或大鹏抟风，长鲸喷浪，悬崖坠石，惊电遗光，察其所由，则意逸乎笔，未见其止，盖欲夺龙蛇之飞动，掩钟张之神气。[4]

总之，王献之的草书比王羲之的草书更具写意性，艺术性也进一步增强，上承东汉张芝的今草，下启唐代张旭的狂草，是草书史上继往开来的关键人物。

王羲之父子合称"二王"，"逸少秉真行之要，子敬执行草之权，父之灵和，子之神俊，皆古今之独绝也"。[5] 他们全面继承了中国书法的传统，注入时代审美意趣，开创了飘逸遒劲的新书风，创造了数以千计的书法艺术精品，代表了东晋南北朝时期的最高水平，对当时的书法艺术发展起了较大的推动作用。

----

1 崔尔平选编校点：《历代书法论文选续编》，上海：上海书画出版社，2015年，第200页。
2 〔唐〕张彦远著，范祥雍点校：《法书要录》卷四，北京：人民美术出版社，1984年，第36页。
3 〔唐〕张彦远著，范祥雍点校：《法书要录》卷七，北京：人民美术出版社，1984年，第236页。
4 〔唐〕张彦远著，范祥雍点校：《法书要录》卷八，北京：人民美术出版社，1984年，第267页。
5 〔唐〕张彦远著，范祥雍点校：《法书要录》卷四，北京：人民美术出版社，1984年，第156页。

三、其他王氏子弟

（一）东晋中后期

东晋中后期，以书法闻名的琅邪王氏子弟还有王导诸子、王允之、王珣和王珉。

王导六子，长子王悦、四子王协早亡，其他诸子均善书法，次子王恬和三子王洽（323—358）最知名。《书断》记载，王恬"工于草隶，当世难与为比"[1]，传世草书《得示帖》，载于《淳化阁帖》。王洽的书法博采众长，"书兼众体，于行草尤工"，他与王羲之在书风变革方面做出了突出贡献：

> 羲之尝谓洽曰："弟书遂不减吾。"或以谓过论。王僧虔亦谓洽与羲之书"俱变古形，不尔，至今犹法钟、张。"[2]

东晋中期，王恬、王洽继承王氏书法，皆有书名，尤其王洽与王羲之在章草到今草的发展过程中都做了较大贡献，故王羲之称"弟书遂不减吾"。

王导五子王劭善草书，他沿袭了王导的书风，并朝着新体书风转换。窦臮《述书赋》评："以古窥今，调涉浮艳。"[3]王劭弟王荟，善行书，传世墨迹仅余保留在《万岁通天帖》中的《疖肿帖》。

王允之（303—342）与王羲之同龄，学书环境大致相同，但他比王羲之参与政务多，承担的家族责任重。王敦以为允之"似己"，从小就将他带在身边培养，"恒以自随，出则同舆，入则共寝"。[4]成年后，被王导委以重任，参与平定苏峻之乱，在与庾氏家族相争时担任江州刺史，是"以军事实力维持王氏家族利益的最后一人"。[5]这样的政治生涯，再加上英年早逝，

---

1 〔唐〕张彦远著，范祥雍点校：《法书要录》卷九，北京：人民美术出版社，1984年，第296页。
2 〔宋〕佚名著，顾逸点校：《宣和书谱》，上海：上海书画出版社，1984年，第112页。
3 黄简：《历代书法论文选》，上海：上海书画出版社，1979年，第242页。
4 《晋书》卷七十六《王舒传》，第2001页。
5 田余庆：《东晋门阀政治》，北京：北京大学出版社，1989年，第130页。

注定王允之无法获得像王羲之一样的书法成就。史籍中王允之仅有简短记载，羊欣《采古来能书人名》："王允之……亦善草行。"张怀瓘《书断》："王允之善草隶。"[1] 王允之的书法作品今已不存，但在当时应该有一定影响，直到南齐时期，王僧虔还曾将王允之的书帖送呈萧道成：

> 齐高帝朝，书府古迹惟有十二帙，以示王僧虔，仍更就求能者之迹。僧虔以帙中所无者，得张芝、索靖、卫伯儒、吴大皇帝、景帝、归命侯、王导、王洽、王珉、张翼、桓玄等十卷；其与帙中所同者，王恬、王珣、王凝之、王徽之、王允之，并奏入秘阁。[2]

东晋后期，王洽的儿子王珣和王珉是与王献之齐名的书法家。

> 王珣……三世以能书称……盖其家范世学，乃晋室之所慕者，此珣之草圣亦有传焉。今御府所藏有二：草书《三月帖》，行书《伯远帖》。[3]

王珣的书法并非当时一流，但他的《伯远帖》是现存唯一的晋人真迹作品。此书行笔流畅自然，秀雅遒劲，是典型的王氏书风，东晋风流，宛然在眼前。清乾隆皇帝将《伯远帖》和王羲之的《快雪时晴帖》、王献之的《中秋帖》收藏在养心殿西暖阁，时常把玩，并御书匾额"三希堂"。

王珣弟王珉，因代王献之为中书令，世称"小令"，他的书法在当时颇有盛名：

> 王珉……少有才艺，工隶及行、草。世所宝者，特是草圣，名出兄珣之右……自导至珉，三世以书名著，人以方杜度、卫瓘

---

1 〔唐〕张彦远著，范祥雍点校：《法书要录》卷一、卷九，北京：人民美术出版社，1984年，第15、294页。
2 〔唐〕张彦远著，范祥雍点校：《法书要录》卷四，北京：人民美术出版社，1984年，第147页。
3 〔宋〕佚名著，顾逸点校：《宣和书谱》，上海：上海书画出版社，1984年，第112页。

第五章　书画传统

《伯远帖》部分

二氏焉……当时遂与献之齐名……论者谓珉书"弓善矢良,兵利马疾,突围破敌,难与争锋。"……今御府所藏二:草书《力书帖》、行书《镇抚书》。[1]

东晋时期,从王导至王珣、王珉,三代人皆善书,更有王羲之、王献之父子彪炳史册,琅邪王氏书法世家的地位真正确立起来。

王羲之开创的新体书风,妍丽婉媚,成为东晋时期书风的代表。此风不仅影响到了王氏家族子弟,还通过交游、婚姻等方式影响到其他书法世家,风靡东晋书坛。如庾氏子弟放弃了家传书法,改学王羲之书法,庾翼一度愤愤不平:"小儿辈贱家鸡,皆学逸少书。"与琅邪王氏联姻的高平郗氏,深受新书风影响,郗愔"章草亚于右军",郗超"草亚于二王,紧媚过其父"。[2]

---

[1] 〔宋〕佚名著,顾逸点校:《宣和书谱》卷十四,上海:上海书画出版社,1984年,第113页。
[2] 《南齐书》卷三十三《王僧虔传》,第597页。

(二) 南朝

南朝时期，琅邪王氏虽没有出现超过王羲之、王献之父子的伟大书法家，但书法艺术仍是琅邪王氏最具代表性的文化标识。王氏子弟无不自幼攻书，父子相传，兄弟相继，王氏书法家学不断发展壮大。《旧唐书》卷八十九《王方庆传》记载了王氏家族十一代人长于书法的史实：

> 则天以方庆家多书籍，尝访求右军遗迹。方庆奏曰："臣十代从伯祖羲之书，先有四十余纸，贞观十二年，太宗购求，先臣并已进之。唯有一卷见今在。又进臣十一代祖导、十代祖洽、九代祖珣、八代祖昙首、七代祖僧绰、六代祖仲宝、五代祖骞、高祖规、曾祖褒，并九代三从伯祖晋中书令献之以下二十八人书，共十卷。"

王方庆是刘宋王昙首的直系后裔，这一分支在南朝涌现了数位书法大家。《宣和书谱》记载：

> 王昙首……其作草字，虽未足以与古人方驾，要之是一代宗臣，而人物典刑，千古如在。况其行笔痛快亦自有可观者。今御府所藏草书一：《余念帖》。[1]

《余念帖》又称《服散帖》，虽为草书，但字字独立，笔势流美、晓畅。

王昙首之子王僧虔（426—485），是宋齐时期最著名的书法家。弱冠之时，宋文帝称赞他的书法超过了王献之，"非唯迹逾子敬，方当器雅过之"，可知王僧虔从小书艺就非同寻常。宋孝武帝长于书法，"欲擅书名"，王僧虔不敢显迹，"常用掘笔书，以此见容"。由宋入齐，王僧虔的书法越来越负盛名，齐高帝萧道成爱好书法，曾与王僧虔比赛书法，问二人优劣，

---

[1] 〔宋〕佚名著，顾逸点校：《宣和书谱》卷十六，上海：上海书画出版社，1984年，第127页。

王僧虔不敢与皇帝相争，只好说："臣书第一，陛下亦第一。"[1]

王僧虔的书法比较重视神采和抒写性情，劲峭秀丽，流畅自然，他曾"自书让尚书令表，辞制既雅，笔迹又丽，时人以比子敬《崇贤》"。[2]梁武帝萧衍《古今书人优劣评》曰："王僧虔书如王、谢家子弟，纵复不端正，奕奕皆有一种风流气骨。"[3]强调了王僧虔书法光彩焕发，如王、谢子弟般具有风流倜傥、卓尔不群的气度。张怀瓘《书断》列王僧虔的隶书、行书、草书入妙品，其传至今天的书法作品有《太子舍人帖》(又称《王琰帖》)、《刘伯宠帖》。

王僧虔的儿子也善书：王慈"少与从弟俭共书学"；王志"善草隶，当时以为楷法，齐游击将军徐希秀亦号能书，常谓志为'书圣'"；王彬"好文章，习篆隶，与志齐名，时人为之语曰：'三真六草，为天下宝'"[4]；王僧虔的孙子王筠以文学知名，然其家传书学亦不曾荒废，尤其擅长行书，有《至节帖》传世。

此外，王弘"凡动止施为及书翰仪体"，被称为"王太保家法"，其后裔也有多人以书法闻名。王融母亲谢氏"教融书学"，王微"工书"，王僧祐"工草隶"，王籍"甚工草书，笔势遒放"。[5]

其他分支也不乏善书之人，王廙曾孙王敬弘，善草书，"翰墨兼至"。[6]梁朝时，梁武帝命张率"撰古妇人事，使工书人琅邪王琛、吴郡范怀约等写给后宫"。[7]王克曾被侯景任命为太宰，名声不佳，但他善行书、草书。窦臮《述书赋》称："名劣笔健，乃逢王克。"[8]

陈朝时期，王羲之的七世孙释智永爱好书法。他少小出家，在寺院的

---

[1] 《南齐书》卷三十三《王僧虔传》，第591、592、596页。
[2] 《南史》卷二十二《王昙首传》，第604页。
[3] 黄简：《历代书法论文选》，上海：上海书画出版社，1979年，第82页。
[4] 《南史》卷二十二《王昙首传》，第606、608、611页。
[5] 《南史》卷二十一《王弘传》，第572、575、578、580、581页。
[6] 黄简：《历代书法论文选》，上海：上海书画出版社，1979年，第247页。
[7] 《南史》卷三十一《张率传》，第815页。
[8] 黄简：《历代书法论文选》，上海：上海书画出版社，1979年，第250页。

阁楼上苦练书法，用坏的秃笔有十瓮，每瓮皆有数千支。这些秃笔被埋在寺院内，犹如一座坟墓，故称"退笔冢"。勤学苦练之下，智永终于成为一代名家，向他求字者络绎不绝，把门槛都踩断了，不得不将门槛用铁皮包起来，人称"铁门限"。他曾手书真、草《千字文》八百余本，分送江南寺院，备受珍爱。智永是弘扬王羲之书法的功臣，他创立的"永字八法"，成为楷书的书法准则，为促进楷书的成熟做出了突出贡献。智永的书法被视为南朝过渡到唐代的桥梁，唐代书法家虞世南、欧阳询、褚遂良、张旭、孙过庭等人都临习过智永的书法，足见其影响之大。

总之，东晋以前的书法家，看重的是书法的实用性，而"二王"在宽松的历史环境中，摆脱了各种束缚，任意挥洒，肆意纵情，使书法真正成为一门艺术，尤其是王氏行书和草书，影响了东晋以后的中国书法史，整整统治了中国书坛一千多年。

第三节　王氏书法理论

魏晋南北朝时期，由于书法创作的兴盛，各种书体交相辉映，尤其楷书、草书和行书在这一时期发展成熟、完善。书法家对书体源流、派别的研究和讨论，对书法作品的收藏和品评，对书法技巧的探究，都将书法理论推向繁荣，书法著作大量涌现。作为这一时期最著名的书法世家，琅邪王氏在书法理论的探索和研究方面也做出了突出贡献。

最早阐述自己书法理论的是王廙，他书、画并重，提出了书法、绘画创作不能因袭前人，必须有鲜明个性，要"自成一家"的艺术理论。他提出"画乃吾自画，书乃吾自书"，告诫王羲之，"学书，则知积学可以致远；学画，可以知师弟子行己之道"。[1] 王廙提出的"自画""自书""积学致远""行己之道"的理论，无疑对之后的王氏子弟产生了较大影响。王羲之遵循其创新理念，开一代书学新风，王献之在草书上勇于创新，草书成

---
[1]〔唐〕张彦远：《历代名画记》卷五，杭州：浙江人民美术出版社，2019年，第84页。

就甚至超过其父,其他如王洽、王珉、王僧虔等人,莫不承袭家学,不断求新,使王氏书学在东晋南北朝始终独领风骚,成为中国书法史上最辉煌灿烂的一页。

王羲之的书法成就世所景仰,他的书法理论也为后人重视,其书法理论著作有:《论书》、《书论》、《题卫夫人〈笔阵图〉后》、《笔势论》、《笔势论十二章并序》、《教子敬笔论》、《用笔赋》、《草书势》、《天台紫真传授笔法》(又称《记白云先生书诀》)。这些著作未必都是王羲之本人所著,或为后人假托,其中《论书》《书论》《题卫夫人〈笔阵图〉后》直接体现王羲之书法精髓,可能是王羲之的著述,其他各篇或多或少夹杂有王羲之的书法思想。综合这些书学著作和散见于南朝、唐朝书论文献以及王羲之尺牍中的言论,可大体归纳总结王羲之的书法理论。

王羲之注重书法创作,在《题卫夫人〈笔阵图〉后》把书法比喻为战争布阵:

> 夫纸者阵也,笔者刀矟也,墨者鍪甲也,水砚者城池也,心意者将军也,本领者副将也,结构者谋略也,飐笔者吉凶也,出入者号令也,屈折者杀戮也。夫欲书者,先乾研墨,凝神静思,预想字形大小偃仰、平直振动,令筋脉相连,意在笔前,然后作字。若平直相似,状如算子,上下方整,前后平直,此不是书,但得其点画耳。[1]

王羲之将书法创作与行军布阵巧妙结合起来,指出书法创作是个完整的过程,除笔墨纸砚需精良外,更应重视"心意""本领""结构"。尤其他提出了"意在笔前",将"心意"比拟为军阵中的将军,居于统领、指挥一切的地位,突出了"意"在书法创作中的核心地位和作用。王羲之详细说明了如何运用"意",须"凝神静思",对字形及上下左右布局考虑完整,胸有成竹,运笔流畅果决,才能创作出优秀的书法作品。若仅书写工

---

1 〔唐〕张彦远著,范祥雍点校:《法书要录》卷一,北京:人民美术出版社,1984年,第7页。

整、平直,形同"算子",那就算不上书法,只是点画而已。可见,王羲之对"书"是有特定要求的,在《论书》中也有一段话强调"意":

> 吾尽心精作亦久,寻诸旧书,惟钟张故为绝伦,其余为是小佳,不足在意。去此二贤,仆书次之。须得书意转深,点画之间皆有意,自有言所不尽。得其妙者,事事皆然。[1]

王羲之利用"言不尽意"的玄学观点,进一步深化了对"意"的论述。书法的点画之间,存在着非语言所能表达清楚的"意",而要做到"书意转深",必须长时间"尽心精作",才能"得其妙者"。除此之外,王羲之的书札中,说到"意"的还有诸如"子敬飞白大有意"[2]、"君学书有意,今相与草书一卷"[3]、"飞白不能乃佳,意乃笃好"[4]等。正是因为对"意"的重视和长期揣摩,王羲之的书法才能达到逾越前人的高度。

王献之有《进书诀表》传出,内容虚化的东西多,如飞鸟作书传授笔法,自己学习后书艺大涨;酬答扬州老母赠饭在匙上题字,可能是化用了王羲之蕺山题扇的故事。这些内容大概是为了增加"书诀"的神秘性。"书诀"的内容已经不存,但作为知名书法家,为皇帝写"书诀",必然会涉及用笔技巧、章法布局等书法理论,并非全是神化,很可能就是王氏书法的理论总结。

东晋后期,王珉作《行书状》。行书始于东汉,发展于曹魏西晋,成熟于东晋。在王珉之前,还没有专门论述行书的著作,只是书家在论草书、隶书时,附带提及。王珉的《行书状》,是历史上第一篇关于行书的著述。它的出现,与东晋行书的繁盛有极大关系,其部分内容保存于张怀瓘《书

---

[1] 〔唐〕张彦远著,范祥雍点校:《法书要录》卷一,北京:人民美术出版社,1984年,第5页。
[2] 〔清〕严可均:《全上古三代秦汉三国六朝文·全晋文》卷二十二,北京:中华书局,1958年,第1582页。
[3] 〔清〕严可均:《全上古三代秦汉三国六朝文·全晋文》卷二十三,北京:中华书局,1958年,第1588页。
[4] 〔清〕严可均:《全上古三代秦汉三国六朝文·全晋文》卷二十六,北京:中华书局,1938年,第1606页。

断》中：

> 王珉《行书状》云："邈乎嵩岱之峻极，灿若列宿之丽天。伟字挺特，奇书秀出，扬波骋艺，余好宏逸，虎踞凤跱，龙伸蠖屈。资胡氏之壮杰，兼钟公之精密，总二妙之所长，尽众美乎文质。详览字体，究寻笔迹，粲乎伟乎，如珪如璧。宛若盘螭之仰势，翼若诸鸾之舒翮。或乃放手飞笔，雨下风驰，绮靡婉丽，纵横流离。"[1]

尽管已非全貌，文中依然可以看到王珉对行书做了华丽的铺陈。他以山岳、列宿、龙、虎、凤、蠖、璧、螭、鸾、风雨等不同气势的物象和动感的言辞，生动描绘了行书的形态特征，表述了行书给予观览者的主观感受。文中的"胡氏"是胡昭，"钟公"即钟繇，二人都师从行书的创始人刘德升，书法各有特点，一"壮杰"，一"精密"。王珉以为，行书兼胡、钟二人之所长，飘逸纵横，是其他书体无法比拟的。他对行书的阐述，展现了经"二王"改革后行书的鲜明特征，也是东晋后期行书理论的总结之作，意义重大。

南朝时期，王僧虔不仅是书法家，书法理论也颇有造诣，曾撰《论书》《书赋》《笔意赞》等，阐述自己的观点。

《论书》将汉魏以来的近三十位著名书法家的师承渊源、艺术特色、书家对比做了较为公正的论述。尽管每位书法家仅寥寥数语，却无不中的，堪称当时的书法简史。更为重要的是，王僧虔在此文中提出了"天然""功夫""媚""力"这些书法概念，以及"天然胜羊欣，功夫少于欣""郗嘉宾草亚于二王，紧媚过其父""孔琳之书天然放纵，极有笔力"[2]等。"天然"是指书法家的先天条件，有学习书法的天赋，尤其有敏锐的书法艺术洞察力，形成超越前人的书法意识；"功夫"是指后天学习书法的实践和对前人

---

[1] 〔唐〕张彦远著，范祥雍点校：《法书要录》卷七，北京：人民美术出版社，1984年，第236页。
[2] 《南齐书》卷三十三《王僧虔传》，第597页。

书法理论技艺的把握。"天然"与"功夫"的提出，实际上就是后来以"神品""妙品""能品"来品评书法的滥觞。"力"是指书法骨力，是天赋与后天学习相结合的结果，倾向于阳刚之美；"媚"是指书法的姿态妍丽，倾向于阴柔之美。王僧虔认为，"天然""功夫""媚""力"在书法创作中缺一不可，只有把这些因素结合起来，才能创造出完美的书法艺术作品。据此，他对汉以来的书法名家及其书风逐一进行评价，指出他们或"天然"有余，"功夫"不足，或"媚"气偏多，而"骨"力偏弱，各有所长，也各有所短。

王僧虔《书赋》系统阐述了自己的书法创作理论：

> 情凭虚而测有，思沿想而图空。心经于则，目像其容。手以心麾，毫以手从。风摇挺气，妍靡深功。尔其隶明敏婉蠖，绚蒨趋将，擒文匪缛，托韵笙簧。仪春等爱，丽景依光。沉若云郁，轻若蝉扬。稠必昂萃，约实箕张。垂端整曲，裁邪制方。或具美于片巧，或双兢于两伤。形绵靡而多态，气陵厉其如芒。故其委貌也必妍，献体也贵壮。迹乘规而骋势，志循检而怀放。[1]

《书赋》以四字句为主，运用排比和对偶的手法，介绍书法艺术的特征、创作原理和审美标准。王僧虔提出了书法创作中情与思的关系，"情凭虚而测有，思沿想而图空"，书法艺术的创作要通过书家的感情和想象的作用，把精神性的内容进行艺术性加工，转化为纸上可见的书法线条，化无为有。在书法创作过程中，心、目、手、笔形成互相联系和对应的关系，"心经于则，目像其容。手以心麾，毫以手从"，心中构思遵守书法的法则，眼前浮现出作品的形貌，心指挥手，手随着心动驾驭笔墨，这样的书法创作，才能笔势如疾风，妍丽而又功力深湛。王僧虔对书法艺术美的形态做了形象性的描述，"沉若云郁，轻若蝉扬"，凝重而飞扬，特别是它"托韵笙簧"，书法中所寄托的情韵如笙之音一样婉转悠扬，具有含蓄不尽的美。

---

1 〔清〕严可均：《全上古三代秦汉三国六朝文·全齐文》卷八，北京：中华书局，1958年，第2834页。

在书法艺术的审美标准方面,王僧虔认为应该是"委貌也必妍,献体也贵壮",既是妍媚的,又是雄壮的。要做到这些,必须"迹乘规而骋势,志循检而怀放",即在遵守书法规则的前提下大胆想象,不为规矩法度所束缚,在依循书法规范的前提下纵情放怀,表意达情,这样才能创造出完美的书法作品。

王僧虔的《笔意赞》写道:

> 书之妙道,神彩为上,形质次之,兼之者方可绍于古人。以斯言之,岂易多得?必使心忘于笔,手忘于书,心手达情,书不忘想,是谓求之不得,考之即彰。乃为《笔意赞》曰:
> 剡纸易墨,心圆管直。浆深色浓,万毫齐力。先临《告誓》,次写《黄庭》。骨丰肉润,入妙通灵。努如植槊,勒若横钉。开张凤翼,耸擢芝英。粗不为重,细不为轻。纤微向背,毫发死生。工之尽矣,可擅时名。[1]

《笔意赞》仅一百多字,对书法艺术的根本目标、学书方法和审美意境做了精辟的阐述。文中明确地提出了形神兼备、神采为上的创作与鉴赏的原则,揭示了书法艺术创作最根本的追求目标。所谓神采就是书者内在的精神、气质、风韵,"形质"就是书法的形式美。王僧虔明确指出"神"居"形"上,"书之妙道"就在于将二者和谐统一。这是六朝时期的形神论在书法上的具体运用。要达到这一点,王僧虔强调书家应做到心、手、笔相忘,才能达到完美的理想境界,自然地表达情感。这一观点的提出对后世影响极大。唐张怀瓘《文字论》说,"深识书者,惟观神彩,不见字形"[2],完全是王僧虔"书之妙道,神彩为上,形质次之"书学思想的进一步发挥。此外,王僧虔主张以《告誓》《黄庭》为范本,对笔、墨、纸文房用具的选择与使用,用笔的标准及结字的方法等问题,都做了简要介绍。他

---

1 黄简:《历代书法论文选》,上海:上海书画出版社,1979年,第62页。
2 〔唐〕张彦远著,范祥雍点校:《法书要录》卷四,北京:人民美术出版社,1984年,第159页。

认为，只有经过艰苦的训练，熟练掌握书写技法，才能取得成就，即"工之尽矣，可擅时名。"

总之，王僧虔的这些论述初步建立了南朝时期的书法理论体系，对后世书法艺术的发展产生了深远影响。

唐朝书法家王方庆，作《王氏八体书范》四卷、《王氏工书状》十五卷。原文不存，从篇名可推知，应是琅邪王氏家传书法中八种字体的书写技巧和书法家的介绍，其中必然涉及书法理论内容。

从东晋到唐朝，琅邪王氏子弟的书法理论著作，涉及字形结构、书体、笔法、笔意、篇章布局等方面内容，总结了汉唐之间的书法理论成果。这些论著，不仅在家族内部流传，使琅邪王氏家族代代习书，成为历史上历时最长、书家最多、影响最大的书法世家，还借助文本形式，在社会上广泛传播，影响了当时的书法艺术发展。

第四节 琅邪王氏绘画成就

中国自古即有书画同源之说，能书者多善丹青。琅邪王氏书法名垂青史，长于绘画者亦不少。

较早将书法、绘画融为一体的是王廙，他"少能属文，多所通涉，工书画"。[1] 张彦远《历代名画记》记载，谢尚在武昌昌乐寺建东塔，戴若思建西塔，都请王廙去画壁画，可见其画技之高。王廙的绘画作品有《列女仁智图》《吴楚放牧图》《异兽图》《狮子击象图》《犀兕图》《鱼龙戏水绢图》等，显然他善画人物、鸟兽和鱼龙。

王廙为东晋书画第一，"画为晋明帝师，书为右军法"。[2] 晋明帝司马绍，是东晋前期的知名画家，传世作品较多，《历代名画记》录《史记列女图》《东王公西王母图》《游猎图》《杂异鸟图》《杂禽兽图》等二十八幅画作。

---

1 《晋书》卷七十六《王廙传》，第2002页。
2 〔唐〕张彦远：《历代名画记》卷五，杭州：浙江人民美术出版社，2019年，第84页。

他学画于王廙，所取得的成就应该与王廙的指导、培养分不开。

更为重要的是，王廙将绘画技法悉心传授给王羲之。他画《孔子十弟子图》给王羲之，勉励他认真学习书画，"画乃吾自画，书乃吾自书，吾余事虽不足法，而书画固可法"，琅邪王氏自此形成了书画并重的传统。王羲之少年时期即开始学画，有《杂兽图》《临镜自写真图》、扇上画小人物，传于后代。只是因其书名太高，以致绘画成就不显。王献之"丹青亦工"，桓温曾请他画扇，因误落笔，便就势画了一条"乌驳牸牛，极妙绝"。[1]只有绘画技巧达到相当熟练的程度，才能在笔误之时随机应变。王献之不仅能做到此点，且所画牛"极妙绝"，说明其绘画功力极高。后世常以"笔误作牛"喻指随机应变，或化拙成巧。

王氏子弟中最著名的画家是王微，他曾写信给何偃说："性知画缋……兼山水之爱，一往迹求，皆仿像也。"[2]王微喜欢将游历过的山水描绘下来，是南朝山水画的开创者。但他的画作没有流传下来，唯有《叙画》一文传世，对山水画的艺术创作和鉴赏进行了理论总结，是中国较早的山水画论之一：

> 辱颜光禄书：以图画非止艺行，诚当与易象同体。而工篆隶者，自以书巧为高，欲其并辩藻绘，核其攸同。夫言绘画者，竟求容势而已。且古人之作画也，非以案城域，辩方州，标镇阜，划浸流，本乎形者融，灵而动者变。心止灵亡见，故所托不动，目有所极，故所见不周。于是乎以一管之笔，拟太虚之体，以判躯之状，画寸眸之明。曲以为嵩高，趣以为方丈。以叐之画，齐乎太华，枉之点，表夫隆准。眉额颊辅，若晏笑兮，孤岩郁秀，若吐云兮。横变纵化，故动生焉，前矩后方出焉。然后宫观舟车，器以类聚；犬马禽鱼，物以状分。此画之致也。望秋云，神飞扬；临春风，思浩荡。虽有金石之乐，珪璋之琛，岂能仿佛之

---

[1] 〔唐〕张彦远：《历代名画记》卷五，杭州：浙江人民美术出版社，2019年，第84、85页。
[2] 《宋书》卷六十二《王微传》，第1669页。

哉！披图按牒，效异山海，绿林扬风，白水激涧。呜呼！岂独运诸指掌，亦以明神降之，此画之情也。[1]

首先，王微确立了绘画的艺术地位。魏晋以前，承担绘画工作的多为匠人，社会地位低下。魏晋时期，随着艺术进入自觉发展时代，大量文人加入绘画艺术的创作，并不断抬高其文化地位。如曹植认为，绘画可以以情感人，赏画时，对三皇五帝、高节妙士、篡臣贼子、淫夫妒妇等形成不同的感情，"知存乎鉴戒者，图画也"。陆机称赞："丹青之兴，比雅颂之述作，美大业之馨香。"[2] 毫无疑问，他们将绘画的功用定位为人伦教化，比之《诗经》。这种理论基调，一直延续至隋唐时期，因此，王微也予以认同，认为绘画应与《易》并列，那些认为书法地位高于绘画的思想是错误的。

其次，王微提出了山水画的艺术特性。南朝时期，随着山水诗的兴盛，山水画也逐步发展，其早期阶段，山水画尚未独立，仅是人物画甚至是地图的附庸。王微指出，山水画与地图迥然不同，地图以实用为主，追求形似，山水画则是画家对大自然的灵动变化有所感悟，融山水外在之形与画者精神寄托为一体，更侧重神似。人的视野有限，所见不周，为弥补自然视觉之不足，只有通过灵动的心去体验。人们可以用笔描绘出蕴含生机灵气的自然山水，就如画人物，通过半身肖像的描绘，从一寸长的眼睛里表现出人的神明一样。画山水时，可将书法的运笔之法引入绘画。文中所言"曲""趣"均指笔势，"曲"在用笔上有向内收敛之意，"趣"在用笔上有放笔挥写之意。"爻之画""柱之点"均指书法的笔画，这样才能取得"横变纵化"的艺术效果，展现自然山水的生机意趣。

最后，王微提出山水画有"画之致"与"画之情"的区分，即绘画的构图技巧和作画者的精神情感表现。有了"情"，山水画就成为美的存在，它带给人的精神享受与游览自然山水所获得的愉悦是不同的，也是"金石之乐，珪璋之琛"所不能比拟和代替的。由此，绘画的艺术审美逐渐凸显

---

1 〔唐〕张彦远：《历代名画记》卷六，杭州：浙江人民美术出版社，2019年，第103—106页。
2 〔唐〕张彦远：《历代名画记》卷一，杭州：浙江人民美术出版社，2019年，第3页。

出来，不再只具有教化功能，推动了人们对山水画的审美认识。

王微的《叙画》深刻揭示了山水画的艺术特征和艺术感染力，在一定程度上提升了山水画的地位。而且，《叙画》第一次从美学角度来解读山水画，将此前人们以玄学意识看山水，把山水视为玄意的体现，变为以情视山水，在山水自然上倾注主体感情。王微的论述，把对山水的认识从玄学推进到美学，促进了山水画向抒情方向的发展。《叙画》与宗炳的《画山水序》奠定了中国山水画的理论基础，对后世山水画的发展产生了极大影响。

绘画在琅邪王氏家族中一直传承不辍，但因家族书法成就远超绘画，故名声不显。至唐朝时，又出了一位著名画家。王定（580—669），隋朝时入仕，入唐后，以善画知名。《唐朝名画录》将王定的绘画列为"能品上"，"每图像菩萨、高僧、士女，皆冠于当代。每经画处，咸谓惊人"。[1]其画作载于《新唐书·艺文志》的，有太宗贞观年间奉敕所作的《本草训诫图》、长安寺院中的多处壁画，但所有画迹都已湮没不存。此外，王定传习"王氏青箱学"，他任少府监中尚署令时，中尚署的主要职责是"掌供郊祀圭璧及天子器玩、后妃服饰雕纹错彩之制"[2]，与礼制密切相关。《王定墓志》载："以公妙娴礼仪，尤擅丹青，起天下之图样，修国家之冠冕。"[3]

相较于辉煌的琅邪王氏书法，王氏子弟的绘画成就显然远远不如顾恺之、陆探微等著名画家，但他们的绘画创作和绘画理论，是两晋南北朝隋唐绘画的重要组成部分，对当时绘画艺术的繁荣起了一定推动作用。

---

[1]〔唐〕朱景玄著，吴企明校注：《唐朝名画录校注》（上），合肥：黄山书社，2016年，第235页。
[2]《新唐书》卷四十八《百官志三》，第1269页。
[3] 周绍良：《唐代墓志汇编》，上海：上海古籍出版社，1992年，第886页。

第六章　家风家训

琅邪王氏是中古第一豪族，自西汉至隋唐，历经十多个朝代更迭，数百年冠冕不绝，其间固然有政治、经济原因，但家族文化传统更是关键因素。钱穆曾分析：

> 一个大门第，决非全赖于外在之权势与财力，而能保泰持盈达于数百年之久；更非清虚与奢汰，所能使闺门雍睦，子弟循谨，维持此门户于不衰。当时极重家教门风，孝弟妇德，皆从两汉儒学传来。[1]

陈寅恪在《唐代政治史述论稿·政治革命及党派分野》中指出：

> 所谓士族者，其初并不专用其先代之高官厚禄为其唯一之表征，而实以家学及礼法等标异于其他诸姓。

家学、家风、家训是世族文化的主要表征。琅邪王氏家族在长期发展传承中形成的家风家训，涵盖伦理道德、处世规范、文化教育等，涉及个人、家族的方方面面，对王氏子弟有较大的约束力和感召力。建立在此基础上的家族凝聚力和家族文化根基，是家族长盛不衰的重要原因。

1　钱穆：《国史大纲》（修订本），北京：商务印书馆，1996年，第310页。

第一节　注重礼法

琅邪王氏注重礼法的家风，可以追溯到西汉时期，至魏晋时期基本形成，一直延续后世。

一、重经尚礼

西汉王吉以通经入仕，后为经学名家，他为琅邪王氏确立了重经尚礼的传统。长期的儒家思想熏陶，使王氏子弟多能以纲常名教为立身处世的根本，坚守孝悌伦常，尽忠职守，清廉为官。

王吉自青年时期即洁身自好，不仅贯穿自己一生，还以此要求家人。王吉的妻子曾陪他在长安求学，东邻家有一株大枣树，果实累累的枝条垂到了王吉的庭院内，王吉的妻子便摘了些枣给他吃。后来王吉知道了枣子的来处，一怒之下竟休妻。东邻听说后，过意不去，要砍掉自家的枣树。邻里共同劝阻，王吉才接回妻子，东邻不再砍树。风波平息后，当地编了歌谣传唱："东家有树，王阳妇去；东家枣完，去妇复还。"在现代人看来这是小题大做的一件事，《汉书》的作者班固却感慨："其厉志如此。"[1] 分析王吉的所作所为，不外乎是奉行儒家修身齐家的原则，坚持廉洁的操守，遵奉睦邻之道。王吉入仕后，儒家治国平天下的思想成为首要思想，他尽职尽责，无论是对昌邑王的劝谏还是对汉宣帝的上疏，结合当时的人和事，直抒胸臆，竭尽忠诚。他劝昌邑王无果，上疏汉宣帝不为所用，最终辞官回乡教授生徒，传播儒家学说。

王骏效法其父，在家、国两方面坚持儒家理念。他身居高位，丧妻不再娶，自称："德非曾参，子非华、元，亦何敢娶？"曾子的后母对他很不好，尽管曾子后来以孝敬后母闻名，但早年的阴影不是轻易就能够消除的。为了不让自己的儿子遭受后母的虐待，干脆不再续娶。王骏以曾子为榜样，为了让儿子能够健康成长，也不再续弦，尽力维护家庭稳定，维系父子血

---

[1]《汉书》卷七十二《王吉传》，第3066页。

缘亲情。王骏入仕之初，曾得匡衡举荐，"光禄勋匡衡亦举骏有专对材"[1]，但他为官忠直，任司隶校尉时，秉公弹劾丞相匡衡利用郡图之误，非法多占四百顷土地，最终汉成帝下诏将匡衡免职，废为庶人。在国家利益面前，王骏毅然放下个人恩情，据实直奏，这体现的正是儒家强调的忠于职守、勇于担当的品格。

王骏子王崇以郎起家，担任多地地方官，颇有政绩。汉哀帝建平三年（公元前4），升任三公之一御史大夫，数月后即被贬为大司农。《汉书·王吉传》载：

> 成帝舅安成恭侯夫人放寡居，共养长信宫，坐祝诅下狱，崇奏封事，为放言。放外家解氏与崇为昏，哀帝以崇为不忠诚。[2]

《汉书·哀帝纪》曰：

> 东平王云、云后谒、安成恭侯夫人放皆有罪。云自杀，谒、放弃市。[3]

其实这是一桩冤案，是汉哀帝为巩固自己的权势，打压自己的堂兄弟刘云，打击王氏外戚势力的一次政治行动。安成恭侯王崇（魏郡王氏，与琅邪王崇同名）是太皇太后王政君的同母兄弟，他死后，其夫人放被接到王政君的居所长信宫。王崇的妻子解氏与放是表姐妹，他出面为放申辩，具体原因不详，但依据王氏家族秉持的儒家气节来看，恐怕并非完全是出于保全姻亲的考虑，而首先是道义、信念等。但当时汉哀帝将打压王政君家族势力视为头等要务，王崇的上书触其逆鳞，他下诏斥责王崇不忠，"怀诈谖之辞，欲以攀救旧姻之家，大逆之辜，举错专恣，不遵法度"[4]，将王崇

---

[1]《汉书》卷七十二《王吉传》，第3067、3066页。
[2]《汉书》卷七十二《王吉传》，第3067页。
[3]《汉书》卷十一《哀帝纪》，第342页。
[4]《汉书》卷七十二《王吉传》，第3068页。

贬官。

汉哀帝死后，王政君侄王莽执政，王崇升任大司空，封扶平侯。这次升迁，应该是回报此前王崇对安成恭侯夫人的维护。如果王崇与魏郡王氏保持较好的关系，他在王莽当权时期应该是名利双收的。但是，王崇很快看穿了王莽的野心，秉持儒家的忠节，他称病辞官，不与王莽合作，一年后被婢女毒死。

西汉时期，琅邪王氏确立了经学传家的传统，这是家族发展史上的关键时期，尤其是从王吉开始，将"孝"摆在至高无上的位置，构成了家族理念的核心。如王吉任益州刺史时，巡行辖区郡县，奔走于艰险的古代蜀道上，感慨"奉先人遗体，奈何数乘此险"，遂称病辞官而去。继任的益州刺史王尊，走到王吉畏难辞官处，宣称"王阳为孝子，王尊为忠臣"[1]，并命随从即刻驱车前进。王骏继承了父亲的经学，也沿袭了他的思想。王吉任昌邑中尉被刘贺牵连，髡为城旦，他告诫儿孙不做王国属官，"戒子孙毋为王国吏"。[2] 王骏曾被任命为赵国内史，他遵从父亲的训诫，赴任途中即以生病为借口辞官。王崇最后的辞官，未尝不是为了在政权更迭之际保全自身，以尽孝道。

西汉时期的琅邪王氏，尽管家族逐渐显赫，但王吉、王骏、王崇等祖孙三代都能坚守清廉之风。《汉书·王吉传》载：

> 自吉至崇，世名清廉，然材器名称稍不能及父，而禄位弥隆。皆好车马衣服，其自奉养极为鲜明，而亡金银锦绣之物。及迁徙去处，所载不过囊衣，不畜积余财。去位家居，亦布衣疏食。天下服其廉而怪其奢，故俗传"王阳能作黄金"。[3]

王吉祖孙身居高位，俸禄丰厚，为官时注重饮食、服饰和车马，虽然没有金银锦绣之物，也让人感叹生活奢华，以此与官员身份相配。辞官归

---

1 《汉书》卷七十六《王尊传》，第3229页。
2 《汉书》卷七十二《王吉传》，第3066页。
3 《汉书》卷七十二《王吉传》，第3068页。

故里,也只带着自己的衣服等随身物品,没有多余的积蓄,并很快适应身份的改变,与平民百姓一样布衣蔬食。时人无法理解他们主动调节自己的生活方式,甚至编出"王阳能作黄金"的流言。

西汉时期是琅邪王氏家族发展史上的关键时期,从王吉到王崇,无论是经学的传承、重视孝的伦理观念、廉洁奉公的行为传统,都说明王氏家族已经将儒家的礼制和道德内化为家族和个人的固有理念,重经尚礼代代传承,对后世的王氏子弟产生了巨大影响。

二、孝友风范

魏晋时期,王祥、王览将"孝""友"视为家族理念的核心,进一步确立了琅邪王氏礼法世家的地位。

王祥以孝闻名。他生母早亡,继母朱氏屡屡在父亲王融面前谗毁他,致使父亲冷落他。继母还虐待他,常常指派他做清扫牛圈等粗活。尽管处境艰难,王祥仍对父母恭谨孝顺,其孝行被时人渲染、后人神化,有关他的"卧冰求鲤""黄雀入幕"等故事载于史册。到元朝时,王祥以"卧冰求鲤"被列入"二十四孝"。

王览是王祥的同父异母弟弟,幼年之时,每逢其生母朱氏虐待王祥,他都抱着王祥向母亲求情。长大后,他更是对母亲屡屡规劝。每当朱氏支使王祥去做非分之事,王览都坚持与兄长一起;朱氏苛待王祥的妻子,王览也令妻子与大嫂分担。长此以往,朱氏不得不改变策略。王祥因孝顺父母有了一些声誉,朱氏更加嫉恨。为除掉王祥,有次在吃饭时,朱氏给他倒了一杯毒酒。王览事先觉察,便抢着要喝,朱氏害怕毒死自己的亲生儿子,只能夺过毒酒倒掉。自那之后,朱氏做给王祥的饭菜,王览都要先尝,朱氏不得不打消了除掉王祥的念头。后来王览以"王览争鸩"名列"二十四悌"。

魏晋之际,王祥、王览兄弟凭借儒家的孝悌规范进入仕途。他们没有显著的功绩,只是以"孝友恭恪"显名于世,但在司马氏"以孝治天下"[1]

---

[1]《晋书》卷三十三《何曾传》,第995页。

的特殊时代,他们因此飞黄腾达,为琅邪王氏确立了高门士族的社会地位。王祥在朝,立身方正,处处以"礼"为行为准则,有"履仁秉义,雅志淳固"[1]之誉。临终前,王祥写下遗训留给子孙,谆谆告诫他们以儒家伦理道德为立身行事的准则:

> 言行可覆,信之至也;推美引过,德之至也;扬名显亲,孝之至也;兄弟怡怡,宗族欣欣,悌之至也;临财莫过乎让:此五者,立身之本。

信、德、孝、悌、让是为人处世的基本道德规范,"其子皆奉而行之"[2],形成了独具特色的家风。

自王祥、王览开始,"孝友"传家,成为王氏家族子弟的传统。"扬名显亲,孝之至也",这一理念支撑着琅邪王氏家族子弟积极入仕,建功立业,在政治、哲学、文学、艺术等不同领域"扬名"。据不完全统计,从两晋至隋唐,有六百余王氏子弟载于史册,九十余人担任过相当于宰相的官职,八十余人有诗文传世,四十多人成为知名书法家。名家辈出,各有功业,是琅邪王氏数百年风流不衰的内在动力。

同时,家族内孝子辈出,载于史册的如下表(见表6-1)。

表6-1 琅邪王氏子弟孝行表现

朝代	王氏子弟	孝行	史料出处
西晋	王戎	王戎、和峤同时遭大丧,俱以孝称。王鸡骨支床,和哭泣备礼。武帝谓刘仲雄曰:"卿数省王、和不?闻和哀苦过礼,使人忧之。"仲雄曰:"和峤虽备礼,神气不损;王戎虽不备礼,而哀毁骨立。臣以峤生孝,王戎死孝。陛下不应忧峤,而应忧戎。"	《世说新语·德行》

---

1 《三国志》卷四《魏书·三少帝纪》,第142页。
2 《晋书》卷三十三《王祥传》,第989页。

续表

朝代	王氏子弟	孝行	史料出处
东晋	王舒	时将征苏峻,司徒王导欲出舒为外援,乃授抚军将军、会稽内史,秩中二千石。舒上疏辞以父名,朝议以字同音异,于礼无嫌。舒复陈音虽异而字同,求换他郡。于是改"会"字为"郐"。舒不得已而行。	《晋书》卷七十六《王舒传》
	王悦	事亲尽色养之孝。	《世说新语·德行》
刘宋	王弘	时内外多难,在丧者皆不终其哀,唯弘固执得免。	《宋书》卷四十二《王弘传》
	王华	少有志行,以父存亡不测,布衣蔬食不交游,如此十余年,为时人所称美。	《宋书》卷六十三《王华传》
南齐	王僧祐	未弱冠,频经忧,居丧至孝。服阕,发落略尽,殆不立冠帽。	《南史》卷二十一《王僧祐传》
	王秀之	父卒,为庵舍于墓下持丧。	《南齐书》卷四十六《王秀之传》
梁朝	王瞻	年十二,居父忧,以孝闻。	《梁书》卷二十一《王瞻传》
	王志	年九岁,居所生母忧,哀容毁瘠,为中表所异。	《梁书》卷二十一《王志传》
	王训	年十三,暕亡忧毁,家人莫之识。	《梁书》卷二十一《王暕传》
	王锡	丁父忧,居丧尽礼。	《梁书》卷二十一《王锡传》
	王金	八岁丁父忧,哀毁过礼。	《梁书》卷二十一《王金传》
	王筠	有孝性,毁瘠过礼。	《梁书》卷三十三《王筠传》
	王规	八岁,以丁所生母忧,居丧有至性。太尉徐孝嗣每见必为之流涕,称曰孝童。	《梁书》卷四十一《王规传》
	王铨	铨虽学业不及弟锡,而孝行齐焉,时人以为铨、锡二王,可谓玉昆金友。	《南史》卷二十三《王彧传》
陈朝	王猛	五岁而父清遇害……终文帝之世不听音乐,蔬食布衣,以丧礼自处。	《南史》卷二十四《王猛传》

从西晋开始,"忠"的理念逐渐淡化,"孝"的思想愈加突出。到东晋南朝时期,频繁的改朝换代,更使"孝悌"逐渐由家庭关系的核心原则发展成为主要的社会价值标准。"君臣之道丧,而父子之伦尚存也……延及齐、梁而父子之伦独重。"朝臣不忠少有人过问,士人不孝则为人不齿,梁武帝"于服除入见者,无哀毁之容,则终身坐废"。[1]对此社会现象,余嘉锡曾有中肯的评价:

> 自中原云扰,五马南浮,虽王纲解纽,风教陵夷,而孝悌之行,独为朝野所重……伦常赖以维系,道德由之不亡。故虽江左偏安,五朝递嬗,犹能支柱二百七十余年,不为胡羯所吞噬。[2]

如果说王祥为后人奠定了"孝"的门风,王览则确立了"悌"的规范,而且王祥将其进一步扩大,从兄弟之间的亲敬友爱拓展为宗族内部的和睦相处,"兄弟怡怡,宗族欣欣。"尽管后世因分支众多,再加上政见分歧,王氏族人并非铁板一块,如王敦杀王澄,王导与王敦公开对决,王弘诸弟和王韶之因私人恩怨互不往来,但相近的分支族人大致还能保持互相关爱的态度,如王导劝王允之、王羲之出仕,王华提携王琨,王球保护兄子王履免其死罪,王晏为王奂担保等,都是宗族内部互助的典型事例。再如王弘、王僧达、王僧虔、王俭、王暕等人为兄弟子侄延誉[3],扩大了家族影响。亲近分支和睦相处,如王僧虔"门风宽恕",其子王志"尤惇厚……兄弟子侄皆笃实谦和"。[4]王场"居家笃睦,每岁时馈遗,遍及近亲。敦诱诸弟,禀其规训"。[5]可见家族孝悌传统的盛行。

---

1 〔清〕王夫之:《读通鉴论》卷十五,北京:中华书局,1975年,第437页。
2 余嘉锡:《世说新语笺疏·德行》,上海:上海古籍出版社,1993年,第51页。
3 王俭赞王融:"此儿至四十,名位自然及祖。"王僧祐赞"雅为从兄俭所重"。王僧达赞王瞻:"大宗不衰,寄之此子。"王弘夸赞王昙首:"若但如下官,门户何寄?"赞侄子:"僧绰必至公,僧绰当以名义见美。"王僧虔赞王俭:"我不患此儿无名,政恐名太盛耳。"王暕赞王规:"此儿吾家千里驹也。"王暕赞王训:"不坠基业,其在文殊(王训小字)。"王诞赞王惠:"后来秀令,鄙宗之美也。"
4 《南史》卷二十二《王昙首传》,第606页。
5 《南史》卷二十一《王弘传》,第583页。

"临财莫过乎让",即在财富面前能够谦让,这一为人处世原则有助于推动家族内部的孝、友之风,也对琅邪王氏产生了重大影响。自王吉以来,王氏家族就形成清廉之风,"自吉至崇,世名清廉"。[1]后世虽有王戎"性好兴利,广收八方园田水碓,周遍天下"[2],王珣"颇好积聚,财物布在民间"[3],但大部分王氏子弟能够临财避让,清廉自守。王祥"高洁清素,家无宅宇",临终遗命薄葬,晋武帝曾因"祥家甚贫俭,赐绢三百匹"。[4]王衍"口未尝言钱",称钱为"阿堵物"。[5]王敦"口不言财利"。[6]王导位高权重,却生活简朴,"简素寡欲,仓无储谷,衣不重帛"。[7]王秀之任晋平太守,因"此郡沃壤,珍阜日至",任职仅一年即"恐富求归"。[8]王珣死后,王弘将父亲留下的债券全部烧毁,"一不收责;余旧业悉以委付诸弟……虽历任藩辅,不营财利,薨亡之后,家无余业"。[9]王昙首在兄弟分家时,"唯取图书而已……自非禄赐所及,一毫不受于人"。[10]王俭身为宰相,"车服尘素,家无遗财"。[11]

琅邪王氏大多官居高位,却多能清廉自律,以廉俭家风享誉朝野,甚至统治者有意启用王氏子弟纠正积弊。如王镇之"在官清洁,妻子无以自给",刘裕特意任命他为广州刺史,表示"岭南积弊,非此不康"。王镇之到广州后不负众望,"萧然无所营,去官之日,不异始至"[12],后名列《良吏传》。孝武帝时,王琨为广州刺史,当时,因"南土沃实,在任者常致巨富",民间传言广州刺史"但经城门一过,便得三千万"。王琨到任后,"无

---

[1]《汉书》卷七十二《王吉传》,第3068页。
[2]《晋书》卷四十三《王戎传》,第1234页。
[3]《宋书》卷四十二《王弘传》,第1312页。
[4]《晋书》卷三十三《王祥传》,第990页。
[5]《晋书》卷四十三《王衍传》,第1237页。
[6]《晋书》卷九十八《王敦传》,第2566页。
[7]《晋书》卷六十五《王导传》,第1752页。
[8]《南史》卷二十四《王秀之传》,第651页。
[9]《宋书》卷四十二《王弘传》,第1312、1322页。
[10]《宋书》卷六十三《王昙首传》,第1678页。
[11]《南齐书》卷二十三《王俭传》,第434、438页。
[12]《宋书》卷九十二《良吏传》,第2263页。

所取纳，表献禄俸之半"。[1]正是因为奉行"临财莫过乎让"，琅邪王氏子弟不为财物所累，既有利于维护家族内的团结互助，也能更多地在政治、文化领域做出积极贡献。

汉魏以来，琅邪王氏子弟或言传身教，或立家诫遗训，注重子弟的经学教育和道德操守培养。长期的儒家思想熏陶，使王氏子弟有较好的学术素养和道德情操。做人，以"信、德、孝、悌、让"为行为规范，孝友传家，家族绵延数百年不绝；做事，则灌注儒家精神，重视事功，在多个王朝积极参与政务、军务，长期执中枢权柄。"文雅儒素，各禀家风""衣冠礼乐尽在是矣"[2]成为家族文化的标志，这是琅邪王氏人才辈出、长盛不衰的重要原因。王祥、王览开创的王氏孝友之风，也对中国的孝友文化和道德行为产生了较大影响。西晋以后，民间传颂王祥、王览的故事，历代皆有官方的褒扬。至明朝，嘉靖皇帝下诏将临沂县乡南仁里改为孝友村，亲赐"孝友格天"匾额，孝友祠定期祭祀，以褒扬琅邪王氏的孝友家风。清乾隆年间，王祥、王览与诸葛亮、颜真卿、颜杲卿同被列入临沂五贤祠。

第二节　与时推迁

清人赵翼《廿二史札记》评述"江左世族无功臣"：

> 所谓高门大族者，不过雍容令仆，裙履相高，求如王导、谢安，柱石国家者，不一二数也。次则如王弘、王昙首、褚渊、王俭，与时推迁，为新朝佐命，以自保其家世，虽朝市革易，而我之门第如故，以是为世家大族，迥异于庶族而已。[3]

上文中所谓"与时推迁"，是指如王弘、王俭等人，在朝代更迭之际，

---

1 《南齐书》卷三十二《王琨传》，第578页。
2 《南史》卷二十二史论，第612页。
3 〔清〕赵翼著，王树民校证：《廿二史札记校证》卷十二，北京：中华书局，1984年，第254页。

并未死忠旧朝,而是审时度势,转向新崛起的势力,成为"为新朝佐命"者,从而维持自己的权益,进而保全宗族。虽然赵翼论述的是自东晋开始的江左士族,但真正奠定琅邪王氏"与时推迁"家风的却是王祥。

嘉平元年(249),司马懿父子发动高平陵政变,掌控曹魏政权,王祥被提升为大司农。正元元年(254),司马师废齐王曹芳,迎立高贵乡公曹髦。王祥因有"定策"之功被封为关内侯,拜光禄勋,转司隶校尉,监察京师官员。次年正月,司马师率兵征讨于淮南起兵反叛的毌丘俭、文钦。此次平叛,王祥"从讨毌丘俭,增邑四百户,迁太常,封万岁亭侯"。[1]据此可知,王祥是司马师南下征讨的随员之一,具体功业如何已难详考。根据现有史料可知,实际参战的诸葛诞、邓艾、王昶、王基战后受赏皆加将军号。王祥战后迁太常,显然并未立军功。他在战争中的作用,应该与王肃、荀𫖮[2]相似,大概是提出参谋意见之类,显然这时的王祥已经基本站在司马氏阵营中。

司马昭时期,王祥立身方正,处处以"礼"为行为准则。但这时的"礼"已经无法阻止司马氏逐步加快的篡夺步伐。咸熙元年(264),司马昭以灭蜀之功封晋王,他命心腹荀𫖮、贾充、裴秀等修订礼仪、法律和官制,设五等爵,司马氏意欲篡权夺位早已是路人皆知。时王祥为太尉,与司空荀𫖮一起去见司马昭。荀𫖮提议效仿司徒何曾对司马昭行跪拜礼。王祥回答:司马昭虽然地位尊贵,但仍是曹魏宰相,我们是曹魏三公,只比他低一级,若是跪拜,"损魏朝之望,亏晋王之德,君子爱人以礼,吾不为也"。待见到司马昭,荀𫖮跪拜,王祥长揖。何曾、荀𫖮皆司马氏死党,早已确定了君臣名分,跪拜司马昭理所当然。王祥却不同,他在司马氏谋篡曹魏的过程中,虽然被司马懿提拔,为司马师提过平叛意见,但始终未进入司马氏政权的核心,只是因名望高、资历老而位至三公。若与何曾、荀𫖮一样跪拜司马昭,必为其所轻。王祥虽不拜司马昭,但他知道大势所趋,因

---

1 《晋书》卷三十三《王祥传》,第988页。
2 王肃:战前分析利弊,劝司马师亲征,战后迁中领军,加散骑常侍,增邑三百。荀𫖮:曾提醒司马师注意淮南的动向,甚得司马师信重,战后晋爵万岁亭侯,邑四百户。

此没有公开站在司马氏的对立面,这对司马昭来说已经足够了。何况,司马氏要改朝换代,也需要像王祥这样的名士装点朝堂。王祥的表现,实际上也是表明了自己的态度。司马昭大悦,谓:"今日方知君见顾之重矣!"[1]

王祥临终留下遗训,以"信、德、孝、悌、让"训诫子孙,但遗训中却没有儒家伦理纲常最推崇的"忠"。曹丕篡汉、司马氏篡夺曹魏政权的历史,使他对社会形势有了清醒认知,在政权更迭之际,坚持"忠"可能会招致灭门之祸,因此他在留给子孙的遗训中,特别强调"孝悌",将维系家族利益摆到了最重要的位置。

王祥开创了琅邪王氏"与时推迁"的家风,此后的王氏子弟奉为圭臬。在政治斗争激烈、改朝换代频繁的时代,王氏子弟大多能权衡利弊,以保全家族利益为上,在忠孝不能两全时,宁为孝子,不为忠臣。

西晋时期,王戎、王衍是琅邪王氏家族的代表,他们周旋在皇室、外戚、朝臣之间,"与时舒卷,无蹇谔之节"。在废太子事件中,张华、裴颜力保太子,以致朝议竟日不决,身为辅政大臣的王戎"竟无一言匡谏"。[2]王衍女儿是太子妃,为避免受牵连,上表要求女儿与太子离婚。西晋后期,王衍"虽居宰辅之重,不以经国为念,而思自全之计"[3],安排王敦、王澄出镇青州和荆州,为王氏家族设"三窟"之计。

永嘉以后,王导、王敦辅助司马睿南下,逐步拓展江南空间,最终建立了"王与马,共天下"的东晋王朝。在民族危亡关头,琅邪王氏起到了保护汉族政权和华夏文化传承的关键作用,但他们仍然关注着琅邪王氏家族的利益。司马睿要加强皇权,疏远王导、防范王敦时,王敦起兵攻入建康,一度凌驾于皇权之上。王敦、王含领兵东下,意欲代晋自立时,却是将琅邪王氏置于皇室和其他士族的对立面。为维系家族的整体利益,王导挺身而出,担任讨伐军的总指挥,王舒沉王含父子于江,这才能在王敦之乱后保住琅邪王氏一流高门的社会地位,奠定了此后琅邪王氏繁盛的基础。

---

1 《晋书》卷三十三《王祥传》,第988页。
2 《晋书》卷四十三《王戎传》,第1233页。
3 《晋书》卷四十三《王衍传》,第1237页。

东晋后期，琅邪王氏家族的代表人物是王珣。他先是党附桓温，后投靠孝武帝。孝武帝暴死后，司马道子把持中央大权，与控制北府兵的王恭明争暗斗，王珣依违于二者之间，一度被王恭讥讽："比来视君，一似胡广。"[1]东汉胡广字伯始，外戚梁冀专权时，他不敢直言，时称"'万事不理问伯始，天下中庸有胡公'……以此讥毁于时"。[2]王珣采取胡广方针，在激烈的政治斗争中左右逢源，尽可能维护家族利益，为琅邪王氏家族在刘宋时期的再度崛起奠定了基础。

晋宋之际，政局屡变，琅邪王氏子弟积极参与政治斗争。他们随时局变化不断调整自己的方略：司马元显当政时，王诞为其谋主；桓玄篡位时，王谧亲奉玺绂；刘裕崛起，王诞、王弘、王昙首、王华等人陆续入其麾下，参与了晋宋禅代、废少帝立文帝、诛杀顾命大臣等一系列重大历史事件。为刘宋政权的建立和巩固建立功勋，也将琅邪王氏推向了继东晋初之后的第二个高峰。

宋齐之际，王俭投靠齐高帝萧道成，王晏追随齐明帝萧鸾，相继进入了政权中枢，在南齐时期一度显赫，琅邪王氏家族也因此进入了又一个顶峰时期。

梁陈时期，琅邪王氏子弟以自保为主，远离政权中枢，但江左高门的社会影响尚在，因此，梁陈禅代，王通、王玚代表门阀士族传递皇帝玺绶，"将一家物与一家"。[3]

总之，本着"与时推迁"的家风，琅邪王氏将家族利益置于首位，并未忠于已经没落的王朝。在王朝更迭之际，王氏子弟或积极投向新权贵，多次充任传玺奉绂的角色，或持中立，平稳进入新朝。史家评述："主位虽改，臣任如初……君臣之节，徒致虚名。贵仕素资，皆由门庆，平流进取，坐至公卿，则知殉国之感无因，保家之念宜切。"[4]

---

1 《晋书》卷六十五《王导传》，第1757页。
2 《后汉书》卷四十四《胡广传》，第1510页。
3 《南史》卷二十八《褚裕之传》，第756页。
4 《南齐书》卷二十三史臣曰，第438页。

琅邪王氏形成"与时推迁"的家风,从道德角度看,难免为后人诟病。这种家风的形成,有多方面的原因。

首先,当时的忠君思想较为淡薄。自汉末以来,势力强大者往往打着禅代的旗号,篡夺前朝政权,曹魏篡汉,司马氏篡魏,继之以宋齐梁陈更迭。即便王朝内部,也有激烈的政治斗争,西晋的八王之乱,东晋的王敦、苏峻、桓玄之乱,梁末侯景之乱等,无不是以下犯上,威胁君权。其间弑君废立屡屡发生,列表如下(见表6-2):

表6-2 两晋南朝的废立事件

朝代	废立事件
西晋	赵王伦废晋惠帝
	东海王越毒杀晋惠帝,立晋怀帝
东晋	东晋桓温废海西公立简文帝
	桓玄废安帝自立为帝
	刘裕弑安帝立恭帝,逼恭帝禅位后很快将他杀死
刘宋	徐羡之等顾命大臣废杀少帝,迎立文帝
	太子刘劭弑文帝,自立为帝
	武陵王刘骏起兵杀刘劭称帝,是为孝武帝
	湘东王刘彧发动政变,杀前废帝自立为帝,是为明帝
	萧道成杀后废帝立顺帝
南齐	萧鸾废杀萧昭业,立其弟萧昭文,不久废萧昭文为海陵王,自立为帝,是为明帝
	齐末,萧衍兵临建康时,朝臣杀萧宝卷,将其首级送呈萧衍
梁朝	侯景囚死萧衍,立萧正德,不久杀萧正德立萧纲,是为简文帝,两年后废杀简文帝,立萧栋为帝,三月后废萧栋,自己称帝
	王僧辩废萧方智,立萧渊明为帝
	陈霸先废萧渊明,立梁敬帝
陈朝	陈顼夺废帝位自立

如此频繁的改朝换代、弑君废立，"臣不以易主为惭，民不以改姓为异"[1]，甚至有时还公开赞扬，《世说新语·言语》载：

> 桓玄义兴还后，见司马太傅，太傅已醉，坐上多客，问人云："桓温来欲作贼，如何？"桓玄伏不得起。谢景重时为长史，举板答曰："故宣武公黜昏暗，登圣明，功超伊、霍。纷纭之议，裁之圣鉴。"[2]

陈郡谢氏的谢景重认为，桓温废海西公立简文帝是废昏立明，功超伊尹、霍光。这种观点应该是当时门阀士族的普遍认知。生活在这样的时代中，琅邪王氏在王朝更迭之际，为维护家族利益，积极为新势力奔走效命，争取权利再分配，是毫不奇怪的。"盖王、谢二族，世执晋柄，终怀顾己之私，莫发不臣之迹。"[3]

其次，琅邪王氏参与王朝更迭，更多的是顺应时势，顺乎民心。如王祥在曹魏后期支持司马氏，原因之一便是司马氏举措得当，而执掌曹魏政权的曹爽等人则措置失误。司马懿的政敌王广曾说：

> 今曹爽以骄奢失民，何平叔虚而不治，丁、毕、桓、邓虽并有宿望，皆专竞于世。加变易朝典，政令数改，所存虽高而事不下接，民习于旧，众莫之从。故虽势倾四海，声震天下，同日斩戮，名士减半，而百姓安之，莫或之哀，失民故也。今（司马）懿……擢用贤能，广树胜己，修先朝之政令，副众心之所求。爽之所以为恶者，彼莫不必改，夙夜匪解，以恤民为先。[4]

司马昭兴兵伐蜀之时，吴国张悌分析：

---
1 〔清〕王夫之：《读通鉴论》卷十一，北京：中华书局，1975年，第298页。
2 余嘉锡：《世说新语笺疏·言语》，上海：上海古籍出版社，1993年，第151页。
3 余嘉锡：《世说新语笺疏·言语》，上海：上海古籍出版社，1993年，第132页。
4 《三国志》卷二十八《魏书·王凌传》注引《汉晋春秋》，第759页。

曹操虽功盖中夏，民畏其威而不怀其德也。（曹）丕、（曹）叡承之，刑繁役重，东西驱驰，无有宁岁。司马懿父子累有大功，除其烦苛而布其平惠，为之谋主而救其疾苦，民心归之亦已久矣。故淮南三叛，而腹心不扰；曹髦之死，四方不动。任贤使能，各尽其心。[1]

曹氏、司马氏对比鲜明，王祥显然是站到了治国政策得当、百姓能安居乐业的司马氏一方，抛弃了治国无能又失民心的曹氏。

东晋末，自司马道子、司马元显当政，聚敛不已，激起孙恩之乱，东部诸郡皆遭重创。桓玄篡晋自立，但他并不是合格的政治家，没有明确的政治规划，"大纲不理，而纠摘纤微"，只顾"骄奢荒侈，游猎无度"，以致"百姓疲苦，朝野劳瘁，怨怒思乱者十室八九焉"。[2] 刘裕讨灭桓玄，南征卢循，西平巴蜀，巩固江南政局；北伐南燕、后秦，收复大片自西晋以来丧失的土地；整顿吏治，推行土断，抑制兼并，整顿赋役制度，减轻百姓负担，推动生产发展，稳定了社会秩序。王弘等人支持刘裕代晋自立，是顺应时代潮流之举。他们后来参与顾命大臣废少帝立文帝，除了考虑到家族利益，也是因为少帝确实不堪为君，屡屡失德，黜昏立明，已是人心所向。

宋末、齐末，多荒主在位。如刘宋后废帝荒淫暴虐，"天性好杀，以此为欢，一日无事，辄惨惨不乐"。[3] 朝臣人人自危，百姓惶惧不安，以致白昼不敢开门，道上行人几乎绝迹。南齐东昏侯萧宝卷即位后，骄横恣意，聚敛无度，百姓困顿，号泣于道。他大肆诛戮功臣武将，"大臣人人莫能自保"[4]，在动荡的朝局中，无论是家国利益，还是百姓安危都无法保障。琅邪王氏子弟无力改变朝局，只能审时度势，支持萧道成和萧衍夺取政权，缩短昏君暴主的统治时间，这也是顺应民心之举。

---

1 《资治通鉴》卷七十八，景元四年，第2475页。
2 《晋书》卷九十九《桓玄传》，第2597页。
3 《宋书》卷九《后废帝纪》，第189页。
4 《资治通鉴》卷一百四十二，永元元年，第4452页。

总之,"与时推迁"是琅邪王氏子弟积极参与政务、追求建功立业的精神体现。他们大多能随时应变,少有为腐朽王朝尽愚忠之人。此家风使琅邪王氏能够趋利避害,是家族数百年长盛不衰的重要原因。

第三节　谦抑止足

东晋中期,王羲之辞官之后,在与谢万的信中说:"虽植德无殊邈,犹欲教养子孙以敦厚退让。"[1]"敦厚退让"是琅邪王氏丧失政治优势后的应对举措之一,也是王氏新家风的早期表现。进入南朝,皇权政治取代门阀政治,高门士族屡遭打击,琅邪王氏逐渐形成了谦抑止足的家风。

建立刘宋政权的刘裕,起自寒门,针对东晋"主威不树,臣道专行"的局面厉行改革,确立了"尊主卑臣之义"。[2]他在统治期间,采取各种措施加强皇权。刘宋初,中央和地方的军政大权牢牢掌握在宗室或亲信寒人手中。在朝中,徐羡之、傅亮等人占据中枢要职,士族则很难进入决策圈,唯一进入中枢的谢晦,始终不能被完全信任。刘裕临终还告诫太子多加提防:"谢晦数从征伐,颇识机变,若有同异,必此人也。"[3]针对过去地方军政大权为士族把持的情况,刘裕委派一批亲信将领出镇,加强对地方的控制,荆州、南徐州等军事重镇更是非宗室不授:"荆州居上流之重,地广兵强,资实兵甲,居朝廷之半,故高祖使诸子居之。"[4]"京口(南徐州治所)要地,去都邑密迩,自非宗室近戚,不得居之。"[5]刘曾经把持东晋政权,社会基础深厚的门阀士族,刘裕既要拉拢、利用他们,以巩固其统治,又对他们始终心存猜忌,执政后大力惩治豪强,严肃纲纪,"公既作辅,大示轨则,豪强肃然,远近知禁"。[6]刘裕对与其作对的门阀士族,更是严惩不贷,

---

1 《晋书》卷八十《王羲之传》,第2102页。
2 《宋书》卷四十二《王弘传》,第1324页。
3 《宋书》卷三《武帝纪下》,第59页。
4 《宋书》卷五十一《刘义庆传》,第1476页。
5 《宋书》卷七十八《刘延孙传》,第2019页。
6 《宋书》卷二《武帝纪中》,第27页。

相继族灭渤海大族刁氏,杀太原王愉、王绥父子及陈郡谢混、高平郗僧施等。一连串的诛杀之后,门阀士族再也不敢公然反抗刘裕,东晋主弱臣强的局面顿改。

宋文帝统治前期,大力伸张皇权,抑制权臣。他剪除徐羡之等顾命大臣后,虽然委任王弘为首辅,却不容许再出现强大的相权,尤其不容许出现门阀士族把持朝政的局面。因此,文帝始终对门阀士族保持警惕,处处予以限制。在中央,增加宰相人数,以寒人为中书舍人掌管机要,分散宰相权力,使其远不能与东晋王导、谢安等人相提并论,直接加强了皇权。另外,启用刘义康等宗室,与门阀士族相抗衡。在皇权和宗室的步步紧逼下,王弘、王昙首兄弟不得不让出中枢政权。此后,再没有一个高门士族的权力、威望能威胁刘宋皇权,统治集团之间的矛盾斗争转到了皇室内部。门阀士族只要不卷入皇室内斗,便可平流进取,坐至公卿。而一旦触犯皇权,多不得善终。

刘宋中后期,琅邪王氏尽管为官者众,但其权位既受皇权压制,又遭寒人排挤,再也未能达到东晋初年和元嘉初年那样的极盛局面。他们屈居于皇权之下,小心谨慎地维系着一流高门的社会地位,为此也付出了巨大代价,多名王氏子弟死于非命。如王僧绰死于刘劭屠刀之下,王僧达因貌视皇权被杀,王彧因受明帝猜忌,无罪赐死,身为驸马的王藻因另有所爱而下狱死,王蕴因反对萧道成专权被杀。南齐中期,王奂、王融和王晏相继引发了三场家族大难,在一定程度上削弱了家族的势力。

在皇权打压和王弘兄弟主动退让的影响下,"谦抑止足"逐渐成为琅邪王氏的家风之一。王微写信给王僧绰:"每共宴语,前言何尝不以止足为贵。且持盈畏满,自是家门旧风。"[1]王敬弘晚年辞官不就,隐居舍亭山,子恢之被召为秘书郎,敬弘为之求奉朝请。他写信给恢之说:"秘书有限,故有竞。朝请无限,故无竞。吾欲使汝处于不竞之地。"[2]

---

[1]《宋书》卷六十二《王微传》,第1666页。
[2]《宋书》卷六十六《王敬弘传》,第1732页。

南齐初，王俭位居中枢，叔父王僧虔也被齐武帝任命为侍中、开府仪同三司。王僧虔对王俭说："汝任重于朝，行当有八命之礼，我若复此授，则一门有二台司，实可畏惧。"[1]于是固辞不拜。正是他的谦退，使琅邪王氏家族不至于在齐初因势力过盛而遭皇权猜忌，王俭也才能为君主所信重，发挥治国安邦的才能，从而推动了琅邪王氏家族的发展。王俭深受叔父影响，王僧虔曾在尚书省的墙壁上题字："圆行方止，物之定质，修之不已则溢，高之不已则慄，驰之不已则蹶，引之不已则迭，是故去之宜疾。"题字被时人比为座右铭，王俭每次觐见，"辄勖以前言往行、忠贞止足之道"。[2]

南齐中期，在萧鸾谋夺政权的过程中，王思远劝说积极参与其事的从兄王晏不要卷入政治旋涡，甚至劝他自裁以保全自己的声誉和王氏家族的整体利益："若及此引决，犹可保全门户，不失后名。"[3]萧鸾即位后，王思远迁为吏部郎，时王晏已任尚书令，他不欲与王晏并居权要之职，上表固辞。此举正与王僧虔固辞开府相似，也是王氏家族谦退之风的表现。

从南齐后期开始，王氏子弟丧失了当年王弘、王俭等人的积极进取心和权势欲，"止足为贵""持盈畏满""处于不竞之地"的理念在家族内部流行。他们抱着"吾家本素族，自可依流平进，不须苟求"[4]的态度，不依从于任何一方政治势力，对朝局内外的变乱绝少过问。为避免皇权对高门士族的猜忌、打击，他们在仕途上适可而止，避免惹祸上身，小心翼翼地维护着家族的社会地位。在东昏侯的残暴统治之下，琅邪王氏子弟并未像晋宋之际、宋齐之际那样积极投身政治斗争，而是尽量避免卷入朝局纷争，谨慎保全家族。王亮"倾侧取容，竟以免戮"[5]，王莹"守职而不能有所是非"。[6]齐梁之际，琅邪王氏子弟大多是顺应时势，平流进取而已。这也直接导致了王氏家族在入梁后缺少政权中枢的实权人物，家族的政治地位逐

---

1 《南齐书》卷三十三《王僧虔传》，第596页。
2 《南史》卷二十二《王僧虔传》，第602页。
3 《南齐书》卷四十三《王思远传》为"思微"，《资治通鉴》卷一百四十一为"思微"。
4 《南史》卷二十二《王昙首传》，第596页。
5 《梁书》卷十六《王亮传》，第268页。
6 《梁书》卷十六《王莹传》，第273页。

渐下降了。

梁武帝以寒人掌机要，对士族采取排挤政策，门阀士族由政权的积极参与者退化为政权的装饰品。在这种环境中，琅邪王氏族人谨慎自保。

王僧虔的儿子王慈、王志、王寂等人，孙子王泰、王筠等人世代居住在建康城中的马蕃巷。这一分支门风宽恕，王志尤其敦厚，为官时，从不以罪责弹劾同僚，往来交游的宾客，多掩其过而称其善。他淡于权势，及为中书令，便怀止足，常对子侄说："谢庄在宋孝武时，位止中书令，吾自视岂可过之。"因此经常称病谢客，不参与朝政之争。其弟王寂，在王融死后，收拢其宾客，明帝即位，准备献《中兴颂》为之歌功颂德，王志怕他风头过盛加以劝阻："汝膏粱年少，何患不达？不镇之以静，将恐贻讥。"[1]在王志影响下，兄弟子侄皆秉持文雅儒素的家风，笃实谦和，在仕途上适可而止，时人称马蕃诸王为长者。

王骞（474—522），是王俭长子，"性凝简……未尝言人之短"，尽量保持与同僚、亲友之间的和谐关系。他的儿女、侄子多联姻皇室，"诸女子侄皆嫔王尚主"，每次归来，车马塞路。王骞不欲家族势力过盛，"敕岁中不过一再见"。他交代子侄不可在仕途上激进："吾家本素族，自可依流平进，不须苟求也。"[2]

王峻（466—521），梁朝时历任侍中、度支尚书、吏部尚书等职。他受谦退家风影响，缺乏趋利竞争之心，曾与谢览相约，任官至侍中，就不再谋仕进。及升任侍中后，"虽不退身，亦淡然自守，无所营务"。[3]

王规（492—536），曾以一诗得侍中知名，"常以门宗贵盛，恒思减退"[4]，出为吴郡太守后，遭主书芮珍宗陷害，便辞官隐居，潜心著书。

谦抑止足的家风，使王氏子弟没有和皇权产生太大冲突，琅邪王氏家族因此簪缨不替，始终是南朝的一流士族。但这种家风也使王氏子弟缺乏

---

[1] 《南史》卷二十二《王昙首传》，第608、612页。
[2] 《南史》卷二十二《王昙首传》，第596页。
[3] 《梁书》卷二十一《王峻传》，第321页。
[4] 《南史》卷二十二《王昙首传》，第598页。

进取精神，逐渐远离权力中心。至梁陈时期，琅邪王氏子弟再没有一人能像王导、王弘、王俭、王晏那样成为权力中枢举足轻重的人物，也没有人能做出一番切实的事业，王氏家族的政治地位和社会影响力逐渐衰落。

琅邪王氏的家风家训，使家族形成了严格的家教门风、厚重的文化底蕴，成为魏晋南北朝时期最著名的文化世家，这是家族能在乱世之中长盛不衰、冠冕不绝的根基。

第七章　琅邪王氏家族文化的影响

琅邪王氏家族代代有杰出的文化代表，其家族文化的多元发展主要是在魏晋南北朝时期。王戎、王衍大畅玄风，王导、王俭推动经学发展，王彪之、王准之确立了"王氏青箱学"，王融、王褒引领文风变革，王羲之、王献之父子开创新体书法。这些文化成就，既是魏晋南北朝文化的重要组成部分，又对当时的文化传播与发展产生了深远影响。

第一节　魏晋南北朝文化的缩影

魏晋南北朝，是中国历史上第二个百家争鸣的时代，也是文学艺术繁荣发展的时代。琅邪王氏子弟在文化上趋向兼容并蓄，丰富多彩的家族文化，既是琅邪王氏能够冠冕不绝的根基，也是魏晋南北朝文化的缩影。

一、儒玄佛道兼容

琅邪王氏家族在文化上的兼容并蓄，始于西汉王吉。

王吉晚年专心教学，他采用灵活的教学方式，在一定程度上推动了经学的发展。王吉是《齐论语》名家，弟子张禹却是《鲁论语》名家，他的儿子王骏，随父学习《齐论语》，后来也转向了《鲁论语》，《汉书·艺文志》有"《鲁王骏说》二十篇"[1],可见王骏对《鲁论语》也有独到见解。之所以会如此,除了王骏与张禹皆为汉成帝时期的重要大臣,颇受其影响外,王吉的教学应该也是重要原因。王吉生活在齐鲁文化交融的琅邪,本身就有兼容两地文化的倾向,在大多数学者只能学通一经的情况下,王吉兼通五经,在自己学习和传授生徒时能融会贯通,并未囿于师法、家法,不仅为自己,也为儿子、弟子以后的学习预留了空间。因此,他随蔡义学韩氏《诗经》,后来自成一家,成就超过了蔡义。他传授长孙顺《诗经》,最终推出了长孙氏韩诗,传授张禹《齐论语》则造就了一位影响后世的《鲁论语》名家,融会贯通的思想和灵活的教学方法应该是重要原因。

皮锡瑞《经学历史·经学昌明时代》载:"汉人最重师法。师之所传,弟之所受,一字毋敢出入,背师说即不用。"[2]严格的师法,应该是在西汉后期才逐渐形成。王吉所在的时代,无论师法还是家法,都相对宽松,这在王吉、王骏父子身上体现得更为明显。王骏自幼随父习经,以孝廉为郎,陈咸、匡衡相继推荐王骏,称他"经明行修""有专对材"[3]。从时人的评价来看,王骏的经学水平还是比较高的。王吉并没有让儿子局限于自己所教,而是随时留意当时影响较大的学术思想,鼓励儿子向其他经学大师学习。汉宣帝时,《易》学名家梁丘贺开创的梁丘《易》被列于学官。王吉虽然也精通《易》学,却深知自己之学不及梁丘《易》影响大,因此,他让当时已经是郎的王骏上疏宣帝,拜梁丘贺的儿子梁丘临为师,学习梁丘《易》学。受父亲开明学风影响,王骏不仅在《易》学上没有局限于父亲所传,而且在王吉最为精通的《论语》上也没有完全照搬。他转益多师,取众家之所长,从《齐论语》转向了《鲁论语》,著《鲁王骏说》二十篇流传后世,是《鲁论语》发展过程中的重要成果。

王吉与王骏相对灵活、思想开阔的学习方式,使得从他们父子时期形成的琅邪王氏家学,在以后的传承中并不是严守家法,而是勇于打破门户

---

1 《汉书》卷三十《艺文志》,第1716页。
2 〔清〕皮锡瑞著,周予同注释《经学历史》,北京:中华书局,1959年,第77页。
3 《汉书》卷七十二《王吉传》,第3066页。

偏见，适当吸收最新的学术思想，融会贯通，推陈出新。这使琅邪王氏在思想文化潮流多变的魏晋南北朝时期，比其他儒学世家更容易站在学术前沿，长时间处于当时文化的主导地位，成为琅邪王氏能够历久不衰的重要原因之一。

魏晋南北朝时期，思想界异常活跃，儒学继续传播，玄学兴起，佛教、道教流行，名家、法家、兵家等诸家复兴。作为一流门阀士族的琅邪王氏，准确把握了文化变革的脉搏，与时俱进，不断调整自身的思想意识，从儒学世家逐渐发展为儒、玄、佛、道兼容，形成了灵活、包容的思想体系。多元的人生观、价值观为王氏子弟适应乱世环境提供了有力支撑。

两汉时期，儒学独尊，西汉王吉以儒学起家，曹魏时期王祥以儒学荣登三公之位。在漫长的发展历程中，琅邪王氏形成了儒学家风，其修身齐家治国平天下的思想与家族、社会、政治紧密相连，成为王氏家族不断前行的动力。

魏晋之际，玄学风靡思想界，由儒入玄成为名士的标志，也是士族政治和社会地位上升的必备条件。王戎名列竹林七贤，王衍成为元康清谈领袖，他们相继为三公，提高了琅邪王氏的政治和社会地位。而且，他们主张的儒道"将无同"，实际上起到了调和玄学和儒学的作用，推动王氏家族文化向结构更新和内容充实发展。

两晋之际，王导正式确立了玄儒双修的思想风尚。同时，琅邪王氏各分支确立了不同的宗教信仰，即王旷、王廙分支信道，王敦、王导分支崇佛[1]。不同信仰的家族成员之间的互相交流，以及他们与当时名僧、高道之间的清谈交游，在一定程度上促进了佛、道二教以及佛、道与儒学、玄学之间的互相交融，琅邪王氏的家族文化进入了多元发展时期。

进入南朝，皇权政治取代门阀政治，琅邪王氏家族文化的侧重点亦随

---

[1] 《晋书》卷八十《王羲之传》："王氏世事张氏五斗米道。"王敦、王导结交有玄、佛背景的名士、高僧；王敦弟竺道潜、王导弟释道宝出家为僧；王导子孙王洽、王谧等奉佛，与僧人往来答问的书信载于史册，后人多以"僧"字为名，如僧绰、僧虔、僧达、僧祐等。因篇幅所限，本书对琅邪王氏的宗教信仰不作详细论述。

之改变。王弘重振儒学家风，造次皆依礼法，王俭倡导经学，以"礼"治国，推动了魏晋以来的经学发展。但这时期的王氏家族文化，仍然延续了东晋以来的兼容性，如王褒作《幼训》教子：

> 吾始乎幼学，及于知命，既崇周、孔之教，兼循老、释之谈，江左以来，斯业不坠，汝能修之，吾之志也。[1]

"周、孔之教"需要"崇"，意即儒学在王氏家族文化中居于最重要的核心地位；"老、释之谈"要"兼循"，即道家或道教、佛教的理论要了解并遵循。这种综合性的家族文化始于东晋初，直至王褒所处的南北朝后期，一直传承不辍，揭示了王氏家族文化的包容性和延续性。

魏晋南北朝时期，儒、玄、佛、道并行，在意识形态领域发挥了不同的作用，而且各家思想互相吸收借鉴，在不断发展过程中，思想界趋向融合。琅邪王氏的家族文化正是这一变化的典型代表，从儒学世家到由儒入玄，再到儒玄双修，并在儒玄兼综的基础上形成了佛、道两种宗教信仰，四种思想互相交融。值得注意的是，宗教信仰仅仅表达了王氏子弟终极关怀方面的需求，使他们更容易适应乱世政局，也易于引入文学艺术创作，而他们尊奉的政治哲学，却非儒学莫属。因为儒学提出了一整套适合中国国情的伦理思想和政治理论，西汉时期被确立为官方哲学，其思想理论深入到中华民族的意识深层，渗透到社会生活的各个方面，成为不可逾越的文化传统。东晋南朝时期，儒学受到玄学、佛教、道教等各种思潮的冲击，无论在政治上，还是学术上，儒学的统治功能都大大削弱了，社会影响已远不如"独尊儒术"的两汉。但因为儒家经学与政权相结合，历代统治者都以儒家的纲常名教为维护统治的主导思想，所以儒学始终处于正统地位，是其他学说无法替代的治国方略。王氏家族文化将儒学摆到了至高无上的地位，家族中身体力行尊奉儒学的人，都在家族发展史乃至东晋南北朝历史上扮演过重要角色，如王导、王彪之、王弘、王俭、王准之、王肃等，

---

[1] 《梁书》卷四十一《王规传》，第584页。

他们传承的"王氏青箱学"成为王氏家族文化的重要组成部分。

在与玄学、佛教、道教并行发展的过程中，儒学吸收了玄学与佛教的部分内容，体系更加博大，影响更为深远。玄学、佛教、道教虽繁荣兴盛，却始终未能取代儒学成为意识形态的主流，最终还不得不认同儒家的宗法伦理观念，走上了儒、玄、佛、道合流之路。除了这四家，其他诸家学说在王氏家族文化中也有发展，王融自称"习战阵攻守之术，农桑牧艺之书，申、商、韩、墨之权，伊、周、孔、孟之道"。[1]王筠自叙幼年读书抄经，除了儒家经典，还有《国语》《尔雅》《山海经》《本草》等，"子史诸集皆一遍"。[2]由此可知，琅邪王氏子弟所学的内容繁杂，家族文化具有较强的兼容性，堪为魏晋南朝时期思想文化多元发展的缩影。

二、文史艺术全面发展

魏晋南北朝时期，文学、史学摆脱经学附庸的地位成为独立学科，艺术也进入了自觉时代，书法、绘画、雕塑诸领域异彩纷呈。这一时期的琅邪王氏子弟，在优裕的社会条件下，有充足的时间和精力涉猎文学艺术领域。他们多博览群书，多才多艺，精通文、史、琴、棋、书、画。他们的文化成就，是魏晋南北朝文化的重要组成部分，也是魏晋南北朝文化多元发展的反映。

汉唐期间，琅邪王氏子弟大多入仕为官，他们的章、奏、疏、表、书、启、笺、教、令等都属文学作品，且大多涉及时政，是重要的史学资料，如王吉的《上疏谏昌邑王》、王导的《上疏请修学校》、王羲之的《又遗殷浩书》等。除此而外，王氏子弟几乎无人不能为文，创作了大量散文、诗赋，故王筠称王氏子弟"人人有集"，沈约赞王氏家族"爵位蝉联，文才相继"。[3]其中王羲之、王俭一度成为东晋中期和南齐初的文坛领袖，王融推动了永明文学的发展，王筠是宫体诗的代表，王褒成为南北文风交流的

---

[1]《南齐书》卷四十七《王融传》，第820页。
[2]《梁书》卷三十三《王筠传》，第486页。
[3]《梁书》卷三十三《王筠传》，第487页。

使者,是王氏子弟中文学成就较为突出者。

魏晋南北朝是史学大发展的时代,私家修史之风甚盛。琅邪王氏家族重视子孙史学方面的培养,王氏子弟大多熟读史书,王韶之、王俭等人有各种体裁的史学著作,为这一时期史学的繁荣做出了贡献。

在艺术领域,王氏子弟多才多艺,王廙"少能属文,多所通涉,工书画,善音乐、射御、博弈、杂伎"[1],王微"少好学,无不通览,善属文,能书画,兼解音律、医方、阴阳术数"[2]。琅邪王氏家族尤以书法成就最高,是中国古代最著名的书法世家,其中王羲之、王献之号称"二王"。王氏书风影响后世千余年。

东晋中期以后,琅邪王氏子弟在政治上受压制,主要靠文化来扩大家族的社会影响,维系高门士族的地位,因此,家族中特别注意子弟的学术培养。王僧虔作《诫子书》,告诫子孙不能仰仗父祖荫庇,应各自努力,"读数百卷书"[3],将王氏家族的门户发扬光大。王筠在《与诸儿书论家世集》中勉励子孙"仰观堂构,思各努力"[4],不负文学世家之名。

此外,南朝统治者注重文化,甚至以文才、艺术选官:"先是宋孝武好文章,天下悉以文采相尚"[5];"近世取人,多由文史"[6];"时天下无事,士人并以文义为业"[7]。在这种社会风气中,在兼容并蓄的家风影响下,王氏子弟更加倾向于文史艺术全面发展,创作出了大量优秀作品,对魏晋南北朝的文化发展产生了较大影响。这些文化成就,也是王氏家族文化的基础,尤其是到了南北朝后期,琅邪王氏在政治上已乏善可陈,但在文化上仍堪称一流,并以之维持家族地位。田余庆说:"世家大族或士族,在学术文化方面一般都具有特征。有些雄张乡里的豪强,在经济、政治上可以称霸一

---

1 《晋书》卷七十六《王廙传》,第2002页。
2 《宋书》卷六十二《王微传》,第1664页。
3 《南齐书》卷三十三《王僧虔传》,第599页。
4 《梁书》卷三十三《王筠传》,第487页。
5 《南史》卷二十二《王昙首传》,第595页。
6 《梁书》卷十四传论,第258页。
7 《宋书》卷七十六《宗悫传》,第1971页。

方,但由于缺乏学术文化修养而不为世所重,地位难以持久,更难得入于士流。"[1]

第二节 推动南北文化交流

魏晋南北朝时期,南北分立,因政治和地域的原因,形成了南北迥异的文化环境。作为一流政治大族和文化大族,琅邪王氏家族充当了文化交流的使者,在中原文化南传和江左文化北传的过程中发挥了重要作用。

一、文化重心南移

西晋末年,八王之乱爆发后,五胡趁乱入华,都城洛阳、长安相继陷落,数十万官民被杀,更多的百姓被迫逃离家园。原来经济重心兼文化重心的中原,在长时间的战乱中,迅速衰败下去,华夏文化面临着严重的危机。

当中原战乱不休时,琅邪王氏家族的代表人物王导、王敦辅佐琅邪王司马睿渡江南下,建立东晋政权,开启了此后三百年南北对立的格局。在王导等人努力下,"时海内大乱,独江东差安"[2],于是,中原一带的士族为躲避战火,携乡里、部曲大量渡江南下,"中州士女避乱江左者十六七"。[3]

魏晋以前,江南人口稀少,很多地方还未完成开发,一向被视为蛮夷之地,文化地位远低于北方。三国时期,孙吴政权开发了江南的部分区域,江东士族崛起,在一定程度上提高了江南的文化水平。西晋灭吴后,相对中原文化,江南文化居于劣势。

王导等人南渡后,笼络江东士族,设侨置郡县,安抚南下流民。在江南相对安定的环境中,利用大量劳动人手和北方先进的生产技术,逐渐扩大江南的开发区域,为经济重心的南移做了前期准备。同时,北方族群与

---
1 田余庆:《东晋门阀政治》,北京:北京大学出版社,1989年,第354页。
2 《资治通鉴》卷八十七,永嘉五年,第2766页。
3 《晋书》卷六十五《王导传》,第1746页。

南方族群杂居相处，民族融合的趋势开始显现。更重要的是，以琅邪王氏为代表的北方士族，利用较高的政治地位和相对强大的文化感染力，逐渐将中原文化在江南推广开来。

中原文化最重要的组成部分，是礼乐政刑等典章制度。琅邪王氏是经学世家，又世代为官，族中子弟多熟知朝章国典。过江之初，王导竭力恢复遭受巨大破坏的儒学，东晋中期形成了"王氏青箱学"（详见第二章），在江南政权中被奉为圭臬。而且，这些礼制内容不仅在南方政权发挥了较大作用，还被北方视为正统文化的代表。前秦宰相王猛称："（东晋）虽僻陋吴越，乃正朔相承。"[1] 直到隋代，王通还说："江东，中国之旧也，衣冠礼乐之所就也。"[2] 故陈寅恪在《述东晋王导之功业》中对王导保存汉族政权和华夏文化不吝赞扬："王导之笼络江东士族，统一内部，结合南人北人两种实力，以抵抗外侮，民族因得以独立，文化因得以延续，不谓民族之功臣，似非平情之论也。"[3]

两晋之际，中原最有特色的文化是玄学。过江之初，面对迥异于北方的江南文化，王导等人在江南推广流行于北方的玄学（详见第三章），尽力沟通南北文化，最终确立了玄儒双修的学术倾向。新文化在江南得到深入发展，融入社会生活的各个领域，对当时的政治、哲学、教育、文学、艺术、园林、社会风尚等产生了较大影响。

东晋门阀政治的格局，士族优越的经济条件，以及文学艺术独立发展的倾向，使东晋南朝的文学艺术迅速繁荣起来。琅邪王氏家族的文学、书法、绘画成就，成为这一时期最具代表性的成果。王融、王筠、王褒引领文风，在永明体、宫体诗和南北诗风交融方面做出了突出贡献，王羲之、王献之父子开创的"二王"新体书风，更是统治中国书坛一千余年。（详见第四章、第五章）

总之，琅邪王氏等北方士族南迁，将中原文化在江南推广开来。王导

---

[1] 《晋书》卷一百十四《苻坚下》，第2933页。
[2] 〔隋〕王通撰，郑春颖译注：《文中子中说译注》，哈尔滨：黑龙江人民出版社，2003年，第130页。
[3] 陈寅恪：《金明馆丛稿初编》，北京：生活·读书·新知三联书店，2001年，第77页。

等人的举措，使永嘉之后几乎断裂于北方的汉晋传统在南方重新获得生机，并且与江南文化逐渐融合。此后，以琅邪王氏为代表的江南文人，在较为稳定的社会环境中，不断推动文化演进，在不同文化层面获得了划时代的成就，使江南文化超越了北方，中国的文化重心亦由黄河流域的洛阳转移到了长江流域的建康，并反过来影响了北方。

二、江南文化北传

东晋南北朝时期，与江南文化得到长足发展相比，北方由于长期处于各族政权的混战之中，文化发展缓慢。待到北魏建立，最终统一北方时，由于政治和地域的原因，南北文化出现了迥然不同的局面。齐梁时期，北上的王氏子弟将先进的汉文化——中原士大夫目为正朔的江左典章制度和江南的文学艺术带到了北方，在一定程度上促进了少数民族政权的汉化，推动了南北方的文化交流与融合。

（一）王肃与太和改制

王肃（463—501），字恭懿，初仕南齐，历任著作郎、太子舍人、司徒主簿、秘书丞，永明十一年（493），因父兄被杀逃亡北魏。

当时正是北魏孝文帝在位期间，他锐意改革，积极吸收先进的汉文化。王肃到北魏后，因出身江南第一高门，身份尊贵，所以很快得到孝文帝的接见。王肃熟悉江左的国典朝章，对北魏的改革也颇有见解，他与孝文帝谈及治国之道，"陈说治乱，音韵雅畅，深会帝旨。高祖嗟纳之，促席移景，不觉坐之疲淹也"。[1] 此后，王肃得到孝文帝重用，协助改革北魏官制。

北魏是鲜卑族建立的政权，社会发展水平落后于南方汉族政权，带有浓重的奴隶制残余。入主中原后，北魏统治者为适应中原的形势，不得不学习汉族政权的统治制度和统治经验，并逐渐接受了汉族的思想文化。尤其是在孝文帝统治期间，大力弘扬儒家礼教，强调"营国之本，礼教为

---

1 《魏书》卷六十三《王肃传》，第1407页。

先"[1]，"礼乐事大，乃为化之本"[2]。他积极推行汉化，但汉文化的精华——汉魏以来各类典章制度，却保存在东晋南朝，被中原士大夫目之以为正朔所在。由于南北政权之间的长期对抗，很难有正常的文化交流，再加上古代交通相对落后，北方要学习南方的文化，很大程度上只能通过南北人员的往来，而且主要是有一定文化水平的士人往来，进行文化的传播和交流。因此，孝文帝非常重视由南朝入北的流亡士人，只要有助于汉化事业，一般都予以重用。如刘昶（宋文帝第九子，465年入魏），"于时改革朝仪，诏昶与蒋少游专主其事"[3]。萧思话侄女被俘流落北魏，"多悉妇人仪饰故事。太和中，初制六宫服章，萧被命在内预见访采，数蒙赐赍"[4]。但是，这些人虽来自南朝，却不以文化见长，难以了解更多、更精深的典章制度。因此，"孝文虽厘革制度，变更风俗，其间朴略，未能淳也"[5]。

典章制度是统治者进行有效统治的重要手段，孝文帝急于全面了解南朝的典章制度。恰在这时，王肃逃亡入魏。王肃出自江左一流高门琅邪王氏，"少而聪辩，涉猎经史，颇有大志"[6]，他少年时期即留意《三礼》，在南齐曾任掌管典籍的秘书丞，熟悉江南的文物典制。陈寅恪分析，王肃"受其宗贤之流风遗著所熏习，遂能抱持南朝之利器，遇北主之新知"[7]。孝文帝与王肃谈论后，欣喜异常，"或屏左右相对谈说，至夜分不罢"，很快予以重用，"肃亦尽忠输诚，无所隐避，自谓君臣之际犹玄德之遇孔明也"[8]。

太和十七年（493），王肃初入北魏时，北魏的都城设在平城。平城偏北地寒，六月飞雪，风沙常起。王肃曾作《悲平城》诗，感叹"阴山常晦雪，荒松无罢风"[9]。恶劣的气候环境，难以适应经济的发展，又无漕运，

---

1 《魏书》卷十九《任城王传》，第469页。
2 《魏书》卷一百零九《乐志》，第2830页。
3 《魏书》卷五十九《刘昶传》，第1309页。
4 《魏书》卷九十四《阉官传》，第2019页。
5 《北史》卷四十二《王肃传》，第1540页。
6 《魏书》卷六十三《王肃传》，第1407页。
7 陈寅恪：《隋唐制度渊源略论稿》，北京：生活·读书·新知三联书店，2001年，第15、16页。
8 《魏书》卷六十三《王肃传》，第1407页。
9 《魏书》卷八十二《祖莹传》，第1799页。

在人口日益增加的情况下，粮食供给经常出现困难。而且，平城地势偏远，不仅常遭北部柔然骚扰，也不利于对中原的控制。更重要的是，守旧派的势力太大，致使孝文帝的汉化措施遇到重重阻力。

太和十八年（494），孝文帝力排众议迁都洛阳，并在营建新都方面广泛听取了王肃的意见。"时高祖新营洛邑，多所造制，肃博识旧事，大有裨益，高祖甚重之，常呼王生。"[1]

迁都之后，魏孝文帝开始推行全面汉化：改胡服，着汉装；废胡语，说汉话；将拓跋旧姓改为汉姓；迁都洛阳的鲜卑人以洛阳为原籍，死后不得还葬代北；与汉族通婚；等等。同时，孝文帝模仿汉族政权，制定了各种典章、礼仪、律令。在孝文帝汉化改革的过程中，熟悉江南国典朝章的王肃，成为北魏改定官制的总设计师，为北魏的政权建设做出了巨大贡献。《北史》卷四十二《王肃传》载："肃明练旧事，虚心受委，朝仪国典，咸自肃出。"《资治通鉴》卷一百三十八，永明十一年载："时魏主方议兴礼乐，变化风，凡威仪文物，多肃所定。"《陈书》卷二十六《徐陵传》载："昔王肃至此，为魏始制礼仪。"

王肃所定制度，多以自己所熟知的南朝制度为蓝本，剔除北魏朝仪中不合时宜的部分，依据南朝齐以前的礼仪重新修订，北魏朝仪面貌为之一新。太和十九年（495）十月，孝文帝与群臣议条制曰："夫典者，为国大纲，治民之柄。君能好典则国治，不能则国乱。我国家昔在恒代，随时制作，非通世之长典……故令班镜九流，清一朝轨。"[2]据此，孝文帝把拓跋部的残存旧制及随时设立的官职一律废除，根据魏晋南朝的制度，统一官制，颁定品令，并在新的官制和品令中，明确规定了官职清浊，以区别士庶，此为北魏前职令。太和二十三年（499），"王肃为魏制官品百司，皆如江南之制，凡九品，品各有二"。[3]这就是北魏改定的后职令。孝文帝在世时未

---

1 〔北魏〕杨衒之著，杨勇校笺：《洛阳伽蓝记校笺》卷三，北京：中华书局，2006年，第135页。
2 《魏书》卷五十九《刘昶传》，第1310页。
3 《资治通鉴》卷一百四十二，永元元年，第4457页。

及施行，到宣武帝即位后，始"颁行之，以为永制"。[1]据此推测，"前职令"虽然是孝文帝颁布的，但王肃在其中肯定发挥了重大作用，不然，也不会由他主持制定"后职令"。

陈寅恪指出，王肃"将南朝前期发展之文物制度转输于北朝，以开太和时代之新文化，为后来隋唐制度不祧之远祖"。[2]孝文帝改革，尤其是王肃诸人大力传播江南的典章制度，加快了鲜卑族汉化和北魏政权封建化的进程，缩小了南北方的礼乐制度差距。北魏永安二年（529），梁陈庆之送北魏北海王元颢入洛。陈庆之返回南方后，针对江南以为"长江以北，尽是夷狄"，洛阳是一片荒土的错误认知，盛赞洛阳文化："昨至洛阳，始知衣冠士族，并在中原；礼仪富盛，人物殷阜，目所不识，口不能传。"[3]

（二）江南文学艺术北传

梁朝末年，文学家王褒被俘到北方，宇文泰及北周明帝、武帝均欣赏王褒的才学，对他颇为器重。但王褒在政治上并没有多大的建树，其主要贡献在推动南北文学和书法艺术的交流方面。

当时，南北文风迥异，王褒和另一位文学家庾信推动了江南文风的北传，在南北文学交流中发挥了特殊的作用。（详见第四章）

此外，王褒还推动了南北书法的交融。

南北朝时期，由于南北政权分立，政治、经济和文化各不相同，南北方形成了不同的书法特色。南方大体稳定，又为中华文化正统所在，士人有较高的社会地位，他们的书法注重艺术性，广为传播的是王氏新体书法，飘逸、妍丽的行书、草书最受欢迎；北方战乱频仍，统治者多为内迁的游牧民族，文化相对落后，北方的书法注重实用性，沿袭汉、魏旧体书法，雄浑、古雅的楷书、隶书是主流。南方限制立碑，书法以帖为主，北方碑刻盛行，墓志、摩崖刻石颇多，南帖、北碑形成了南秀北雄的审美特色。

---

1 《魏书》卷一百一十三《官氏志》，第2993页。
2 陈寅恪：《隋唐制度渊源略论稿》，北京：生活·读书·新知三联书店，2001年，第15页。
3 〔北魏〕杨衒之著，杨勇校笺：《洛阳伽蓝记校笺》卷二，北京：中华书局，2006年，第114页。

碑刻难移，书帖易传，在南北交往过程中，南方书帖不断传入北朝。颜之推《颜氏家训·杂艺》记载："梁武秘阁散逸以来，吾见二王真草多矣，家中尝得十卷。"[1]帖在南北书法的交融中曾起到非常大的作用，但它毕竟不如人，在技术相对落后的古代，人是文化的载体，是文化传播的使者。北魏孝文帝时，王肃等人的王氏书风已有一定程度的传播，部分洛阳墓志已具南北融合的书风，结构和点画精致，风格趋于遒媚，明显受到二王书风的影响。但不久北魏灭亡，北齐、北周再度盛行隶书、楷书的复古之风，直到王褒入关，推动南书北传，掀起了学习南方书法的热潮。

王褒在梁朝时就颇有书名，其姑父萧子云"特善草隶"，王褒随他学书，"俄而名亚子云，并见重于世"。[2]萧子云是梁朝的书法大家，自称最初学习王献之书法，"随世所贵，规摹子敬"，后来因梁武帝推崇王羲之，改学钟繇、王羲之的书法，并略有创新，"微变字体"，被梁武帝称赞"笔力劲骏，心手相应，巧逾杜度，美过崔寔，当与元常并驱争先"。[3]萧子云学习、王褒传承的，正是"二王"书风。时人把王褒的书法与顾野王的画并称，顾野王"好丹青，善图写"，梁宣城王萧大器曾"令野王画古贤，命王褒书赞，时人称为二绝"。[4]梁元帝在荆州，曾以"善属文，殊工草隶"的丁觇负责章表文件，但与王褒相比，差距极大，"丁君十纸，不敌王褒数字"。[5]王褒书名之盛可见一斑。

江陵陷落后，王褒被迫北上。当时，王褒既有文才，又长于书法，北朝王公显贵经常向他求书或请他撰写碑铭。《全后周文》收录的王褒作品，为他人所作的章、表、碑铭竟占了绝大部分。王褒"崎岖碑碣之间，辛苦笔砚之役"，曾感叹："假使吾不知书，可不至今日邪？"[6]王褒为书名所累，却在北方掀起了学习南方书法的高潮。王褒北上时，不仅将大量王氏家族

1　王利器：《颜氏家训集解》卷七，北京：中华书局，1996年，第572页。
2　《周书》卷四十一《王褒传》，第729页。
3　《梁书》卷三十五《萧子云传》，第515页。
4　《陈书》卷三十《顾野王传》，第399页。
5　王利器：《颜氏家训集解》卷二，北京：中华书局，1993年，第133页。
6　王利器：《颜氏家训集解》卷七，北京：中华书局，1993年，第570页。

的书帖带入北方,更重要的是将"二王"书风传到了北方,为北方书法界普遍接受,"贵游等翕然并学褒书"[1]。妍丽的"二王"书风由此在北方广泛传播,由此也促进了南北书法艺术的交融贯通,辉煌的隋唐书法以此起步。

  总之,魏晋南北朝时期,琅邪王氏在推动南北文化交流方面做出了突出贡献。永嘉之乱,华夏文明在北方少数民族的铁骑蹂躏之下陷入灭顶之灾,琅邪王氏等大族南下,使汉族的先进文化得以在南方保存、传播,改善了南方文化落后的面貌,中国的文化重心也转移到了南方。齐、梁时期,王肃、王褒等人先后入北,将南方先进的典章制度和文学艺术转输到北方,加速了北方少数民族封建化的进程,缩短了南北文化的差距,加快了南北文化融合的步伐,为隋唐时期的文化统一做出了贡献。

---

1 《周书》卷四十七《赵义深传》,第849页。

参考文献

〔汉〕司马迁:《史记》,北京:中华书局,1959年。
〔汉〕班固:《汉书》,北京:中华书局,1962年。
〔南朝宋〕范晔:《后汉书》,北京:中华书局,1965年。
〔晋〕陈寿:《三国志》,北京:中华书局,1959年。
〔唐〕房玄龄:《晋书》,北京:中华书局,1974年。
〔梁〕沈约:《宋书》,北京:中华书局,1974年。
〔梁〕萧子显:《南齐书》,北京:中华书局,1972年。
〔唐〕姚思廉:《梁书》,北京:中华书局,1973年。
〔唐〕姚思廉:《陈书》,北京:中华书局,1972年。
〔北齐〕魏收:《魏书》,北京:中华书局,1974年。
〔唐〕令狐德棻:《周书》,北京:中华书局,1971年。
〔唐〕李百药:《北齐书》,北京:中华书局,1972年。
〔唐〕李延寿:《南史》,北京:中华书局,1975年。
〔唐〕李延寿:《北史》,北京:中华书局,1974年。
〔唐〕魏征:《隋书》,北京:中华书局,1973年。
〔后晋〕刘昫:《旧唐书》,北京:中华书局,1975年。
〔宋〕欧阳修:《新唐书》,北京:中华书局,1975年。
〔宋〕司马光:《资治通鉴》,北京:中华书局,1956年。

〔唐〕虞世南:《北堂书钞》,北京:中国书店,1989年。

〔清〕钱大昕著,孙开萍等点校:《廿二史考异》,南京:江苏古籍出版社,1997年。

〔清〕王鸣盛撰,单远慕校证:《十七史商榷校证》,太原:三晋出版社,2021年。

〔清〕赵翼著,王树民校证:《廿二史札记校证》,北京:中华书局,1984年。

〔南宋〕郑樵撰,王树民点校:《通志二十略》,北京:中华书局,1995年。

〔清〕钱仪吉:《三国会要》,上海:上海古籍出版社,1991年。

〔清〕王夫之:《读通鉴论》,北京:中华书局,1975年。

〔清〕皮锡瑞著,周予同注释:《经学历史》,北京:中华书局,1959年。

〔清〕严可均:《全上古三代秦汉三国六朝文》,北京:中华书局,1958年。

〔唐〕刘知几著,〔清〕浦起龙通释:《史通通释》,上海:上海古籍出版社,2022年。

〔唐〕杜佑撰,王文锦等点校:《通典》,北京:中华书局,1988年。

〔唐〕许嵩:《建康实录》,北京:中华书局,1986年。

余嘉锡:《世说新语笺疏》,上海:上海古籍出版社,1993年。

黄晖:《论衡校释》,北京:中华书局,1990年。

田汉云:《六朝经学与玄学》,南京:南京出版社,2003年。

黄怀信:《尚书注训》,济南:齐鲁书社,2009年。

〔春秋〕曾参:《孝经》,西安:西安交通大学出版社,2014年。

〔汉〕高诱注,〔清〕毕沅校,徐小蛮标点:《吕氏春秋》,上海:上海古籍出版社,2014年。

〔汉〕桓谭撰,朱谦之校:《新辑本桓谭新论》,北京:中华书局,2009年。

〔唐〕徐坚等:《初学记》,北京:中华书局,2005年。

〔唐〕虞世南:《北堂书钞》,北京:中国书店,1989年。

〔北魏〕杨衒之著,杨勇校笺:《洛阳伽蓝记校笺》,北京:中华书局,2006年。

二十五史刊行委员会编：《二十五史补编》，北京：中华书局，1955年。

郭庆藩：《庄子集释》，北京：中华书局，1982年。

〔晋〕葛洪著，杨明照校笺：《抱朴子外篇校笺》（上），北京：中华书局，1997年。

〔晋〕葛洪著，杨明照校笺：《抱朴子外篇校笺》（下），北京：中华书局，1997年。

陈寅恪：《金明馆丛稿初编》，北京：生活·读书·新知三联书店，2001年。

陈寅恪：《隋唐制度渊源略论稿》，北京：生活·读书·新知三联书店，2001年。

陈寅恪：《唐代政治史述论稿》，上海：上海古籍出版社，1997年。

唐长孺：《魏晋南北朝史论丛》，武汉：武汉大学出版社，2013年。

唐长孺：《魏晋南北朝隋唐史三论》，武汉：武汉大学出版社，1993年。

唐长孺：《魏晋南北朝史论拾遗》，北京：中华书局，1983年。

汤用彤：《汤用彤学术论文集》，北京：中华书局，1983年。

田余庆：《东晋门阀政治》，北京：北京大学出版社，1989年。

王利器：《颜氏家训集解》，北京：中华书局，1996年。

梁启超：《中国历史研究法》，上海：上海人民出版社，2014年。

万绳楠整理：《陈寅恪魏晋南北朝史讲演录》，合肥：黄山书社，1987年。

《鲁迅全集》第3卷，北京：人民文学出版社，2005年。

刘师培：《中国中古文学史讲义》，南宁：广西人民出版社，2017年。

逯钦立：《先秦汉魏晋南北朝诗》，北京：中华书局，1983年。

〔梁〕钟嵘著，周振甫译注：《诗品译注》，北京：中华书局，2017年。

〔梁〕萧统选，〔唐〕李善注：《昭明文选》（下），北京：京华出版社，2000年。

〔南朝梁〕刘勰著，王运熙、周锋译注：《文心雕龙译注》，上海：上海古籍出版社，2012年。

宗白华：《美学散步》，上海：上海人民出版社，2005年。

马宗霍：《书林藻鉴 书林记事》，北京：文物出版社，1984年。

〔宋〕佚名著，顾逸点校：《宣和书谱》，上海：上海书画出版社，1984年。

〔唐〕张彦远著，范祥雍点校：《法书要录》，北京：人民美术出版社，1984年。

〔唐〕张彦远：《历代名画记》，杭州：浙江人民美术出版社，2019年。

〔宋〕陈思：《书小史》，北京：中国书店，2018年。

黄简：《历代书法论文选》，上海：上海书画出版社，1979年。

后　记

我在山东大学历史文化学院读书期间，开始将关注重点放在琅邪王氏家族上，到临沂大学工作后，科研工作大多围绕此家族的历史和文化展开。2012年出版的《汉唐时期的琅邪王氏家学研究》（吉林人民出版社），主要是在当时能搜集到的资料的基础上进行了汇总整理，论述王氏家学在不同发展阶段的演变。此后十年，随着各种新资料和研究成果的出现，我对琅邪王氏家族文化有了新的想法，由更多关注时势演变和王氏家学发展演变的关系，转变为更关注王氏家族文化对当时社会和历史的影响。2019年出版的《两晋之际的琅邪士族研究》（九州出版社）着重论述了琅邪王氏家族在两晋之际的政治、文化影响，并未涵盖整个王氏家族的发展历史。

"临沂文化世家研究丛书"由临沂大学沂蒙文化研究院组织编写，《门阀士族——琅邪王氏文化传家》一书是其中的一本。此书以王氏家族最具代表性的文化为切入点，分析其在家族发展、社会主流文化演变以及文化重心南移和南北文化交流中的作用，希望在前期研究的基础上有所深化和拓展。

"临沂文化世家研究丛书"是山东省社科理论重点研究基地——红色文化与沂蒙精神研究基地、"十三五"山东省高等学校人文社会科学研究基地——沂蒙文化研究基地和临沂大学沂蒙精神研究创新团队的重要研究成果之一。

此项目从选题立项到书稿出版，都得到丛书主编徐东升、汲广运的大力支持和帮助，在此致以诚挚谢意。另外，生活·读书·新知三联书店的责任编辑，为书稿的出版做了大量工作，也在此表示感谢。

孙　丽

2024年8月25日